역사를 품은 **발칸유럽**

남동유럽의 재발견

이성만 지음

신아사

이성만

독일 트리어대학교 독어학 박사.
현재 배재대학교 항공운항과 교수.
텍스트언어학에 매진(100여 편의 논문과 저서[미디어언어의 텍스트화용론])하다가 유럽의 역사와 문화를 곁눈질하던 참에 발칸유럽까지 두루 여행하며 공부한 것을 정리하여 펴낸 것이 〈역사를 품은 발칸유럽〉이다.

역사를 품은 **발칸유럽**
남동유럽의 재발견

초판 발행 _ 2017년 8월 30일

저　　자 · 이 성 만
발 행 인 · 정 현 걸
발　　행 · 신 아 사
인　　쇄 · 토탈프로세스
출판등록 · 1956년 1월 5일 (제9-52호)
주　　소 · 서울특별시 은평구 통일로 59길 4
전　　화 · 02)382-6411 · 팩스 02)382-6401
홈페이지 · www.shinasa.co.kr
E-MAIL · shinasa@daum.net

ISBN : 978-89-8396-238-6(93920)

정가 *22,000*원

머리말

영국 시인 바이런이 발칸반도를 "육지와 바다의 가장 아름다운 조우"라고 칭찬했다. 그러나 현실은 전혀 그렇지 못하다.

'발칸유럽', '유럽 속의 또 다른 유럽', '유럽의 화약고', ... 모두 발칸반도에 위치한 남동유럽을 일컫는 표현들이다.

현재의 발칸반도는 제 1차 세계대전 이래로 '유럽의 화약고'다. 발칸반도는 아드리아 해, 이오니아 해, 에게 해, 마르마라 해, 흑해 등의 다섯 해협으로 둘러싸인 군사 요충지다. 역사적으로 발칸반도는 독일(오스트리아) 게르만족의 가톨릭과 러시아 슬라브 족의 정교회, 오스만 튀르크족의 이슬람까지 뒤섞여 끊임없이 전쟁터가 된 곳이다.

또 다른 매력적인 표현들도 있다. 같은 슬라브족이지만 게르만 문화를 품은 슬로베니아, 아드리아 해의 진주 크로아티아, 영원한 로마인으로 남기를 바란 드라큘라의 나라 루마니아, 동서양 문화의 교두보 몬테네그로, 알렉산드로스 왕을 품었기에 그리스와는 앙숙인 마케도니아, 비잔티움 문화를 받아들여 발칸유럽의 역사와 문화를 만든 불가리아, 유럽의 아마존이라 불리는 다뉴브 강, 일리리아 인의 후손임을 자처하는 알바니아, 발칸의 맹주가 되고자 안달하는 세르비아, 그런 야망이 싫어서 나름의 정체성을 찾아 나선 보스니아·헤르체고비나와 코소보, 흑해가 만나는 다뉴브 삼각지대 등등.

이처럼 발칸유럽은 다채롭고 복잡하게 얽힌 역사를 품고 있다. 그러니 문화도 모자이크처럼 복잡하고 융합적인 모습이다. 이처럼 유구한 역사를 품은 문화를 살펴보기 위하여 본서는 발칸유럽의 지정학적 위상, 역사적인 소용돌이 그리고 문화유산으로 나누어 접근할 것이다.

그렇다. 발칸유럽은 정말 복잡하다.

지역으로 보면, 고대부터 아시아와 유럽을 연결하는 중요한 징검다리 역할을 수행하였다. 이 과정에서 다양한 세력들이 뒤섞이며 오늘날 민족, 언어, 종교, 문화, 정치에서 복잡한 구도를 형성하게 되었다. 일반적으로는 도나우 강(다뉴브 강), 사바 강, 쿠파 강을 경계로 한 그 이남 지역을 말한다. 이에 따르면, 발칸 반도는 그리스, 마케도니아, 몬테네그로, 보스니아·헤르체고비나, 불가리아, 알바니아를 전부 포함하고 세르비아와 크로아티아의 대부분을 포괄한다. 터키, 루마니아, 슬로베니아, 이탈리아의 일부도 여기에 속한다. 터키의 동부 트라키아 지역, 루마니아의 북 도브루자 지역, 슬로베니아의 프리모르스카 지역, 이탈리아의 트리에스테와 고리치아도 발칸 반도에 속하는 영역이다. 그런데 영토의 일부만 발칸 반도에 속하는 루마니아, 슬로베니아, 이탈리아는 발칸 국가에서 제외하기도 한다. 아무튼 유럽 대륙과 발칸 반도를 명확히 구분하기는 쉽지 않다. 정치적으로는 루마니아와 슬로베니아까지 포괄하여 발칸 반도라고 지칭하기도 한다. 이런 경우 발칸 반도의 범위는 이탈리아, 오스트리아, 헝가리, 우크라이나의 이남 지역이 된다. 이렇게 되면 나라 전체가 발칸반도에 소속된 나라는 알바니아, 보스니아·헤르체고비나, 불가리아, 마케도니아, 몬테네그로, 코소보이고, 일부가 걸쳐지는 나라는 슬로베니아, 크로아티아, 세르비아, 루마니아, 이탈리아, 그리스, 터키가 된다. 그렇더라도 통상적으로 이탈리아와 터키는 발칸반도에 넣지 않는다.

종족으로 보면, 알바니아(그리스인 3%), 크로아티아(세르비아인 4.5%)가 90% 이상, 루마니아(헝가리인 6.6%), 슬로베니아(세르비아인 2.0%, 크로아티아인 1.6%)가 80% 이상 자국민으로 구성되어 있어서 문화, 혈통, 종교, 언어 등에서 문제가 없다. 반면에 세르비아, 마케도니아는 자국민이 60% 정도, 보스니아-헤르체코비나와 몬테네그로는 40% 정도로 세 인종 이상의 다민족 국가여서 전쟁의 중심에 있다.

종교로 보면, 종족의 구성과 비슷하다. 루마니아, 불가리아, 세르비아, 몬테네그로는 80% 이상이 정교를, 크로아티아와 슬로베니아는 각각 87.8%와 57.8%가 가톨릭교를, 알바니아는 70.0%가 이슬람교를 믿는다. 마케도니아는 정교와 이슬람교가, 보스니아 헤르체코비나는 정교, 이슬람교, 가톨릭교가 공존한다. 정교는 국가별로 독립적인 성격이 있다.

언어로 보면, 각국은 자국어를 공용어로 한다. 예외적으로 몬테네그로는 세르비아어를, 보스니아-헤르체코비나는 세르보-크로아티아어를 공용어로 한다. 루마니아가 루마니아어 외에 헝가리어와 독일어를, 알바니아가 알바니아어와 그리스어를 공용어로 사용한다. 그리스와 루마니아를 제외하면, 나머지 국가들은 모두 슬라브어족에 속하고, 키릴문자를 사용하여서 유사성이 많다.

본서는 발칸유럽을 구성하고 있는 10개의 국가들을 나라별로 다루고 있다. 그러나 역사 속에서 형성된 발칸유럽(남동유럽)의 문화현상을 평면적으로 기술하지 않고, 특정 국가나 지역의 정치적, 문화적 정세 속에서 다양한 역사적인 영향관계망에서 발전해가는 양상을 상호 대조적으로 기술하여 독자에게 특정 문화현상이 문화사에서 갖는 보편적 의미를 도출하는 자료로 활용할 수 있도록 노력하였다. 그래서 필요한 곳에서는 언론보도나 역사적인 자료 등을 인용하는 일에도 인색하지 않았다. 물론 본서에서 발견되는 오류나 문제는 모두 필자의 지식이 일천한 탓이다. 문헌이나 사료를 통하여 기회가 되는 대로 고쳐나갈 것이다.

본서는 필자가 가르치는 대학에서 2학기 동안 강의한 내용을 깁고 다듬은 것이다. 학술적이거나 전문적인 내용과는 거리가 있을 수 있다. 오히려 발칸유럽에 관심을 가진 일반 독자들에게 적합한 지식들을 담고 있는 그릇이라고 할 수 있다. 예컨대 여행에서 만나는 낡은 건물이나 유적이 사진 담기에 좋은 대상이 아니라 파란만장한 역사성을 품고 있음을 인식하는 계기를 갖게 하는 정도의 지식을 담고 있다. 각 장에서 인용한 사진과 지도들은 구체적이고도 객관적인 이해를 돕는 역할을 할 것이다.

본서는 수많은 걸림돌들로 가득한 일종의 허들 경주라고 해야 할 것 같다. 우리에게 생소한 발칸 유럽의 언어들로 인해 낯선 지명이나 인명들이 수없이 등장한다. 우리에게 익숙한 영어식 표기법이 아니라 그 나라에서 통용되는 표현으로 나타내고자 노력하였다. 그러나 필자의 언어지식이 일천한 관계로 잘못 표기된 것들도 없지 않다. 독일의 통일이 있던 해에 독일유학을 마치고 귀국하면서 그 동안 관심은 있었지만 실천에 옮길 수 없었던 발칸유럽을 두루 여행하면서 지식의 깊이를 더하고자 노력하였지만 본격적으로 발칸유럽을 연구하지 않은 까닭에 표출되는 잘못임을 부인하지 않겠다. 독자 여러분의 호의적인 양해를 바라며 관심어린 시선과 질책을 바랄 뿐이다.

필자는 본서를 집필하면서 인터넷의 정보들(특히 'wikipedia'와 '나무위키'의 내용과 지도 및 사진들)도 유익한 자료로 활용하였다. 전문적인 학자들의 업적들도 많은 도움이 되었다. 도움이 되었거나 활용 및 인용된 내용을 담은 출처 및 문헌들은 본문에서 일일이 표기하는 것이 당연하지만 가독성을 위해 참고문헌에서 일괄적으로 제시하였다.

고마운 사람들도 적지 않다. 〈글로벌지역탐방〉 강좌를 수강한 항공운항과 학생들은 하고 많은 유럽의 선진국들을 뒤로하고 나라 이름도 생소한 남동유럽을 현장이 아닌 강의실에서 묵묵히 그러나 '즐겁게(?)' 상상여행을 하느라 꽤나 진땀을 흘렸다. 한여름의 뜨거운 열기를 아름다운 편집으로 승화시킨 신아사 편집진과 이 원고가 책으로 출판될 수 있도록 추천한 한규갑 상무님, 그리고 대표님께도 깊이 감사드린다.

아무쪼록 이 책을 통하여 발칸유럽의 지리, 역사 그리고 문화를 단편적이 아니라 역사 속의 문화사적 현상으로서 융합적인 관점에서 바라보고 접근할 수 있는 동기가 부여될 수 있기를 간절히 바란다.

2017년 8월

소월관 연구실에서

이성만

역사를 품은 발칸유럽

차례

머리말 ······································ 3

I. 발칸유럽을 만든 지역 ······································ 9

01. 지리 11
02. 역사 20

II. 발칸유럽을 품은 국가 ······································ 33

01. 루마니아 35
02. 불가리아 73
03. 마케도니아 121
04. 알바니아 149
05. 몬테네그로 183
06. 세르비아 205
07. 코소보 245
08. 보스니아·헤르체고비나 271
09. 크로아티아 299
10. 슬로베니아 371

참고문헌 _ 402
찾아보기 _ 403

I.

발칸유럽을 만든 지역

1
지리

01. 발칸 반도

- 유럽의 남동부에 위치한 반도, 이 반도에 위치한 국가들을 통칭하는 말로도 사용된다. 영어로는 보통 'Balkans'라고 한다.
- 그리스, 알바니아, 불가리아, 루마니아, 터키의 유럽 부분, 그리고 구 유고연방[1]의 일부였던 나라들이 발칸 반도에 포함된다.

1) 현재는 세르비아(2006년~), 몬테네그로(2006년~), 크로아티아(1991년~), 보스니아-헤르체고비나(1992년~), 슬로베니아(1991년~), 마케도니아 공화국(1991년~), 코소보 공화국(2008년~)으로 분리 · 독립하였다.

- 지정학: 고대부터 아시아와 유럽을 연결하는 중요한 징검다리 역할을 수행하였다. 이 과정에서 다양한 세력들이 뒤섞이며 오늘날 민족, 언어, 종교, 문화, 정치에서 복잡한 구도를 형성하게 되었다.

02. 명칭

- 불가리아 중부와 세르비아 동부 사이에 걸친 발칸산맥(불가리아어/세르비아어: Стара планина)에서 유래하였다. 그래서 흔히 스타라 플라니나('오래된 산'의 뜻)로 부르기도 한다. 발칸은 '산'을 뜻하는 터키어인데, 오스만 제국이 지배하면서부터 산맥의 이름으로 사용된 것이다.
- '발칸반도'라는 명칭은 1808년 독일 베를린 출신의 지리학자 요한 아우구스트 초이네(Johann August Zeune)가 만든 것이다. 그는 남동유럽 전체에 걸쳐 있는 발칸산맥이 슬로베니아의 알프스로부터 흑해까지 뻗어있고 이탈리아 반도의 아페닌 산맥과 유사한 의미가 있다는 고대 지리학자들의 생각을 물려받았다. 그러나 이런 가정의 근거가 미약하다는 사실이 밝혀진 후 '발칸반도'나 '해무스(Hämus)' 반도의 개념은 많은 비판을 받았다. 1893년 지리학자 테오발트 피셔(Theobald Fischer)는 '발칸반도' 대신 '동남유럽반도'라는 개념의 사용을 제안하였지만 관철되지 못했다.
- 제1차 세계 대전 이후에는 '유럽의 화약고'라는 별칭도 추가되었다. 최근에는 유고연방의 분열로 발칸이라는 이름에서 발칸화[2]라는 용어가 나타나면서 발칸이란 용어에 부정적인 의미가 싹트게 되었다. 그래서 발칸 반도라는 이름 대신 '남동유럽'이라는 명칭도 많이 사용되고 있다.

---

2) '발칸화'는 어떤 국가나 지역이 서로 적대적이거나 비협조적인 여러 개의 작은 국가나 지역으로 쪼개지는 현상이다. 이 말은 20세기에 발칸반도에서 일어난 여러 분쟁에서 비롯하였다. 첫 '발칸화'는 발칸 전쟁에 의해 등장했고, 1991년 이후 유고 전쟁에서 다시 나타났다. 유고슬라비아 연방공화국은 발칸화에 의해 슬로베니아, 마케도니아, 크로아티아, 보스니아·헤르체고비나, 몬테네그로의 순서로 찢어졌다. 이 중 보스니아·헤르체고비나는 국가 내부가 다시 세르비아계, 보스니아-이슬람계(보스니악), 크로아티아계로 나뉘어져 있다. 2000년대에 등장한 발칸화의 사례가 세르비아의 자치주이던 코소보의 독립 선언이다.

03. 범위

- 일반적으로는 도나우 강(다뉴브 강), 사바 강, 쿠파 강을 경계로 한 그 이남 지역을 말한다.

- 이에 따르면, 발칸 반도는 그리스, 마케도니아, 몬테네그로, 보스니아·헤르체고비나, 불가리아, 알바니아를 전부 포함하고 세르비아와 크로아티아의 대부분을 포괄한다. 터키, 루마니아, 슬로베니아, 이탈리아의 일부도 여기에 속한다. 터키의 동부 트라키아 지역, 루마니아의 북부 도브루자 지역, 슬로베니아의 프리모르스카 지역, 이탈리아의 트리에스테와 고리치아도 발칸 반도에 속하는 영역이다. 그런데 영토의 일부만 발칸 반도에 속하는 루마니아, 슬로베니아, 이탈리아는 발칸 국가에서 제외하기도 한다.

주황이 루마니아의 도브루자
노랑이 불가리아의 도브루자

1번이 프리모르스카 지역

갈색이 트리에스테 지역
빨강이 고리치아 지역

- 아무튼 유럽 대륙과 발칸반도를 명확히 구분하기는 쉽지 않다. 정치적으로는 루마니아와 슬로베니아까지 포괄하여 발칸반도라고 지칭하기도 한다. 이런 경우 발칸 반도의 범위는 이탈리아, 오스트리아, 헝가리, 우크라이나의 이남 지역이 된다.
- 드물기는 하지만 이탈리아의 트리에스테(슬로베니아 국경근처의 항구도시)와 우크라이나의 오데사(흑해에 접한 항만도시)를 잇는 직선의 이남 지역을 발칸 반도로 정의하기도 한다.
- 이렇게 되면 나라 전체가 발칸반도에 소속된 국가는 알바니아, 보스니아·헤르체고비나, 불가리아, 마케도니아, 몬테네그로, 코소보이고, 일부가 걸쳐지는 나라는 슬로베니아, 크로아티아, 세르비아, 루마니아, 이탈리아, 그리스, 터키가 된다. 그렇더라도 통상적으로 이탈리아와 터키는 발칸 반도에 넣지 않는다.

04. 지형

- 남유럽을 형성하는 세 개의 반도들(발칸, 이탈리아, 이베리아 반도) 중 하나로서, 아드리아 해, 이오니아 해, 에게 해, 마르마라 해[3], 흑해가 둘러싸고 있다. 유럽 대륙과 확실하게 구분되는 지협이 없기 때문에 발칸 반도의 범위와 지형적 경계를 정하는 기준이 언제나 일정한 것은 아니지만, 북쪽 경계를 도나우 강으로 삼기도 한다.
- 발칸반도의 대부분은 산악지대로 이루어져 있다. 디나르 알프스 산맥이 발칸 반도의 6개국(슬로베니아, 크로아티아, 보스니아·헤르체고비나, 세르비아, 몬테네그로, 알바니아)을 지난다. 불가리아 중부와 세르비아 동부에 걸친 발칸 산맥[4]은 발칸반도라는

3) 흑해와 에게 해를 잇는 바다. 흑해 쪽은 보스포루스 해협, 에게 해 쪽은 다르다넬스 해협과 연결된다.
4) 최고봉은 불가리아의 보테프 봉(해발 2,376m). 발칸 산맥의 북쪽에는 카르파티아 산맥이 있다. 도나우 강은 발칸 산맥과 카르파티아 산맥의 사이가 '철문'(Iron Gate)이란 협곡이며 흑해로 빠져나간다.

이름의 어원이 된 산맥이다. 발칸 산맥 남쪽으로는 그리스에 인접한 로도페 산맥[5]이 있고, 북쪽으로는 루마니아를 가로지르는 트란실바니아 알프스 산맥[6]이 있다. 발칸 반도에서 루마니아를 제외하는 경우라면 트란실바니아 알프스 산맥은 발칸 반도에 포함되지 않는다. 발칸반도의 산맥들은 주로 북서쪽에서 남동쪽을 향해 사선으로 뻗어 있다.

- 발칸반도 최대 호수인 쉬코더르 호는 알바니아와 몬테네그로 사이에 있다. 람사르 협약[7]이 지정한 국제적인 습지이자 유럽 최대의 조류 보호 구역이기도 하다.

05. 언어

- 남슬라브어군, 그리스어, 알바니아어, 터키어, 동부 로망스어군 등 다양한 언어가 사용된다.

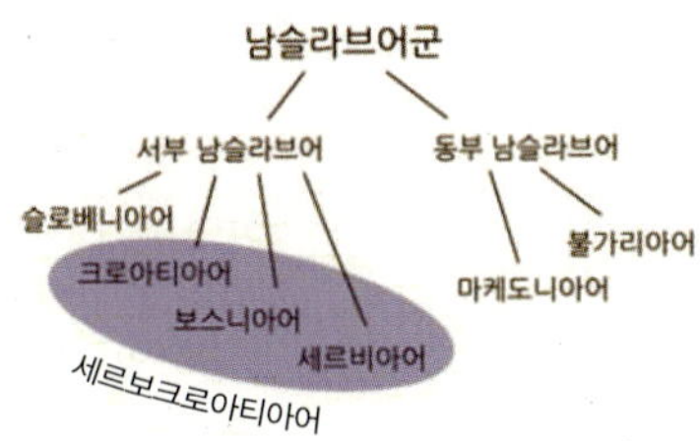

5) 원래 이름은 '장미로 뒤덮인 언덕'의 뜻. 불가리아에 위치한 산맥의 최고봉 골리암 페릴릭(Golyam Perelik)은 높이가 약 2200m. 로도피 산맥은 발칸 반도의 기후를 구분짓는 역할을 한다.

6) 남 카르파티아 산맥. 산맥의 최고봉은 몰도베아누 봉(높이 2,544m). 트란실바니아 지방과 왈라키아 지방의 경계를 이루는 산맥, 과거에는 헝가리 왕국과 오스만 제국, 루마니아 왕국 간의 국경을 형성했다.

7) 국제습지조약. 공식명칭은 '물새 서식지로서 국제적으로 중요한 습지에 관한 협약'

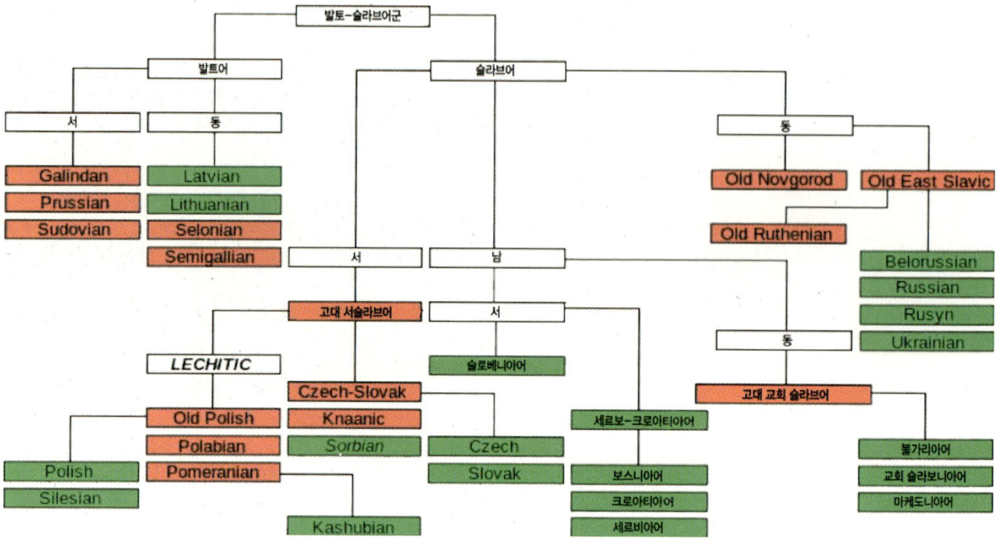

06. 민족

- 그리스 계를 제외하면 발칸 반도의 민족들은 남슬라브인이라는 공통분모를 가지고 있었다. 그러나 수백 년간 홀로서기를 하는 바람에 독자적인 문화를 구축했다. 그래서 몇 차례 있었던 완벽한 통합 시도는 실패로 끝났다.
- 지형적으로도 발칸 반도는 피레네 산맥을 가진 이베리아 반도나 알프스 산맥을 가진 이탈리아 반도와는 다르다. 자연적인 방어벽이 없어서 침략이 용이했다. 로마제국, 베네치아공화국, 오스만제국, 오스트리아-헝가리 이중제국 등 무수한 이민족들의 침입으로 민족과 종교가 뒤엉키는 땅이 되었다.
- 이렇게 수많은 민족과 종교가 뒤엉킨 탓에 발칸반도는 제1차 세계대전 이전부터 유럽의 화약고로 불렸고, 그런 '화약고' 덕택(?)에 1차와 2차 발칸 전쟁, 제1차 세계 대전, 크로아티아 내전, 보스니아 내전, 코소보 전쟁 등이 터졌다.
- 특히 보스니아와 크로아티아에서 벌어진 내전에서는 민족 말살과 집단 강간, 신성 모독 같은 비인간적인 행위들도 자행되었다. 코소보 전쟁에서는 세르비아가 코소보의 알바니아 계에 대해 인종 청소, 대량 학살을 자행하기도 했다.

07. 종교

- 발칸 반도는 역사적으로 비잔티움 제국(동방정교), 오스만 제국(이슬람교), 오스트리아-헝가리 제국(로마가톨릭교) 등 종교적으로 다양한 국가들의 활동 무대가 된 관계로 종교 구성이 복잡하다.
- 로마가톨릭교 : 슬로베니아, 크로아티아
- 동방정교 : 그리스, 불가리아, 루마니아, 세르비아, 몬테네그로
- 이슬람교 : 터키, 알바니아, 코소보
- 이슬람교/로마가톨릭교/동방정교 : 보스니아·헤르체고비나
- 동방정교/이슬람교 : 마케도니아

08. 지리 요약

- 지역으로 보면,

발칸반도는 도나우 강과 사바 강을 경계로 한, 또는 이탈리아의 트리에스테와 우크라이나의 오데사 두 도시를 잇는 남쪽 지역이다.

- 면적으로 보면,

루마니아 - 불가리아 - 세르비아 - 크로아티아 - 보스니아·헤르체코비나 - 알바니아 - 마케도니아 - 몬테네그로의 순서로 작다. 코소보는 아직 정식 국가로 승인되지 않았다.

- 인구로 보면,

루마니아 - 세르비아 - 불가리아 - 보스니아·헤르체코비나 - 크로아티아 - 알바니아 - 마케도니아 - 슬로베니아 - 몬테네그로의 순서로 적다.

- 인구밀도로 보면,

알바니아(126명/km^2) - 세르비아 - 슬로베니아 - 루마니아 - 보스니아·헤르체코비나 - 마케도니아 - 크로아티아 - 불가리아 - 몬테네그로의 순서로 낮다.

- 종족으로 보면,

  알바니아(그리스인 3%), 크로아티아(세르비아인 4.5%)가 90% 이상, 루마니아(헝가리인 6.6%), 슬로베니아(세르비아인 2.0%, 크로아티아인 1.6%)가 80%이상 자국민으로 구성되어 있어서 문화, 혈통, 종교, 언어 등에서 문제가 없다.

  반면에 세르비아, 마케도니아는 자국민이 60% 정도, 보스니아·헤르체코비나, 몬테네그로는 40% 정도를 이루는 세 인종 이상의 다민족 국가여서 전쟁의 중심에 있다.

- 종교로 보면, 종족의 구성과 비슷하다.

  루마니아, 불가리아, 세르비아, 몬테네그로가 80% 이상 정교를, 크로아티아와 슬로베니아는 각각 87.8%와 57.8%가 가톨릭교를, 알바니아는 70.0%가 이슬람교를 믿는다. 마케도니아는 정교와 이슬람교가, 보스니아·헤르체코비나는 정교, 이슬람교, 가톨릭교가 공존한다.

  정교는 국가별로 독립적인 성격이 있다.

- 언어로 보면, 각국은 자국어를 공용어로 한다.

  예외적으로 몬테네그로는 세르비아어를, 보스니아·헤르체코비나는 세르보·크로아티아어를 공용어로 한다. 루마니아가 루마니아어 외에 헝가리어와 독일어를, 알바니아가 알바니아어와 그리스어를 공용어로 사용한다.

  그리스와 루마니아를 제외하면, 나머지 국가들은 모두 슬라브어족에 속하고, 키릴문자를 사용하여서 유사성이 많다.

2
역사

발칸 반도는 지정학적으로는 유럽과 아시아의 교차점이어서 역사적으로 다양한 세력의 지배를 받았다. 이러한 역사성은 오늘날 발칸 반도가 민족, 문화, 영토의 문제에서 복잡한 양상을 잉태하게 된 원인이 되고 있다.

상고시대

- 이 지역의 중서부 지역에는 일리리아 족이, 동부지역에는 트라키아 족이 정착해 살고 있었던 것으로 추측된다.
- 기원전 8세기에는 마케도니아 왕국이 발칸반도의 중부와 남부 지역을 지배하였다. 알렉산드로스 대왕 시절에는 지금의 그리스를 넘어 루마니아, 세르비아, 보스니아·헤르체코비나까지 차지하며 발칸반도의 맹주로 군림하였다.
- 알렉산드로스 대왕 사후 마케도니아 왕국이 몰락하면서 성립한 여러 왕조들도 기원전 3세기에 로마에 복속되었다. 그리하여 발칸반도는 기존의 민족들과 그리스인, 로마인이 혼재된 공간이 되었다.

로마시대

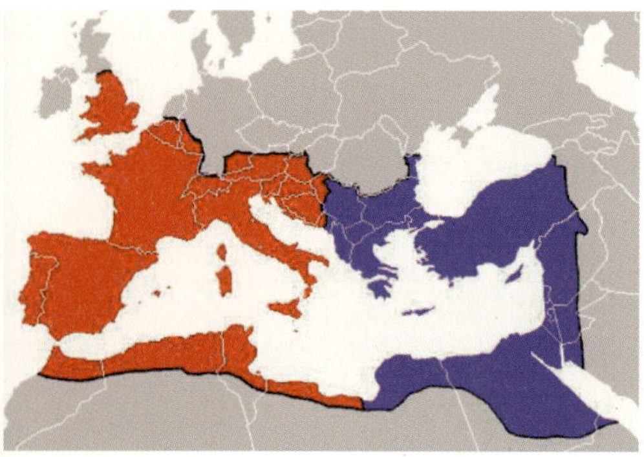

- [395년] 동·서 로마의 분열은 발칸반도에도 비극적 운명을 심어준다. 분계점이 발칸반도가 되면서 발칸반도는 현재의 보스니아를 중심으로 양분되어 각각 다른 왕조의 지배를 받는데, 공교롭게도 가톨릭 문화권과 그리스 정교 문화권의 접점이 되어 버린다.
- [5세기] 이후 훈족의 서방 침공을 피해 남하한 다수의 슬라브인들이 거주하기 시작한다.
- [476년] 서로마가 멸망한 후 라인 강 방어선은 소멸되었지

만 다뉴브 강 방어선은 비잔티움 제국(동로마)에 의해 승계된다.

〈상식〉 슬라브족, 기원과 그룹

'slavs'의 어원은 영광, 찬양을 뜻하는 라틴어 Slava에서 유래 또는 북유럽 발트 해 연안의 Slavs라는 강 이름에서 유래했다는 두 가지 의견이 있다.

슬라브족의 기원에 대한 의견이 분분한 이유는 슬라브족이 문명의 테두리 밖에 있었기 때문이다. 6세기까지도 유럽의 역사에서 슬라브족에 대한 기록은 없다. 기원전 1300년 전후에 현재의 폴란드와 벨라루스와 우크라이나의 접경 지역에 루사티아 문화를 이어받은 슬라브인 거주 지역이 있었는데, 서기 6세기 무렵에 동유럽 평원 일대에서 부족 단위로 거주하였다. 당시 문명사회를 이룬 민족은 게르만(서게르만 포함)과 동로마 집단이었고 슬라브 족은 문명 밖의 집단(야만족)이었다.

슬라브족은 크게 세 부류로 나눠진다.

- 동슬라브 : 러시아, 우크라이나, 벨라루스
- 서슬라브 : 폴란드, 체코 공화국, 슬로바키아
- 남슬라브 : 슬로베니아, 크로아티아, 세르비아, 보스니아·헤르체고비나, 몬테네그로, 마케도니아, 불가리아

문화적으로 서슬라브족은 독일과, 남슬라브족은 그리스와 가깝다. 동슬라브족은 중앙아시아의 영향을 받았다.

중세시대

- [6~7세기] 남슬라브 족이 발칸반도에서 소규모 부족국가를 형성하기 시작하여 발칸반도의 주요 세력으로 떠오른다.
- [6세기 중반] 아시아 초원에서 발흥한 유목민족 아바르 족이 슬라브족의 거주 지역으로 침입했다. 이때 자신의 거주 지역을 고수한 민족이 서슬라브 족이고 남쪽으로 이동한 민족이 남슬라브 족이다. 이 남쪽 지역은 당시 유스티니아누스 대제가 전성기를 누리던 땅이었다. 유

스티니아누스 1세는 이때까지 로마제국 전성기의 영토를 거의 회복하는 치적을 쌓았지만, 페스트의 창궐과 정복전쟁으로 인한 재정출혈, 소피아 성당 등을 건립하면서 국고가 바닥나서 국경 방어선에 신경을 쓸 여유가 없었다.

- [565년] 예컨대 아바르 족과 소수 슬라브 족의 연합세력이 비잔티움의 다뉴브 강 방어선을 넘어 발칸반도에 침입하여 전리품만 갈취하고 물러갈 수 있을 정도로 방어선은 취약한 상태였다.

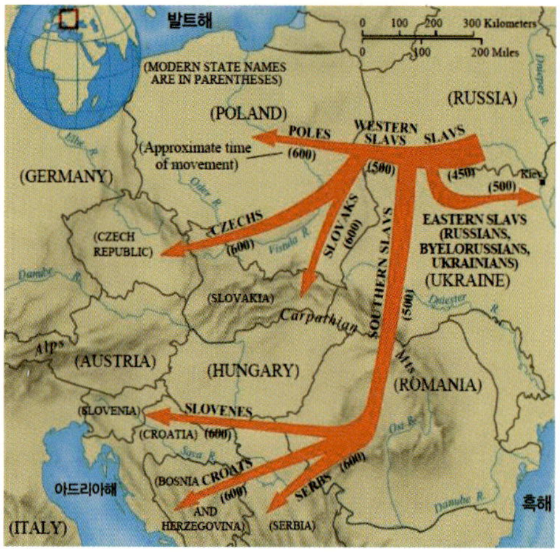

- [572년] 비잔티움과 페르시아 간의 전쟁은 슬라브인이 다뉴브 방어선을 넘을 수 있는 호기였다. 575년 무렵에는 다뉴브 강 방어선을 넘은 슬라브인들이 발칸반도 전지역으로 진출한다. 578년에는 그리스 남부 펠로폰네소스 반도에, 612년에는 테살로니키까지 확장된다. 이 시기에 진출한 슬라브인들이 현재의 발칸지역에 거주하는 '남슬라브 족'의 조상이다. 여러 지역으로 분산되기는 하였지만 8세기 이전까지는 모든 슬라브인들은 동일한 언어로 소통이 가능하였다. 다뉴브 강 이남지역의 라틴족들은 점진적으로 슬라브족에게 동화되었고, 슬라브족의 영향은 인명이나 지명, 일상용어, 교회 용어 등 언어적인 측면에서 한층 더 강하게 진행되었다.
- 이후 발칸반도는 기존의 불가르 인과 그리스인이 추가되어 복잡한 민족구성이 형성되고, 종교도 비잔티움 제국의 그리스 정교와 로마 가톨릭교의 각축장이 된다.
- [7세기 이후] 발칸 반도에 뿌리를 내린 슬라브족은 크게 세르비아, 크로아티아, 불가리아로 나뉜다. 세르비아 부족은 아바르 족의 침입 때 남하한 후, 헤라클리우스 시절에 비잔티움과 평화조약을 체결하여 현재의 세르비아 지역에 정착한다. 7세기 중반에는 최초의 세르비아 왕국을 건설하고 비잔티움 제국 내에서 '반독립 국가'가 된다.
- [9세기 중엽] 세르비아 왕국에 '동방 정교'가 들어왔다. 크로아티아 부족은 달마티아 지역에 정착한다. 이곳은 전통적으로 동로마와 서로마의 접경지대였기에. 크로아티아인이 정착하자 동방정교와 로마가톨릭의 포교대상이 되었다. 당시 두 교회는 세력 확장에 혈안이 되어 있었다. 정착 당시 동방정교가 먼저 전파했으나, 이후 가톨릭의 적극적인 공세로 9세기 무렵 대부분의 크로아티아인이 가톨릭에

귀의하면서 라틴어 문자를 채택하였다. 한 뿌리였던 세르비아인과 크로아티아인의 관계가 이때부터 깨어지기 시작했다. 동방정교를 신봉하는 세르비아는 키릴문자를 사용하면서 비잔틴 문화에 많은 영향을 받았다. 그러나 크로아티아인은 가톨릭을 믿으면서 오스트리아의 영향을 받았다.

- 불가리아인의 혈통은 매우 복잡하다. 불가리아의 지배층은 흑해 북부 연안에서 온 불가르 족이다. 불가르 족도 아바르 족의 침입으로 두 갈래로 나눠진다. 발칸반도로 이주한 불가르 족은 이미 그곳에 터전을 마련한 슬라브족을 정복하고, 소수의 불가르 족이 지배층을, 다수의 슬라브족이 피지배층을 형성한 불가리아 왕국을 건설한다. 그러나 투르크계 불가르 족은 수적으로 열세여서 시간이 지나면서 자연히 슬라브족에 융화되었다.
- [681년] 불가리아는 플리스카를 수도로 하는 강력한 제1 불가리아 제국을 건국하여 발칸반도를 지배하였다. 이는 고유한 민족 정체성을 형성하는 기틀이 되었다. 민족과 문화가 서로 다른 사람들이 같은 종교, 문화, 문자를 통해 통합된 것이다.

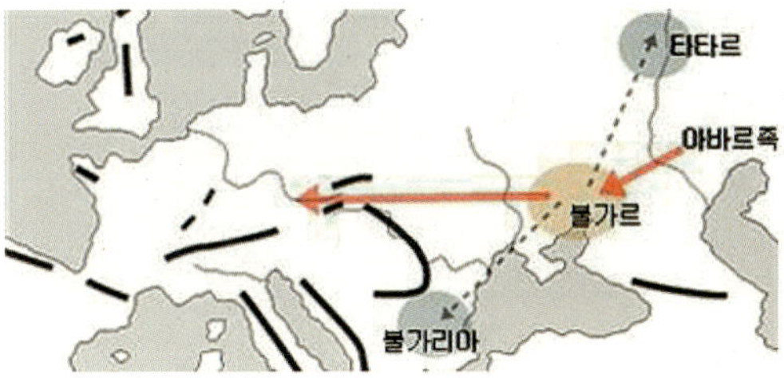

- [9세기 중엽] 불가리아인은 그리스 정교로 개종한다.
- [10세기 초] 불가리아인은 키릴로스와 메토디오스가 발명한 글라골 문자를 발전시켜 '키릴 문자'를 만든다. 이후 키릴 문자는 슬라브족의 대표 문자로 널리 통용되어, 현재에도 러시아어, 벨라루스어, 우크라이나어, 불가리아어, 마케도니아어, 세르비아어의 표기 문자로 사용되고 있다.
- 슬로베니아인은 원래 서슬라브족이었으나, 7세기 중반 마자르족의 침입으로 남쪽으로 이동하여 서슬라브족과 멀어지면서 점진적으로 남슬라브족에 편입되었다. 이후 슬로베니아는 신성로마제국의 영향을 받으면서 1000년 이상 오스트리아의 지배를 받았다.
- 보스니아와 몬테네그로는 세르비아인과 크로아티아인이었으나, 15세기에 오스만제국의 침입과 지배를 받으면서 이슬람교로 개종한 사람들이 현재의 보스니아와 몬테네그로 민족이 되었다.
- [9세기] 교회 슬라브어는 그리스 정교의 공식 언어가 되면서 그리스어와 함께 루마니아 공국의 법률이나 문서 작성에도 적용되었다. 이러한 슬라브족의 영향은 슬라

브인들이 루마니아 인들에게 동화된 이후에도 계속되었다. 반면에 다뉴브 강 이북 지역에서는 로마 문화가 여전히 강한 영향을 미치고 있었는데, 그 중심에 로마 가톨릭이 있었기 때문이다. 로마 가톨릭은 다키아-로마인들이 거주하던 남부 및 북부 지역에서 로마 문화의 핵심인 언어, 정신 및 생활양식을 유지시키는 기능이 있었다.

- [13세기] 발칸반도도 타타르족(몽골족)에게 점령되는 고초를 겪는다.

오스만 제국 점령시대

〈오스만 제국의 발칸 정복사〉

- 이후 오스만 제국이 15세기부터 400여 년간 발칸반도를 지배한다.
- 비잔티움 제국[8]은 이슬람세력의 팽창의 방파제로서 천여 년 동안 유럽을 지켜왔지만, 1453년 5월 29일 수도인 콘스탄티노플이 함락되면서 오스만 제국에게 멸망당했다. 이제 발칸반도에는 투르크족과 이슬람교가 침투한다. 발칸반도는 슬라브 문화, 서유럽 가톨릭 문화, 동유럽 정교 문화, 오스만의 이슬람 문화가 공존하는 문화적 다양성과 기존의 헝가리인, 그리스인, 알바니아인 등에 슬라브인(세르비아인)과 투르크인이 뒤섞인 민족적인 복잡성을 가진 지역으로 탈바꿈하면서 끊임없는 민족적, 종교적 분쟁의 씨앗을 잉태하게 되었다.

18세기와 19세기

- [18세기 말] 발칸 반도는 크게 세 개의 세력으로 분할된 상태였다.
- 오스만 제국(1299~1922)이 발칸 반도의 대부분을 지배하였고, 오스트리아 제국은 슬로베니아를 영유하였고, 베네치아 공화국(7/8세기-1797)은 달마티아 내부까지 영역을 확대하였다. 그밖에도 몬테네그로와 라구사 공화국[9] 같은 소국과 오스만 제

8) 콘스탄티누스 대제(재위 306~337)가 330년 5월 11일 비잔티움을 '로마 노바(새 로마)'로 개명하여 수도로 삼고 기독교를 국교로 삼게 된 이후의 제국을 비잔티움 제국이라고 부른다. '비잔티움'이란 이름의 유래는 명확하지 않다. 그러나 비잔티움을 세웠다고 하는 그리스 신화의 전설적 왕 비자스(Byzas)의 이름이 라틴어로 바뀌어서 비잔티움이 되었다고 한다.

9) 라구사 공화국. 현재 크로아티아의 달마티아 지역에 14세기부터 1808년까지 존재했던 소공화국. 수도

국의 속령인 왈라키아 공국[10]과 몰도바 공국이 있었다.

〈11세기 무렵의 베네치아공화국〉

〈라구사공화국(황토색부분)〉

〈잠깐〉 달마티아(Dalmatia, 크로아티아어: Dalmacija)?

아드리아 해에 면한 크로아티아의 지역으로, 과거 로마 제국의 속주였다. 아드리아 해를 사이로 이탈리아와 마주보고 있으며, 자다르, 스플리트, 두브로브니크 등 유명 관광지가 이 지역에 있다. 현재 크로아티아의 행정 구역 상으로는 자다르, 시베니크-크닌 주, 스플리트-달마티아 주, 두브로브니크-네레트바 주의 네 지역이 포함된다. 서기 1000년경부터 아드리아 해 연안을 통제해온 베네치아 공화국에 저항하고자 주변의 슬로베니아 · 크로아티아와 함께 1102년 헝가리 왕을 군주로 받아들였다. 18세기말, 베네치아 공화국은 달마티아 내부까지 영역을 확대하였다. '달마시안'이라는 견종의 기원도 이 지방이다.

- 나폴레옹의 정복활동은 발칸 반도의 정세에 큰 변화를 가져왔다. 나폴레옹에 의해 베네치아 공화국(1797년), 라구사 공화국(1808년)이 멸망하고 오스트리아 제국도 발칸 반도의 영토를 잃게 된 때문이다.
- 나폴레옹의 몰락(1815년) 이후 성립한 빈 체제에서 오스트리아는 나폴레옹에게 상실했던 영토를 되찾고, 베네치아 공화국이 지배하던 영역과 라구사 등을 새로 장악

라구사는 오늘날의 두브로브니크.

10) 왈라키아는 현재 루마니아의 남부 지역. 1317년 바사라브 1세가 마자르인의 지배에 항거하여 건국된 이후, 인접 민족들의 잇단 침략을 받았다. 16세기 초 오스만 제국의 보호를 받아오던 중 1714년부터 선거제가 폐지되어 오스만 제국의 지배를 받았다. 1861년 국호가 루마니아 공국으로, 이후 다시 루마니아 왕국으로 바뀌었다.

하여 크로아티아, 슬라보니아, 시르미아 등을 얻는다.

- 오스만 제국은 1817년 세르비아가 자치권을 얻고, 1821년 그리스가 독립하는 등 발칸 지역에서의 영향력을 상실한다. 왈라키아 공국과 몰도바 공국도 1861년 하나의 나라로 통일되어 루마니아 공국이 된다. 그래서 오스만 제국이 지배하던 발칸 반도 지역은 독립국가가 되거나 자치령으로 전환되기 시작한다.
- 이런 상황에서 오스트리아는 이탈리아 통일 전쟁(대략 1815~1871)과 프로이센-오스트리아 전쟁(1866.06.17~1866.08.23)에서 연달아 패배하자, 발칸 반도로 관심을 돌려 발칸 반도에서의 영토 확장을 시도한다. 러시아도 범슬라브주의에 따라 발칸 반도에서의 영향력 확대를 꾀한다.
- [1877년] 러시아는 러시아-튀르크 전쟁[11]을 일으켜 오스만 제국에 승리한다.

- 그 결과(산스테파노 조약, 1878), 발칸 반도에서 러시아의 세력이 강해지면서 루마니아 공국은 루마니아 왕국이 되어 오스만 제국의 영향력에서 완전히 벗어나고, 세르비아와 몬테네그로도 완전 독립한다. 불가리아도 자치권을 얻게 되면서 오스만 제국은 발칸 반도를 거의 상실하게 된다.

11) 1875년 오스만 제국이 보스니아에서 발생한 봉기를 탄압하자 세르비아와 몬테네그로가 오스만 제국에 선전포고를 하는데, 이에 러시아가 중재에 나서 이스탄불에서 회의를 열었으나 합의점을 찾지 못하여 러시아가 개입한 전쟁.

- 발칸 반도에서 러시아의 영향력이 지나치게 강해지는 것을 경계한 오스트리아-헝가리 이중제국(1867~1918), 영국, 독일 등의 유럽 열강들은 1878년 비스마르크의 주재로 베를린 회의를 열어 산스테파노 조약을 개정한다.
- 이 회의의 결과, 발칸 지역에서 거대 슬라브 국가는 등장하지 못하게 되고, 오스만 제국은 마케도니아와 트라키아 지방(현재 그리스, 불가리아, 터키가 속한 지역)을 돌려받으면서 러시아의 영향력은 약화된다. 오스트리아-헝가리 제국은 중재의 대가로 오스만 제국으로부터 보스니아·헤르체고비나의 관할권을, 영국은 키프로스의 관할권을 얻는다. 그럼에도 불구하고 발칸 반도에서 오스만 제국의 쇠퇴는 계속되는데, 1881년 그리스에게 테살리아(Θεσσαλία)를 양도한다.

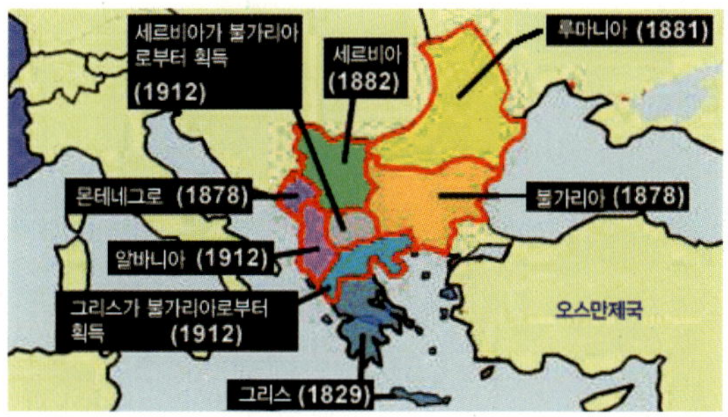

〈오스만제국으로부터 독립한 발칸 국가들〉

20세기 초

- [1908년] 불가리아는 오스만 제국으로부터 완전 독립하여 불가리아 왕국(1908.09.22. (1916년까지 구력 사용. 신력으로는 10월 5일)~1946)이 된다. 같은 해에 오스만

제국에서는 청년 튀르크 당이 혁명을 일으켜 압뒬 하미트 2세(1842~1918)가 퇴위하고 미드하트 헌법[12]이 부활한다. 이에 따라 청년 튀르크당은 오스만 제국의 서구화와 근대화를 추진하는데, 이 과정에서 튀르크 민족주의가 확산되면서 발칸 반도의 다른 민족들이 심하게 반발한다.

- [1911년] 이런 상황에서 이탈리아는 오스만 제국이 지배하던 리비아를 얻기 위해 이탈리아-튀르크 전쟁을 일으킨다. 오스만 제국은 이 전쟁에서 대패하면서 허약함을 드러낸다. 이는 그리스 왕국, 세르비아 왕국, 몬테네그로 왕국, 불가리아 왕국 등 발칸 국가들이 오스만 제국에 대항하여 선전포고를 하는 빌미가 된다.
- [1912년] 그리스, 세르비아, 몬테네그로, 불가리아는 발칸 동맹을 결성하고 러시아의 지원을 받아 오스만 제국에 제1차 발칸 전쟁(1912.10.08~1913.05.30)을 일으킨다. 오스만 제국의 영토이던 알바니아도 독립을 위해 발칸 동맹군에 동참한다. 이탈리아-튀르크 전쟁 때문에 오스만 제국의 주력군이 아프리카에 있었던 까닭에 오스만 제국은 두 달 만에 대패한다. 발칸 전쟁에서 패배한 오스만 제국은 수도 콘스탄티노플을 제외한 발칸 반도의 모든 영토를 상실하고, 알바니아도 독립하게 된다. 오스만 제국이 할양한 남은 영토는 세르비아, 불가리아, 그리스 등이 나누어 가지는데, 영토의 분배 과정에서 발칸 동맹 국가들 간에 불화가 생기면서 제2차 발칸 전쟁이 일어난다.
- 제1차 발칸 전쟁의 결과, 세르비아는 마케도니아의 일부를, 그리스는 크레타 섬을, 불가리아는 남 루멜리아, 동 트라키아 그리고 마케도니아의 남은 일부를 차지한다. 불가리아의 지나친 팽창에 불만을 품은 세르비아는 그리스, 몬테네그로, 루마니아와 함께 동맹을 맺어 불가리아에 맞섰다.
- [1913년] 불가리아의 선전포고로 발발한 제2차 발칸 전쟁은 불가리아에 대항하여 알바니아를 제외한 발칸 반도의 모든 국가가 싸운다. 여기에 오스만 제국이 옛 영토 회복을 위해 불가리아에 선전포고를 하는데, 불가리아의 항복으로 전쟁은 종료된다.
- 불가리아는 부쿠레슈티 조약[13]을 맺어 제1차 발칸 전쟁으로 얻었던 모든 영토를 할양하게 되고, 세르비아와 그리스, 루마니아는 영토를 확장한다. 오스만 제국도

12) '오스만 제국 헌법'이라고도 하며, 오스만 제국 최초의 근대적, 자유주의적 헌법. 서구화를 겨냥하여 군대, 교육, 행정을 개혁한다는 내용.

13) 1913년 8월 10일 루마니아의 수도 부쿠레슈티에서 루마니아 왕국, 세르비아 왕국, 그리스 왕국, 몬테네그로 왕국과 불가리아 왕국이 체결한 조약.

이 조약을 통해 잃었던 영토를 일부 회복한다.

제1차 세계대전

- [1908년] 발칸 반도는 제1차 세계대전의 직접적인 도화선이 된다. 오스트리아-헝가리 이중제국은 보스니아를 완전 병합하고 발칸 반도로 계속 진출한다. 제1차, 제2차 발칸 전쟁을 거치면서 세르비아는 신흥 강국으로 성장한다. 슬라브계 왕국이던 세르비아는 러시아의 지원을 받으며 발칸 반도 내의 슬라브 민족을 통일하여 강력한 국가를 수립하려는 구상을 한다. 이러한 범슬라브주의는 다민족 국가인 오스트리아-헝가리 이중제국에게는 심각한 위협이다. 슬라브 민족의 이탈을 선동해 제국의 붕괴를 야기할 위험이 있기 때문이다.
- [1914년] 보스니아의 수도 사라예보에서 사라예보 사건이 터지자 세르비아를 침략할 구실을 찾던 오스트리아-헝가리 이중제국은 세르비아에 선전포고를 하고, 다양한 조약과 동맹 관계가 작용하여 제1차 세계대전(1914.07.28~1918.11.11)이 시작된다. 제2차 발칸 전쟁 이후 세르비아와 원수 관계가 된 불가리아는 세르비아에 대항하여 동맹국으로 참전한다.
- 제1차 세계대전의 중심이 된 발칸 반도는 전후 큰 변화를 겪는다. 동맹국이 패배하게 되면서 발칸 반도의 정치적 지도는 완전히 재구성된다. 오스트리아-헝가리 이중제국과 오스만 제국이 해체되면서 신생 국가들이 탄생하고, 세르비아는 이들 신생 국가 중 상당수(슬로베니아, 크로아티아, 보스니아 · 헤르체고비나, 세르비아, 몬테네그로, 코소보, 마케도니아)를 흡수하여 세르비아가 주도하는 유고슬라비아 왕국(1918~1941)[14]을 수립하여 범슬라브주의를 실현한다.
- 그리스도 세브르 조약[15]으로 오스만 제국으로부터 영토를 할양받는다. 오스만 제국은 이스탄불 주변을 제외한 발칸 반도의 모든 영토를 상실하고, 아나톨리아의 일부 지역까지도 그리스에게 내어 준다. 그리스는 패전한 오스만 제국을 침략하여 대 그리스주의('위대한 그리스', Megali Hellas)[16]를 실현하여 비잔티움 제국

---

14) 건국명은 '세르비아-크로아티아-슬로베니아 왕국', 1929년 7월 6일 '유고슬라비아 왕국'으로 개명.

15) 1920년 8월 10일 프랑스 파리 근교의 세브르에서 연합군과 오스만 제국이 체결한 조약. 이 조약으로 오스만 제국은 상당한 영토를 상실한다.

16) 그리스 세계는 이오니아 해에서 소아시아까지 폰토스 바다(흑해)에서 동방까지, 트라키아에서 마케도니아와 북쪽 에페소까지, 크레타에서 남쪽 키프로스에 이르는 지역을 아우른다. 신생 그리스는 콘스탄

(330~1453)을 재건하고자 1919년 그리스-터키 전쟁(1919~1922)을 일으킨다. 그러나 무스타파 케말 아타튀르크(Mustafa Kemal Atatürk, 1881~1938)가 이끄는 오스만 제국군에게 패하면서 대 그리스주의는 몰락하고, 오스만 제국은 1923년 터키 공화국이 된 후 로잔 조약을 맺고 세브르 조약을 폐기한다. 이렇게 하여 터키는 1894년 당시 소유했던 스미르나, 콘스탄티노플, 동부 트라키아 등의 영토를 회복한다. 그리스와 터키의 불편한 관계는 여기서 비롯되어 키프로스 분쟁으로 이어진다. 이탈리아도 오스트리아-헝가리 이중제국으로부터 이스트라 반도[17]를 확보한다.

제2차 세계대전

- [1939년] 무솔리니의 이탈리아가 알바니아를 병합한다. 루마니아 왕국은 1940년 11월 추축국[18]에, 불가리아 왕국은 1941년 4월 추축국에 가입한다. 이로써 유고슬라비아와 그리스를 제외한 발칸 반도의 모든 국가가 추축국의 일원이 된다.
- 대전 초기에, 추축국이 승전을 이어가자 유고슬라비아 왕국은 1941년 추축국의 삼국 동맹 조약에 가입한다. 그러나 국민들의 반발로 3일 만에 탈퇴한다. 이는 추축국에게 침략 구실을 주는 빌미가 되어 유고슬라비아 왕국은 1941년 4월 추축국의 점령으로 멸망한다.
- 그리스도 추축국의 침략을 받고 저항한다. 그러나 그리스 공방전과 크레타 전투의 결과 추축국에 완전히 점령된다. 이로써 발칸 반도 전 지역이 추축국의 지배하에 놓인다. 유고슬라비아와 그리스의 영토는 나치 독일, 이탈리아, 불가리아에 의해 분할되고 유고슬라비아의 일부는 크로아티아 독립국이라는 추축국의 괴뢰국

티노플에 그 수도를 두겠다는 야망이 있었다.

17) 슬로베니아, 크로아티아, 이탈리아 세 나라에 걸쳐 있는 아드리아 해의 반도. 이 지역은 오랫동안 베네치아 공화국의 영향권에 있었으나 나폴레옹 전쟁 이후 오스트리아 제국의 영토로 편입되었다가 제1차 세계대전에서 오스트리아가 패한 후 해체되고 남부티롤과 함께 승전국 이탈리아 왕국의 영토가 된다. 그러나 제2차 세계대전 추축국으로 참여한 이탈리아 왕국이 패하면서 유고슬라비아 및 트리에스테 자유 지구의 영토가 된다. 1991년 슬로베니아와 크로아티아가 독립하면서 이스트라 반도의 대부분은 크로아티아의 영토이고, 나머지는 슬로베니아가 대부분을, 이탈리아는 트리에스테와 인접한 일부 영토를 점유하고 있다.

18) 추축국(樞軸國, Axis Powers)은 제2차 세계대전 중 연합국 측에 대항하여 전쟁에 참여한 세력. 1936년 나치 독일과 이탈리아 왕국, 일본 제국 세 나라 간 우호 조약으로 시작, 1939년 로마-베를린 간 추축을 형성한 군사 동맹 조약인 강철 조약, 1940년에 맺은 삼국 동맹 조약으로 독일, 이탈리아, 일본의 전쟁 목표를 통합했다.

가가 된다. 나치 독일의 점령 기간 동안 유고슬라비아에서는 대규모의 인종 청소가 발생한다.

- [1944년] 노르망디 상륙 작전 이후 추축국의 패색이 짙어지고, 같은 해 말에 소련이 루마니아와 불가리아를 침공한다. 소련 침공 직전에 불가리아는 중립국으로 전환하지만, 소련에 점령당해 불가리아 인민 공화국이 수립된다. 루마니아도 연합국으로 전환한다. 소련군이 유고슬라비아로 진격하자 독일군은 점차 후퇴하고, 티토(Josip Broz Tito, 1892~1980)가 이끄는 유고슬라비아 공산당 게릴라도 가세해 나치 독일을 완전히 몰아낸다.
- 제2차 세계대전의 결과, 추축국이 패배하면서 발칸 반도의 대부분 국가는 소련군의 점령 하에 들어가고, 불가리아, 루마니아, 알바니아 등은 소련의 위성국이 된다.
- 유고슬라비아도 티토의 지도 아래 유고슬라비아 사회주의 연방 공화국이 되지만, 다른 공산주의 국가와는 달리 소련과 독립적인 티토주의를 펼치게 된다.

▶ 냉전 이후 정세와 유고슬라비아 연방의 붕괴

- [1990년] 공산주의 몰락 이후 유고슬라비아 연방은 6개의 지역(슬로베니아, 크로아티아, 세르비아, 보스니아, 몬테네그로, 마케도니아)과 2개의 세르비아 자치지역(코소보, 보이보디나)으로 해체된다. 슬로베니아와 마케도니아는 평화롭게 분리된 편이지만, 나머지 지역들은 처절한 투쟁을 거쳐 분리 · 독립한다. 크로아티아는 1991년부터 1995년까지, 보스니아는 1992년부터 1995년까지, 코소보는 1996년부터 1999년까지 전쟁을 통해 엄청난 희생을 감수하였다.

〈잠깐〉 '유고슬라비아 사회주의 연방 공화국', 어떤 국가인가?

1943년부터 1992년까지 발칸 반도에 존재했던 공산국가. '유고슬라비아 연방 공화국'(신 유고슬라비아 연방)과 구분하여 '구 유고슬라비아 연방', 줄여서 '구유고 연방' 또는 '구 유고'라고도 부른다.

1943년 11월 29일 요시프 티토가 유고슬라비아 사회주의 연방공화국을 수립한다.

유고슬라비아는 동유럽과 중앙유럽의 여타 공산주의 국가들과는 달리 바르샤바 조약에도 경제상호원조회의에도 가입하지 않고, 북대서양 조약기구에도 가입하지 않은 채 요시프 티토의 지도 아래 비동맹 운동 노선을 걷는다. 그래서 티토의 자주적인 정치노선을 티토주의라고 부른다. 티토 사망 이후 잠재되어 있던 민족 갈등이 악화되어 1991년 유고슬라비아의 일원이던 슬로베니아, 크로아티아, 마케도니아, 보스니아·헤르체고비나가 차례로 분리 · 독립한다. 유고슬라비아 전쟁 후 1992년 세르비아와 몬테네그로가 유고슬라비아 연방(신 유고연방)을 결성하면서 구 유고연방은 역사에서 사라진다.

II.

발칸유럽을 품은 국가들

01
루마니아

국명	'로마인의 나라(Ţara Românească)'란 뜻의 '로므니아(România)'
면적	238,391km2
인구	21,599,736명 (2016년)
GDP	$11,637 (2016년)
화폐	루마니아 레우 (RON)
수도	부쿠레슈티(bucur('너는 기쁘다'의 뜻)라 불리는 양치기에서 유래)
도메인	.ru

1
지리

위치

- 일반적으로 동유럽으로 분류되었으나, 현재는 중앙유럽과 남유럽(정확히는 남동유럽)이 교차하는 지점에 위치하는 나라로 인식되고 있다.

언어

- 슬라브족이 가득한 동유럽에서도 독특하게 라틴계 민족이고, 언어도 라틴계 언어(로망스어군)를 사용한다.
- 루마니아어는 슬라브계가 들어와 뒤섞이며 슬라브어에서 차용된 어휘들이 적지 않고(20~30%), 서유럽의 로망스 어군과는 꽤 차이가 있어서 동 로망스어로 분류되고 있다.

민족

- 소수민족들도 다수 거주하고 있는데, 대표적인 소수민족의 언어로는 헝가리어와 독일어가 있다. 현재 영어와 프랑스어는 루마니아의 주요 외국어이다. 특히 프랑스어는 루마니아가 프랑코포니회원국이라는 점과 루마니아가 유럽연합 가입국이 된 이후 프랑스, 이탈리아, 스페인으로의 이주에도 영향을 미쳤다.
- 소수 민족들도 많아서 색다른 민속의상들도 112가지나 된다. 다음 쪽의 그림은 대표적인 민족 의상들을 보인 것이다.

인구

- 2000년대 초만 해도 2천만이 넘었다. 그러나 경제가 흔들리면서 무려 12%나 되는 주민들이 해외로 이민을 갔다. 출산율도 매우 낮아서 장기적으로는 급격한 인구 감소와 고령화가 예상된다.

1. 트란실바니아	2. 바나트	3. 서부평원	4. 두나레	5. 몰도바	6. 왈라키아
Sibiu Cluj-Someș Hațeg Apuseni	Timiș Severin	Arad Bihor Oaș	Bărăgan Dobrogea Aromanians	Moldova Bucovina Basarabia	Oltenia Muntenia
Women wear 2 aprons, narrow, black or black & red	2 aprons, one or both w fringes	One front apron, very wide	2 very colorful aprons, each different design	One tight, wrap around apron (fota)	2 overlapping aprons or 1 skirt like apron
7. 루마니아인 Aromanians, Vlachs	집시인	슬라브인	독일인	튀르크인/타타르인	헝가리인
in Albania, Bulgaria, Croatia, Greece, Macedonia, Serbia, Hungary, Ukraine.	Gypsies, Roma, or Tigani (3)	Bulgarians, Serbians, Croats, Russians, more (7.) See Note A	Saxons, Landlers, Swabs (9)	Turks (1), Tatars (2)	Hungarians & Szekelys (7) See Note B

- 2002년을 기준으로 집시가 인구의 1.8%나 되는데, 비공식 집계로는 11%나 되는 집시 천국이다.

종교

- 루마니아 정교가 국교는 아니지만 사회, 정치, 문화에서 차지하는 비중을 고려하면 국교에 준한다. 비율로 보면 정교(87%), 프로테스탄트교(7.5%), 로마가톨릭(5%), 무슬림(1%이하)의 순이다.
- 루마니아 정교는 그리스 정교의 자치교인데, 성 안드레아 사도에 의해 고대 루마니아 지역에서 선교가 시작되었기에 성 안드레아를 수호성인으로 모시고 있다.
- 루마니아 정교는 1885년에 자치교로 독립하였다. 현재는 총대주교와 50여명의 주교들이 있다.
- 루마니아 정교의 특징은 다른 구 사회주의 나라들과 달리 사회주의 정권하에서도 많은 교회, 수도원, 신자들을 유지한 점이다. 차우셰스쿠 정권시절에 국립문화재 총관리국의 지시로 도시재개발관계법이 시행된 1982년부터 8개의 교회들이 헐리지 않고 원래대로 옮겨져서 현재의 위치로 이전되었다. 예컨대 올라리 성당(olar = 도공의 뜻)은 1758년에 건설된 것인데, 대부분의 도공들이 몰다비아(루마니아의 옛 공국) 출신이었고, 몰다비아 양식으로 건축된 것이다. 그밖에 주교회의본부 도서관 (1920년), 미하이보더 성당(1589년), 성 제오르제-카프라 성당 (1877년) 등이 대표적으로 역사의 신비를 간직한 교회들이다.

〈성 제오르제-카프라성당〉

〈좌: 미하이보더 성당, 우: 올라리 성당〉

- 연장 최고 순으로는 미하이보더 성당: 249m, 올라리 성당: 245m
- 무게 최고 순으로는 총대주교 주교회 도서관: 9천 톤, 미하이보더 성당: 4천 톤
- 경사도순으로는 미하이보더 성당: 2.8%, 6.2m 하강, 연장 249m
- 이전 방식도 흥미롭다. 기존의 건물 밑을 서서히 파면서 기초를 드러나게 하고 그 밑에 새로 큰 기초를 다시 깔고 그 위에 철로 같은 구조물을 깔아 옮길 수 있는 장치를 마련하는 식이다. 이처럼 완전히 새로운 기초 및 철로 같은 구조물 위에 성당을 옮긴 다음에 수십 대의 크레인으로 밀고 당기면서 성당들을 옮겼다. 이렇게 성당 이동에 소요된 비용은 차우셰스쿠 정부가 대부분 부담했다 (총 3.2백만 레이).

루마니아를 대표하는 인물

▶ '인간이되 인간이 아닌' 3인방

- 15세에 올림픽 체조 만점을 기록한 '요정' 나디아 코마네치
- '흡혈귀' 드라큘라 블라드 백작
- 잔인한 독재자 '니콜라에 차우셰스쿠'

▶ 드라큘라

- 이 나라의 농부들이 귀신을 부르는 명칭이던 'Dracul'에서 유래했다. 루마니아 농부들이 그냥 '귀신이다'라고 하는 것을 듣고 영국의 작가 브람 스토커가 영감을 받아 작품 명칭으로 사용하면서 유명해졌다. 18~19세기에 루마니아 농민들, 특히 트란실바니아 지방의 루마니아 농부들은 사생아에 의해 살해된 사람은 모두 흡혈귀가 된다고 믿어서 그런 '귀신'을 쫓아내기 위해 시신에 말뚝을 박거나, 총으로 관을 쏘거나, 아니면 마늘로 시신의 입을 꽉 틀어막았다고 한다. 그런데 트란실바니아에서 행해진 풍습이 왜 루마니아와 관련이 있을까? 트란실바니아는 에르데이(Erdély)라 불리며 본래 헝가리 왕국의 땅이었는데, 제1차 세계대전 전후 베르사유 조약에 따라 연합군이었던 루마니아로 귀속되었기 때문이다. 트란실바니아 지역은 루마니아인의 비율이 높았던 지역이기도 하다. 게다가 이런 의식은 모든 루마니아 농촌에서 행해졌다.

▶ 루마니아의 수호성인 : 성 안드레아

- 성 안드레아는 예수의 12 사도들 중 한 명[1]으로, 루마니아 정교회는 '루마니아의 수호자' 또는 '루마니아 인들의 수호성인'으로 간주한다. 성 안드레아는 베드로, 요한, 야고보처럼 핵심 사도는 아니어서 예수의 죽음과 부활 이후, 그리고 교회의 선교가 활발해진 이후에야 그의 활약상이 여러 곳에서 발견된다. 그는 유럽의 북부 끝인 스키티아까지 올라가서 선교 활동을 벌였고, 지금의 동유럽과 러시아를

1) 베드로와 함께 예수의 첫 제자였음. 요한복음서는 안드레아가 예수가 메시아임을 먼저 알아보고 베드로에게 예수를 소개한 것으로 기록. 당시 안드레아는 세례자 요한의 제자였다. 세례자 요한과 예수의 사목과 선교 활동이 연결되는 지점에 성 안드레아 사도가 있는데, 옛 시대의 끝이 새 시대의 시작과 연결되는 지점이라는 데 의미가 있다.

여행하며 선교활동을 했다. 그래서 지금도 성 안드레아는 우크라이나, 루마니아, 러시아의 수호성인이기도 하다.

- 기록에 따르면, 안드레아는 당시 비잔티움의 콘스탄티노플(지금의 이스탄불)에 대교구를 만들었는데, 현재 세계 정교회의 중심지인 콘스탄티노플 대교구가 그것이다. 그러나 자신은 선교사로서 활동을 계속하고자 동료에게 주교직을 물려주고 다른 지역으로 떠났다. 그는 그리스 아카이아 지역의 도시 파트라스에서 순교했는데, X 모양의 십자가에 손발이 묶여서 처형당했기에 이후 X자 모양은 이 성인의 상징이 되었다.

- 스코틀랜드의 또 다른 전승에 의하면, 그의 유해 일부가 4세기경에 그곳으로 옮겨졌다고 한다. 이것은 안드레아 사도 유해 관리자였던 성 레굴루스(3월 30일)의 꿈에서 지시된 것이라고 한다. 기록에 의하면, 성 레굴루스는 천사의 인도를 받아 성 안드레아가 부르는 곳으로 가서 30여 년 동안 그 지역에서 스코틀랜드인들에게 복음을 전했고 그곳에 성 안드레아 수도원을 설립했다. 그래서 성 안드레아는 스코틀랜드의 수호성인이기도 하다. 스코틀랜드의 국기에 새겨진 X는 수호성인 안드레아를 상징하는 것이다.
- 11월 30일은 성 안드레아 성인의 축일이다. 교회는 대림절로 교회의 새해를 시작하므로 성 안드레아 사도의 축일은 한 해의 성인 축일 가운데 첫 번째 성인 축일이다. 따르고 환대하라는 교회의 사명과 삶이 교회의 시작이어야 한다는 뜻이기도 하다.
- 성 안드레아 사도의 유해는 성 히에로니무스(Hieronymus, 9월 30일)가 전하는 바에 따르면, 원래 콘스탄티노플에 있다가 357년 콘스탄티우스 2세 황제의 지시에 따라 그리스의 파트라이로 옮겨졌다고 한다. 그 후 1208년에 이탈리아 아말피의 성 안드레아 성당으로 옮겨졌고, 15세기에는 그의 두개골이 로마 베드로 대성전으로 옮겨졌다. 그러다가 1964년 9월 교황 바오로 6세가 그리스 정교회와 이룬 화해의 표시로 그의 유해를 다시 파트라이로 보냈다.[2]

2) 참고: 고종희 저, 명화로 읽는 성인전 (알고 싶고 닮고 싶은 가톨릭성인 63인)-'안드레아', 서울(한길사), 2014년, 93~97쪽.

2
역사

<table>
<tr><th colspan="8">루마니아와 몰도바의 역사</th></tr>
<tr><th></th><th colspan="2">고대</th><th>중세</th><th colspan="2">근대</th><th colspan="2">현대</th></tr>
<tr><td rowspan="2">루마니아</td><td rowspan="3">다키아</td><td rowspan="3">로마 제국/
다키아 속주</td><td>왈라키아 공국</td><td rowspan="3">몰다비아
왈라키아
연합공국</td><td rowspan="3">루마니아 왕국</td><td rowspan="2">루마니아사회
주의공화국</td><td rowspan="2">루마니아</td></tr>
<tr><td>트란실바니아 공국</td></tr>
<tr><td>몰도바</td><td>몰다비아 공국</td><td>소련</td><td>몰도바</td></tr>
</table>

선사

- [기원전 1500년] 루마니아인의 기원은 고대 트라키아인. 이들은 동부 발칸반도에 거주했고, 기원전 500년 무렵에 뚜렷한 국적을 가지게 되었다.
- [기원전 513년] 트라키아인의 한 종족인 다키아 인은 현재의 루마니아와 불가리아 지역으로 세력을 확장하여 강력한 왕국을 건설했다.

고대

- [106년] 로마 제국이 이 지역을 속주로 만든 이후부터 역사의 무대에 등장한다. 서기 106년 로마 제국이 다키아인/트라키아인(현재의 루마니아와 불가리아)을 정복한다. 다른 속주들에서 온 로마인들(이탈리아 밖의 라틴족들 포함)이 이 지역으로 이주하여 기존 다키아 원주민들과 뒤섞인다.
- 로마제국의 13대 황제 트라이아누스

〈발칸반도의 로마속주들〉

(Traianus, 53~117)[3]가 두 번 원정하여 다키아 인을 복속시키고 이곳에 다키아 속주를 설치한다. 이후부터 루마니아 인의 의식 속에는 자신들이 다키아 인과 로마인의 후예이며, 자신들의 지역이 '슬라브 지역 안의 라틴지역'이라는 인식을 갖게 된다.

- 그 후 루마니아 지역의 역사는 트란실바니아, 왈라키아, 몰다비아의 세 가지 줄기로 다르게 뻗어나간다. 이 중 몰다비아는 현재 몰도바로 독립해 다른 나라가 되었고, 트란실바니아는 항상 헝가리의 영향을 크게 받아왔고, 왈라키아가 가장 루마니아적인 역사를 이룬다. 왈라키아는 '발라키아'라고도 읽는다.
- [271년] 로마의 세력이 약화되면서 게르만족 세력권과 경계를 이루는 다키아 속주의 북쪽 국경을 따라 게르만족이 침입. 게르만족은 이 지역을 루마니아 인들과 공유하려 한다. 게르만족은 378년 루마니아 밖으로 이주하려 한다. 그리스 북부 발칸반도의 나머지 지역과는 달리 루마니아 인들은 이 지역으로 집단 이주해온 슬라브족에게 동화되기를 거부한다.
- [4세기 초] 훈족이 이 지역을 루마니아 인들과 공유했지만, 435년 현재의 루마니아에 속하는 지역에서 밀려나면서 다시 루마니아 인들의 터전이 된다.
- [6세기] 후반 이후 1세기 동안 아바르인의 지배를 받는다.

중세

- [813년] 제1불가리아 제국이 현재의 루마니아, 몰도바 전역으로 세력 확장. 그래서 왈라키아는 제 1불가리아 제국의 지배를 받는다.

- [864년] 불가리아 황제 보리스에 의해 루마니아에 그리스 정교가 전파된다.
- [10세기 말] 북 몰다비아는 러시아의 지배를 받는다.
- [1001년] 헝가리 인들이 기독교로 개종. 현재의 루마니아에 있는 트란실바니아를 정복. 루마니아의 나머지 지역들(몰다비아(현재의 몰도바 포함)와 왈라키아 포함)은 여전히 헝가리 인의 통제에서 벗어나지는 못했지만 독립 왕국들이 된다.

3) 로마 제국의 속주인 히스파니아의 이탈리카 태생. 대(對) 게르만족 최전선인 게르마니아 속주의 총독을 맡고 있던 중, 97년 네르바 황제의 양아들이 되어 98년 황제에 즉위(재위 98년 1월 28일~117년 8월 7일)하였다. 속주 출신자로는 처음으로 로마 황제가 된 인물. 로마 제국의 영토를 최대 판도로 넓힌 황제.

- [13세기] 몽골(타타르족)의 침입으로 몰다비아는 약 100년간 몽골의 지배를 받는다.
- [1330년] 헝가리 내란으로 지방 호족들이 왈라키아 공국 건설.
- [1359년] 몽골군이 철수한 후 트란실바니아에서 이주해 온 호족 보그단 베다가 몰다비아 공국 건설.
- [1415년] 왈라키아 공국이 오스만 제국에 정복된다. 독립을 회복하기 전인 1422년 다시 정복된다.
- [1476년] 왈라키아 공국이 다시 오스만 제국의 통치를 받게 되지만, (외교권을 제외한) 자치권은 확보한다.
- [1526년] 1003년부터 헝가리 인의 지배를 받아온 트란실바니아가 오스만 제국 시절에 준(準)자치 지역이 된다.
- 그리스까지 문화 영향력을 뻗치는 등 유럽에서 찬란한 문화를 꽃피웠던 나라. 그러나 오스만 제국, 불가리아 제국, 헝가리 왕국, 폴란드 왕국 등에게 포위된 채 지지부진하여 왈라키아 공국과 몰다비아 공국으로 나뉜 구도가 500여 년간 지속된다.
- 1538년, 몰다비아가 오스만 제국에 점령되지만 (외교권을 제외한) 자치권은 유지한다.

〈오스만제국의 발칸반도 정복사〉

오스만 제국의 지배 시절

- [16세기말] 왈라키아의 미하이 비테아즈(재위 1593~1603)는 오스만 제국과의 전쟁에서 승리하고 몰다비아와 합병하는 등 트란실바니아 지역의 일부를 차지하면서 루마니아 통일 왕국을 실현한다. 미하이 비테아즈 사후 왈라키아는 다시 오스만 제국에 종속되지만 그의 위업은 대 루마니아주의로 계승된다.
- [1711년] 러시아와 오스만 제국의 압력에서 벗어나려 했지만 실패하고 18세기 후반 오스만 제국의 세력 약화와 더불어 러시아의 남하정책, 오스트리아(합스부르크 제국)의 동진정책에 따라 이 지역은 러시아, 오스트리아, 오스만 제국 등의 패권 논리에 좌우된다.
- [1768~1774년] 러시아는 오스만 제국과의 전쟁에서 승리하여 루마니아를 지배한

다. 1774년 큐츠크-카이나르쟈 조약에 따라 왈라키아와 몰다비아를 오스만 제국에 반환. 오스만 제국은 나폴레옹과 동맹을 맺어 러시아와 대항하였으나 실패, 다시 루마니아는 러시아의 지배를 받는다. 1812년에는 부쿠레슈티 조약이 체결되어 다시 오스만 제국에 종속된다.

- [1828~1834년] 러시아와 오스만 제국 간의 전쟁으로 러시아가 지배한다.
- 크림 전쟁(1853.10~1856.02)[4] 이후 유럽 열강들의 배려로 오스만 제국의 형식적인 속국 형태로 루마니아 왕국이 탄생한다.

근대

- 루마니아 왕국의 초대 군주 카롤 1세(재위 1866~1914)는 농업, 산업, 국내·외 교역, 교통, 금융 등에서 큰 업적을 남긴다.
- [1877년] 러시아와 동맹을 맺고 오스만 제국과의 전쟁에서 승리하여 불가리아, 세르비아 등과 함께 루마니아 왕국으로 완전 독립한다.
- [1914년] 제1차 세계대전 발발부터 1916년 8월까지 중립을 선언한다.
- [1916년] 오스트리아-헝가리 이중제국에 선전포고한다.
- [1918년] 12월, 독일-오스트리아-헝가리의 패배로 부코비나, 트란실바니아가 루마니아에 편입되면서 루마니아는 민족 통합과 독립을 이룬다.
- 제1차 세계대전 직후, 친 독일계 보수당이 사라지고 민주 농민당이 탄생하면서 1928~1930년 농민당이 집권하였으나 1930년대에 인근 발칸반도 국가들처럼 거의 모든 정권들이 해체된다. 카롤 2세(재위 1930~1940)도 전제 군주제를 시행하며 삼권분립제도를 폐지한다.
- [1939년] 9월, 제2차 세계대전 발발 때 카롤 2세(재위 1930~1940)는 중립을 표방하였으나 이후 친독일 정책으로 선회. 이후 독일의 압력으로 트란실바니아는 헝가리에, 베사라비아와 북부 부코비나는 소련에, 남부 도브루자는 불가리아에 각각 할양되어 카롤 2세의 대내외 기반이 무너진다. 이에 미하일 황태자가 왕위를 계승하였으나, 실권은 이온 안토네스쿠(Ion Victor Antonescu, 1882~1946)가 이끄는 군부가

4) 1854년 크림반도를 사이에 두고 러시아 제국의 남하정책을 막기 위해 3년 동안 러시아 제국과 연합국(영국, 프랑스, 사르데냐 왕국, 오스만 제국) 사이에 벌어진 전쟁. 크림전쟁으로 빛을 발한 것은 나이팅게일의 숭고한 희생과 간호학의 발전이다.

장악한다.

- 제2차 세계대전 중, 군사적, 경제적 부분에서 적극 참전하여 유류, 곡물, 식료품, 군수품 등을 독일에 대량 수출. 1941년 30개 사단을 전선에 파견했으나, 크리미아, 세바스토폴 전투와 1942년 스탈린그라드 전투의 참패로 독일과 함께 치명타를 입는다. 제1차 세계대전의 결과로 루마니아의 영토가 2배 이상 확대된 것과는 달리, 제2차 세계대전 후 루마니아는 분할되는 운명을 맞는다.
- 이후 구소련을 통해 공산화 과정을 밟는다. 니콜라에 차우셰스쿠(1918~1989) 서기장은 독재체제에 전념하고 1967년 국가평의회의장으로 취임, 루마니아 사회주의 공화국의 국가원수가 된다. 1974년 자신의 직분에 대통령직을 추가하여 초대 대통령으로서 국가 권력을 장악한다. 1985년 이후 차우셰스쿠가 부쿠레슈티를 계획도시로 건설하면서 경제난이 가중되고, 1988년 브라쇼브에서 현 정부의 족벌체제에 불만을 품은 민중폭동이 발생하자 차우셰스쿠는 강권정치로 대응한다. 1989년 12월 티미쇼아라 시에서 발단된 민중봉기가 전국으로 확대되고 군부의 분열로 진압에 실패하면서 24년간의 차우셰스쿠 독재정권은 1989년 12월 차우셰스쿠 부부가 사형되며 붕괴된다.

현대

- [1990년] 소비에트 연방의 붕괴로 독립 민주 공화국이 된다.
- '포스트 공산주의 정권'은 자유 시장경제 체제로의 변화를 꾀하지만 광범위하게 실현하지는 못한다.
- [2004년] 나토에 가입.
- [2007년] 유럽연합에 가입.

3
문화

문화의 뿌리

- 루마니아 문화는 역사만큼이나 복합적이다. 로마제국, 헝가리 제국, 오스만 제국, 오스트리아 제국 그리고 러시아 등의 지배를 받으면서 동양과 서양의 다양한 문화가 뒤섞인 독특한 양상을 보인다.
- 전반적으로 발칸유럽의 여타 국가들과는 달리 라틴 언어권에 속한다는 점에서 주로 라틴문화권의 특성을 엿볼 수 있다. 이는 일찍이 로마제국의 지배를 받으면서 라틴계 언어인 루마니아어가 형성되면서 시작된 것이다. 이 라틴 문화 위에 동방정교의 문화가 확립되면서 종교적인 민족으로 탈바꿈하게 된다.

- 루마니아 정교는 민족주의 색체가 농후하다. 이는 오스만 제국의 통치를 받으면서 겪은 이슬람과의 대립과도 무관하지 않다. 동부 지역의 언어와 문화는 이슬람의 영향권에서 벗어날 수 없었지만, 서부지역은 헝가리와 합스부르크 왕가의 지배를 받으면서 서구 문화로부터 지대한 영향을 받았다.

▶ 샤머니즘

- 루마니아 인은 바람을 싫어한다. 바람이 모든 질병의 원인이라고 믿기 때문.
- 심지어 병원에서도 의사와 간호사는 허리 디스크, 두통, 눈병, 감기몸살 등도 바람때문이라고 진단할 정도. 뜨거운 여름은 40도까지 올라가서 땀이 비 오듯 흘러도 병에 걸리지 않겠다는 듯이 사람들로 빽빽한 트램의 창문도 닫혀 있다.
- 주부들은 여름에도 스카프를 쓴다. 바람이 한쪽 귀로 들어가 다른 쪽으로 나오는 것을 막는다는 뜻이다.

- 건물 구조도 모두 한쪽 벽면은 막혀있다. 한쪽으로만 창문이 나서 통풍을 막았다. 아파트도 한쪽으로만 창문과 베란다가 있고, 뒷벽은 다른 아파트 뒷벽과 마주쳐서 창문을 낼 수 없도록 통풍을 막았다. 열악한 환경과 오염된 물로 인한 질병이 시베리아 대륙에서 몰아치는 바람 때문에 생긴 풍습이다.

▶ 관습

- 감정이 풍부하고 자부심이 강한 라틴 민족의 성향이어서 외국인에게 개방적이며 여성도 적극적으로 사회에 참여한다.
- 대체로 온순하고 친절하며 가족을 중시한다.
- 짜고 매운 음식도 비교적 잘 먹고, 교육열도 매우 높다.
- 아직도 사회주의 관습이 남아있어서 업무에 수동적이고 무책임한 편이고 권위에 복종하는 편이다. 근래에 젊은 층은 독립심이 강하고 적극적이다.
- 협소한 집과 시간적인 여유가 없는 그들 가정에 초대받기는 하늘에 별 따기. 초대받더라도 그들에게는 부담스런 일이니 대개는 외부에서 약속한다.
- 남자는 매우 가정적이다. 업무 외의 시간은 가족과 함께 보내려 한다. 업무상의 저녁 약속은 피하는 것이 정석.

▶ 대화 에티켓

- 대화의 시작에는 한국과 비슷한 루마니아의 날씨를 자연스레 언급한다든지 가벼운 현지 인사말로 대화를 이끌어 나가는 것이 좋다.
- 한국에 대해서는 빠른 경제성장과 잘사는 나라로 각인되어 있어서 루마니아 현지 사람을 만날 때 쉽게 대화를 풀어나갈 수 있다.
- 일상적으로 남에게 부탁할 때나 어려운 일을 맡길 때, 심지어 거래은행의 계좌관리 요원에게도 꽃이나 담배 등 작은 선물을 한다. 이는 뇌물과 선물의 중간 정도.
- 구두 약속은 구속력이 없으니 모든 것은 문서로 자세히 기술하는 것이 상책.

▶ 출입국 정보

- 입국심사가 까다로워 장시간 줄을 서서 기다려야 하며, 가전제품이나 컴퓨터를 반입하는 경우 사용하던 물건이란 사실이 입증되지 않으면 관세를 부과하기도 한다.

- 입국 시 현금을 많이 소지한 경우 세관에 금액신고는 필수, 신고 안 한 현금은 출국시 1,000달러까지 휴대 가능.
- 심사대 근처의 운반수레는 유료(대략 50센트나 1달러)이며, 외부로 나오면 외국인을 상대로 짐을 운반해 주겠다고 하는 사람도 있으니 주의하자.
- 택시 이용 시 승차 전에 미터기 요금 확인과 요금 사전 합의는 필수, 요금 분쟁 소지가 적은 콜택시 이용이 최선의 선택.
- 환전 시 은행 등 공식 환전소를 이용할 것(여권 등 신분증 필요), 지급 받은 환전증명서는 출국 시 물품구입 증명용으로 사용될 수도 있으므로 보관할 것.
- 대형매장, 호텔 등에서는 카드 사용도 가능하지만, 카드 사용이 보편적이지 않아서 카드결제가 불가능하거나 과다청구 사례가 적지 않으므로 자제할 것.

고성의 나라

(1) 알바 이울리아(Alba Iulia)

〈좌: 요새의 성문, 우: 7각형 요새 알바 이울리아〉

- 알바 이울리아는 역사적으로 루마니아인, 헝가리인, 트란실바니아 섹슨인(작센인)에게 중요한 곳이다.
  - 지명: 독일어 Karlsburg 또는 Weißenburg, 라틴어(로마제국) Apulum, 이후 Alba Iulia. 루마니아의 옛 지명은 Bălgărad.
  - 위치: 트란실바니아 지역 알바 카운티의 무레쉬(Mureş) 강변에 위치.

· 인구: 58,681명(2011년).

· 역사: 신성로마제국의 황제 카를 6세(재위 1711~1740)[5]에 의해 발전했다. 합스부르크 가문이 그를 기려 1711년 '카를스부르크(Karlsburg)'로 개명했다.

- 현재의 알바 이울리아 지역은 서기 107년까지 로마제국의 트라키아 속주의 땅.
- 트라키아왕국 근처에 있었기에 로마제국이 트라키아 점령 후 신탁통치를 위해 Castum Apulum 건설. 이후 160년 동안 Apulum이란 이름을 유지한다.

- 서부의 트란실바니아 산맥에 있는 금광산과 은광산 그리고 로마 변방 트라키아 속주의 항구도시라는 이점 때문에 행정중심도시로 발전한다.
- 이곳에 사람이 거주하기 시작한 것은 신석기시대.
- [3세기] 로마제국의 세력이 약해지면서 로마인들은 271년 Apulum을 떠나고, 유목민들에 의해 초토화되었다.
- 이어서 동 게르만 족(동고트족, 게피데 족(동게르만의 한 종족))과 유목 기마민족(헝가리족, 아바르족(훈족 계열의 몽골유목민의 한 종족))의 주거지.
- [6세기] 슬라브족이 아바르족이 지배하던 이 지역으로 이주. 흰색으로 도색한 건물 때문에 Bălgrad, '백색 고성' 또는 '백색 도시'로 지칭.
- 남부 카르파티아 산맥 분지가 불가리아의 지배를 받게 되자 전략상 중요한 요새 구축. 이 요새는 소금거래의 감시초소로 사용.
- 헝가리는 슬라브족이 지칭한 이름을 이어받아서 Fehérvár('백색 고성(Weißenburg)')로 불렀다. 마자르족의 통치지역에 있던 다른 백색 고성들과 구분하고자 이곳에 정주하던 귤라(Gyula)라는 종족의 명칭을 추가했다. 귤라는 당시에는 이름이 아니라 마자르족이 기독교화 되기 이전에 두 번째로 강력했던 헝가리의 이교도를 지칭한 명칭.
- 알바 이울리아의 독일어 명칭인 '카를스부르크'는 합스부르크 가문 출신의 황제 카를 6세 시절에 요새가 건축된 후 백색고성이란 이름 대신에 붙여진 것.
- [9세기] 남동 카르파티아 분지에서 온 귤라 종족이 알바 이울리아를 지배.

5) 보헤미아와 헝가리의 왕, 시칠리아와 나폴리, 사르데냐의 왕도 겸했다. 마리아 테레지아의 아버지이자 프란츠 1세의 장인이다.

- [10세기 말] 헝가리 최초의 왕 이슈트반 1세(Szent István, 재위 1000~1038)[6]가 모든 헝가리 종족들을 통일하여 이교도이던 민족들도 로마가톨릭으로 개종. 1003년 이슈트반 1세는 이 도시를 자기 삼촌인 귤라 프로퀴(Gyla Prokuj)로부터 물려받았다.
- [11세기] 왈라키아 인들이 정착.
- [12세기] 헝가리 왕에게 이 도시의 건설 특권을 받았지만, 1241년 몽골의 침입으로 초토화. 재건을 위해 헝가리 왕 라디슬라오 4세(재위 1272~1290)는 바이센부르크의 주교좌성당 참사회에게 암염광산 투르다(Turda)를 선물로 하사.
- 오스만 제국의 제10대 술탄 쉴레이만 1세((재위 1520~1566)[7]가 부다를 점령하면서 헝가리 왕국은 몰락한다. 이후 1451년부터 1690년까지 이 도시는 오스만 제국의 지배를 받던 트란실바니아 제후국의 문화적, 행정적 중심지가 된다.
- [1622년] 헝가리 왕이자 트란실바니아 공작 베슬렌 가블러(Bethlen Gábor, 1580~1629)가 칼뱅파 개신교도로서 트란실바니아 지방 최초의 프로테스탄트교 대학 창건.

- [17세기 후반] 오스만 제국의 침략으로 파괴, 이후 신성로마제국의 황제 카를 6세(재위 1711~1740)의 황제군에게 점령. 현재의 요새 지역에 많은 건물들이 들어선 이후 1714년 사부아 공자 외젠(François-Eugène, 1663~1736)의 주문으로 보방 양식[8]의 7각형 요새를 짓기 시작. 이때부터 '바이센부르크'가 '카를스부르크'란 예칭을 얻게 된다.
- 헝가리의 루마니아 대표자들이 1918년 12월 1일 알바이울리아에서 트란실바니아, 바나트, 헝가리 왕국의 여

---

6) 헝가리에 기독교를 전파하여, 그 공으로 교황 그레고리우스 7세(재위 1073~1085, 신성로마제국의 하인리히 4세와 서임권 분쟁을 겪은 인물)로부터 헝가리의 사도 왕이라는 작위를 얻게 되었다. 헝가리 부다페스트에 어부의 요새와 마차시 성당 사이에 그의 동상이 있다.

7) 46년의 긴 치세 동안 세 대륙을 관통하는 13차례의 대외원정을 통해 수많은 군사적 업적을 쌓아 오스만 제국의 최전성기를 이룩하였다. 한국에서는 '쉴레이만 대제'로도 번역된다. 그의 이름은 유대교와 기독교 및 이슬람교에서도 경전으로 추앙받는 구약성서의 고대 이스라엘 왕 솔로몬의 터키어식 발음이다.

8) 프랑스 건축가 세바스티앙 보방(Sébastien Le Prestre de Vauban, 1633~1707)이 설계한 프랑스 동중부 베장송(Besançon)에 위치한 요새의 건축양식.

타 지역들을 루마니아에 합병하는 데 찬성하면서 거대 루마니아 탄생. 알바 이울리아는 이 관구의 수도가 됨과 동시에 로마 가톨릭과 루마니아 정교 주교의 본거지, 이 지역의 행정과 문화 중심지가 된다.

- [1922년] 이곳 알바 이울리아에서 루마니아 왕국의 두 번째 왕 페르디난드 1세(재위 1914~1927)와 마리아가 새로운 거대 루마니아의 왕과 왕비로서 대관식 거행. 이를 계기로 이곳에 루마니아 정교 대성당을 건축했다.

〈좌: 루마니아 정교 대성당, 우: 로마가톨릭 대성당〉

(2) 시기쇼아라(Sighişoara)

- 트란실바니아의 색슨족(작센인)으로 알려진 독일의 장인과 상인이 설립한 중세도시이다. 중앙 유럽의 라틴 문화와 남동부 유럽의 비잔틴 · 정교 문화 사이에 있던

〈좌: 구시가-시계탑(중앙), 사슴뿔이 있는 집(우측 건물), 우: 산악교회가 보이는 구시가골목〉

국경 지대의 작은 요새 도시였기에 몇 세기 동안 중앙 유럽의 변두리에서도 전략적 · 상업적으로 중요한 역할을 담당했다.

· 명칭: 독일어 '섀스부르크 Schäßburg', 라틴어 Castrum Sex
· 인구: 28.102명 (2011년)
· 역사:

- [12세기 후반] 헝가리 왕국이 국경 방어 차원에서 초청한 독일계 트란실바니아 작센인의 장인과 상인이 이주하여 건설. 이들은 구석기 시대에 점령의 흔적이 남아 있던 '시티 힐(City Hill, 언덕 위의 도시)'에 정착, 1241년 타타르 인이 침입한 후 요새화된 이곳 정착지에 성벽을 쌓아 방어를 강화하고 탑을 세워 경계했다. 이후 고원 주변 전체로 이 정착지를 확장했다.
- [1280년] 카스트룸 섹스(Castrum Sex)란 이름으로 역사에 등장. 장인들의 강력한 길드 덕분에 상업 활동에 활기를 띠었다. 각 길드는 첨탑을 건설해 방어를 책임졌다.
- [1337년] 왕실 거처가 되면서 시로 승격된다.
- [1367년] '키비타스(Civitas, 주교 도시)'라는 이름을 얻고 트란실바니아의 두 번째 정치 독립체가 되면서 이 도시의 중요성이 부각된다.
- [1421~1526년] 오스만 제국의 침략 위협을 받으면서 도시의 방어벽 구축.
- 제1차 세계대전 이후, 도시의 주권이 오스트리아-헝가리 이중제국에서 루마니아 왕국으로 넘어간다.
- [1999년] 시기쇼아라 역사지구는 유네스코 세계문화유산에 등재.
- 시기쇼아라 역사지구는 가파른 고원 전체에 폭넓게 요새화된 유적과 '시티 힐'과 그 아래쪽의 울창하고 경사진 저지대 도시로 구성. 대부분 2층이나 3층으로 된 장인들의 집들은 돌이나 벽돌로 건축, 벽은 초벌칠을 하고 높은 기와지붕을 얹었다. 이 집들은 거리를 따라 늘어선 좁은 파사드, L자나 U자 형태의 레이아웃, 주거 탑, 연결된 방 등의 독특한 구조로 계획되었다. 가장 오래된 집으로 추정되는 밀집형 주택들은 측면의 아치형 출입구 복도가 특징적이다. 이 출입구 복도는 부지가 작아서 인접한 2채의 집들이 서로 공유하는 경우도 있었다. 대부분의 집들은 배럴 아치형 지하실, 목조 천장, 벽돌 아치가 있는 1층 작업장과 그 위층 거실 등을 갖추었다. 일부 파사드는 바로크 양식에서 영감을 얻은 듯한 귀족적인 건축 양식을 보이기도 한다.

시타델 레인(Citadel Lane)과 헤르만 오베르트(Hermann Oberth) 광장 사이에 밀집한 집들은 경사면 지형에 어울리게 각각의 층들로 배열되어 있어서 한층 더 인상적인 모습이다. 길이가 93m나 되는 벽면과 일정한 간격으로 배치된 탑들에 둘러싸인 시타델 고원지대는 12세기부터 16세기까지 변화과정을 거친 서로 다른 건축양식들로 가득하다.

시타델 고원지대는 밧줄업자의 탑(opemakers' Tower)과 도살업자의 탑(Butchers' Tower) 사이에 높이 8~10m까지 솟아오른, 역사 지구에서 가장 잘 보존된 지역이다. 14개의 탑 가운데 9개의 탑이 지금까지 보존되어 있다.

▶ 드라큘라

- 아일랜드의 소설가 브람 스토커(Bram Stoker, 1847~1912)가 만들어낸 문학 속의 인물 'Dracula'는 시기쇼아라와 무관하지 않다.
- 블라드 체페쉬(Vlad Țepeș, 블라드 3세, 드라큘라 또는 말뚝처형자로 불림)는 블라드 2세 드라쿨(Dracul, '용'의 뜻)의 아들로, 시기쇼아라에서 출생하여 1431년부터 1436년까지 이 도시에 거주했다.
- 드라큘라는 루마니아어로 '용'이란 뜻의 드라쿨에서 비롯된 말로 블라드 3세의 아버지 블라드 2세가 용의 기사단의 기사로 임명되면서 사용되기 시작. 당시 시기쇼아라는 헝가리 왕국과 오스만 제국의 끊임없는 간섭과 침략으로 매우 혼란스러운 시기였지만 우여곡절 끝에 왕위에 오른 블라드 3세는 흩어진 민심을 수습하고 힘을 모으기 위해 노력했다. 한 방법으로 힘없는 백성들을 괴롭히거나 부패한 귀족들을 매우 잔인한 방법으로 척결하고 다른 제국의 사신들도 잔인하게 처형했다. 주로 창을 이용해 몸을 관통시키는 방법을 사용한 때문에 블라드 3세를 지칭하는 또 다른 이름인 블라드 체페쉬로 불리게 되었다. '체페쉬'는 루마니아어로 '꼬챙이'란 뜻. 블라드 3세는 이 때 많은 사람들의 피를 보게 되었다. 이런 소문이 유럽 전역에 퍼져있던 흡혈귀 이야기와 연결되면서 아일랜드의 소설가 브람 스토커의 소설에 '흡혈귀 드라큘라'가 등장하게 되었다. 자연스럽게 이 이름이 사람들 사이에 알려지게 되면서 현재까지 이어진 것. 블라드 3세는 헝가리 왕국과 오스만 제국 사이에 위치한 시기쇼아라를 지켜낸 루마니아 인에게는 영웅이자 오스만 인에게는 잔인한 인물로 각인되고 있다.
- 2001/03년, 'Dracula-자유공원' 계획은 토착민뿐 아니라 - 현재는 주로 독일에 거주하는 - 이 지역 출신의 트란실바니아 작센 인들의 강한 비판을 받았다. 영국의 찰

스 왕세자도 이곳의 공원 건설에 반대했다.

▶ 독일의 유산

- 주로 트란실바니아 작센 인들의 거주 지역.
- 1930년까지 이들이 가장 큰 민족적 주민집단을 형성. 이후 루마니아 인들이 절대 다수를 차지.
- 1970년대 중반 이후 계속 이주가 있었지만 1977년에도 5492명(17.7%)의 독일인들이 거주. 루마니아에서 공산주의 몰락 후 서방세계로 대대적인 이주 물결이 일어났다. 1992년 통계에 따르면, 당시에는 1327명, 2002년 3월 27일에는 623명의 독일인이 거주했다.
- 그렇지만 이 도시는 다문화적인 특성을 유지하고 있다. 시기쇼아라는 공식적으로 독일어 지역. 안내판과 관광 안내서는 루마니아어, 독일어, 헝가리어로 작성. 유치원부터 김나지움까지 완비, 독일아이들 외 루마니아와 헝가리 아이들도 다니면

〈좌: 산악교회가 있는 학교동산과 Joseph-Haltrich-Lyzeum 고등학교, 우: 코켈 방향의 시계탑〉

〈좌: 독일인 공동묘지, 우: 드라큘라하우스, 블라드 3세의 추정 탄생지, 현재 레스토랑으로 사용 중〉

서 독일어를 제2 모국어로 학습. 수업언어로 독일어를 사용하는 고등학교(Joseph Haltrich Lyzeum) 졸업생은 독일어 아비투어 시험 후 독일 대학교로 진학 가능하다.

- 시계탑((Piața Muzeului)은 남쪽 요새성벽 중앙에 위치하며 시기쇼아라의 상징이다. 14세기 후반 이 고성의 핵심성문의 방어시설물이었는데, 1556년 말까지는 심의회의 본부로서 사용됐다.
- 현재의 시계탑은 17세기의 것. 1676년 4월 30일에 아래쪽 시가지의 화재가 이 탑에까지 미친 때문. 피뢰침까지 포함해서 높이가 64m. 성벽의 두께는 지상 층은 2.4m, 성벽의 높이는 39.5m(1804년부터)로, 전체 5층. 최상층에는 탑이 개방형 목재 회랑, 도시 주변의 화재감시와 조망용. 1898년부터 시계탑에 길드박물관 개원.
- 시기쇼아라의 산악교회: 메서슈미트 재단(Messerschmitt Stiftung)의 기금으로 완전 개축(지하납골당은 트란실바니아에서 유일함). 이 교회 뒤쪽에 독일인 공동묘지와 납골당 그리고 아름다운 비석들이 즐비하다.
- 성 니콜라스 교회: 시기쇼아라 역사 지구의 기념물 중 이목을 끄는, 트란실바니아의 전형적인 고딕 양식 건축물. 언덕에 있어서 175개의 굽은 계단을 올라가야 한다. 1642년부터 목조 지붕으로 개축. 이 파사드의 장식 조각은 중앙 유럽의 영향을 받은 것. 1886년 붕괴된 도미니코 수도원 소속 성모 마리아 성당은 장식이 없는 13세기 파사드 통로형 고딕 양식 기념물이다.
- 그밖에 시타델 남서쪽의 도미니코 수도원과 쿠퍼스 첨탑(Coopers' Tower), 북쪽의 로크스미스 첨탑(Locksmiths' Tower), 프란체스코 수도원(Franciscan convert) 교회, 네오르네상스 양식의 시청사(1886~1888) 등도 건축학적으로 중요하다.

(3) 트란실바니아의 요새 교회 도시들(Villages with Fortified Churches in Transylvania)

- 유네스코 세계문화유산에 등재된 7개 도시는 트란실바니아 색슨족이 세웠다. 이 도시들은 토지 이용 방법과 거주지 형태가 독특하고, 가족 단위로 농장을 구성한 특징이 있다. 이는 중세 말기까지 이어졌다. 이 도시들의 요새 교회는 13~16세기의 건축 양식이다.
- 13세기에 헝가리 국왕들이 트란실바니아의 카르파티아 지역을 식민지로 만들었고, 주로 현재의 독일 라인 지방에서 독일어를 사용하는 장인, 농부, 상인들이 이주해 왔다. 트란실바니아 색슨족으로 알려진 이들은 헝가리 국왕, 특히 오스트리아-헝가리 이중제국이 탄생하기 직전에 헝가리 국왕이 부여한 특권을 누렸다.

- 이 나라의 대다수 인구는 헝가리 인이나 루마니아 인이었지만, 트란실바니아 색슨 족들은 수세기 동안 자신들의 언어와 풍습을 고스란히 유지할 수 있었다. 이처럼 외부의 영향에 강하게 저항했던 그들의 민족적 결속력이 거주지에 생생한 흔적으로 남아 있다.
- 오스만 제국이 오스트리아-헝가리 이중제국을 위협하기 시작하자 카르파티아 산기슭에 자리 잡은 트란실바니아 색슨 공동체는 위험에 노출되었다. 그래서 구축한 것이 방어 시설이었다. 유럽처럼 도시 전체를 요새화할 수 있는 부유한 귀족이나 상인이 없었기에, 트란실바니아 인들은 교회의 주변에 요새를 건설하고, 장기전에 대비하여 창고 건물들을 에워싸서 성벽을 쌓았다.

- 1283년에 처음 역사서에서 비에르탄(Biertan)으로 등장한다. 1397년 이 도시는 오피둠(Oppidum, 요새 도시)이 되었고, 20년 후 헝가리 국왕은 도시에 무기를 소지할 수 있는 권리를 부여했다. 1572년에서 1867년까지 비에르탄에는 트란실바니아 복음주의(루터교) 주교의 집무실이 있어서 이 지역 인구의 상당 부분을 차지했던 독일인들의 종교와 문화에 중요한 역할을 했다. 7개의 요새 교회는 다음과 같다.

교회명	이미지	카운티	설명
비에르탄교회 Biertan fortified church		Sibiu	후기 고딕의 회관 형태의 건축물. 1522년~1523년에 완공. 나지막한 산에 성벽을 두 줄로 쌓았고, 동시에 작은 언덕에는 교회를 지었다.
컬니크교회 Câlnic Citadel		Alba	13세기 중기의 탑형 주택을 기초로 한 예배당과 타원형의 울타리가 있다. 1430년에 도시 공동체가 생겼다. 2개의 탑이 있는 성벽을 세웠고 탑형 주택을 변형해서 하나는 방어 시설로 사용했다.
더르지우교회 Dârjiu fortified church		Harghita	후기 고딕 양식의 건물로, 1520년에 요새화되었다. 벽화 장식은 훨씬 이전인 1419년으로 거슬러 올라간다. 직사각형 울타리는 17세기에 재건되었다.

프레지메르교회 Prejmer fortified church		Brașov	초기 고딕 양식의 성 십자가 교회로, 건물 모양이 십자가형이다. 15세기에 성벽을 둘렀다.
사스키즈교회 Saschiz fortified church		Mureș	로마네스크 양식으로 지은 교회 건물과 울타리가 후기 고딕 양식 건물(1493~1525)로 대체되었다. 방어벽을 친 층이 있어서 교회 건물이 높은 요새 건물의 외관을 갖추었다.
발레아 빌로르 교회 Valea Viilor fortified church		Sibiu	교회는 후기 고딕 양식으로 바뀌었고, 16세기에 요새화되었다. 성가대석과 신도석과 탑 위에 방어층을 만들어서 서로 왕래했다. 내리닫이문이 달린 작은 탑이 있어서 북측 현관과 남측 출입구를 방어했다.
비스크리교회 Viscri fortified church		Brașov	로마네스크 양식의 예배당으로 16세기 초에 단일 신도석 교회로 확장했다. 요새화된 층은 반원형 아치 천장이 있고, 아치는 거대한 지지대가 받치고 있다. 성벽은 17세기에 강화되었다.

(4) 마라무레쉬 주의 목조 교회

- 루마니아 트란실바니아 지역 마라무레쉬 주에 산재한 8개의 목조교회는 유네스코 세계문화유산에 등재된 보물. 이 교회들은 시대와 지역을 달리하는 광범위한 건축 기법을 보인다.
- 이 교회들은 목재 건축물에 적용된 다양한 디자인과 장인 정신을 담고 있다. 크고 얇은 시계탑과 함께 단층이나 복층 지붕의 너와(shingles)를 덮은 건물을 서양식으로 마무리한 것이 특징이다. 엄밀히 따지자면 이 교회들은 루마니아 북부 산악 지역의 문화 지형을 토속적으로 표현해 낸 것이다.
- 그리스 정교의 종교적 전통과 목재 건축물을 토속적으로 해석한 고딕 양식의 영향이 뒤섞여 발생한 토속적, 종교적 목조 건축물의 대표적인 사례라 할 수 있다.

교회명	이미지	설명
'마리아의 성전 봉헌' 교회 Church of the Presentation of the Virgin in the Temple		1720년. 1806년에 교구 교회가 되었다. 계단을 통해 연결되는 2층짜리 포르티코(portico)가 서양식 파사드에 더해졌다. 애초에 이 교회는 마라무레쉬의 전통을 따른 것이기는 하지만, 크기가 더 작다는 점에서 다르다고 볼 수 있다.
성 니콜라스 교회 (부데슈티) Bude■ti Josani church		1643년. 15세기 교회가 있던 자리에 세워졌다. 그 크기와 첨탑의 기초에 4개의 작은 첨탑이 있는 것으로도 쉽게 구별되며, 이러한 양식은 인접한 라푸스(Lapus) 지역과 연계되어 있었다는 사실을 보여 준다.
성 파라스케바 교회 (데세슈티) Saint Parascheva Church		1770년. 건축가들의 예술적인 성숙성을 반영하고 있다. 외부의 건축 요소들은 균일하면서도 유의미한 앙상블을 만들어 낼 수 있도록 나무에 새겨 넣거나 잘라내는 방식으로 디자인을 완성하고 있다.
동정녀 탄생 교회 (레우드) Ieud Hill Church		1717년에 타타르 족의 침입으로 파괴된 교회를 대체한 루마니아 정교회. 내부 공간의 구조물, 특히 신전과 나르텍스 위의 아치형 지붕은 건축가들의 독창성을 엿보게 한다. 마라무레쉬의 목조 교회들은 묘지도 포함된 복합 건물을 형성했다.
성 대천사 교회 (플로피쉬) Church of the Archangels Michael and Gabriel		성단 위에 약간 낮게 만든 평지붕과 4개의 귀퉁이 첨탑이 있는 가느다란 종탑, 외부에 일정하게 조각된 장식 요소 등에서 쉬르데슈티(Şurdeşti) 교회와 유사한 점들이 있다. 이 마을의 원주민 스테판(Stefan)이 1811년에 그린 장식은 아치형 지붕에 잘 보존되어 있다.
성 파라스케베 교회 (포이에닐레이제이) Saint Parascheva Church, Poienile Izei		마라무레쉬의 가장 오래된 목조 교회 중 하나(1604년). 루마니아 정교회. 두 단계로 개발되었다. 먼저 광장 설계도에 따라 성단이 있는 벽의 하부는 아주 오래된 목조 건물의 전형을 보인다. 18세기에 벽을 높였고, 신전을 반원형의 아치형 지붕으로 덮었으며, 내부를 그림들로 장식했다. 포르티코는 19세기 전반기에 만들어졌다.
대천사 교회 (로고즈) Church of the Holy Archangels		1663년. 1883년에 수키우 데 수스(Suciu de Sus)에서 로고즈(Rogoz)로 옮겨졌다. 매입형 7각형 성단, 다각형의 프로나오스(pronaos), 남향 출입구, 커다란 비대칭 지붕 등이 특징이다. 장식 조각품이 많은 것 또한 독특하다.
대천사 교회 (쉬르데슈티) Church of the Archangels Michael and Gabriel		1767년. 그리스 정교회. 이중적인 캐노피(canopy)와 겹쳐 놓은 창이 있으며, 마라무레쉬 목조 교회들의 모든 특징을 모아 놓았다. 2층으로 된 포르티코와 큰 종탑은 19세기까지 이어져 왔다. 1783년 교회 내부를 장식하는 임무를 세 사람이 함께 맡았다.

- 마라무레쉬 지역은 '국가'로 불리는 오랜 지리적 · 사회 정치적 독립체가 시간이 지나면서 서로 혼합되어 만들어진 곳이다. 이 '국가'들은 한때 삼림지대에 수많은 강들이 흐르는 지리적인 환경뿐 아니라 역사와 정신적인 생활 등을 통해 서로 밀접한 관련을 맺고 있었다. 중세 시대의 지역의 사회적 구조물들은 마라무레쉬 주의 각 계곡에 모여 살던 지역 특유의 마을에 기반을 두고 설립되었다. 교회들은 페리 정교회 수도원(Peri Monastery)의 관할 하에서 이 지역에 자리 잡게 되었다. 마라무레쉬에 산재한 8개의 교회들은 전형적인 목조 건축물들로서, 석조 블록과 자갈을 가득 채워 건축되었다.

(5) 몰다비아 교회군(Churches of Moldavia)

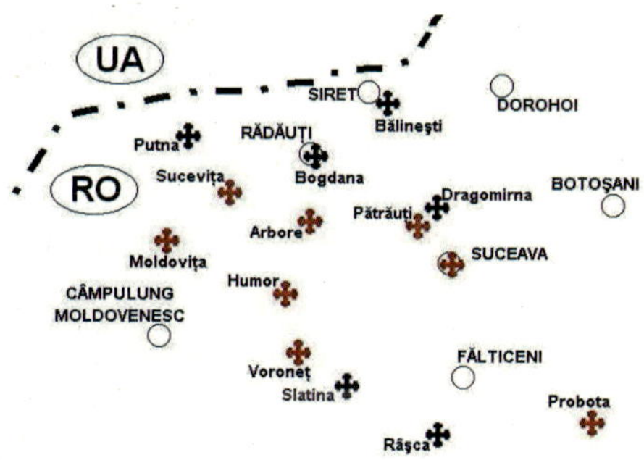

- 북부 몰다비아에 위치. 15세기 후반부터 16세기 후반에 걸쳐 건축된 8개의 교회가 무리지어 있다.
- 외벽이 프레스코화로 장식된 이들 교회는 보존 상태가 양호한 비잔틴 예술의 걸작이다. 종교적 주제를 묘사한 그림은 단순한 벽면 장식용을 넘어 모든 파사드에 규칙적으로 배열되어 있다.
- 루마니아의 예술사에서도 이 교회 건축물은 건축뿐 아니라 회화에서도 독특한 특성을 보인다. 벽화가 그려진 교회의 외벽은 심미적인 가치도 있고, 색채, 건물, 주변 경관이 완벽한 공생 관계를 이룬다.
- 몰다비아는 14세기에 독립한 주. 슈테판 3세(Ştefan III. cel Mare, 1433~1504)와 그의 아들 페트루 라레쉬(Petru Rareş, 1483~1546)의 반(反) 오스만 운동 시절에 최대 전성기를 구가했다. 특히 수많은 교회 건물들이 하나의 문화적 흐름을 만들었다.
- 이콘화에는 성인들의 서열을 나타내는 교회 위계도와 최후의 심판, 이새의 나무(Tree of Jesse)를 주로 묘사했다. 이 기념물들은 모두 페트루 라레쉬(페트루 4세, 재위 1527~1538, 1541~1546) 지배시기에 연대순으로 만들어졌다.
- 이 모든 기념물들은 몰다비아 왕자들이 거주한 수체아바(Suceava)의 반경 60㎞ 안에 있다. 1487년에 슈테판 대왕이 퍼트러우치에 세운 성 십자가 교회는 1653년과 1684년에 약탈당했고, 18세기에 왕자 니콜라에 마브로코르다트(Nicolae Mavrocordat)가 복원했다. 성소와 높은 원통형 구조물이 있는 신전과 나르텍스로

구성된, 3개의 아프시스(교회 동쪽 끝에 있는 반원형 부분)가 있는 작은 건물이다. 건물 안에 있는 벽화는 예수의 수난을 그렸다.

교회명	이미지	설 명
세례자 요한 탄생 교회(Church of the Beheading of St John the Baptist)		1502년. 원래 수체아바의 주지사 루카 아르보레(Luca Arbore)가 주청사로 건설했다. 1541년에 그의 손녀가 벽화 장식을 지시했고 그 가문이 모두 죽자 마을의 교회가 되었다. 아르보레 가문은 신전 벽에 신에게 바치는 봉헌도를 그렸고 나르텍스 벽에는 장례식 장면을 묘사했다. 고품격의 내부 벽화를 외벽에도 고스란히 재현했다.
성모 승천 교회 The Assumption of the Virgin		1530년. 이전에는 후모르(Humor) 수도원 내의 성 게오르게 교회였다. 1415년 이전에 세웠지만, 1560년에 로코테테 테오도르 벌베르그(Logothete Theodore Bulberg) 대왕과 페트루 라레쉬왕의 아내 아나스타시아가 지금의 구조로 재건했다. 이 건축물은 전통적으로 삼면에 반원 아프시스가 있는 수도원 교회 양식에 변형을 주었고, 나르텍스 위에 원통형 구조물이 없다.
성 수태 고지 수도원 교회 The Church of the Annunciation of Moldovi■a Monastery		1532년. 알렉산드르체첼 분(Alexandrcel Bun)이 재건축했지만, 지금의 구조물은 더 초기에 지어진 것이다. 이 교회의 장식과 유형이 후모르 수도원과 매우 흡사한 점으로 보아 같은 사람이 두 곳을 장식한 것으로 추정된다.
성 십자가 교회 The Church of the Holy Cross		1487년. 수체아바 카운티의 퍼트러우치(Pătrăuți)에 있다. 몰다비아 유형의 세 개의 반원형교회들 중 완벽하게 남아있는 가장 초기의 것.
성 니콜라스교회와 프로보타 수도원. Saint Nicolas' Church of Probota Monastery		1530년. 1531년에 페트루 라레쉬왕이 가족묘로 건설했다. 성소를 제외한 교회 벽화의 모든 그림은 모두 동시대 작품이다. 성소의 벽화는 19세기에 다시 그렸다. 외벽의 벽화는 불리한 조건 속에서도 탁월한 색채 사용과 구성을 한 장인의 솜씨를 유감없이 발휘했다.
성 게오르게 교회 Church of Saint George		1522년. 3개의 아프시스로 구성. 17세기 말까지 몰다비아의 메트로폴리탄 교회였다가 현재는 수체아바(Suceava)의 성 요한 수도원(Monastery of St. John)으로 바뀌었다. 다소 어두운 느낌의 실내 벽화는 독특하게 합성수지 재질로 되어 있다. 1534년에 그려진 외부 벽화는 서쪽과 동쪽 외관에만 유일하게 남아 있다. 전통적인 4가지 주제가 묘사되어 있으며 우아한 실루엣, 조화로운 색채감 그리고 완벽하게 표현된 키릴 문자 덕분에 아주 독특하다.

성 게오르게 교회 Saint George's Church of the former Voroneț Monastery		1488년. 원래 보로네츠 수도원이었다. 슈테판 대왕이 세웠고, 신전과 성소의 벽화는 1488~96년에, 나르텍스의 벽화는 1552년에 그렸다. 이 건물은 3개의 아프시스가 있는 구조물로 1546년에 엑소나르텍스(前堂)를 추가했다. 실내 벽화는 예수의 수난을 그렸다. 전당의 아치형 천장과 벽에는 성인을 그린 365일 달력 장면들이 있다. 외벽 벽화들에는 전통적인 종교 장면이, 서쪽 벽에는 유명한 최후의 심판이 그려져 있다.
수체비차 수도원 교회 The church and the courtyard of Sucevița Monastery		1581년. 교회의 내벽과 외벽은 전체가 16세기 벽화로 장식되어 있다. 이 교회는 '성 요한 클리마쿠스(St John Climacus)의 사다리(성 요한 클리마쿠스의 저서인 『천국의 사다리(The Ladder of Divine Ascent)』에 묘사된 내용)'를 유일하게 묘사한 곳이다(1601년).

(6) 이울리아 하쉬데우 성(Iulia Hasdeu Castle)

· 상징: 딸을 일찍 잃은 아버지의 슬픔의 상징.

· 성의 역사

- 루마니아의 역사가이자 정치가 보그단 하쉬데우(Bogdan Petriceicu Hasdeu)가 강신술 모임에서 자기 딸로부터 암시를 받아 건축한 것.
- 이울리아 하쉬데우(Iulia Hasdeu, 1869년 11월 14일-1888년 9월 29일): 부쿠레슈티에서 출생, 신동, 천재. 이미 4세에 읽기와 쓰기를 할 줄 알고 3개의 외국어에 통달했다. 7세에 시를 썼고, 11세에 콘저바토리움(음악대학 예비학교)에서 피아노 전공. 16세에 소르본 대학에 입학허가를 받아 20세에 박사학위를 받을 예정이었으나 18세에

폐결핵으로 요절했다.

- 아버지는 딸의 죽음을 받아들일 수가 없어서 강신술 모임에서 자기 딸과 접촉을 시도했다. 6개월 후 소원을 이뤘는데, 딸로부터 성을 건축해달라는 암시를 받았다. 1893년부터 1896년 사이에 딸의 암시에 따라 고성을 완성했다.
- 이 성은 십자가 모양, 저승과의 소통을 쉽게 한다는 초자연적인 상징의 탑이 세 개다. 중앙의 높은 탑을 중심으로 왼쪽 탑은 딸 이울리아 용이고, 오른쪽 탑은 부인 이울리아 용이다. 중앙의 큰 탑은 딸의 아버지가 강신술을 위해 사용하던 공간이다.
- 성 안에는 강신술 모임에서 받아 적은 것들이 보관되어 있다. 이들 중 몇 개는 루마니아어뿐 아니라 프랑스어, 영어, 러시아어 또는 아랍어로 전달된 것이라고 한다. 강신술 모임에서 전달받은 작곡을 녹음한 것도 있다.
- 이 성의 분위기는 신비롭고, 수많은 전설들을 품고 있다.

(7) 브란 성(Bran Castle)과 민족영웅 드라큘라(Dracula)

· 위치: 루마니아 트란실바니아 지방의 브란 마을, 브라쇼브 시에서 35km 거리.

· 특징: 관광객들에게는 여전히 드라큘라 성으로 알려져 있다. 아일랜드 소설가 브람 스토커의 동명 소설에서 유래한 드라큘라 성에 관한 묘사가 브란 성을 강하게 환기시킨 샘이다. 그러나 소설의 주인공은 블라드 3세 드라큘라와는 무관하다.

· 역사:

- [1357년] 처음 문헌에 등장.
- [1377년] 11월 19일 브라쇼브의 주민들이 헝가리왕 루드비히 1세(재위 1342~1382)로부터 쾨니히슈타인 산 근처 브란에 국경과 세관용 고성(브란 성)으로 건축 허가.
- 1427년까지 헝가리가 지배. 1436년 처음으로 이 성이 오스만 군대에 포위.
- 브라쇼브 시가 1498년 이 성을 획득. 이 성을 1529년 왈라키아 군대가 포위하였으나 점령에는 실패.
- [1593년] 자연 발화된 화약으로 인해 화약고 파괴. 2년 후 트란실바니아의 영주 지기스문트 바토리가 4만 명의 군대를 이끌고 브란에 입성. 이는 오스만 제국에

대항하는 미하이 비테아줄(Mihai Viteazul, 1558~1601)[9]을 지원하기 위함이었다.

- [1600년] 니콜라에 퍼트라스쿠(Nicolae Pătrașcu)가 브란을 포위하지만 점령에는 실패. 1612년 전쟁 없이 가브리엘 바토리 영주에게 양도. 미할리(Mikes Mihaly) 장군이 1660년 정복.
- [1789년] 5000명의 오스만 군이 세 번째로 포위하지만 무위로 끝난다.
- [1916년] 루마니아 군대가 트란실바니아에 침입하여 이 성을 정복. 트란실바니아와 루마니아 간의 협약에 따라 브라쇼브는 1920년 12월 1일 마리아 왕비 - 페르디난트 왕의 아내 - 에게 선물. 마리아 왕비의 딸 일리아나(Ileana) 공주가 이 성을 상속받는다.
- 제2차 세계대전 후 브란 성은 공산주의 루마니아에 귀속된다.

〈성안의 비밀통로〉

2006년 5월 26일 도미니크 폰 합스부르크(Dominic von Habsburg)와 그의 누이동생 마리아 막달레나와 엘리자베스 - 모두 일리아나 공주와 안톤 폰 합스부르크(Anton von Habsburg) 사이의 자식들이자 상속인들 - 에게 반환된다.

도미니크 합스부르크는 경매에서 브란 성의 값으로 8천만 미국달러를 제안한다. 루마니아 정부가 그런 여력이 없어서 합스부르크는 브란 성을 그의 누이동생 마리아 막달레나 홀츠하우젠과 엘리자베스 잔트호퍼와 함께 2009년 6월 1일 박물관으로 재개장한다.

- 전시물: 합스부르크 가문의 소유로 된 예술품과 가구들, 그 중 페르디난트 왕의 왕관, 왕홀(王笏), 은재비수. 고성첨탑에 있는 숙박용 럭셔리 아파트도 임대 가능.

• 신화인가 사실인가?

- 브란 성은 전 세계 관광객들에게 '드라큘라 성'(Dracula's Castle)으로 더 유명하다.

• 역사에서는?

- [1987년] 아일랜드 작가 브람 스토커가 쓴 소설은 루마니아의 트란실바니아를 배

9) 왈라키아와 몰다비아의 총독, 루마니아에서 가장 위대한 국민 영웅.

경으로 전인하기로 소문난 블라드 체페쉬 3세(1427~1476)를 모티브로 이용했다.

- 블라드 체페쉬 3세는 시기쇼아라에서 출생했는데, 원래는 15세기 왈리키아 공국의 영주이자 전쟁 영웅. 장군으로서의 용맹성 때문에 '용의 아들'이란 'Dracula'라는 이름도 사용했다.
- [1459년] 블라드 체페쉬 왕이 요새를 건설하며 왈라키아 지방의 주도가 루마니아 공국의 수도가 되었는데, 그곳이 현재의 부쿠레슈티.
- 드라큘라 백작은 1427년 오스만 제국과의 전투에 참가하여 목이 잘렸다.
- 중세 유럽은 당시 흑사병, 천연두, 폐결핵 등 전염병이 창궐, 지진과 홍수 등 잦은 자연재해, 마녀사냥이 극성하던 시기. 그 시대에 오스만 제국의 술탄 메흐메드 2세(1432~1481)를 물리친 블라드 체페쉬는 유럽 기독교 문화의 수호자로 등장한다. 오스만 군대와 싸워 거둔 승리 소식과 그의 잔인성도 유럽 전역으로 퍼져나갔다.
- 적군 포로를 항문으로 꼬챙이에 꿰어 놓고 무게에 의해 서서히 죽어가는 모습을 보며 만찬을 즐겼다는 소문. 그래서 오스만 병사들은 그를 〈창살 도살자〉로 불렀다. 실제로 블라드 체페쉬는 정적과 적군에 대해서는 무자비했고, 권력을 공고히 하고자 잔인한 고문도 마다하지 않았다. 그래서 소설에서는 그의 이런 잔인함으로 인해 흡혈귀를 연상시키는 피를 마시는 폭군으로 그려진 것. 그렇지만 루마니아 인에게 블라드 체페쉬는 자유의 수호자이자 영웅.
- 일리아나는 루마니아 왕 페르디난트 1세(1865~1927)와 그의 부인 마리 알렉산드라 빅토리아 폰 에딘버러 공주(1875~1938) - 알프레트 폰 작센-코부르크 운트 고타 공작과 러시아 대공 마리아 알렉산드로브나 로마노바의 장녀 - 의 여섯 자녀들 중 막내딸. 모계 쪽으로 보면 일리아나는 영국 빅토리아 여왕과 러시아 황제 알렉산

〈음악실, 일리아나 루마니아 공주의 어린 시절부터 노년 시절까지〉

더 2세의 증손녀.

- [1931년 7월 26일] 시나이아에 있는 펠레쉬 성에서 옛 대공(오스트리아 황태자의 칭호) 안톤 폰 외스터라이히-토스카나(1901~1987) - 대공 레오폴트 살바토르와 그의 부인인 스페인 공주 블랑카 데 부르봉 사이의 셋째 아들 - 와 결혼. 결혼 후 일리아나와 남편은 그녀의 남동생 카를 2세 왕 때문에 정치에서 물러나면서 루마니아 밖에서 생활했다. 그래서 처음에는 뮌헨에서, 나중에는 오스트리아에 있는 그들의 존베르크(Sonnberg) 성에 체류했다.
- [1967년] 일리아나는 루마니아 정교회 수도원을 설립하고, 현재로 루마니아 정교회의 중요한 문헌으로 간주되는 수많은 종교서적들을 저술했다.
- [1990년] 일리아나는 '마이카 알렉산드라(Maica Alexandra)'라는 이름의 수녀로서 사망(1991년 1월 21일)하기 1년 전에 브란 성을 방문했다.

(8) 부쿠레슈티(Bucurşti)

▶ 개선문

- 1922년에 제1차 세계대전에 참전한 루마니아 군인들의 용맹성을 기념하여 세운 것. 초기에는 나무로 건축되었다가 1936년에 화강암으로 완성되었다(높이 85피트). 건축가 안토네스쿠(Petre Antonescu)가 디자인 했다. 계단을 통해 꼭대기까지 올라갈 수 있고, 도시의 아름다운 경관도 조망할 수 있다.

▶ 승리의 거리(Calea Victoriei)

- 혁명 광장 앞을 지나는, 부쿠레슈티에서 가장 오래되고 가장 세련된 거리.
- 1692년에 Old Princely Court를 Mogosoaia Palace와 연결하기 위해 건설했는데, 처음에는 오크 나무 들보(oak beams)로 포장했다. 거리 명칭은 1878년 루마니아 독립전쟁에서 승리하면서 붙여진 것이다. 양차 대전 사이에 이 길은 이 도시에서 가장 우아한 거리들 중 하나로 성장했다.

- 혁명광장(Piata Victoriei)에서부터 Piata Natiunilor Unite(United Nations Square)에 이르는 이 거리에는 이 도시에서 가장 멋진 건물들(Cantacuzino Palace, 역사 혁명광장, Military Club, CEC 본부, 국립역사박물관 등)이 있다.

▶ 차우셰스쿠 궁(의회 궁전, Palatul Parlamentului)

· 과거 루마니아 독재의 상징 건물.

- 지상 12층, 지하 8층, 1,100여 개의 방을 갖춘 거대한 백색 건물.

- 외형은 미국의 펜타곤 다음으로 세계에서 두 번째로 큰 공공기관 건물.
- 대형 크리스털 샹들리에가 3500개 이상 달려있고 대연회장에서 연회라도 열리는 날이면 부쿠레슈티 시 절반이 정전되는 사치의 극치를 보인 건물.
- 부피는 이집트의 피라미드에 이어 세계에서 세 번째로 큰 규모. 지하에는 핵 공격에도 견딜 수 있는 보호 시설이 있다. 내부에는 14톤에 달하는 세계에서 가장 큰 양탄자가 있다. 그럼에도 당시 차우셰스쿠는 이 궁전을 인민을 위한 '인민궁전'이라 불렀다.
- 차우셰스쿠는 1983년 건축을 시작하여 1984년 6월에 주춧돌을 세우고 자신의 사적 공간뿐 아니라 입법부, 행정부, 사법부 등 주요 정치기구들을 한곳에 모아 놓도록 설계했다. 현재는 상원 의사당, 국제 회의장, 박물관, 공원 등 다용도로 활용되고 있다.
- 건물의 발코니는 차우셰스쿠가 건물을 완공한 뒤 사열을 받을 때 손을 흔드는 곳으로 마련했지만, 그는 완공을 보지 못하고 총살당했다. 이 발코니에 처음 선 사람은 아이러니컬하게도 마이클 잭슨.
- 북한의 김일성과 가까웠던 차우셰스쿠는 인민문화궁전과 주석궁을 보고 감명을 받아 자신의 웅장한 궁전을 건축하기도 마음먹었다. 그래서 모양은 주석궁, 현재의 금수산태양궁전과 많이 닮았다.
- 2만 명의 건설인부들과 170여명의 설계사들을 동원. 차우셰스쿠가 총살당하던 1989년까지는 70%만 완공. 궁전 앞에는 거대한 광장이 있고 그 앞에는 파리의 샹젤리제 거리를 모방한 도로가 있다. 파리의 샹젤리제보다 폭이 6m나 더 넓다.

- 차우셰스쿠는 이 궁전과 광장을 건설하기 위해 역사적인 건물들을 마구 밀어버렸다. 부쿠레슈티를 파리처럼 만들기 위해 도시의 주택이나 거리의 1/3을 강제로 철거했다. 이렇게 강제로 건설된, 4km나 되는 '샹젤리제' 거리는 일정한 간격을 두고 분수와 화려한 가로등으로 장식했다. 당시의 정부청사, 간부용 고급 주택들로 가득한데, 현재는 아이러니컬하게도 관광객들에게 볼거리를 제공하는 관광명소로 떠올랐다.

▶ 크레출레스쿠 정교 교회(Biserica Kretzulescu)

- 부쿠레슈티의 중심가, 혁명광장 근처에 있는 루마니아 정교의 상징적인 교회.

- 18세기에 건축된 루마니아 특유의 비잔틴 양식 건물. 내부에는 선과 악을 심판하는 신의 모습을 그린 프레스코화가 있다. 시내 중심에 있지만 마치 18세기로 돌아간 느낌의 고즈넉한 분위기를 연출한다.
- 1720~22년, 보야르(boyar, 특권 귀족) 크레출레스쿠(Iordache Crețulescu)와 그의 아내 사프타(Safta) - 왈라키아의 왕자 콘스탄틴 브런코베아누(Constantin Brâncoveanu, 1654~1714)의 딸 - 의 주문으로 건축된 것.
  원래 외부는 페인트로 칠이 되어있었으나, 1935~36년 건축가 슈테판 발쉬(Ștefan Balș)의 감독 하에 복원되면서 벽돌 파사드로 건축했다. 베란다의 프레스코화들은 원래의 것, 내부의 프레스코화들은 게오르게 타타레스쿠(Gheorghe Tattarescu)가 다시 그린 것.
- 1940년 지진으로 손상되었고, 1942~43년에

〈코르넬류 코포수 흉상〉

보수했다. 공산정권 초기에 다시 파괴되었지만, 헨리에타 델라브란케아(Henrieta Delavrancea, 1897~1987) 같은 건축가의 노력으로 보존될 수 있었다. 부쿠레슈티 지진과 1989년 혁명 이후 다시 복구되었다.

- 교회 옆에는 루마니아 보수주의 정치가 코르넬류 코포수(Corneliu Coposu, 1914~1995, 1989년 반공산주의 야당 당수였음)의 흉상이 있다.

▶ 혁명광장(Piata Revolutiei)

- 1989년 민주혁명의 총격전이 벌어진 장소로, 부쿠레슈티에서 가장 유명한 광장. 포석이 깔린 광장에서는 차우셰스쿠 정권부대와 시민과의 싸움이 전개되었다.
- 옛 루마니아 공산당 본부(현재는 노동부 본부), 대학도서관, 루마니아 아테네움

〈시계방향: 혁명광장의 옛 루마니아 공산당 본부 - 부쿠레슈티 대학 도서관, 카롤 왕 동상 - 국립미술관, 중앙은 아테네움 음악당〉

(Ateneul Român, 부쿠레슈티 최대 음악당) 등이 혁명광장 주변에 산재해 있다.

- 옛 루마니아 공산당 본부(Fostul Comitet Central al Partidului Comunist Roman)는 혁명광장의 상징적인 건물. 1989년 12월 22일에 이 건물의 발코니에서 차우셰스쿠 대통령이 마지막 연설을 한 곳으로 유명하다. 연설 중간에 혁명이 시작되면서 화재가 발생하자 대통령은 공산당 본부 지붕에서 헬기로 도망쳤는데, 이 모습이 TV로 전 세계에 보도되기도 했다.
- 옛 공산당 분부 지하에 비밀 통로가 있는데, 당시 대통령의 치안부대가 사용. 이 치안부대와 시민의 싸움이 격렬해지면서 주변 건물들이 총격전으로 큰 피해를 입었다. 엣 루마니아 공산당 본관 앞에는 혁명 당시 희생된 사람들을 기리는 위령비가 있다.

(8) 호레주 수도원(Mânăstirea Hurezi/Monastery of Horezu)

- 1690년 왈라키아 지방에 왈라키아의 군주 콘스탄틴 브런코베아누(Constantin Brâncoveanu, 1654~1714)가 세웠다.
- 왈라키아의 호레주 수도원은 문화를 널리 보급한 중심지였다. 왈라키아는 루마니아의 공국으로, 14세기에 독립 주가 되었다. 오스만 제국의 지배를 받은 적이 없어서 한층 더 진보적인 후기 비잔틴 문화를 수용할 수 있었던 이곳은 발칸 문화의 예술과는 많은 차이를 보인다.
- 수도원의 이름은 'huhurezi'(수리부엉이의 뜻)에서 왔다. 전설에 따르면, 수도원을 짓기 위해 고용된 노동자들은 오스만 군이 무서워서 수리부엉이가 울어대는 야간에만 작업을 강행하였다고 한다.
- '브런코베아누 양식'으로 건축된, 정교한 조각 솜씨와 종교적 구성미, 봉헌 초상화, 색을 입힌 장식 작품들이 두드러진 교회건물이다. 18세기에 설립된 수도원의 벽화(mura) 학교와 성화(聖畫) 학교는 발칸 지역에서 유명했다.

- 17세기에는 그리스의 아토스 산이 유일한 예술 중심지였다. 아토스 산이 예술의 중심지로 번창하게 된 이유는 러시아와 루마니아의 귀족과 국왕이 아낌없이 후

원을 해 준 덕분이었다. 부유한 칸타쿠제네(Cantacuzene, 왈라키아의 루마니아계 귀족 가문)의 통치자들이 아토스 산의 전통을 발전시켰고, 왈라키아 예술이 꽃필 수 있도록 영향력을 행사했다.

- 칸타쿠제네 가문과 이 가문 출신의 군주 콘스탄틴 브런코베아누(재위 1688~1712)는 왈라키아에서 수도원과 교회를 세우고 화려한 성화 벽화와 여타 장식 요소들로 다채롭게 꾸민 회화 작품을 남겼다. 동시에 여러 귀족과 고위 성직자들도 이런 예술적 노력에 동참했다. 그 결과, 브런코베아누 예술로 알려진 거대한 예술적 사조가 탄생한 것이다.

- 성 콘스탄티누스와 헬레네에게 봉헌된 수도원의 본당은 1690년부터 2년에 걸쳐서 지어졌다. 본당이 있는 곳은 숲이 우거진 그림 같은 언덕이다. 그로부터 2년 뒤에는 호레주에 유명한 벽화 학교와 성화 학교를 건립한 그리스의 예술가 콘스탄티노스의 작품으로 실내를 장식했다. 나르텍스 내부에는 봉헌도가 전체를 뒤덮고 있다. 콘스탄틴 브런코베아누와 그의 아내, 그리고 11살 된 아이의 그림이 벽의 아래쪽 단을 장식하고, 전당의 동쪽 벽 전체에는 최후의 심판이 그려져 있다. 나무를 조각한 이코노스타시스(iconostasis, 설교단칸막이)는 품위있는 아름다움을 드러내고 있다. 식당 위의 파라클레시온(paraklesion, 묘실)은 직사각형의 평면 구조이며, 나오스(naos, 신전의 내실) 위에는 작은 탑을 올려놓았다. 엑소나르텍스(exonarthex)는 개방형이다. 이곳의 벽화와 이코노스타시스는 꽤 독창적이다. 수도원은 오스트리아-튀르크 전쟁(1716~1718)과 러시아-튀르크 전쟁(1787~1789)으로 힘든 시기를 겪었다. 울타리 밖에 있던 모든 수도원 건물이 파괴된 것이다.

- 나머지 건축물들, 울타리 남쪽 입구에 있는 왕자의 거처와 2층짜리 수도사들의 숙소, 부엌, 수도원 집무실들도 같은 시기에 건설되었다. 출입구는 원래 울타리 서쪽 벽 중앙에 있었는데, 파라클레시온이 있던 자리였다. 이곳은 식당으로 개조되면서 남쪽 벽에 있는 종탑 아래로 출입하게 되었다. 본당의 하위 건물인 볼니카

교회는 콘스탄틴 브런코베아누의 아내인 마리아 공주가 세웠다.

- 같은 시기에 12 사도 교회와 성 슈테판의 작은 수도처가 왕자 가족들에 의해 건축되었다. 티가니아의 예전 수도처가 있던 자리에 세운 '거룩한 천사들의 교회'는 호레주 공동체가 18세기에 첫 10주기를 기념하여 지은 것이다.

02
불가리아

국명	불가리아 공화국(Република България, 레푸블리카 벌가리야)
면적	110,993km
인구	7,101,859명(2016년)
언어	불가리아어
수도	소피아
GDP	$7,369 (2016년)
민족	불가리아인 84%, 터키인 8.8%, 집시 4.9%
화폐	'레바'('라프'라고도 읽힘)
도메인	.bg

1
지리

지형

- 두 개의 큰 평원과 두 개의 산맥이 있다. 북쪽의 루마니아와 국경을 이루는 다뉴브 강을 따라 다뉴브 평원이 동서로 펼쳐있고, 그 평원 남쪽에 동서로 뻗은 발칸 산맥이 있다. 발칸 산맥은 세르비아와의 국경 지역부터 동쪽 흑해 연안까지 560㎞ 정도나 되는데, 발칸 반도라는 지명도 이 산맥에서 유래한다. 발칸 산맥은 고대에는 '하에무스 산'으로 불렸다. 이는 이곳에 정주해서 살던 트라키아 인들을 일컬은 이름이었다. 불가리아 인들은 이 산맥을 '스타라 플라니나'라고 한다. '오래된 산'이란 뜻. 발칸 산맥 남쪽에 동쪽으로 세모꼴로 펼쳐진 평야가 트라키아 평원이다. 트라키아 지방이 바로 이 평원이다. 또 다른 산맥이 그리스와 경계를 이루는 로도페 산맥이다. 길이가 240㎞나 된다. 로도페 산맥 서쪽 끝에 릴라 산맥이 있다. 이곳에 백두산보다 높고 발칸반도 최고봉인 무살라 산(2925m)이 있다. 불가리아가 자랑하는 릴라 수도원도 릴라 산맥 골짜기에 있다.
- 불가리아 수도인 소피아도 비토샤 산(높이 2,300m)에 인접해 있다. 바로 이 산에 인접한 소피아에서부터 트라키아 대평원이 펼쳐진다. 트라키아 대평원은 동쪽으로는 이스탄불까지 뻗어있다. 고대 로마 시대에는 소피아(당시는 세르디카)에서 이스탄불(당시는 콘스탄티노폴리스)까지 군사도로가 있었다. 훈 제국이 다뉴브 강을 건너 동로마 제국을 침공할 때에도 이 도로를 이용했다.

민족

- 불가리아인의 원류인 불가르인은 서아시아 카프카스 지역에서 살던 투르크계 유목민족. 그 이후 볼가 강변으로 이주, 그래서 불가르 족이라 불리고 있다.
- 6세기 초, 불가르 부족 중 하나였던 우티구르 족의 쿠브라트가 불가르 부족들을 통일하고 현재의 우크라이나와 러시아 남부에 불가리아 건국.

- 민족성: 비잔티움 제국의 지배에 이어 500년간 오스만 제국의 지배를 겪고도 독립을 이룬, 은근과 끈기의 역사를 가진 나라답게 스스로를 자유와 인내와 관용의 민족으로 표현한다.

▶ 주변국들과 정서적으로 거리감이 꽤 있다.

- 서쪽에 세르비아와 마케도니아, 남쪽에 그리스, 동쪽에 터키, 북쪽에 루마니아 등과 국경을 마주하고 있다.

▶ 그리스 및 터키와는 사이가 가장 불편한 나라

- 터키와의 관계: 불가리아에서 터키 국경 통과 시 터키 관리들은 불가리아 인들의 짐을 몇 시간씩 검사한다. 자동차 헤드라이트까지 뜯어볼 정도. 터키와 축구하는 날 외국인들은 밖에 나가면 위험하다. 불가리아의 신종 네오나치즘 스킨헤드들이 축구 관람 후 트램(노면전차)을 타고 다니며 외국인들(주 타깃은 중국인들)을 구타하기도 한다.
- 그리스와의 관계: 개와 고양이 관계. 이유는 불가르 제국과 그리스 세력인 비잔티움 제국은 동유럽의 패권을 다퉈온 앙숙관계에 있기 때문이다. 키릴 문자[1]를 만든 키릴로스와 메토디오스 성인이 서로 자기 나라 출신이라고 주장한다. 사실은 둘 다 맞는 말이다. 테살로니키에서 태어나고 자란 키릴로스(827~869)와 메토디오스(826~885) 형제는 아버지가 그리스인이고 어머니는 슬라브인.

▶ 2004년, 발트 3국, 루마니아, 슬로바키아, 슬로베니아와 함께 북대서양 조약기구(NATO)에 가입.

▶ 2007년 1월 1일, 루마니아와 함께 유럽연합에 가입.

기후

- 지중해성 기후와 대륙성 기후가 만나는 지점이 불가리아 땅이다. 발칸 산맥은 대륙의 기단들이 넘어오지 못하게 하는 방벽 역할을 한다. 그래서 북쪽은 대륙성 기후가 농후하고 남쪽은 지중해성 기후가 대세다. 가장 추운 1월의 평균기온은 살

1) 현 키릴 문자는 그리스어 알파벳을 기초로 하되, 많은 자모 추가와 변형을 거쳤고, 글라골 문자의 영향을 흡수해서 성립된 것. 9세기에 비잔티움 제국의 선교사인 키릴로스(Κύριλλος, Кирил)와 메토디오스(Μεθόδιος, Методий)가 문자가 없던 슬라브족에게 기독교 전파를 위해 만든 것.

짝 영하로 떨어지는 정도, 7, 8월의 평균기온은 20도를 살짝 넘어선다. 연평균 강우량은 630㎜로 우리나라의 절반 정도. 장마나 태풍처럼 많은 비를 몰고오는 기상이변이 없기 때문이다. 강우량의 분포도 우리와는 차이가 많이 난다. 겨울은 월평균 40~55㎜, 여름은 30~45㎜ 정도로 지중해의 영향으로 여름보다 겨울에 비가 약간 더 많이 온다.

에티켓

- 고개를 저으며 긍정을 표현하는 나라. 불가리아 사람들은 고개를 좌우로 저으며 '예'를, 고개를 위아래로 저으며 '아니오'를 대답한다.
- 왜, 어디서 이런 응답법이 생겨난 것일까? 기원은 오스만 제국의 압제시기까지 거슬러 올라간다. 이 시기에 피지배 민족(불가르 족)에게 실행한 동화 정책은 종교를 중심으로 매우 억압적이었다. 오스만 지배자들은 자신들의 제국 내에서 생활하고 있는 여러 민족의 복종과 단합을 꾀할 목적으로 자신들의 종교인 이슬람교를 강요했다. 이슬람교로의 개종은 종교 뿐만 아니라 언어와 문화의 전이도 포함하는 것이었으니 자신들의 지배 목적에도 매우 부합되는 것이었다. 그러니 오스만의 가장 인접국이며 유럽으로 나가는 통로 역할을 하던 불가리아에서 불가리아 민족의 개종은 매우 중요한 사안 중 하나였을 것이다. 계속되는 개종의 강요는 불가리아 인들에게 민족적 자존감과 자긍심을 일깨우고 지키려는 민족주의적 반항을 촉발하는 역작용을 했다. 즉 불가리아 인들의 의식 속에는 고유 종교인 '불가리아 정교 신봉자 = 불가리아인, 이슬람교 신봉자(개종자) = 이방인'이라는 공식이 성립되면서 오스만 제국의 이슬람 개종 강요와 불가리아의 저항 속에서 이런 응답법이 등장한 것이다. 불가리아의 대부분의 지역에서 터키인들은 불가리아 인들에게 이슬람으로 개종하였는가를 물어보고 개종했다고 답을 하면 살려주고, 개종하지 않았다는 답을 하면 즉석처형을 단행했다. 생명과 개종 속에서 고민하던 불가리아 인들은 결국 궁여지책으로 터키인들의 물음에 고개를 끄덕이며 겉으로는 긍정을, 마음속으로는 부정을 표시, 반대로 고개를 저으며 겉으로는 부정을, 내심으로는 긍정을 답하게 된 것. 이러한 불가리아 인들의 지혜와 고집에서 5세기에 걸친 오스만 제국의 지배에도 불가리아 민족성이 유지된 근본 이유를 찾을 수 있다.

2
역사

선사[2]

- 이 지역에는 약 2만 년 전 청동기와 철기시대에 트라키아 인(불가리아인의 조상)이 최초로 거주했다고 한다. 기원전 5000년경에 정교하게 발달한 문명이 들어섰는데, 몇몇 도자기와 보석들이 발견되었다.
- [BC3000년] 이후 트라키아 인들이 발칸 반도에 핵심 세력으로 등장한다. 기원전 500년 경 트라키아 인들은 오드뤼사이 왕국을 세워 번영했고, 기원전 480년경에는 트라키아 인에 의해 도시국가가 등장했다.
- [BC46년] 로마제국이 트라키아 인을 지배하기 시작한 이후 대다수 트라키아 인들은 모에시아 및 트라키아 지역에서 이탈하기 시작한다. 로마제국이 몰락한 후에는 고트족과 훈족의 침략으로 발칸지역 전체가 황폐해진다.

고대

- 슬라브족은 6세기에 동유럽 전역으로 퍼져나갔고, 서슬라브 족, 동슬라브 족, 남슬라브 족의 세 분파로 갈라졌다. 가장 동쪽의 남슬라브 족은 6세기 동안에 오늘날의 불가리아 지역에 정착하였다. 대부분의 트라키아 인들은 그리스화되거나 로마화된 상태였고, 마지막 남은 무리들은 5세기까지 외곽 지역에 남아있었다. 동쪽의 남슬라브 족 집단은 제1 불가리아 제국이 그들을 합병할 때까지 대부분의 트라키아 인들과 동화되었다.
- '불가리아'란 나라를 건국한 주체는 불가르 족이다. 불가르 족에 대한 언급은 480년 비잔티움 제국의 황제 제노(재위 474~491)가 고트족의 침략을 격퇴하기 위해 동

2) https://ko.wikipedia.org/ 참조.

원하였다는 비잔틴 사서의 기록에서 발견된다. 그러나 이 불가르 족이 어디서 왔고 어떤 사람들이었던지는 여전히 오리무중이다.

- 불가르 족은 2세기부터 북부 카프카스 지역의 스텝 지대와 볼가 강 유역에 거주했던 중앙아시아를 기원으로 하는 투르크계 반유목민족의 후예였다. 그들의 일파가 제1 불가리아 제국을 건국했다. 불가르 족은 세습적인 칸에 의한 지배구조, 다신교 신봉, 주로 최고 신격인 텡그리[3] 숭배 등의 특징이 있었다.

▶ 대불가리아 (632년~668년)

- 불가르 족은 7세기 이전에는 카프카스 북부로부터 흑해 북안에 이르는 지역에서 유목과 약탈, 비잔티움 제국의 용병 등으로 활동하며 살았다. 7세기부터 동유럽 역사의 한 주역으로 등장한다.
- [632년] 불가르 족의 한 우두머리였던 쿠브라트 칸이 세 개로 갈라져있던 불가르 족을 통합했다. 이 국가가 비잔티움 역사가들의 기록에는 '대(大)불가리아Magna Bulgaria'라고 부르고 있다. 수도는 아조프 해의 파나고리아. 왜 대불가리아라고 불렸을까? 그 영토가 매우 넓은 때문이다. 그러나 대불가리아는 오늘날의 불가리아 땅이 아니라 흑해 북안의 땅에 있던 나라였다. 대불가리아가 건설될 당시 이 일대는 또 다른 아시아 유목민인 아바르 인들이 지배하고 있었다. 아바르 인은 훈족처럼 6세기 중반 중앙아시아를 거쳐 동유럽으로 들어와 흑해 북안부터 헝가리 평원에 이르는 대제국을 건설했는데, 바로 이 아바르 인의 지배에서 벗어나 불가르 인이 세운 나라가 '대불가리아'였다.
- 그러나 대불가리아는 오래가지 못했다. 쿠브라트의 사후인 670년경 하자르(Khazar)인의 공격으로 대불가리아는 멸망한다. 그의 다섯 아들은 불가르 족을 이끌고 여러 곳으로 흩어진다. 첫째 아들은 볼가 강과 카마 강 쪽으로 이동하여 그곳에서 볼가 불가리아(Volga Bulgaria)를 건국한다. 쿠브라트의 셋째 아들 아스파루흐(Asparukh, 재위 679~700)는 다뉴브 델타 지역에 정착한다. 이곳은 그의 선조 이르니크가 정착한 곳이기도 하다. 이 불가르 족 집단이 다뉴브 강을 넘어 도브루자 지방으로 진출하자 비잔티움 제국의 콘스탄티누스 4세(재위 668~685)가 이들을 공

3) 텡그리는 불가리아 외에도 흉노, 선비, 투르크족, 몽골족, 헝가리 그리고 알타이지역에서 텡그리즘이라 불리는 최상위 신이다. 태양숭배 종교와 혼동되기도 하는데, 해는 텡그리의 상징기호일 뿐이다. 카자흐스탄과 키르기스스탄의 경계에 위치한 최고봉에 칸-텡그리가 살고 있다고 믿어 왔다.

격한다. 이 전쟁에서 패한 콘스탄티누스 4세는 681년 아스파루크와 평화협정을 체결하는데, 도브루자 지방의 점령을 인정하고 다뉴브 강과 발칸 산맥 사이의 모에시아 주를 넘겨준다. 이렇게 해서 오늘날의 불가리아 땅에 불가르 족의 나라가 세워진 것이다. 이것이 '다뉴브 불가리아' 혹은 '제1 불가리아 제국'이다. 발칸 반도의 이 불가르 족 국가는 9세기 말 마자르 족이 세운 헝가리와 더불어 대표적인 북방 유목민 국가였다. 불가리아는 정확히 말하면 유목민 출신의 군사엘리트 불가르 족과 일반 백성을 이룬 슬라브족으로 구성된 나라였다. 그러나 그 지배층이 훈족의 후예인 기마유목민이었기에 국가의 성격도 오랫동안 북방 유목민 국가의 성격을 보였다. 예컨대 불가리아의 왕은 아시아 유목민들의 왕 호칭인 '한(汗, 칸, Khan)'으로 불렸다.

중세

▶ 제1 불가리아 제국 (681~1018)

- 셋째 아들 아스파루흐가 이끈 불가족은 서쪽 흑해 연안을 횡단해서 679년 다뉴브 강을 건너 발칸 반도에 도착했다. 비잔티움 제국의 콘스탄티누스 4세는 680년 군대를 급파하여 불가족의 퇴거를 명하였다. 이때 비잔틴 로마군의 연락장교가 불가족의 군영 안에서 생활하면서 관찰을 기록했는데, 이를 통해 불가르 족의 생활양식을 읽을 수 있다. 불가르 족은 비잔티움 제국과의 협상이 결렬돼 681년에 벌어진 대결전에서 승리하여 그곳에 정착하여 '불가리아' 왕국을 건국했다. 국호 '불가리아'는 '불가(불)족의 땅(Bul+garia)'이라는 뜻이다. 이것이 고대 '제1 불가리아 제국'이다.
- 제1 불가리아 제국은 9세기 초에 파노니아 평원까지 영토를 확장하여 대국이 되면서 서쪽으로는 프랑크 제국과 국경을 접했다. 니케포로스 1세(재위 802~811)의 비잔티움 제국은 이를 허용하지 않고 809년 불가리아를 공격했다가 불가리아 황제 크룸(Krum) 칸(재위 803~814)에게 역습당해 참패했다. 크룸 칸은 비잔틴 로마군의 요새 '사르디카'를 점령했으며, 811년에는 산맥 고개에서 매복했다가 로마군을 대파해 비잔티움 황제 니케포로스 1세가 전사했다. 불가리아 황제 크룸 칸은 814년 비잔티움 제국의 수도 콘스탄티노플을 공략하려다가 병사했다. 뒤를 이은 불가리아의 칸은 비잔티움 제국과의 평화를 추구하면서 기나긴 평화의 시대가 시작된다.

- [813년] 현재의 루마니아, 몰도바 전역과 현재의 불가리아 전역을 아우르는 지역으로 세력 확장.
- [837년] 현재의 마케도니아의 슬라브족(마케도니아 인으로 알려짐)이 불가리아에 편입된다.
- [864년] 제1 불가리아 제국이 쇠퇴할 무렵 비잔티움 제국의 침략을 받는다. 비잔티움의 유일한 평화적 지배 조건은 불가리아 인들이 기독교를 받아들이는 것(당시 불가리아 인들은 다신교도들). 그래서 불가리아의 보리스 1세(재위 852~889)는 861년 기독교(그리스정교)를 국교로 채택한다. 당시 비잔티움 제국과 전쟁을 하게 되었는데, 불리한 전세를 벗어나고자 비잔티움 황제에게 그리스정교를 받아들이기로 약속한 것. 그는 몇 년 뒤 자기 가족들 및 일부 귀족들과 함께 세례를 받고 기독교도가 된다. 당시 비잔티움 제국의 황제 미카엘 3세(재위 842~867)가 그의 대부였다.
- 이즈음 기독교권 내부에서 로마 가톨릭 교회와 비잔틴 정교회 사이에 균열이 일기 시작한다. 로마 교황과 콘스탄티노플 총주교 사이의 대립을 이용하여 보리스 1세는 불가리아 교회의 독자적 지위를 얻는다. 기독교의 도입으로 불가리아 칸의 권력은 한층 더 강화된다. 과거 칸은 불가리아 부족 연합의 우두머리의 성격을 가졌지만 이제는 신의 지상 대리자임을 내세울 수 있게 되었다. 이는 슬라브족과 불가르 족을 하나의 불가리아 인으로 통일시키는 밑거름으로 작용하였다. 비잔티움 제국은 927년 불가리아 정교회의 독립을 공식적으로 승인하였다. 이는 세르비아 정교회 독립보다 300년을, 러시아 정교회보다 600년 앞선 것이다. 이로써 불가리아 총주교좌는 로마, 콘스탄티노플, 예루살렘, 알렉산드리아, 안티오크에 이은 여섯 번째 총주교좌가 되었다.

▶ 황금기(896년~927년)

- 보리스 1세는 모라비아 왕국에서 추방된 키릴로스와 메토디오스의 제자들을 끌어들여 그들에게 불가리아 성직자 교육을 맡긴다. 키릴로스와 메토디오스 형제는 그리스 출신인데, 슬라브 인들에 대한 선교활동에 몸을 바친 인물들이다. 이들은 처음에는 로마 교황의 인정을 받았지만, 사후에 그 제자들은 로마 가톨릭과 콘스탄티노플 교회와의 관계가 악화되면서 모라비아에서 추방된 것이다.
- 키릴로스와 메토디오스의 제자들은 당시 불가리아 수도인 플리스카와 오흐리드에 각각 학교를 세워 성직자들을 양성한다. 이들은 보리스 1세의 명령으로 그리

스어가 아닌 슬라브어로 교육한다. 키릴문자는 키릴로스가 슬라브어로 된 기도문을 적고 바이블을 번역하기 위해 855년에 만든 글라골 문자를 개량하여 만든 문자인데, 보리스 1세가 886년에 설립한 피레슬라프 문예학교에서 창안한 것이다. 피레슬라프 문예학교는 과거 플리스카에 있던 학교인데, 보리스 1세가 귀족의 반란을 피해 수도를 플리스카에서 피레슬라프로 옮기면서 이전한 것이다. 불가리아는 886년부터 불가리아의 공식문자도 그리스어가 아닌 키릴문자를 채택한다.

- [900~917년] 서쪽의 보스니아, 북쪽의 헝가리 동부지역으로 세력 확장. 이 시기에 불가리아 제국은 현재의 불가리아와 루마니아 전역을 포괄하는 국가로 도약한다. 불가리아는 904년 알바니아와 마케도니아를 점령. 917년 비잔티움과의 전투에서 발칸반도의 대부분을 획득한다.
- [927년] 현재의 세르비아와 보스니아와 헤르체고비나 지역의 슬라브인들이 불가리아 제국에서 이탈하여 세르비아 제국 건설. 세르비아가 비잔티움의 속국이 된다. 몬테네그로 (로마화된 일리리아인 거주 지역)도 비잔티움의 지배하에 들어간다.
- [968년] 비잔티움이 불가리아 제국을 압박하기 시작. 불가리아가 북쪽의 마자르족으로부터 공격을 받는 동안 불가리아 동부지역을 점령한다.
-[1002~1018년] 여러 번 비잔티움의 공격을 받아 붕괴. 다뉴브 강이 비잔티움의 북쪽 국경이 된다.

▶ 1185년까지 비잔티움 제국의 일부: 비잔티움령 불가리아 (1018년~1185년)

- [1185년] 불가리아가 비잔티움 제국이 약해진 틈을 타서 반란에 성공하여 제2 불가리아 제국이 시작된다.

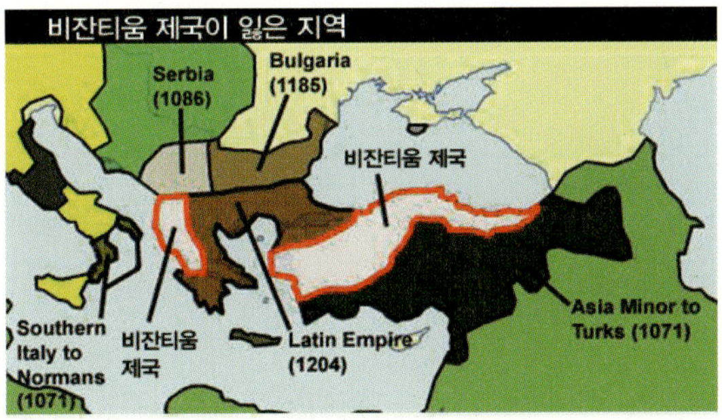

▶ 제2 불가리아 제국(1185년~1396년)

- 제1 불가리아 제국은 11세기 초에 약화되어 이번에는 도리어 비잔티움 제국의 공격을 받고 그 속주로 떨어진다. 그 사이 소수 불가르 족과 다수 슬라브족 사이의 혼혈로 외형은 슬라브족의 모습을 많이 갖게 된다. 불가리아는 12세기 후반 다시 독립하여 '제2 불가리아 제국'을 수립한다. 그러나 이 제2 제국의 지배층은 이미 슬라브화하여 제1 제국 지배층과는 다른 모습을 갖게 된다.

- [1230년] 세르비아와 알바니아까지 영토 확장. 제2 황금기(1230~1241).
- [1256년] 세르비아의 일부지역을 헝가리에게 잃고, 남부 마케도니아와 트라키아의 일부도 니카이아 제국[4]에게 잃는다.
- 몽골의 침입(1274~1300)
- 복구와 팽창(1300~1371): 외세의 끊임없는 침입에 시달리게 되는 지정학적 위치 때문에 쇠퇴하기 시작. 1371년 내분으로 불가리아가 세 국가로 분열한다.
- [1362~1395년] 오스만 제국에게 정복. 이 시기에 제2 불가리아 제국은 처음으로 오늘날의 불가리아를 구성한다.

근세

▶ 1396년~1878년(약 500년). 오스만 제국의 지배를 받는다.

- 베를린 회의의 결과로 불가리아의 영토는 모이시아와 소피아 지역으로 한정.
- 이는 국경선 밖에 많은 불가리아 인들을 남기고, 불가리아의 지역 전쟁에서 군사 활동을 제한받고, 양차 대전에서 독일에 충성하게 되는 빌미로 작용한다.

▶ 오스만 제국으로부터의 해방과 전쟁

- [17세기] 오스만 제국이 쇠퇴하면서 불가리아 인은 민족주의 정신을 갖기 시작한다. 특히 18세기에 프랑스 혁명의 영향을 받아 근대적인 민족의식이 급팽창한다.
- 크림 전쟁 이후 오스만 제국의 지배를 벗어나고자 투쟁과 저항을 계속하여 오던 중, 1876년 4월 봉기 때 불가리아 인에 대한 오스만 제국의 무자비한 진압으로 발칸 문제는 국제적인 문제로 부상한다.
- 러시아의 압력으로 콘스탄티노플 국제회의(1876년 12월~1877년 1월)가 개최되어 불가리아 지역에 자치권 인정을 검토하지만 오스만 제국은 영국의 지원을 받아 이런 제안을 거부한다.
- [1877년] 4월 러시아의 알렉산드르 2세(1818~1881)가 불가리아의 독립을 지원하고

4) 제4차 십자군이 콘스탄티노플을 점령하고 라틴 제국(십자군이 이곳에 세운 제국)이 성립된다. 트라키아로 도망친 황제 알렉시오스 3세(재위 1195~1203)의 사위인 테오도로스 라스카리스는 비티니아의 니카이아로 도망가서 그곳에서 비잔티움의 뒤를 잇는 국가를 만들었다. 이 니카이아 후계국 말고도 두 개의 강력한 비잔티움 계승국가가 있었는데, 에페이로스 공국과 트라페주스 제국이 그것이다.

자 오스만 제국에 선전포고를 하자 불가리아도 합세하여 승전한다. 그 결과 산스테파노 조약(1878년 3월 3일) 체결로 불가리아는 오스만 제국으로부터 독립한다.

- 그러나 산스테파노 조약의 규정 중 '대 불가리아 창설' 조항이 문제가 되어 러시아와 영국 간에 알력이 일어난다. 이를 해결하고자 베를린 회의(1878년)가 다시 개최되는데, 여기서 불가리아는 자치 공국의 법적 지위를 가지게 되지만, 러시아군이 주둔하는 것으로 결정되고 명목상 오스만 제국의 지배를 계속 받는 꼴이 된다.
- [1908년] 오스만 제국이 청년 터키군 장교 주도의 혁명으로 혼란에 빠지자 불가리아는 오스만 제국으로부터 완전 독립을 선언한다. 불가리아는 강대국간 유럽의 세력 균형이라는 관점에서 합의된 조건에 대해, 특히 세르비아와의 영토 문제에 불만을 갖는다.
- [1911년] 이탈리아가 터키에게 선전포고를 하자 불가리아, 세르비아, 그리스 및 몬테네그로도 합세하여 오스만에 대항하여 항복을 받아 낸다. 이것이 제1차 발칸 전쟁이다. 그러나 마케도니아 지역에 대한 지배권을 놓고 불가리아와 세르비아가 반목함에 따라 1913년 제2차 발칸 전쟁이 일어난다. 불가리아는 세르비아, 그리스, 터키 및 루마니아의 연합군에게 패배하고 영토가 오늘날처럼 축소된다.

▶ 불가리아의 근대사는 전쟁 패배로 인한 국력약화와 영토 축소로 요약된다.

- 제1차 발칸 전쟁(1912.10.8~1913.5.30)
- 불가리아 왕국, 그리스 왕국, 세르비아 왕국, 몬테네그로 왕국 등 발칸 동맹국과 오스만 제국 사이에서 벌어진 전쟁
- [1911년] 이탈리아-튀르크 전쟁에서 오스만 제국이 패하자, 오스만 제국의 힘이 약해졌다고 판단한 불가리아 왕국, 그리스 왕국, 세르비아 왕국, 몬테네그로 왕국 등 발칸 국가들은 1912년에 '발칸 동맹'을 맺고, 러시아 제국의 지원 아래 오스만 제국에 선전포고하면서 전쟁 발발. 당시 오스만 제국의 지배를 받고 있었던 알바니아도 독립을 위해 군사 파견.
- 오스만 제국은 이스탄불 주변을 제외한 유럽의 모든 영토 상실. 이 전쟁의 결과로 불가리아 왕국은 마케도니아 지방 일부를 제외한 루멜리아(마케도니아와 트라키아) 대부분을, 그리스 왕국은 크레타 섬과 남부 마케도니아 지방의 남부 이피로스를, 세르비아 왕국은 북부 마케도니아 지방 일부를 합병하거나 세력권 내에 넣는다. 알바니아가 독립한다.

- 제2차 발칸 전쟁(1913.6.29~1913.7.29.)
- 제1차 발칸 전쟁의 결과, 마케도니아 지방에 대한 영토 배분을 둘러싸고 불가리아 왕국과 세르비아 왕국, 그리스 왕국 사이의 대립이 격화되어 1913년 6월 29일 전쟁 발발.
- 불가리아의 패전으로 7월 30일부터 루마니아 왕국의 수도 부쿠레슈티에서 강화 회의 개최. 8월 10일에 체결된 부쿠레슈티 조약으로 불가리아 왕국은 도브루자를 루마니아 왕국에, 마케도니아 지방 대부분을 세르비아 왕국과 그리스 왕국에, 동부 트라키아를 오스만 제국에 할양.

▶ 제2차 발칸 전쟁은 제1차 세계대전(1914.7.28~1918.11.11)의 불씨

- 제1차 세계대전에서 독일편에 서게 되고, 1919년 뇌이(Neuilly) 조약으로 영토의 일부를 상실한다.
- 제2차 세계대전에서도 독일편에 섰던 불가리아는 패전국이 되어 소련의 위성국으로 국력이 축소된다.
- [1944년] 임시정부가 들어서고, 1945년 게오르기 디미트로프 공산당 서기장이 집권하면서 공산정권 시작. 44년간의 오랜 공산정권은 1989년 11월 붕괴되면서 민주국가가 들어선다.

▶ 불가리아와 터키의 관계

- 근세부터 현대까지 약 5세기 동안 터키의 지배로 양국관계는 소원한 상태에 있었다. 특히 1984년부터 토도르 지프코프 서기장 치하의 공산 정권이 불가리아에 거주하는 터키계 주민에게 민족 동화 정책을 쓰면서 양국 관계가 악화된다.
- [1989년] 11월 불가리아의 공산당 정권이 붕괴된 후 양국 간의 관계가 정상화되기 시작한다. 1992년 초대 민주대통령 젤류 젤레프 대통령과 가네프 외무장관이 터키를 방문하고 1993년 2월에 터키의 오잘 대통령이 불가리아를 답방 한 후 1994년 7월 젤레프 대통령이 터키를 재 답방 하는 등 양국은 긴밀한 우호 관계의 초석을 만들었다.

▶ [2004년] 4월 NATO 가입과 2007년 1월 EU 가입

3
문화

의상

- 불가리아 민속의상은 남성의 경우 바지, 셔츠, 조끼로 구성. 여성의 경우 드레스와 에이프런으로 구성. 에이프런, 드레스, 셔츠는 보통 지역 색깔과 민속 주제들로 장식되어 있다. 빨강색이 불가리아 민속의상의 특징이기는 하지만, 검정, 그린, 희색도 불가리아 여러 지역의 전통의상에서 발견된다.

- 흰색 블라우스는 검정색과 빨강색 윗도리로 장식하고, 빨강색 스커트는 검정색 에이프런으로 장식한다. 머리 수건은 땋은 띠와 술으로 장식한 숄 속으로 단정하게 밀어 넣는다.
- 불가리아의 민족 집단들은 그들 나름의 전통 복식을 가지고 있다. 다음 쪽 사진의 카라카차니 인(Karakachani) 또는 사라카차니 인(Sarakatsani) 소녀들은 화려한 목도리가 달린 옷과 자수가 된, 겹쳐 입는 블라우스와 스커트를 입었다. 카라카차니 인들의 뿌리는 그리스. 대부분의 불가리아계 카라카차니 인은 불가리아 동부에 위치한 슬리벤(Sliven) 주변에서 살고 있다.

〈카라카차니 인의 전통 의상들〉

- 불가리아 전통의상은 전통축제기간에 자주 볼 수 있다. 위 사진의 여성들과 남성들은 페르닉(Pernik)에서 카니발(Kukeri)을 축하하는 모습이다. 자수를 놓은 검정색 에이프런이 사진 속의 불가리아 여성들의 빨강색 스커트를 장식하고 있다. 이들은 흰색 블라우스 위에 두꺼운 장식을 한 전통 오버셔츠를 입고 있다.
- 불가리아의 남성용과 여성용 축제 의상은 장식이 정말 요란하다. 이들 남성의 허리둘레에 매단 종들은 악령들을 물리치는 역할을 한다.
- 타이트한 오버셔츠는 화려한 트림들로 장식되어 있다. 자수를 놓고 짠 리본들과 옷감은 불가리아 전통 의상의 한 부분을 차지한다.

민속음악

- 불가리아가 동방정교(그리스 정교)를 받아들인 것은 854년이었다. 당시의 동방정교는 그리스에 가까운 남슬라브족들(불가리아, 세르비아, 마케도니아) 사이에 널리 퍼져 있었다. 불가리아가 그리스 정교로 개종한 사실은 역사적으로 큰 의미가 있다. 동방정교라는 새로운 종교가 세계관, 사회조직, 국가권력, 민족들 간의 관계, 도덕성 등에 의해 새로운 개념과 문화를 잉태하게 만들었기 때문이다. 그래서 그들의 의식세계는 이교도들과는 전혀 다른 기반을 갖게 되었다.

- 그리스 정교의 전래로 불가리아에는 도처에 수도원, 교회, 학교가 세워졌고 문화 교류도 활발해졌다. 초기의 수도원은 문화의 중심지였다. 14세기 말, 불가리아는 오스만 제국의 침입으로 독립을 잃고 500여 년 동안 혹독한 시련을 겪었다. 그러나 불가리아에서는 수도원이 국민정신의 마지막 피난처 역할을 하면서 국민의식, 전통, 신념과 생활양식도 그대로 유지할 수 있었다.
- 음악, 건축, 조각, 미술 등 불가리아의 문화와 예술이 수도원을 중심으로 발전한 것은 사실이지만, 수도원이 영감의 유일한 원천은 아니었다. 사회적, 국가적 제약 때문에 순탄하게 발전하지 못한 국가들처럼 오스만 제국의 핍박에도 불구하고 불가리아 문화의 뿌리는 바로 국민 스스로의 창의성에서 찾을 수 있다. 그 중에서도 그리스 정교의 성가 전통과 민속음악, 특히 폴리포니는 불가리아 음악의 역사에 풍요로움을 더했다.
- 이처럼 불가리아의 음악은 그리스 정교 및 비잔틴 문화와 밀접하게 결부되어 발전했다. 9세기에 전래된 그리스 정교의 성가가 이 나라 음악의 시작이다. 18세기까지는 교회음악이 주류였으나, 19세기 오스만 제국의 지배에서 벗어난 후 민속음악에 관한 연구와 클래식 음악의 발전이 병행되었다.
- 교회 음악의 폴리포니적인 전통에 민속음악을 결합시켜 세계적인 '불가리안 보이스'를 만들어낸 이는 필립 쿠테프(1903~82)였다. 그는 불가리아 전국의 민속음악과 춤음악을 수집·채보하는 현장 연구를 바탕으로 불가리아의 합창 발전에 전념하였다. 그 결과 1951년 여성앙상블을 결성하여 가진 파리공연은 불가리아 여성합창의 매력을 세계에 알리는 계기가 되었다.
- 불가리아의 전통음악, 즉 전통적인 민속음악은 근본적으로 여타 유럽 민족들의 민속음악과는 구별된다. 민속음악은 불가리아 전통문화의 핵심요소로서 비대칭적인 박자와 박자의 복잡한 리듬 때문에 독특하다.
- 불가리아 민속음악에 전형적인 이런 비대칭적인 박자(또는 불규칙한 리듬)의 특징은 연주에 사용되는 독특한 전통악기들을 갖게 된 원인이기도 하다. 전통악기로는 관악기인 카발(kaval, 일종의 통소), 두둑(duduk, 소형 피리, 아르메니아의 것과는 다름), 드보얀카(Dwojanka, 나무로 만든 2음계용 피리), 가이다(Gaida, 발칸반도형 백파이프) 그리고 현악기인 가둘카(Gadulka, 피들), 구슬레(Gusle, 현이 하나인 피들), 탐부라(Tambura, 현이 8개인 현악기, 마케도니아의 것은 현이 4개) 등이 있다.

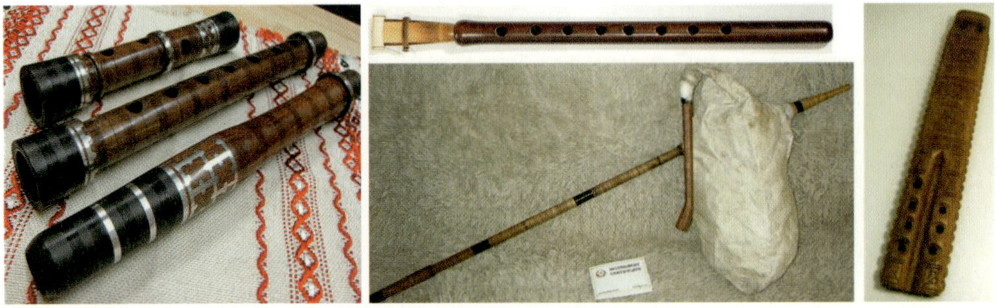

〈시계방향: 카발, 두둑, 드보얀카, 가이다〉

〈좌에서 우로: 가둘카, 구슬레, 탐부라〉

유네스코 문화유산들

▶ 불가리아의 유네스코 지정 7대 문화재들

- 보야나 교회: 소피아 시내에 위치한 기독교 종교 건축물.
- 릴라 수도원: 릴라산 중턱에 위치한 기독교 종교 건축물.
- 네세바르의 고대도시: 흑해 연안에 위치한 그리스 식민도시 유적.
- 카잔륵 무덤(Tracian Tomb of Kazanluk): 카잔륵의 트라키아 지하왕묘.

- 스베쉬타리 무덤(Tracian Tomb of Sveshtari): 플레벤의 트라키아 지하 왕 묘.
- 마다라의 기수(Madara Rider): 얌볼 근처에 위치한 기념 암벽화.
- 이반오보 바위 교회(Rockhewn Church of Ivanovo): 루세 근처에 위치한 암굴 교회 유적.

(1) 수도 소피아

- 불가리아 서부의 소피아 분지에 위치한, 인구 120여만 명(2004년)의 녹색도시. 도나우 강으로 흘러가는 이스쿠르 강이 시내를 관통한다. 중심가의 레닌광장이 소피아 여행의 출발점이다. 구 공산당 건물을 바라보고 있는 성소피아 여신상(마리아 루이사 거리의 중앙에 위치, 소피아는 그리스 신화에 등장하는 지혜의 여신)은 레닌 동상을 무너뜨리고 세운 동상이다. 왼손에는 지혜를 상징하는 올빼미를, 오른손에는 승리를 상징하는 월계관을 들고 있다. 이 여신상을 중심으로 오른쪽에는 대통령궁이, 왼쪽에는 정부청사가 자리하고 있다. 이 광장 지하에는 지하철 공사 중 발견된 로마의 성곽이 있다.
- 현재의 소피아 지역에는 기원전 8세기경부터 트라키아 세르디 인들이 거주하던 정착촌이 있었다. 세르디카는 마케도니아 왕국의 지배를 받다가 기원전 29년에 로마인에게 정복되었다. 그 후 트라키아 일대에서 가장 중요한 도시로 성장했다. 이 도시가 로마식 도시로 발전한 것은 트라야누스 황제(재위 98~117) 시절이었다. 로마식 광장과 건물들이 들어섰고, 신기두눔(현재의 세르비아 수도 베오그라드)과 비잔티움을 연결하는 군사도로의 요충지가 되었다. 서기 3세기에는 다키아 속주의 수도였다. 이 도시에서 로마 황제도 나왔는데, 아우렐리아누스 황제(Lucius Domitius Aurelianus, 재위 270~275)와 갈레리우스 황제(Galerius Maximianus, 재위 305~311)[5]가 그들이다. 갈레리우스 황제는 311년 기독교 박해를 끝내는 칙령을 이곳에서 발표했다. 4세기 후반부터 동로마 제국(비잔티움 제국)에 귀

5) 불가리아 소피아 부근의 미천한 가문에서 출생. 그러나 탁월한 군 경력을 인정받아서 디오클레티아누스가 사두 정치 체제를 수립하던 293년 3월 1일 콘스탄티우스 클로루스와 함께 부제(Caesar)로 임명되었다.

속, 441~447년 훈족에게 파괴되었으나, 6세기 유스티니아누스 황제 때 재건. 이 시기에 소피아는 슬라브인들의 침략을 막기 위한 중요한 성채였고, 성 소피아 성당도 이 시기에 건축했다.

- 9세기 초부터 11세기 초까지 제1 불가리아 제국, 12세기말부터 14세기 후반까지 다시 비잔티움 제국이 지배.
- 1382년부터 오스만 제국이 지배. 이 시기에 소피아는 오스만 풍의 도시로 탈바꿈한다. 성소피아 성당을 비롯하여 많은 교회들이 모스크로 탈바꿈했는데, 17세기에는 100개 이상의 모스크가 들어섰다.
- 1878년 러시아와 오스만 제국 간의 전쟁에서 러시아가 승리하여 소피아가 불가리아에 귀속되면서 1879년 불가리아의 수도가 되었다. 소피아 시내에 있는 알렉산드르 네프스키 대성당은 바로 오스만 제국과의 전쟁에서 죽은 러시아 병사들을 기리고자 지은 성당이다. 알렉산더 네프스키라는 이름은 키예프 시대에 이민족의 침략을 물리치고 러시아를 지킨 인물인데, 러시아 정교회의 성인반열에 오른 러시아의 영웅 이름이다.

▶ 성 네델리아 성당(St. Nedelia Church)

- 소피아의 쉐라톤 호텔 앞에 있다. 1856년에서 1863년 사이에 건립된, 네오 비잔틴 양식의 돔과 내부에는 화려한 이콘들로 가득한 불가리아 정교 성당이다. 1925년 4월 16일 차르 보리스 3세와 각료들이 참석한 장례행사에서 극좌파의 폭탄테러로 대파되었다가 현재 복원되었다. 당시의 폭탄테러로 각료들을 포함해서 120명 이상이 죽었으며 왕의 암살은 미수에 그쳤다. 이 사건에 대한 자세한 설명은 교회 남쪽 벽에 있는, 당시의 희생자를 기리는 조그만 동판에 기록되어 있다. 네델리아는 불가리아어로 '일요일'을 뜻한다.

세르디카 유적지.

- 공산당 본부 앞 광장의 지하도 공사 때 발견된 로마시대의 도시 유적지.
- [2~4세기] 이 근처에 세르디카라는 도시 존재, 발굴된 유적은 세르디카의 동문에 해당하는 성벽과 2개의 오각형 석탑. 지금은 지하철 건설 당시에 완성된 지하도

를 지나가면서 구경할 수 있다.

- 지하도 한쪽에는 당시의 모습을 보여주는 성곽의 모형과 발굴 작업의 기록사진, 발굴된 단지 등을 전시하고 있다.
- '세르디카'는 비잔티움 제국 시절에 사용된, 현재의 수도 소피아의 지명이었다. 소피아란 지명이 사용된 것은 14세기 이후부터다.

▶ 성 게오르게 성당(Rotonda ä Sveti Georgiä)

- 4세기 초 기독교 시절 로마인들이 돔형 둥근 천장을 가진 붉은 벽돌 건물을 지었다. 소피아에서 가장 오래된 건물로, 쉐라톤 호텔 뒤, 고대 세르디카 시의 유적지 중앙에 위치한다.
- 이교도 사원 옆에 건축된 것으로 추정하고 있다. 이 건물의 원래 목적은 교회가 아닌 일반용도였다.
- 중앙 돔 내부에 있는 12~14세기 프레스코화로 유명. 세 겹의 프레스코화들이 발견되었는데, 10세기 초의 것으로 추정된다. 돔 꼭대기에는 2m가 넘는, 22명의 선지자를 그린 프레스코화들로 장식되어 있다.
- 오스만 제국 시절에는 모스크로 사용되면서 덧칠되었지만, 이 프레스코화들만 덧칠되지 않았다. 현재의 것은 20세기에 복원된 것이다.

▶ 성 페트카 지하교회(Church of St Petka of the Saddlers)

- 구시가지와 신시가지 중앙 지면보다 약간 낮은 곳 지하철 입구에 위치한 작은 본당 건물 하나로 구성된 루마니아 정교회 성당.
- 세미 원통형 아치지붕, 반원형 돌출부가 특징.
- 제2차 세계대전 후 굴착하던 중 이 반원형 돌출부가 발견된 것. 벽의 두께는 1m로 벽돌과 돌로 건축.
- 역사상 처음 언급된 것은 16세기, 옛 로마제국의 사원 장소에 신축된 것. 현재 이

교회는 14, 15, 17, 19세기에 태피스트리 직물 무늬로 그려진 성서 장면의 벽화들로 유명하다. 프레스코 벽화는 예수의 출생, 기적, 고통, 십자가에 못 박힘, 죽음과 부활 등 예수의 다양한 삶의 여정을 보인 것들이다. 미술사가들은 이를 중세회화의 최고 걸작들 중 하나로 꼽으며, 오스만 제국 시기에도 불가리아 미술이 발전한 증거라고 말한다. 이 교회의 반원통형 바실리카 양식 돔도 건축가들은 훌륭한 비율과 리듬을 가진 중세 건축의 걸작으로 꼽고 있다.

- 11세기 불가리아의 성인 성 페트카(St. Petka)에게 봉헌된 교회. 성 페트카 교회는 중세시대에 이 교회에서 의식을 행한 마구상인들의 후원자였다는 사실에서 유래하여 현재의 명칭을 갖게 되었다.

▶ 알렉산드르 네프스키 대성당

- 불가리아에서 이콘화가 가장 많고, 지하 납골당이 있는 성당.
- 소피아의 중심가인 알렉산드르 네프스키 광장에 위치.
- 러시아-튀르크 전쟁(1676~81, 1683~98)에서 불가리아의 독립을 위해 전사한 러시아 군인 20여 만 명을 기리고자 러시아 모스크바의 GUM백화점을 기획한 러시아 건축가 알렉산드르 포메란체프(Alexander Pomeranzew, 1849~1918)가 네오 비잔틴 양식으로 설계, 1882년 착공, 1904~1912년 완공.
- 성당의 명칭은 러시아 황제 알렉산드르 2세의 이름인 Saint Alexander Nevsky에서 유래한 것.

- 베오그라드의 성 사바 교회에 이어 발칸반도에서 2번째로 큰 대성당.
- 성당은 크로스 돔 바실리카 양식으로 중심부를 강조. 높이가 45m, 종탑은 금으로 도금. 종이 12개나 있는데, 가장 무거운 것은 12톤, 가장 가벼운 것은 10톤.

〈좌: 천장의 프레스코화, 우: 정면의 이콘들〉

- 내부장식은 동서양의 혼합양식으로 동방정교의 전통과 이탈리아 대리석, 이집트의 설화석고(alabaster), 브리질 마노(onyx), 목재조각과 금으로 장식되어 있다. 성당의 외부 광장에는 불가리아 문학의 창시자인 이반 바조프(Iwan Wasow, 1850~1921)의 묘가 있다.

▶ 알렉산드르 바텐베르크 영묘(Mausoleum na Battenberg)

- 현대 불가리아 국가의 초대 왕 알렉산드르 1세(1857~1893)의 영묘.
- 원명은 Alexander Joseph von Battenberg 왕자.
- 스위스 건축가 헤르만 마이어(Hermann Mayer)가 절충 양식(네오 바로크 양식과 네오 의고전주의를 가미한)으로 디자인, 1897년 개원, 2005년 보수.
- 높이는 11m, 면적은 80m^2. 내부는 불가리아 예술가 타체프(Haralampi Tachev)가 채색.
- 알렉산드르는 망명지 오스트리아의 그라츠에서 1893년 사망했는데, 처음에는 그곳에 매장. 그러나 그의 소망에 따라 불가리아 수도로 이송되어 국장으로 장례식 거행, 그의 시신은 성 게오르게(St. George) 교회로 옮겨와 이곳 소피아 시 중심가 영묘에 안장했다.
- 이 영묘는 불가리아 공산주의 시절인 1947~1991년에는 폐쇄되었지만, 1991년 민주화 이후 시민에게 재개장. 현재 이곳에는 1937년 그의 부인이 기증한 알렉산드

르의 개인 소장품과 문서들이 일부 진열되어 있다.

▶ 성 소피아 성당(Sweta Sofia)

- 알렉산드르 네프스키 광장 건너편에 위치.
- 남동유럽에서 가장 오래된 교회건물이자, 가장 오래된 소피아 교회들 중 하나.
- 342년, 그 이전 건물인 회랑교회에서 세르디카 종교회의 개최.
- 세르디카(현재의 소피아)의 역사는 성 소피아 성당과 밀접한 관련이 있다. 그래서 이 성당은 수도 소피아의 상징물이기도 하다.
- 이스탄불의 소피아 성당(Hagia Sophia)처럼 '성현'에게 봉헌된 것.
- 현재의 성 소피아 성당은 현관이 있는 성 십자가 바실리카 구조.
- 최초의 초기 기독교 교회는 약 4세기 초 311년과 313년의 칙령에 따라 로마시대 때 이 도시의 원형경기장과 이교도 및 기독교 공동묘지에서 멀지 않은 곳에 건축.
- 가장 오래된 옛 교회 건물들 중 하나 - 작은 회랑교회 - 에서 바닥 모자이크 일부

가 발견되어 보존되고 있다. 추측컨대 이 교회에 500명이 앉을 수 있는 좌석이 있었다.

- 6세기까지 수많은 대규모 변화와 증축. 6세기 중엽 훈족과 고트족의 침입으로 크게 손상되어, 비잔티움 제국의 황제 유스티니아누스 1세(재위 527~565)가 4세기 로마시대 때의 4개의 옛 기독교 교회 초석 위에 새 바실리카 건축을 지시. 3랑(중랑 하나에 측랑 둘)으로 되어 있고, 3개의 벽을 반원형으로 건축.
- 11~14세기, 대주교 성당. 이런 명성에 힘입어 14세기에 이 성당의 이름을 따서 이 도시의 명칭이 생겨났다.
- 16세기, 오스만 제국 시절에 모스크로 변신되면서 이 성당의 벽화들이 파괴되었다. 전설에 따르면 게오르기라는 금세공사가 이슬람으로의 개종을 거부해서 산 채로 불태워졌다고 한다.
- 1818년과 1858년, 심한 지진으로 미나레트(이슬람 사원의 뾰족탑, '등대'의 의미)가 붕괴되면서 건물이 훼손되었다.
- 전설에 따르면 2차 지진 때 호드샤의 두 아들이 건물 속에서 시신으로 발견되었다고 한다. 무슬림들은 이것을 나쁜 징조로 보고 이 성전을 떠났다. 오랫동안 이 건물은 비어 있다가 오스만 제국으로부터 해방(1878년)된 후 창고로 사용되기도 했다.
- 여러 번 보수, 20세기 초부터 고고학적 발굴 시작. 현재의 교회 외관은 고대 후기와 중세초기의 모습과 유사하다.
- 이 교회에서 멀지 않은 곳에서 1873년 혁명가 바실 레프스키(Vasil Levski, 1837~1873)[6]의 교수형이 집행되었다. 교회 뒤에는 불가리아의 유명 작가 이반 바조프(Ivan Vazov, 1850~1921)[7]의 묘가 있다. 현재 이 교회 바로 옆에는 무명용사비(현충탑)가 있는데, 고향을 위해 목숨을 바친 모든 불가리아 군인들을 경외하는 상징물이다.

---

6) 본명: 바실 이바노프 쿤체프(Васил Иванов Кунчев), 불가리아의 혁명가이자 국가 영웅. 오스만 제국 시절에 불가리아의 해방 운동을 주도한 인물. 내부 혁명 조직을 수립하고 '불가리아 임시 정부'를 선포하는 한편 불가리아의 여러 도시와 마을의 연락망 구축과 비밀 조직 수립을 주도. 1872년 5월 불가리아 혁명 중앙위원회와 내부 혁명 조직을 확장. 1872년 12월 27일 로베치 근교에서 오스만 제국 당국에 체포되어 1873년 2월 18일 소피아에서 교수형.

7) 불가리아 소포트 출생. 오스만 지배 시절 부유한 상인의 아들로 출생. 러시아 · 프랑스의 문학서를 탐독했고, 나중에 초등학교 교사가 되었다. 1876년 4월 오스만 제국에 대한 국민 봉기가 실패하자 루마니아로 망명, 그곳에서 조국 국민들의 영웅적인 투쟁을 노래한 3부작 시집 〈기(旗)와 구스라〉(1876), 〈불가리아의 슬픔〉(1877), 〈행방〉(1878)을 발표. 귀국 후 독립운동에 헌신하는 혁명가를 주인공으로 한 장편소설 〈멍에 Pod igoto〉(1890)는 탄압을 피해 러시아에 망명한 시절에 쓴 작품.

▶ 바냐바시 모스크(Banya Bashi Mosque)

- 1576년에 세워진, 유럽에서 가장 오래된 이슬람 사원들 중 하나. 오스만 제국 시절 최고의 건축가인 미마르 시난(Mimar Sinan)이 설계한 사원으로, 거대한 돔과 첨탑(미나레트)이 유명하다. 모스크 주변에는 오스만 제국 시절에 이곳으로 이주해온 터키계 주민들이 지금도 명맥을 유지하고 있다. 모스크는 현재 700명의 신도들이 금요기도일에 이용하고 있으며, 종교축일(바이람/Bayram) 때에는 1200여명이 기도에 참여한다. 소피아의 무슬림 공동체는 약 3만 여명의 무슬림들로 구성되어 있다.
- 소피아의 중심부에 위치한 이 자리에는 로마시절부터 46℃의 뜨거운 온천수가 나왔고, 적어도 16세기부터 사원 바로 옆에 공중 터키목욕탕이 세워졌다. 이 옛 터키목욕탕은 1913년에 거대한 새 중앙광천욕장이 건축되기 전부터 이미 심하게 훼손되어 있었다.
- '바냐(Banya)'는 목욕탕의 뜻. 바냐바시는 많은 목욕탕이란 뜻이니, 이 사원의 이름도 목욕탕들의 모스크로 번역된다. 바냐바시 모스크의 설립자는 사이풀라(Mullah Efendi Kadı Seyfullah)인데, 그는 이 사원을 죽은 자기 부인을 기리기 위해 건축시켰다. 그래서 옛 문헌에는 이 사원이 몰라 에펜디(Molla Efendi) 사원 또는 카디 사이풀라(Kadı Seyfullah) 사원으로 표기되어 있다. 불가리아어로 사원(모스크)을 뜻하는 '차미야'(Dschamija/джамия)는 터키어 단어인데, 금요일을 뜻하는 '쿠마야'(Cumaya, 그래서 '금요기도일')에서 파생된 것이다.
- 17세기에 소피아에는 모스크가 53개나 있었고, 그 이후에는 100개가 넘었다고들 한다. 1858년 리히터 규모 6.5 정도의 지진 때 당시 소피아에 있던 24개의 미나레트들 중 19개가 파괴되었다. 오스만 제국이 지배하던 말기에 소피아에는 50~84개의 모스크가 있었다. 오스만 제국이 물러간 이후(1858년) 소피아에는 여전히 32개의 모스크가 있었다. 이 모스크들 중 5개가 지금도 남아 있다. 바냐바시 모스크는 불가리아 수도에서 원래의 형태를 유지한

채로 사용된 유일한 모스크이다.

- 현재의 대통령 궁 맞은편에 있는 모스크(터키어, Sofya Büyük Camii)는 현재 국립고고학박물관으로 사용되고 있다.

(2) 보야나 교회(Boyanska tsărkva/Boyana Church)

- 수도 소피아 외곽에 위치. 각기 다른 시기에 지은 3동의 건물로 구성되어 있다.
- 동쪽 교회는 10세기 무렵에 세워졌다. 13세기 초 제2 불가리아 제국의 세바스토크라토[8] 칼로얀(Kaloyan)이 교회 옆에 두 번째 건물을 짓게 하여 2층 건물이 증축되었다. 세 번째 교회는 19세기 초에 건축되었다.
- 보야나의 불가리아인 요새는 현재 보야나의 소피아 지구 교외에 있는 비토샤 산의 낮은 경사면에 있다. 이 명칭은 969년에 처음 등장했다. 보야나는 스레데츠(Sredets, 소피아)의 도시 안에 요새 체계를 구축한 35개 요새지와 정착지 중 하나였다.
- 교회는 변경과 증축을 많이 한 때문에 현재의 건물 전체는 원래의 것들과는 많이 다르다. 새 건물은 동쪽 건물에 증축되면서 건축 양식과 장식이 바뀌었다. 현재의 보야나 교회는 11세기, 13세기, 19세기의 건물들로 구성되어 있다. 가장 오래된 동쪽 교회이자 첫 번째 교회인 보야나 교회는 예배당으로 설계하여 사용된 것이다. 전형적인 그리스 십자가 구조로 돔이 있고, 홀로 서 있는 지지대와 나르텍스 없이 감춰진 십자가 구조를 가진 벽돌 건물이다. 북쪽과 남쪽의 건물 정면은 3개의 블라인드 아치로 바깥과 연결되어 있다.
- 각각의 중앙 아치는 구석의 아치들보다 더 높고 건물의 구조와는 무관하다. 벽돌의 장식은 사람이나 동물을 장식한 것으로, 벽돌은 아치 위에 동심원을 그리고 있다. 내부의 평면 배치는 그리스 십자가를 연상시킨다. 북쪽과 남쪽 벽에 각각 1개, 돔에 4개가 있는 길고 좁은 개구부를 통해 어렴풋이 빛이 들어오며, 아

8) 'Sebastokrator'는 중세그리스어로 '존경스런 통치자'의 뜻이며, 황제 알렉시오스 1세 콤네노스(재위 1081~1118)가 1081년에 도입한 비잔티움 제국의 궁정 칭호.

프시스에 있는 트리포리움(triforium)[9]을 통해서도 빛이 들어온다. 벽과 돔 전체의 내부 벽은 벽화로 뒤덮여 있다. 몇몇 큰 조각은 아프시스에 보관되어 있다. 첫 번째 교회의 벽화는 18세기 중엽에 다시 그린 것이고, 그림의 위쪽에 훼손된 흔적이 있다.

- 첫 번째 교회와 직접 연결되는 1층은 나르텍스를 시도하였는데, 둥근 지붕으로 덮인 직사각형 모양이다. 안쪽 벽은 남쪽과 북쪽 양쪽 측면에 두 가지 벽감으로 장식되어 있다. 이곳은 가족 무덤으로 사용하려고 한 듯하다. 칼로얀 교회의 위층 바닥은 그리스 십자가 모양으로 과거 건축과 거의 동일한 건축양식을 보인다. 이곳은 가족 예배당으로 사용하였으며, 순교자 성 판텔레이몬(275?-305)에게 봉헌되었다.
- 예배당은 남쪽 벽을 따라 바깥 계단을 통해 접근한다. 계단을 통해 예배당과 귀족들의 저택이 연결된다. 위험한 일이 일어났을 때 이동식 계단을 제거할 수 있어서 위층 예배당은 방어첨탑으로도 사용할 수 있다. 건물 정면은 첫 번째 교회 내부를 형상화하였다. 북쪽과 남쪽 건물 정면은 2층에 블라인드 아치가 각각 4개씩 있다. 남쪽 벽의 아치들 중 하나는 2층 예배당의 출입문으로 사용하였다.
- 칼로얀 교회의 동쪽 건물 정면은 첫 번째 교회의 지붕 위에 솟아 있다. 바깥은 작은 반원형 아프시스 때문에 부서졌다. 서쪽 출입문 정면은 독특한 특징을 보인다. 세바스토크라토 칼로얀의 가족이 재건축하여 1259년에 봉헌한 두 번째 교회는 벽화로 장식되어 있다. 보야나의 프레스코화는 초기 성상 그림 방식을 보였는데, 나중에 벽화로 바뀌었다. 이는 터르노보(Tirnovo) 예술 학교에 많은 영향을 미쳤다. 14~16세기에 세르비아, 러시아, 아토스 산 수도원으로 확산된 성상 그림 방식의 변화는 이런 혁신적인 방식과 밀접한 관련이 있다.

(3) 아르바나시 전통 마을 : 불가리아 건축의 보고(寶庫)

- 벨리코 터르노보 시에서 4km 떨어진 고지대에 위치.
- 이 마을은 제2 불가리아 제국(1185~1393) 시대에 있었던 것으로 알려진 곳. 당시 이 마을은 수도 터르노보의 여름 관저로 사용되었다. 전설에 따르면 이곳은 불가리아 황제가 동전을 주조한 곳.

9) 좁은 통로. 서양 중세의 바실리카식 성당에서 그랜드 아케이드와 글레어스토리 사이에 있는, 신랑에 면해 설치된 아케이드. 아케이드와 통로가 없는 것, 칸막이 벽에 환기창만 낸 것 등이 있다. 11세기 이후 후기 로마네스크식 성당이나 고딕성당에서 성행했다.

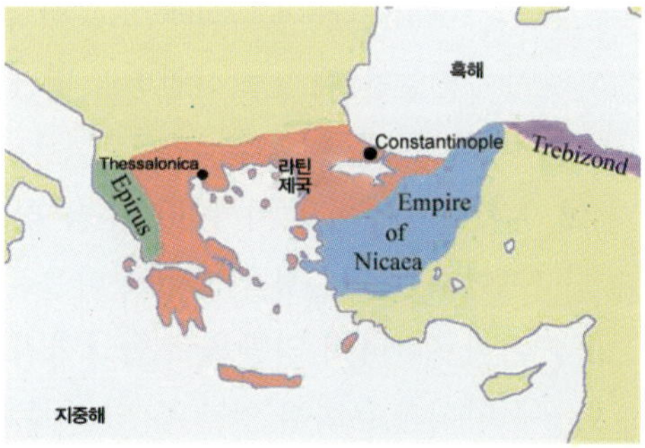

- 제2 불가리아 제국의 차르 이반 아센 2세(재위 1218~1241)[10]는 1230년 클로코트니차 전투에서 대승을 거두고 에페이로스 공국[11]의 군주 테오도로스 1세(재위 1215~1230)를 포로로 잡았고, 테오도로스는 장님이 되었다. 이 승리를 계기로 이반 아센 2세는 동쪽의 흑해와 아드리아노폴리스로부터 서쪽의 아드리아 해와 두라초에 이르는 에페이로스 공국의 영토를 정복하였다. 이후 아르바나시 지역(현재의 알바니아 땅)이 불가리아 왕국의 일부가 되면서 이 지역으로 이주민의 절대다수가 몰려와서 '이주민들의 고국'이 되었다고 한다.

10) 이반 아센 2세는 불가리아의 가장 현명하고 성공적인 통치자 중 한 명. 그의 치세 시절인 1235년에는 1018년 이후 사라졌던 불가리아 정교회 총대주교구가 부활하였고, 최초의 불가리아 금전과 동전이 주조되었고, 영토도 확장하였다.

11) 1204년 동로마 제국이 4차 십자군에게 일시적으로 멸망당한 후(콘스탄티노폴리스가 함락됨) 라틴 제국의 성립에 반기를 든 두카스 가문의 주도로 세운 지방 정권.

- 이 마을의 존재에 관한 최초의 문서는 1538년에야 등장. 1538년 오스만 제국의 술탄 슐레이만 2세(재위 1520~1566)가 자신의 사위에게 아르바나시를 양도, 소유권이 자손들에게 이어지면서 세제상의 특권을 받아 무역을 하면서 부자 마을이 되었다. 아르바나시의 주민들은 오스만 제국 시절에 주로 가축사육과 장사로 생계를 유지했다. 몇몇 주민은 수공업과 누에 사육에 종사했다.
- [17세기] 중요한 교역마을로 부각. 아르바나시 상인들은 유명했고, 오스만 제국 전체에서 장사를 했다. 이 시기에 부유한 상인들의 저택은 작은 요새를 닮았고, 발코니와 지붕 테라스는 없고, 창문의 철창과 견고한 바깥대문을 갖춘, 단단하면서도 거친 외관을 하고 있다. 내부는 호화롭고 화려하기 그지없다. 문, 창문, 벽장, 덮개의 내부 장식은 목판조각과 석고로 아주 화려하게 치장되어 있고, 건축자의 취향, 능력, 예술적인 재능을 보여준다. 아르바나시 주택들의 특징은 바깥마당에 있는 분수에서 물을 길러오는 일 외에는 집을 벗어나지 않고도 오랫동안 집에서 거주할 수 있을 정도로 지어진 점이다.
- [18세기] 이 마을은 주로 무리를 지어 장사하던 오스만 제국 내의 도적떼인 카르즈하리이테(Kardzhaliite)로부터 철저히 약탈과 방화를 당했다. 또한 아르바나시의 주민들은 페스트 전염병과 몇 번에 걸친 지진이 덮치자 평안하고 안전한 곳을 찾아 고향을 떠났다.
- [1810년] 이후 서서히 안정을 찾으면서 이곳에 에레노보와 터르노보의 산지 출신 이주민들이 정착하지만, 마을은 번성하는 터르노보의 그늘을 벗어나지 못했다. 아르바나시 영광을 오늘날까지도 떠올리게 하는 것은 수많은 옛 주민들의 생활양식과 문화를 엿볼 수 있는 주택과 문화재, 전통과 풍습들이다.
- 아르바나시에서 가장 흥미를 끄는 박물관은 콘스탄트살리에바 하우스, 예수그리스도 탄생 교회, 성인 미카엘과 가브리엘 대천사 교회이다.

▶ 콘스탄트살리에바 하우스

- 아르바나시에서 가장 거대하고 가장 화려하게 치장된 주택으로, 17세기에 건축되었다. 이후 아타나스 콘스탄트살리에브에게 매각되었기에 현재까지도 그의 이름으로 알려진 것. 1913년 지진으로 파괴되었다. 나중에 정부가 구입, 수리 후 박물관으로 위탁하였다. 1958년 19세기의 생활양식을 엿볼 수 있는 구경거리가 전시되었다.

▶ 예수그리스도 탄생교회(Rozhdestvo Hristovo).

- 아르바나시의 교회들 중 가장 오래된 교회. 남성구역(Noas)과 여성구역(Privator 또는 Vorhalle), 북쪽과 서쪽을 에워싸는 회랑이 있다. 동쪽에는 세례자 요한 예배당이 있다. 현재는 누구나 구경할 수 있는 남성구역은 처음에는 독립된 교회였는데, 1597년에 완성되었다. 이 시기에 그려진 것이 '최후의 심판'과 '예수 그리스도의 탄생'이다.

〈성인 미카엘과 가브리엘 대천사 교회〉

▶ 성인 미카엘과 가브리엘 대천사 교회

- 제단, 남성구역, 여성구역, '성 파라스케바(St. Paraskeva)' 예배당, 회랑으로 구성되어 있다. 이 교회에서 가장 흥미로운 벽화는 '지옥으로 가는 길(Slizane v Ada)'과 '그리스도의 탄생(Roshdestvo Hristovo)'이다.

〈좌, 지옥으로 가는 길, 중: 그리스도의 탄생, 우: 그리스도의 탄생〉

▶ 성 디미타르(St. Dimitar) 교회

- 아르바나시 마을 중간에 있다. 현관은 16세기에 건축된 것으로 아르바나시에서 건축된 문화재 중 가장 오래된 것이다. 1621년 완공되었다. 벽화의 보존 및 보수 작업이 현재도 진행 중이며, 방문객에게 개방되지 않은 곳이다.

▶ 성 게오르기(St. Georgi) 교회

- 아르바나시 마을의 남서부에 있는, 돌로 건축된 건물로, 21m × 10m의 배수로가 있다. 이 건물은 17세기 말 또는 18세기 초에 건축된 것으로 추정된다. 고고학 발굴 작업에 따르면 현재의 여성구역에는 16세기 후반의 것으로 추정되는 옛 교회가 있었다. 방문객에게 개방되고 있다.

▶ 성 아르바나시 교회(St. Arbanasi)

- 아르바나시 마을의 북동쪽에 있으며, 1730년대에 건축되었다. 교회의 이콘화는 1667년 완성된 것이다. 방문객에게 개방되지 않고 있다.

▶ 성모 수녀원(St. Bogoroditsa)

- 아르바나시 마을 변두리에 있는데, 벨리코 터르노보에서 고르나 오랴호비차(Gorna Oryahovitsa) 방향으로 5km 지점에 있다. 불가리아의 고대 수도 주변에 있던 수많은 종교 건축물들 중 하나. 이 수녀원을 방문하는 것은 아르바나시에서 쾌적한 날이나 주말에만 가능하다. 수녀원에는 불가사의한 세 개의 손을 가진 성모 이콘화(Bogoroditsa Troeruchitsa)가 보존되어 있는데, '울고 있는 성모'로도 불린다. 전설에 따르면 수녀들이 오스만 제국이 차레베츠를 점령하자(1396년) 수녀원을 떠나면서 이 성모 이콘화를 흙속에 묻었다고 한다. 몇 년 후 한 목동이 땅속에서 들려오는 신음소리를 듣게 되어 이 이콘화를 발견하여 다시 이 수녀원에 위탁하였다. 수녀원의 축일은 8월 15일, 성모의 날이다.

〈좌: 입구, 우: 울고 있는 성모 이콘화〉

▶ 성 니콜라스 수도원(Saint Nicholas Convent)

- 마을의 끝에 있다. 12세기 말 아세네프치 가문 시절(Asenevtsi, 1187~1280)에 창건되었고, 오스만 제국이 불가리아 수도 터르노보를 침략한 후 1393년에 파괴되었다.

1680년 재건되면서 현재의 교회가 건축되었다. 이 시기에 '성 엘리아스(St. Elias) 현관도 건축되었는데, 이 건물의 당시 벽화들은 현재까지 보존되어 있다.

- 성 니콜라 교회에는 아직도 불가사의한 성모 성화가 있다. 전설에 따르면 이 이콘화는 임신에 도움이 되는 것으로 알려져 있다. 그래서 엄마가 되고 싶은 여성들은 다음과 같은 종교적 의식을 수행한다: 성모 앞에서 기도한 후 성화에 동전을 놓는데, 동전이 붙어있으면 성모가 이 여성의 소원을 들어주었다는 뜻이고, 동전이 밑으로 떨어지면 아이에 대한 소망은 이루어지지 않는다는 뜻이다. 이 수도원의 축일은 12월 6일(성 니콜라스 일)이다.

(4) 릴라 산맥

- 불가리아 남서부에 위치한, 발칸반도에서 가장 높은 산맥. 가장 높은 봉우리는 높이가 2925m인 무살라 봉.

〈좌: 릴라산맥, 우: 릴라 수도원 가는 길〉

- 만년설로 뒤덮인 봉우리, 깎아지른 봉우리, 깊은 골짜기, 얼음으로 덮인 산정호수, 수많은 광천들. 가장 뜨거운 온천(102℃)은 사파레바 반야에 있다.
- 숲으로 뒤덮인 산허리에 릴라 수도원이 있고, 산맥의 남쪽언저리에 동계스포츠의 중심지들인 반스코와 라스로그가 있다.
- 릴라산맥의 2100~2500m 높이에 150개 이상의 호수가 있는데, 이 중 가장 높은 곳에 위치한 호수는 무살라의 끝자락 해발 2709m에 있다.
- 마리자(Mariza) 강, 이스카르(Iskar) 강, 메스타(Mesta) 강의 발원지.

▶ 릴라 수도원(Rilski Manastir)

- 공식 명칭은 성 이반 릴스키 수도원(манастир 'Свети Иван Рилски'). 1983년 유네스코 세계문화유산에 등재.
- 불가리아 최대 규모의 수도원이자 이콘화가 가장 많은 수도원.
- 소피아에서 남쪽으로 120km 떨어진 릴라산맥 골짜기 해발 1147m에 위치.
- 불가리아 정교 총주교의 직속관할지역.
- 릴라 수도원의 모범에 따라 이후 불가리아 수도원들의 회랑들도 채색됐다.
- 지역의 명문 미술학교는 사모코베르 미술학교. 사차리 소그라프(Sachari Sograf, 1810~1852)와 디미타르 소그라프(Dimitar Sograf, 1796~1860)도 이 학교 출신.
- 18세기부터 불가리아가 오스만 제국의 지배로부터 1878년 독립할 때까지 불가리아 전체에서 유일하게 기능을 하던 기관.
- 아토스(Athos)의 조그라푸(Zografou)와 칠란다르(Chilandar)의 수도원과 함께 불가리아 계몽운동의 중심지 역할을 했다.

역사

- [10세기 초] 성인 이반 릴스키(Iwan Rilski, 876~946)라는 수도승이 이곳 릴라 산자락에서 수도생활을 하면서 최초의 조그만 릴라 수도원을 927~941년에 건축. 그의

추종자와 순례자들이 주변에 촌락을 형성했는데, 시간이 지나면서 문화와 종교의 중심지로 발전했다.

- 그의 유골이 치유능력이 있다고 해서 이후 통치자들은 그의 유골을 가지고 싶어 했다. 그래서 그의 유골은 1183년 에스테르곰으로 갔다가 비잔티움 제국과 불가리아 왕국을 거쳐 1469년 마침내 이곳 릴라 수도원에 안장됐다.
- [14세기 초] 대지진으로 파괴되자 이 지방의 귀족인 프레리요 드라고보라가 견고한 요새 형식으로 건축. 당시의 건물들 중 1335년에 만든 높이 25m의 프레리요 탑이 유일하게 남아 있다.
- 현재의 모습은 14세기 제2 불가리아 제국시대의 것. 그 후 500여 년간 오스만 제국의 지배를 받으면서 기독교는 물론 불가리아로 된 책도 읽을 수 없게 되었지만, 릴라 수도원만은 지리적인 이유로 이런 금지가 묵인됐다.

과거에는 360여 개의 방에 전국의 수도승들이 모여 수도와 학업에 열중했다고 한다.

- [1833년] 대형화재로 건물들이 대부분 소실되었으나, 성당의 외형 건축에 집중한 1차(1834~1837)와 성당의 내부 장식에 치중한 2차(1838~1860)에 걸친 대대적인 복원 과정을 거쳐 원래의 모습을 갖추어 현재에 이르고 있다.
- 복구사업에는 국민의 성금과 공예가들의 무상 참여가 중요한 재원. 복원공사는 건축가 알렉시 릴레츠(Alexi Rilets, 1760~1850)가 주도. 그는 1784년에 수리하면서 수도원의 동쪽, 서쪽, 북쪽의 날개 부분을 건축하였다. 릴라 마을의 중앙 광장에 그의 동상이 있다. 수도원 중앙의 성모 성당(Sveta Bogorodiza)은 건축가 파벨 이바노비치(Pavel Ivanovich)가 1834년에 건축을 시작하여 1837년에 완성했다.
- 수도원 중앙의 성모성당은 그리스 십자모양의 평면에 24개의 둥근 지붕을 얹은 3랑식 성당. 회랑의 벽면과 천장에는 19세기에 그려진 1,200여 점의 프레스코화로 장식돼 있다.
- 수도원의 외벽은 벽화들로 가득하다. 성서의 36장면과 각 시대 생활양식들이 세밀하게 그려져 있다.

- 박물관에는 전해오는 1만6천여 권의 서적과 보물 전시.
- 19세기 초에 제작한 십자가는 릴라 수도원의 수도승 라파엘의 작품. 81cm ×43cm의 회양목에 104개의 성서 장면들(예수 수난상, 650여 명의 인물 조각) 조각. 라파엘은 12년(1790~1802)의 인고 끝에 '라파엘 십자가'(Rafail's Cross) 완성, 그 여파로 시력을 상실했다.
- 릴라 수도원은 1965년부터 국립박물관으로 전환했고, 주변지역은 자연공원이 되었다. 수도원 개장시간은 매일 아침 8시부터 오후 6시까지.

▶ 플로브디프(Plovdiv)

- 불가리아 제2의 도시. 4000년 이상의 유구한 역사와 문화를 품은 도시.
- 마케도니아의 왕 필리포스 2세(382~336 BC, 알렉산더 대왕의 아버지)의 도시.
- 명칭: 역사적으로 다양하게 불렸다. 트라키아어로는 풀푸데바(Pulpudeva) 또는 에우몰피아(Eumolpia/Eumolpias), 그리스어로는 도시를 창건한 마케도니아의 왕 필리포스 2세(Phílippos II ho Makedṓn)의 이름을 따서 필리포폴리스(Philippopolis), 라틴어로는 세 개의 언덕 위에 위치해서 트리몬티움(Trimontium), 슬라브어로는 풀덴(Pulden) 또는 푸풀덴(Pupulden), 오스만 터키어로는 필리베(Filibe).

역사

- 상고시대와 로마시대:
  가장 오래된 주거흔적은 기원전 6세기의 것. 트라키아의 베시 족의 주거지가 네벳 테페(Nebet Tepe) 언덕에서 발견되었는데, 에우몰피아(Eumolpia) 또는 풀푸데바(Pulpudeva)라는 이름을 가졌다.
  [기원전 341년] 알렉산드로스 대왕의 아버지인 마케도니아의 필리포스 2세에 의해 정복되어 필리포폴리스(Philippopolis)란 이름으로 새로 건설. 잠시 트라키아의 지배를 받다가 기원전 183년에 다시 필리포스 5세(238~179BC)가 통치. 그 후 다시 트라키아 왕들의 수도.
- 로마시대:
  필리포폴리스 도시 계획. 제3차 미라스 전쟁 때인 기원전 72년 로마인에게 정복되어 마케도니아 지역에 편입되면서 트리몬티움(Trimontium, '새 개의 언덕이 있는 도시'

라는 뜻)이라 불렸다.

[기원전 46년] 로마제국의 4대 황제 클라우디우스(BC10~AD54) 치하 때 트라키아 속주의 일부. 발칸반도를 거쳐 비잔티움으로 가는 로마의 핵심 군사도로인 '비아 밀리타리스(Via Militaris)'와 연결되면서 전략 요충지의 의미가 있었다.

[2~3세기] 트라키아 지역의 수도여서 경제적, 문화적으로 최고의 전성기를 누렸다. 로마인들이 도로, 공공건물, 사원, 경기장, 극장 등을 건축하면서 도시를 확장했다. 오늘날에도 구시가지에는 극장, 경기장, 수로 등 다양한 유적지들이 많이 남아 있다. 당시에는 교역도 활발했는데, 노예무역이 번창하여 '노예들의 도시'라는 별명도 있다.

[4세기말] 비잔티움 시대에 유스티니아누스 황제(482~565)가 이 도시를 완전히 개혁한다.

- 중세시대:

[5세기] 처음 슬라브인들이 이 지역으로 이주, 6세기에는 도시명칭도 팔딘(Paldin, 트라키아어 명칭 Pulpudeva에서 파생)으로 개명한다.

[812년] 불가르 족의 칸 크룸(Krum Khan, 803~814)에게 정복된 후 처음으로 불가리아에 귀속. 이후 소속은 여러 번 바뀌었다. 제1 불가리아 제국의 황제 시메온 1세(재위 893~927)[12]와 그의 후계자 페테르(927~969)와 사무일(980~1014) 등의 왕들도 이 지역을 여러 번 정복.

제2 불가리아 제국이 건국된 후 트라키아 지방 전체가 불가리아 왕국의 땅. 이반 아센 2세(재위 1218~1241)가 통치하던 시기에 불가리아는 동유럽의 대국으로 등극한다.

[1204년] 제4차 십자군 원정(1202~1204) 때 이 지역은 당시의 팔딘을 점령하여 기사인 레니에르 데 트리트(Renier de Trith, 1141?~1206)에게 양도한 십자군 기사들에 의해 정복당한다. 이때 이곳은 이 일대 약탈의 시발점 역할. 1년 후 제2 불가리아 제국의 황제 칼로얀 로마녹토노스(Калоян Ромеоубиец, 재위 1197~1207)[13]가 아드리노

---

12) 시메온 1세는 불가리아에 기독교를 받아들인 보리스 1세의 아들. 어렸을 때부터 비잔티움 제국의 신학교에서 교육을 받았고, 이교도적 정책으로 폐위당한 형 블라디미르의 뒤를 이어 893년에 즉위한 뒤 불가리아의 교회를 비잔티움으로부터 독립시켜 수좌대주교를 총대주교로 승격시켰다. 스스로 비잔티움의 황제가 되고자 비잔티움을 수차례 공격하고 정복전쟁을 펼쳐 발칸일대를 장악하여 919년에 '모든 불가리아인과 그리스인의 전제군주'라고 칭하였다.

13) 칼로얀의 본명은 '이반'. 그래서 이반 1세라고도 한다. 칼로얀(라틴어: Caloiohannes)은 '뛰어난 요한', '잘

폴리스 전투(1205년)에서 승리하면서 이 지역을 재탈환한다.

- 오스만 제국 시대:

  [1364년] 플로브디프가 오스만 제국의 땅이 되면서 도시명도 필리베(Filibe, 그리스어 Philippopolis에서 파생)로 바뀐다. 오스만 제국 안에 위치하게 되면서 국경도시로서의 전략적인 요충지의 의미는 퇴색한다.

  그러나 오리엔트로 가는 관문으로서 콘스탄티노플과 테살로니키 뿐 아니라 빈과 라이프치히 등과의 교통이 용이해지면서 무역과 상공업의 중심지로 발전.

  외부로부터의 침략 위험이 사라지면서 도시의 성벽들이 대부분 헐리고 새 건물들이 들어선다. 이 도시의 주민들도 불가리아인, 터키인, 그리스인, 아르메니아인, 유대인. 당시의 시장 - 위치는 이 도시의 현 중심가로 추측 - 에는 1100개 이상의 상점들이 입점했다.

  [15세기] 처음 '플로디프'라는 도시명칭 등장, 초기 불가리아어 Paldin 또는 Puldin에서 차용한 것.

- 플로브디프는 불가리아 교육에서도 선구자 역할.

  [1839년] 불가리아 최초의 학교 개원.

  [1850년] 이때 개원한 정규학교 'Sw. sw. Kyrill i Method'는 현대적인 세속 교육의 초석이 되고 있다.

  [1858년] 5월 11일 처음으로 이곳에서 키릴로스와 메토디오스 형제의 축제가 열렸다. 이 축제는 현재까지 키릴문자와 불가리아 문화를 기리는 국가행사로 자리매김했다. 불가리아 최초의 출판사와 불가리아 최초의 인쇄소도 이곳에서 탄생했다.

문화유적

- 로마 경기장.

  도시 번화가의 아래쪽 모스크 바로 옆에 위치.

  말발굽 모양을 하고 있으며, 길이 180m, 3만 여 명 정도의 관중석이 있다.

  로마제국의 20대 황제 세베루스(Septimius Severus,

생긴 요한'의 뜻으로 그리스어 Kaloiōannēs에서 유래한 것. 콤네노스 왕조 이후 요한네스란 이름을 가진 비잔티움 황제의 일반적인 별칭이었다. 칼로얀은 페테르 4세와 이반 아센 1세의 막내 동생.

146~211)의 통치 시절에 주로 그리스 올림픽 경기를 모델로 다양한 경기 개최. 주요 운동종목은 원반던지기와 창던지기, 달리기, 넓이 뛰기, 레슬링. 경기는 4년마다 개최, 며칠 동안 계속됐다. 현재 일반인은 이 경기장을 들어갈 수 없다.

- 고대 로마극장.

로마시대의 가장 인상적인 건축물 중 하나.
건축공사 중 우연히 발견, 10년 동안 발굴 작업, 지층 두께가 15m나 된다.
7000명을 수용할 수 있는 관중석은 2개 층으로 되어 있고, 각각 14열로 나눠져 있다. 각 좌석 영역의 벤치에 도시의 구역 명칭들이 새겨져 있어서 각 방문객들은 자기 거주지의 좌석에만 앉을 수 있었다. 현재 세계민속축제가 매년 이곳에서 열린다.

- 고고학공원 네벳 테페(Nebet tepe). 발굴된 트라키아 주거유적지를 관람할 수 있는 곳.
- 19세기의 주택들.

중간에 도시의 성문이던 히사르 카피야(Hisar Kapija)가 있다.
역사지구(구시가)의 주택들은 대부분 19세기 국가재건시대의 것들. 원래의 모습을 유지한 건물은 극소수뿐이지만 불가리아 건축예술 수준을 가늠할 수 있는 귀중한 자료들 중 하나.

독특한 파사드가 특징이고 내부 장식도 화려하다. 쾌적한 시설에서 당시의 가족정신을 읽을 수 있다.
두 가지의 주택 유형이 있다. 하나는 초기 터키 봉건주의 시대의 것. 불가리아 마을을 대표하는 비대칭적인 2층(1층은 극히 드물다) 가옥. 대개는 2층이 1층보다 도로변으로 더 튀어나온 목재대들보 구조이고 정원보다 더 튀어나온 구조. 대개는 2~3개의 방이 각 층에 분산되어 있다. 다른 하나는 19세기 초의 것. 대칭 구조의, 동일한 요소를 화려하게 장식한 가옥. 이런 장식요소들은 1층의 응접실과 사랑방과 기타 방들로 통하는 계단에 있다. 내부는 목재로 다양한 모양(예, 꽃,

창 등)으로 장식. 구시가 분위기에 걸맞은 것이 좁은 골목들, 당시 사람이 탄 두 필의 말이나 짐을 실은 두 마리의 노새가 왕래할 수 있을 정도.

- 종교 건물들.
  벽화와 황금장식으로 유명한 스베타 마리나(Sveta-Marina, 성모 마리아) 정교 성당, 이콘화로 유명한 스베티-콘스탄틴-이-엘레나(Sveti-Konstantin-i-Elena) 정교 성당, 비잔틴 양식의 성벽이 딸린 옛 이슬람 모스크들, 15~17세기의 추마야(Dschumaja) 모스크.

▶ 카잔륵(Kazanlak) : 트라키아인 무덤과 장미의 도시

- 1944년 발견. 기원전 4세기말 무렵 그리스 시대의 것으로 추청. 카잔륵 평원과 장미의 계곡 동단에 위치.
- 불가리아에서 10번째로 큰 공업 도시이자 로즈 오일 생산의 중심지로, 흔히 '장미의 도시', '트라키아 왕들의 도시'라는 별칭으로 불린다.
- 기원전 4세기부터 3세기까지는 트라키아인이 지배했고, 1370년 이후부터는 오스만 제국이 지배한 곳.
- 카잔륵의 트라키아인 무덤 : 1979년 유네스코가 세계문화유산에 선정.
- 1942년에 기원전 3세기로 기원이 거슬러 올라가는 무덤이 발견되었다. 세우토폴리스의 고대 도시 근처이며 아름다운 장미계곡의 카잔륵 근처에서 발견된 이 무덤은 헬레니즘 예술의 절정을 이루는 것으로, 전체 헬레니즘 예술에 중대한 공헌을 했다. 완전히 발굴, 보존, 연구된 유일한 트라키아의 도시인 세우토폴리스를 포함해 트라키아인 정착지의 흔적과 함께, 500개가 넘는 카잔륵 지역의 수많은 봉분은 기원전 3세기에서 기원전 5세기경에 높은 문화발전을 이룩한 다수의 트라키아 인들이 살았음을 입증한다.
- 세우토폴리스는 기원전 4세기 말 트라키아 왕 세우테스 3세(Seuthes III)가 발견했다. 그리스의 폴리스 배치를 기반으로 한 요새화된 세우토폴리스에서는 궁전 사원, 내부 장식용 벽화와 디오니시우스 사원, 트라키아 신의 사원 등 트라키아 건축의 기념비적인 작품들이 발견되었다.

- 대규모 네크로폴리스에서는 벽돌로 된 무덤이 7개 발견되었고, 이 중 4개는 벌집 형태를 이룬다. 무덤을 만들 때의 벽돌 사용 방법은 세우토폴리스 지역에는 전형적인 것으로, 트라키아의 어떤 곳에서도 벽돌이 이처럼 광범위하게 사용된 건물은 볼 수 없다. 무덤은 바위가 많은 산의 꼭대기에 특별한 기초 공사 없이 건설되었다. 이 무덤에는 망자에 대한 트라키아 인의 신앙을 알 수 있는 3개의 방이 있다. 사후에 시체와 동반했던 마차, 말, 노예들을 위한 곁방, 사후에 필요한 물건을 보관하기 위한 공간인 작은 드로모스 등이 있다.
- 원래의 모습을 그대로 간직한 벽화들은 카잔륵 무덤의 주요 자산이다. 유일한 헬레니즘 예술의 완전한 보존품인 벽화는 곁방에서 시작한다. 사각형 석재의 벽은 옅은 황토색이었지만 어두운 파랑색 선으로 윤곽을 그려서 드로모스와 장례방으로 들어가기 전에 엄숙한 분위기를 자아낸다. 드로모스로 들어가는 출입문의 틀은 어두운 황토색이다.
- 드로모스의 그림과 장례방은 기념비적이다. 높은 대(臺)로 시작하는데, 그 대 위의 중간 부분은 물건을 지지할 정도의 벽으로 이어지며, 벽들 사이에는 그림 장식이 있다. 무덤의 예술작품은 장례방에서 절정을 이룬다. 바닥은 폼페이식의 빨강색으로 채색되어 있다. 대는 원형의 주추(主樞) 위에 있으며, 윗부분에는 널따란 검정색 띠가 덮여 있다.
- 분홍색 대리석을 모방한 주추는 옅은 담청색이며, 대리석 외장을 모방한 홈으로 나누어진 대는 8개의 정사각형이다. 장례방은 이오니아식 엔타블러처의 건축 요소가 가미되어 있는 등 설계가 뛰어나다. 그러나 화가들은 이오니아식 비율을 의도적으로 위반하고, 건축적인 모티프의 다채색 틀 안에 모든 구성을 조합하여 독특한 효과를 표현했다. 회반죽으로 예비 설계를 한 후 이를 바탕으로 그린 벽화는 우연히 그려진 것이 아니라, 사전에 주의 깊게 계획하고 그 계획에 따라 예술적으로 구성한 것이다. 건축과 구성 양식들은 모두 한 명의 예술 건축가에 의해 제작된 통합된 예술 작품으로 추측된다.

▶ 스베슈타리의 트라키아 인 고분 [Thracian Tomb of Sveshtari]

- 1982년에 발견. 20세기를 통틀어 가장 놀랄 만한 발굴 가운데 하나였다.
- 기원전 3세기에 만들어진 트라키아 왕과 왕비의 고분. 무덤 자체는 뒤집힌 종려나무 잎 무늬의 속옷을 입은 듯한, 하반신은 식물 상반신은 사람모습을 한 여자상

기둥으로, 트라키아와 헬레니즘 문화가 융합한 독특한 예술작품.

- 황토, 갈색, 파랑, 빨강, 라일락 색채 등 다채롭게 채색된 여인상 기둥은 구성과 표현이 아주 매혹적이다.

- 헬레니즘과 히페르보레이오스의 민족 세계를 융합한 헤무스 북쪽 트라키아 인의 게테 문화를 독특하게 구현한 이 무덤은 이스페리(Isperih) 지방(크라피네츠 강 협곡과 주변의 언덕 위에 있는)에 있는 말라크 포로베츠와 스베슈타리 마을 사이의 고고학적 보호구역에 안에 있다. 스베슈타리 무덤이 건축되었던 시기(기원전 3세기 중반)는 게테의 트라키아 인 부족이 정치적·경제적·문화적으로 빠르게 성장했던 시기와 일치한다. 무덤의 화려한 장식과 완벽한 건축은 통치자의 정치적인 권력을 가늠할 수 있게 한다.
- 봉분의 높이 11.5m, 폭은 약 70m에 이른다. 이 봉분을 중심으로 지질학 탐사가 이루어졌는데, 지하 통로, 현실, 2개의 직사각형 방 등을 포함하여 남쪽에서 동쪽으로 연결되는 지하 무덤의 기념비 입구가 발견되었다. 둥근 지붕을 가진 카잔륵의 트라키아 인 무덤과는 달리, 이 무덤에서는 왕의 무덤 배치가 마케도니아, 소아시아, 이집트에서 발견된 헬레니즘 모형과 일치한다. 그러나 건축적인 장식과 장례의식의 세부적인 특징들은 독특하다. 무덤은 높은 봉토구조와 12m길이의 통로인 드로모스(dromos)와 3개의 정사각형 방으로 구성되었으며, 현실, 곁방, 반원통 모양의 아치형을 이루는 핵심 장례 의식 방이 있다.
- 건물의 구조는 트라키아 인의 건물 지침에서 새롭고 흥미롭다. 무덤의 장식에서는 동시대 헬레니즘 건축의 정신을 살펴볼 수 있다. 무덤의 입구는 직사각형 모양으로 된 두 기둥(antae)의 옆에 있다. 기둥 위에는 양식화된 황소 두개골 장식

(bucrania), 장미 모양, 화관을 구성하는 돋을새김의 띠장식으로 새겨진 문틀 모양의 판이 덮여 있다. 한 손 혹은 두 손을 위로 올리고 있는 10개의 아름다운 여인상 기둥은 매우 인상적이다. 높이 약 1.20m의 여인상 기둥은 모두 전면을 응시하며, 가슴 아래에는 가느다란 벨트를 착용하고 있고, 기다란 민소매 드레스를 입고 있다.

- 2개의 관 및 인간의 뼈와 무덤의 유품들은 중앙에 있는 방에서 발견되었다. 미세한 돌이 흩어져 있는 것으로 볼 때, 벽의 기둥과 처마 돌림띠, 박공, 그리고 3개의 돌문과 비슷한 무덤의 외관을 재건축한 것으로 보인다. 큰 관의 앞에 있는 에디쿨라(aedicula)[14]는 삶과 죽음 사이의 경계 지역을 상징하는 것인데, 나머지 공간과 분리하여 신격화된 지배자(무덤의 가장 신성한 부분)의 무덤으로 자리 잡고 있다.
- 에디쿨라 구조의 중심에는 여신이 지배자에게 금관을 제공하고, 지배자를 응시하는 말기수로 묘사되어 있다. 그들의 양쪽에는 하인들의 행렬과 각자의 손에 각기 다른 선물을 들고 갑옷으로 무장한 병사들이 있다. 2개의 석제 침대와 1개의 에디쿨라가 들어 있는 중앙실의 배치는 열주랑이 있는 주택의 배치를 모방한 것이다. 장식 틀과 반원통형 둥근 천장이 있고, 트리글리프(triglyph)[15]와 이 트리글리프 사이를 메꾸는 부분인 메토프(Metope)가 중간쯤의 높이로 방 넓이만큼 퍼져 있는 프리즈(Frieze)를 5개의 반기둥과 10개의 여인상 기둥이 떠받치고 있다.
    - 프리즈는 도리아 양식이며, 반기둥은 석회암 판석 위에 또렷하게 돋을새김 되어 있다. 북서쪽 출입구 반대편의 벽 위에 있는 초승달 모양의 물건 속에는 사자를 영웅으로 묘사한 그림이 있다. 그는 여러 명의 적이 있는데도 불구하고 말을 탄 채 중앙에 있는 신을 향해 나아가면서 월계관을 내밀고 있다. 발굴 도중에 발견된 골격은 장례 때 말이 함께 희생된 증거이다.

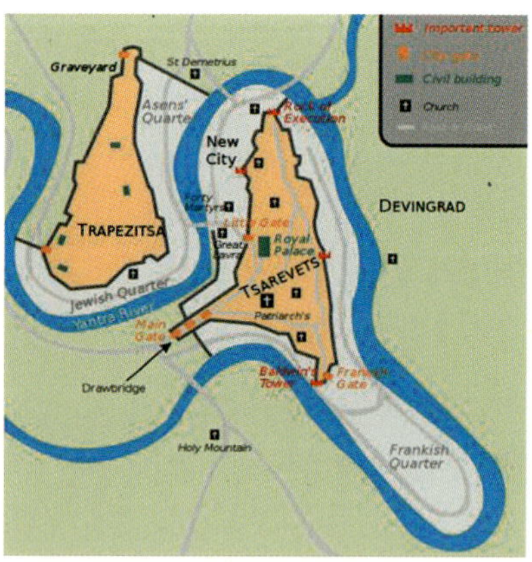

▶ 벨리코 터르노보(Veliko Turnovo)

- 약 240m에 이르는 꾸불꾸불한 얀트라 강 협곡에 거의 수직으로 솟아 있는 능선에 위치.

14) 건축물 벽면에 입체적으로 조형된 제단의 작은 사당.
15) 트리글리프는 건물을 가로지르는 구조부재인 보가 아키트레이브 위로 끼워 맞춰진 것.

〈얀트라 강 위쪽의 터르노보 구시가 전경〉

- 계단식으로 건축된 가옥들은 마치 한 채씩 쌓아놓은 것같이 보인다.
- 얀트라 강으로 인해 마을은 스베타고라 · 차레베츠 · 트라페지차라는 3개의 돌출지대로 자연스레 나눠진다.
- 제2 불가리아 제국(1185~1396)의 수도, 오스만 제국의 침략과 1911년의 대지진으로 대부분의 유물이 파괴되었다.
- 트라페지차 구릉지와 차레베츠 구릉지에서 중세시대 마을의 유물이 발굴되었다. 불가리아 차르족의 본거지인 차레베츠 구릉지에는 두꺼운 성벽과 방어물(차레베츠 요새)이 둘러쳐져 있어 도개교를 통해서만 입장이 가능하다.
- 도시의 대부분 지역이 불가리아의 역사 · 문화 사적지로 복구되어 고대의 건축물과 마을 형태를 유지하고 있다.

역사

- [선사시대] 트라키아인 정착지. 후에 로마의 요새 부지가 카레백 구릉지였던 것으로 추정.
- [1185년] 제2 불가리아 제국의 성립을 터르노보에서 선언, 1393년까지 제국의 수도.
- [14세기] 비잔티움 제국이 쇠퇴하면서 발칸 반도와 슬라브계 정교회의 중심지. 한때는 제3의 로마로 불렸다.
- [1393년] 오스만 제국이 요새를 함락하면서 마을의 발전도 정지. 오스만 제국이 불가리아 제국을 정복하면서 불가리아에 있던 마을과 교회, 수도원 대부분이 화재로 사라졌지만, 이 시기에 교육과 문화, 교역의 중심지로 번창한다. 불가리아의 예술품 · 공예품 및 과학 등에서 나타난 수많은 특이한 요소들도 터르노보에서 활발히 태동한다.
- [1598년과 1686년] 오스만 제국에 대항하는 무장 봉기(중세 시대에는 불가리아어로 터르노브그라드(Търновград)로, 오스만 제국 시절에는 터키어로 트르노바(Tırnova)로 불림)가 일어났지만 모두 실패.

- [1879년] 불가리아 최초의 헌법이 터르노보에서 작성되어 통과, 불가리아 왕국의 독립이 40명의 순교자 교회(1230년 이반 아센 2세 황제에 의해 건립)에서 선언.

▶ 볼거리

- 14세기에 세워진 성 베드로 교회와 성 바오로 교회, 이 지역에 소재한 11개의 수도원 중 불가리아 최후의 주교였던 에프티미(Evtimiy Tarnovski, 1317~1402[주교: 1375~93])가 폭넓은 저술 활동을 펼쳤던 스베타 트로이차(성삼위일체) 수도원과 고고학 박물관.
- 현재는 식료품 · 음료수 · 소비재 · 가구 · 섬유 등을 전문적으로 생산하는 경공업 기지이자 공예품 중심지.

▶ 차레베츠 요새(Tsarevets Fortress)

- 트라키아인과 로마인들의 정착지였던 차레베츠 언덕에 세워진 요새.
- 비잔티움 시대(5~7세기 무렵)에 건립되어 요새로 쓰이다가 8세기와 10세기에 불가리아와 슬라브인에 의해 재건축되어 요새화, 12세기 초 비잔티움 제국에 의해 다시 재정비.
- 요새의 유일한 통로는 제1성문. 제1성문 앞에 통로를 차단하는 도개교가 있었다.

▶ 성모승천대주교성당

- 현대적인 벨리코 터르노보 시가지를 조망할 수 있는 차레베츠 언덕 꼭대기에 위치해 있다. 이 성당은 불가리아 총대주교 관구를 구성하고 또 도시이자 국가의 핵심 대성당의 역할을 하는 건물군의 일부였다. 차레베츠 관구는 그 자체가 요새였는데, 2개의 방어용 탑과 서쪽 성벽의 입구가 하나 있었다. 주교구성당 중간에는 안마당이 있었다.
- 이 성당이 차레베츠 언덕 꼭대기에 세워진 첫 번째 교회는 아니다. 서기 5~6세기 후기 로마(초기 비잔티움) 시절에 이 자리에 바실리카가 건축된 적이 있다. 로마제국의 바실리카는 제1 불가리아 제국 시절에 지역 신도들이 사용하였는데, 현재의 교회가 건축되기 시작하면서 더 이상 사용되지 않았다.
- 현재의 성당 건물은 두 개의 단으로 지어진 것으로 추측하고 있다. 건물의 첫 번째 단은 11세기 후반이나 12세기에 완성되었다. 대주교성당은 처음에는 수도원 복합단지의 중앙에 수도원 교회로 건축된 것인데, 12세기 초에 이미 불가리아 총대주교 관구가 있었다. 이 복합단지는 화재로 큰 피해를 입었기에, 14세기 중엽(제2 불가리아 제국의 차르였던 이반 알렉산더르(재위 1331~71) 지배시절)에 교회의 재건이 절실했는데, 수리와 보수 외에도 전당(前堂)과 종탑이 추가로 건축되었다.

- 이 대주교 대성당은 1393년 7월 17일 오스만 군대가 공성공략 후 불가리아 수도를 점령한 다음에 파괴되었는데, 20세기에 완전히 재건되었다. 재건작업은 건축가 보얀 쿠주포프가 이끄는 팀에 의해 수행되었다. 재건은 1978년에 시작하여 불가리아 탄생 1300주년 기념해인 1981년에 완성되었다. 그러나 당시의 벽화는 1985년 11월에 완성되었고, 방문객에게 재개방된 것은 그 다음해였다. 교회의 옛터는 1927년부터 국가 유적으로서 보호를 받아오다가, 1967년에 국가 주요문화유적으로 공표되었다.
- 주교구 성당은 3겹의 아프시스[16]의 특징을 하고 있고, 그 중간 부분은 유적지의

16) 앱시스(Apsis/apse)라고도 하며, 한 건물 또는 방에 부속된 반원이나 이에 가까운 다각형 평면의 내부 공간. 로마 시대에는 각종 건축에 만들었으며 천정은 보통 반 돔(돔을 반 자른 것)을 덮었다. 기독교 건

원래 바실리카의 반원구조와 연결되어 있다. 이처럼 3개의 회중석으로 된 교회는 전통적인 비잔틴 양식 십자가형 돔 구조를 따르고 있다. 으깬 돌과 회반죽을 이용한 벽돌쌓기 공법으로 지었는데, 규모는 대략 26m × 12m (85ft × 39ft)에 달한다. 대성당은 두 개의 나르텍스[17]와 종탑 그리고 남쪽 교회성벽에 이어진 두 개의 또 다른 건물로 구성되어 있다. 현존하는 종탑은 발칸 교회 건축에서 드문 양식이다. 6개의 기둥들은 실내를 지탱하면서 제단을 성소와 구분시키는 역할을 한다. 성당이 아프시스에 돌로 만든 반원형 성직자용 좌석을 마련했는지는 불확실하다. 그리고 남은 유물들이 실제로 그 이전 바실리카의 일부인지도 불확실하다.

- 이 성당은 내부와 외부의 장식들도 독특하다. 전면 파사드들은 아치형과 세라믹 타일들로 장식되어 있고, 내부 노면 모자이크들은 흰색, 노란색, 핑크색 등의 대리석과 사파이어와 반암(斑岩) 같은 준보석 원석들로 만들어졌다. 내부 벽들은 프레스코화와 모자이크들로 장식되어 있었으나, 내부 장식물들 중 남아있는 것은 하나도 없다. 20세기에 성당을 재건하는 중에 그 내부가 화가인 테오판 소케로프(Teofan Sokerov)에 의해 덧칠되었는데, 그는 중세 불가리아 역사의 중요한 사건들을 현대적인 스타일로 묘사했다.

오른쪽 그림은 1393년 불가리아가 오스만 제국의 지배를 받은 500년간 불가리아 민족의 고통을 담은 작품이다. 황제가 전쟁으로 성을 비운

축에서도 이것을 채용하여 발전시켰으나 성당에서 아프시스의 위치와 역할은 시대와 지역에 따라 다르다. 초기 기독교 성당에서는 보통 입구와 반대쪽 신랑(身廊) 끝에 만든 프레스비테륨인데, 그 전면에 제단을 배치하였다. 그리스정교 성당도 이 형식을 답습한다. 로마 가톨릭 성당에서는 주 제단을 아프시스에 설치하고 프레스비테륨을 그 전면으로 옮겼다. 아프시스를 성소 또는 성소겸 프레스비테륨으로 하는 성당이 가장 많았다.

17) 고대 기독교 교회당의 본당 입구 앞의 넓은 홀, 참회자 · 세례 지원자를 위한 공간.

사이 황후가 당시 잘 나가는 장군을 유혹했는데, 장군이 모른 척하자, 오히려 장군이 자기를 유혹했다고 고자질한다. 이에 황제가 분노하며 거꾸로 묶어 죽였다는 내용의 그림이다. 이런 벽화들로 인해 이 성당은 봉헌되지 못하면서 교회의 기능은 상실하게 되었다. 대성당의 파사드에는 불가리아 지배자의 비문을 간직한 돌이 하나 있는데, 이 지배자는 건물 재료의 일부로서 생을 마감했다.

성당의 안쪽과 근처에 4개의 매장지가 있는데, 그 중 둘은 사제들의 매장지이다. 이 매장지 중 하나는 전당(exonarthex) 안에 있는데, 그곳의 아치형 무덤들은 14세기에 만들어진 것이다.

03
마케도니아

국명	Република Македонија(레푸블리카 마케도니야)
면적	25,713km^2
인구	2,065,769명(2015년)
수도	스코프예(Скопје)
민족	마케도니아인 64.2%, 알바니아인 25.2%, 터키인 3.9%
GDP	$5,021 (2016년)
통화	마케도니아 데나르(ден)
도메인	.mk

1
지리

- 본래 유고슬라비아 연방의 구성국이었다가 1991년 독립.
- 북서쪽으로 코소보 공화국, 북쪽으로 세르비아, 동쪽으로 불가리아, 남쪽으로 그리스, 서쪽으로 알바니아와 국경을 마주하고 있다.
- 마케도니아는 지리상 바르다르 강 유역을 중심으로 주변 산맥을 국경선으로 삼는 내륙국. 샤르 산맥에서 오소고보에 이르기까지 국토는 바르다르 강 협곡을 사이로 대부분 거친 지형들이다. 알바니아 및 그리스와 접한 남쪽 국경에는 세 개의 큰 호수 - 오흐리드 호, 프레스파 호, 도이란 호 - 가 있다. 오흐리드 호는 세계에서 가장 오래된 호수들 중 하나이자 생태계의 보고로 손꼽히는 곳.
- 알바니아와 마케도니아의 경계에 있는 샤르 산맥의 코라브 산(Panair Korab)은 2,764m.

국명

- 고대왕국 마케도니아에서 유래. 마케도니아는 그리스어로 '키 큰 사람'이란 뜻을 가진 마케드노스(Μακεδνός)에서 따온 것. 후대에 이 지역의 종족명, 지명으로 정착했다.
- 마케도니아 왕국의 전성기 시절이 지나가고 6세기 무렵 슬라브인이 남하하여 정착하면서 이 지역은 슬라브화 되었다. 그 후 세르비아 왕국과 불가리아 왕국의 지배를 거쳐 이들과 더불어 오스만 제국의 지배를 받았다.

국호

- 마케도니아 왕국의 정통계승자를 자처하는 그리스는 애초부터 마케도니아란 국호 사용을 반대했다. UN가입 시 그 옛날의 마케도니아를 계승한다는 것이 아니

라 유고슬라비아의 한 공화국이었던 마케도니아를 계승한다는 뜻에서 '구 유고 연방 마케도니아 공화국'이란 통칭을 사용했다.
- 1995년 알렉산드로스 대왕(336BC~323BC, 영어식의 알렉산더 대왕으로 더 유명)을 연상시킨다는 이유에서 국기의 도안도 바꿔야 했다.

언어

- 마케도니아어. 불가리아어와 상호 소통이 가능한 언어. 남부 세르비아와 서부 불가리아에서 쓰이는 토르락 방언 및 샤피 방언과도 유사하다.

종교

- 마케도니아 정교회(64.7%)
- 이슬람교 인구가 33.3%. 마케도니아인 무슬림은 '토르베시인'으로 불린다. 유럽에서 터키(96%), 코소보 공화국(90%), 알바니아(56.7%), 보스니아·헤르체고비나(45%)에 이어 무슬림 인구비율이 높아 15대 유럽 무슬림 국가에 속한다.

기후

- 지중해성 기후에서 대륙성 기후로 바뀌는 점이지대. 여름은 고온 건조하고, 겨울은 약간 춥다. 연평균 강수량은 서부 산지의 1,700mm에서 동부 지역의 500mm까지 다양한 양상을 보인다.

외교관계

- 대한민국과 수교를 맺지 않은 나라들 중의 하나. 현재 북한 단독 수교국.
- 대한민국과 특별히 관계가 나쁜 건 아니고 오히려 수교를 요구한 적이 있지만, 마케도니아를 인정하지 않았던, 마케도니아와 사이가 나쁜 그리스가 한국의 우방인 관계로 미수교국.

〈상식〉 마케도니아와 그리스가 앙숙관계인 까닭은?

신생 마케도니아가 국제사회에 이름을 알린 것은 유명한 그리스와의 국명 분쟁이다. 간단히 말하면, 고대 마케도니아 지역에 슬라브인들을 주축으로 한 구 유고연방의 독립국가가 마케도니아라는 국호를 내세우면서 시작된 역사 갈등이다. 그런데 마케도니아 주민들도 거주하고 있으므로 단순히 슬라브계 독립국가의 억지로 보기는 힘들다. 고대 마케도니아 왕국도 알렉산드로스와 같은 왕족이 그리스계였을 뿐, 주민들은 그때도 마케도니아 민족이었기 때문이다. 그렇지만 그리스어로 된 펠라 저주판은 알렉산드로스 이전의 물품이다. 그러니 마케도니아 인이 유전적으로 그리스인이 아니라고 증명이 되더라도, 문화적으로는 알렉산드로스 3세 전부터 그리스인이라 봐도 무방하다.

2
역사

전설

- 마케도니아는 '에마티아'(에마티온 왕의 이름에서 나온 말)라 불렸고, '아에가에' 신화에 나오는 미다스 왕의 도읍지로서 '에데사'로 불렸다.
- 전설에 따르면, 카라노스가 수많은 그리스인을 데리고 새 터전을 찾아 이곳으로 와 에데사에 정착하여 이 곳 이름을 아에가에로 개칭하였다. 그 후 카라노스는 미다스와 다른 왕들을 쫓아내고 자신의 새 왕국을 세웠다.
- 헤로도토스에 따르면, 헬렌의 아들인 도로스가 자신의 백성을 히스타이오티스로 이끌어 이곳에서 카드메이아 사람들에게 핀도스 산맥으로 쫓겨나 정착하여 마케도니아인이 되었다. 나중에 그 중 한 무리가 더 남쪽으로 이주하여 도리아인으로 불리게 되었다.
- [808~399 BC] 카라노스(Caranos, 808BC-778BC)가 고대 마케도니아 왕국을 건설하고, 첫 번째 마케도니아 왕(808~778 BC)이 된다. 알렉산드로스 1세(498~454 BC)는 왕국을 확장하고 그리스-페르시아 전쟁에서 페르시아의 동맹국으로서 참여한다. 알렉산드로스 1세의 아들인 페르디카스 2세(Perdiccas II, 453~413 BC)가 아테네와 스파르타 간의 갈등을 선동하여 27년간의 펠로폰네소스 전쟁(431~404 BC)이 발발한다. 그 결과 전쟁 전 그리스에서 가장 강한 도시 국가였던 아테네는 종속국에 가까운 상태로 전락하고 스파

르타가 그리스의 주도국이 된다. 스파르타가 테베에 패하면서 기원전 400년부터 기원전 340년까지 그리스의 주도권이 테베로 넘어간다.

- [359~336 BC] 필리포스 2세(359~336 BC)는 카이로네이아 전투에서 헬라 연합군을 물리치고 그리스 세계 통일. 파이오니아인, 트라키아인, 일리리아인의 땅까지 영토를 확장한다.
- 하지만 필리포스 2세는 곧 암살당하고, 뒤이어 젊은 알렉산드로스 대왕(알렉산드로스 3세)이 왕위에 오른다.

▶ [336~323 BC] 마케도니아 제국

- 필리포스 2세의 아들 알렉산드로스 대왕(356~323 BC)은 짧은 시간에 그리스의 도시 국가는 물론이고 이집트를 비롯한 당대 최강국 아케메네스 왕조 페르시아를 정복하고 이집트, 중동, 이란, 인도 북부에 이르는 광활한 영토를 손에 넣는다. 사실상 페르시아 + 펠로폰네소스 반도(그리스)이지만 이것이 이른바 알렉산드로스 제국(헬레니즘 제국)이라 불리는데, 마케도니아는 바로 이 제국의 기축을 차지한다(338BC~323BC).

〈상식〉 알렉산드리아

알렉산드로스 대왕은 정복한 지역마다 도시를 건설하고 자신의 이름을 따서 '알렉산드리아(알렉산드로스의 도시)' 라고 이름을 붙였다. 그 대부분은 병참 기지의 의미가 있었는데, 이 도시들이 그리스 문화를 오리엔트에 전파하는 거점이 되었다. 알렉산드리아로 불린 도시로는 70여 개가 있었는데, 그 중 가장 유명한 곳이 이집트의 나일 강 지류에 세워진 알렉산드리아다.

- 알렉산드로스 대왕은 정복당한 땅의 정치 형태를 받아들이면서도 그리스 문화를 퍼뜨렸다. 그의 동서 문화 융합 정책은 세 가지로 요약된다.
  ① 정복지에 그리스 인 이주.
  ② 그리스 인과 정복민의 집단 결혼 추진.
  ③ 알렉산드리아라는 도시를 곳곳에 세워 그리스 문화 보급.
- 헬레니즘 시대. 알렉산드로스 대왕이 사망한 기원전 323년에서 고전기 그리스의 심장부가 로마에 병합된 기원전 146년까지의 기간(약 300년). 헬레니즘 시대의 의

의는 두 가지고 요약된다.

① 그리스 문화와 동방문화의 융합.

② 헬레니즘에 녹아든 그리스 문화는 로마에 전해지고, 결국 로마 제국에 의해 서양 문화의 기틀로 작용.

- [323~300BC] 마케도니아 제국은 알렉산드로스 대왕이 죽자 제국의 계승권을 놓고 후계자들 간에 전쟁이 일어났는데(디아도코이 전쟁, 323BC), 전쟁의 결과 크게 이집트의 프톨레마이오스 왕조, 아시아의 셀레우코스 왕조, 마케도니아의 안티고노스 왕조로 갈라졌다.
- 이외에도 폰토스, 페르가몬, 비티니아, 카파도키아, 아르메니아, 아트로파테네, 파르티아, 박트리아 등 수많은 군소 헬레니즘/토착 국가들이 탄생했다.
- 마케도니아제국의 언어는 따로 있었으나 알렉산드로스 대왕 시대에 그리스의 아테네에서 쓰는 아티카어로 완전 교체되었다. 아테네가 전쟁에서는 패배했으나 언어는 승리한 셈이다.
- 헬레니즘 세계의 세 거두였던 안티고노스 왕조, 셀레우코스 왕조, 프톨레마이오스 왕조 모두 로마 제국에 합병되었다(각각 BC 168년, BC 63년, BC 30년).
- [서기 51~63년] "And a vision appeared to Paul in the night; There stood a Macedonian man, and prayed him, saying, Come over into Macedonia, and help us"[1](Bible, Acts 16:9). 사도 바울과 그의 사도들은 처음으로 유럽 땅에서, 즉 마케도니아의 마을들인 필리피, 테살로니키, 베로에아에서 기독교를 설교했다. 기독교로 개종한 최초의 유럽인은 리디아(Lydia)라는 이름의 마케도니아 소녀였다.
- [395년] 로마제국이 서부와 동부로 갈라지면서 마케도니아는 동로마제국(비잔티움)에 귀속. 초기 비잔티움 황제들은 로마인들이었으나 시간이 지나면서 마케도니아인, 시리아인, 아르메니아인, 프리지아인과 기타 민족 출신들이 통치자가 되었다.

중세

- 비잔티움 제국, 불가리아 제국, 세르비아 제국 등에 복속되었다가 14세기부터 약 500년 동안 오스만 제국의 지배에 들어간다.

1) 성서의 사도행전 16장9절: '밤에 환상이 바울에게 보이니 마케도니아 사람 하나가 서서 그에게 청하여 이르되 마케도니아로 건너와서 우리를 도우라.'

- [535년] 슬라브인들이 마케도니아, 그리스, 일리리아, 트라키아로 넘어오면서 마케도니아인, 그리스인, 일리리아 인, 트라키아 인과 뒤섞인다.

ST. CLEMENT OF OHRID ST. NAUM OF OHRID

- [855~886년] 2명의 마케도니아인, 테살로니키 출신의 키릴로스와 메토디오스 형제가 최초의 슬라브어 문자를 창안하여 기독교를 슬라브 인들에게 전파한다. 키릴로스와 메토디오스의 제자들인 오흐리드의 클레멘트와 나움은 기독교를 슬라브 언어로 전파하고, 최초의 슬라브계 대학인 오흐리드 문학학교(Ohrid Literary School, 886)를 창설한다(당시 오흐리드는 제1 불가리아 제국의 땅).
- [867~1025년] 마케도니아인 바실레이오스 1세(Basíleios I. o Makedon, 867~886)는 비잔티움 제국의 황제 - 마케도니아 왕조의 창립자 - 가 된 최초의 마케도니아인. 비잔티움 제국은 867년부터 1025년까지 마케도니아 왕조에 의해 통치되는 동안 '황금시대'로 알려진 전성기였다.
- [904년] 제1 불가리아 제국에 귀속.
- [10세기 전반기] 보고밀 파(Bogomil, 중세의 이원론적 기독교의 일파)의 가르침이 마케도니아에서 등장하여 발칸반도와 유럽으로 확산되는 대규모 민중운동으로 발전.

〈바실레이오스 2세 시절의 비잔티움 제국〉

- [976~1018년] 비잔티움 제국의 약화로 마케도니아계 슬라브인이 불가리아 정권에 도전하여 사무일 황제(Tsar Samuel, 958~1014, 제1 불가리아 제국의 황제, 제위 997~1014) 시절에 오흐리드를 중심으로 강력한 마케도니아계 슬라브 중세왕국 창설. 사무일은 그리스, 에피루스, 불가리아, 알바니아, 세르비아, 보스니아, 몬테네그로, 달마티아 지역을 통치하는 왕국으로 확장.
- [1014년] 비잔티움의 황제 바실리우스 2세(재위 976~1025, 루스족(키예프 공국)을 그리스 정교로 개종시킨 인물)에게 클레이돈 전투에서 패하고, 1018년 비잔티움 제국에 귀속.
- [1040~1072년] 2가지 폭동 사건으로 비잔티움 제국은 마케도니아 통치가 어렵게 되었는데, 하나는 사무일의 손자인 페타르 델얀(Petar Deljan, 1040)에 의해, 다른 하나는 스코프예 지역에서 게오르기 보이테흐(Gjorgji Vojteh, 1072)에 의해 주도되었다.

- [1389년] 13, 14세기에 일시적으로 세르비아와 불가리아가 점령한 시기를 제외하면 마케도니아는 오스만 제국이 1389년에 정복할 때까지 비잔티움 제국의 영토로 남았다.

근세

- [1564~1565년] 마리오보-프릴레프 폭동(Mariovo-Prilep Rebellion)은 오스만 제국의 점령에 대항한 최초의 마케도니아 저항운동.
- [1689년] 북부 마케도니아에서 카르포시 반란(Karposh Uprising) 발생. 우두머리인 카르포시는 스코프예의 스톤 브리지(Stone Bridge)에서 생포되어 처형되었다.
- [1767년] 이스탄불에 있는 그리스 정교 총대주교의 압력 하에 오스만 제국이 사무일 황제 시절부터 마케도니아 인들의 정신적인 지주로서 살아남은 오흐리드 대주교 지위를 폐지한다.
- [1822년] 네구스 폭동 발발. 남부 마케도니아에서 마케도니아인들의 해방을 주도한 반란이다.
- [1828~1878년] 오스만의 압제로부터 그리스(1828년), 세르비아(1830년), 불가리아(1878년)가 독립 쟁취. 그래서 마케도니아 영토에 대한 갈망 표출. 소위 '마케도니아 문제' 등장. 그리스, 불가리아, 세르비아는 마케도니아를 차지하려는 경쟁을 하는 관계로, 이들 국가는 마케도니아의 독립에 장애물로 등장한다.
- [19세기 말] 마케도니아 지방 전역을 아우르는 자치 수립을 위한 운동 시작. 최초의 조직은 '불가리아 마케도니아-아드리아노폴리스 혁명 위원회'. 이 조직은 1905년 '내부 마케도니아-아드리아노폴리스 혁명단'으로 개칭, 제1차 세계 대전 이후 '내부 마케도니아 혁명단'과 '내부 트라키아 혁명단'으로 분리. 당시 마케도니아 지방에는 마케도니아인, 불가리아인, 그리스인, 알바니아인, 터키인 등이 흩어져 살았다. 그러나 혁명단의 절대 다수는 마케도니아 불가리아인들.
- [1903년] 마케도니아 혁명단은 오스만 제국에 대항하여 '일린덴-프레오브라제니에 반란'을 일으켜 다수의 사상자가 발생했지만, '크루셰프 공화국' 창설에 성공. 이 반란과 크루셰프 공화국의 성립은 '마케도니아 공화국'을 세운 주춧돌로 평가되고 있다.
- [1912~1913년] 두 번의 발칸 전쟁과 오스만 제국 해체 이후 오스만 제국의 발칸 영토 대부분은 그리스, 세르비아, 불가리아가 나눠 가지고, 알바니아는 독립. 오늘

날 마케도니아 공화국의 영토는 당시 '남부 세르비아'(세르비아어: Južna Srbija 유즈나 스르비야)로 불렸다.

현대

- [1945년] 불가리아 정부는 제2차 세계대전 이후 통일 마케도니아 건국을 위해 피린 마케도니아의 할양을 다시 제시한다.
- [1991년] 마케도니아 공화국은 1991년 9월 8일을 독립기념일로 지정. 이날은 국민투표로 유고슬라비아 연방공화국으로부터 독립한 날.

3
문화

도시

▶ 쿠마노보(Куманово)

- 마케도니아 제3의 도시(인구 7만여 명). 세르비아의 북부 국경 근처에 위치한 국경 도시. 이 도시와 프릴레프(Prilep)에서 1941년 10월 11일 파시즘에 대항하는 역사적인 봉기가 시작됐다. 이 봉기의 승리로 1943년 11월 29일 요시프 티토가 수립을 선언한 유고슬라비아 사회주의 연방공화국 내 마케도니아 연방국이 들어섰다.
- 1999년 코소보 전쟁 종결 관련 정전회담이 개최된 도시.

〈국경부근과 쿠마노보 시의 테러 현장〉

▶ 수도 스코프예(Skopje)

- 고대 로마 시대에 바르다르 강변에 건설, 당시 이름은 스쿠피(Skupi).
- [13세기] 세르비아가 지배한 곳.
- [1392~1912년] 오스만 제국이 지배하던 시절에는 위스퀴프(Üsküp)라는 이름으로 번영했다. 그 후 세르비아, 불가리아 등의 지배를 받았다.
- [1944년] 마케도니아 공화국이 수립되면서 수도가 되었다.
- 테레사 수녀의 출생지.

〈알렉산드로스 동상, 왼쪽 흰색 동상은 유스티니아누스 황제, 우측은 마더 테레사 집터 비석〉

〈좌: 바르다르강의 15세기 터키식 돌다리(유스티니아누스 대제 때 건립, 15세기에 재건축, 1963년 지진 때도 건재), 건너편은 구시가, 우: 구시가 초입풍경, 중간의 동상은 키릴문자를 만든 형제동상〉

〈좌: 의회건물, 우: 정부청사〉

- 2000년 이상의 역사 도시인만큼 구시가에는 여러 시대의 수많은 건축물과 기념들로 가득하다. 로마시대의 고대도시이던 스쿠피(Scupi)의 고가수로도 남아 있다.
- 중세 때 발칸에 기독교가 전파되면서 이 도시와 주변에 수많은 비잔틴 양식의 교회와 수도원이 생겨났다.
- 오스만 제국은 500년 이상을 지배하면서 이슬람 건축물들, 예컨대 모스크, 다리,

〈로마시대의 고가수로와 비잔틴 양식의 교회〉

대중목욕탕, 대상(隊商) 숙소, 도서관, 구시가의 바자르 지구 등을 남겼다. 당시 스코프예에는 70여 개의 모스크가 있었을 정도로 이 지역 이슬람교의 중심지였다. 가장 오래된 이슬람 모스크들은 구시가에 몰려있다. 보존 상태로 보면 이사-베이 모스크(1475년)와 술탄-마라드 모스크(1436년), 분테 모스트(1438년), 무스타파 파샤 모스크(1492년) 등이 가장 좋다.

〈좌: 동방시장 입구 아치문, 우: 옛 여관, 1층은 말과 가축용, 2층은 사람용 공간〉

- 19세기 초부터 남동유럽에 민족주의가 태동하면서 이 도시는 불가리아와 알바니아가 보스포루스 해협의 술탄국가에 대항해서 벌인 저항운동의 중심지였다. 불가리아와 알바니아의 성직자들은 다시 대규모 정교 성당과 가톨릭 성당들을 짓기 시작했다.
- 스코프예는 전략적으로 중요한 위치에 있었기에 상인, 뜨내기, 대상(隊商)에게 중요한 거점 역할도 했다. 현재까지 가장 잘 보존된 대상숙소인 카판 한(Kapan Han, 15세기), 쿠르숨리 한(Kursumli Han, 1550년), 술리 한(Suli Han, 15세기)은 이 도시에서 가장 규모가 큰 오스만 시대의 게스트하우스들이었다. 현재 이들 숙소에는 레스토랑이, 카판 한에는 바자르 박물관이 들어섰다.

〈시계방향: 분테 모스크 외부(위는 분묘탑)와 내부, 대중목욕탕(현재는 국립미술관)〉

-오스만 시대의 또 다른 건축물로는 시계탑(1566년), 구시가 북쪽의 베시스탄(Besistan, 오리엔트식 시장 또는 백화점), 바자르, 역사지구(구시가) 등이 대표적이다.

〈시계방향: 시계탑, 베시스탄, 구시가〉

▶ 성 판텔레이몬 교회(판텔레이몬은 의사들의 파트론)

- 스코프예 남서쪽의 고르노 네레지(Gorno Nerezi) 마을의 보드노 능선에 위치.
- 1164년 콘스탄티누스 안겔로스(Κωνσταντίνος Άγγελος, 1122~66)의 아들 알렉시오스 안

겔로스(Alexios Angelos, 비잔티움 황제 알렉시오스 1세의 조카)에 의해 건축된 교회.

- 마케도니아에서 가장 오래되고 가장 중요한 비잔티움 시대의 반구형 교회.
- 수많은 프레스코화 외에 콤네노스 왕조시대의 가장 중요한 비잔틴 예술작품들도 있다.

〈판텔레이몬 교회와 내부 벽면의 피에타 및 천장의 프레스코화(1164)〉

▶ 성 니키타 수도원(St. Nikita Monastery)

- 1307~08년 세르비아 왕 밀루틴(1282~1321)에 의해 건축되었다. 이 시기에 세례자 성 요한에게 바치는 예배당이 교회의 남사면에 들어섰다. 이 예배당은 16/17세기에 파괴된 것으로 추측하고 있다.
- 이 수도원은 다듬은 돌, 벽돌, 모르타르 등을 이용하여 건축되었다. 직사각형 공간에 십자가 형상을 한 모습이고, 중앙에 돔이 있다. 수도원 내부의 프레스코화는 보존 상태가 매우 양호하다. 1324년 이후의 것으로 추정되는 프레스코화들은 화가 미하일(Mihail)과 에브티히(Evtihij)가 그린 것들로, 예술적 가치가 높아서 마케도니아 중세예술의 걸작으로 꼽힌다.

〈좌: 성 니키타 수도원, 좌: 프레스코화: 성 니키타 수도원의 성당 안에서 쫓겨나는 상인들〉

▶ 성 스파스 교회(Church of Saint Salvation, "Sveti Spas")

- 스코프예의 중심가인 옛 요새(칼레)와 올드 바자르 사이에 위치.
- 17세기말 18세기 초에 성 스파스를 기념하여 건축했다. 건축 당시는 이슬람사원보다 높게 짓지 못하는 법 때문에 낮게 건축된 것이다.

- 이 교회가 유명한 첫 번째 이유는 19세기 초(1819~24)에 재단에 완성해 놓은 이코노스타시스(성상 칸막이) 때문이다. 이 성상 칸막이는 필리포프스키 형제(Marko Filipovski, Peter Filipovski)와 마카리에 프르츠코프스키(Makarie Frckoski)가 호두나무에 신구약의 장면들을 채색한 것. 높이 8m, 폭 6m나 되는 규모로, 그 위에 십자가상이 있다.
- 이 교회가 유명한 두 번째 이유는 이곳이 마케도니아 국민들의 성지라는 점이다. 교회의 뜰 중앙에 마케도니아의 독립과 자유를 위해 투쟁한 혁명가 고체 델체프(Georgi Nikolov Delchev, 1872~1903)의 유골이 안장되어 있기 때문. 고체 델체프의 유해는 오랫동안 불가리아에 있었지만, 제2차 세계대전 직후인 1946년에 불가리아 지도자 게오르기 디미트로프의 배려로 고체의 유해가 스코프예로 운송되어, 이 교회에서 영혼의 안식처를 찾게 되었다.

〈좌: 교회, 우: 교회 뜰의 델체프 무덤석관(석관은 1903년 참수 후 1946년 이곳으로 이관 시 사용)〉

▶ 도시의 상징, 칼레 요새(Kale Fortress, Скопско кале)

- 구시가 서쪽 바르다르 강 북쪽 구릉지에 위치. 요새 입구에는 발칸대학교가 있다.
- 이 고성지대에 최초로 등장한 주거지 흔적은 기원전 4세기의 것. 최초의 요새는 6세기에 건축되었다. 요새의 건축 재료는 518년 지진으로 완전히 파괴된 로마제국의 도시 스쿠피(현재의 스코프예)에서 가져온 것들이다. 이 요새는 로마의 황제 유스티니아누스 1세 지배 시절에 건축된 것으로 추측된다. 이 유적지에 10, 11세기에 비잔티움 요새가 구축되었다. 요새는 불가리아 제국의 페테르 2세 델얀(Petar II. Delyan, 재위 1040~1041)이 비잔티움 제국에 대항하면서 이 지역에서 발생한 일련의 전쟁으로 인해 파괴되었다.

- [1391년] 이 도시는 주변 지역과 함께 오스만 제국에 정복. 전쟁으로 인해 이 도시의 요새를 포함한 대부분이 파괴되었다. 이후 이 요새와 스코프예는 이 지역에서 경제적인 의미를 상실했다.
- 1700년 무렵에 이 고성이 재건되었다. 현재의 외벽, 첨탑, 성문은 당시의 것. 동쪽 성문이 가장 중요했는데, 곧장 바자르로 통했다.
- 20세기에는 유고슬라비아 왕국의 군대병영으로 사용됐는데, 10개의 대형 군용 막사, 사령부, 야전병원이 신축되었다. 1951년에 군대가 물러간 후 그 자리에 고고학 박물관과 역사박물관이 들어섰다.
- 1963년 대형 지진 때 근래에 지은 대부분의 건물들이 파괴되었다. 그때 이후 이 요새에서 수많은 고고학적 유물들이 발굴되었다.

▶ 호반도시 오흐리드(Ohrid)

인구 42,000명의 도시이지만 관광도시로서 세계적으로 유명하다. 옛날에는 교회가 365개나 있었기에 '발칸의 예루살렘'으로 불리기도 했다. 진주 가공으로 유명하다.

〈오흐리드의 수호성인 성 클레멘트 주교상〉[46]

- 대략 7세기에서 19세기 사이에 건설된 이 도시에는 슬라브족 수도원 중 가장 오래된 성 판텔레이몬 수도원 외에도, 11세기부터 14세기 말까지 거슬러 올라가는 비잔틴 양식의 성상들이 800개나 넘게 존재한다. 이 성상들은 모스크바의 트레티야코프 마술관에 이어 세계 최고의 컬렉션으로 꼽힌다.
- 이 도시는 1979년 세계문화유산에 등재되었다.

문자, 교육, 슬라브 문화, 이 모든 것들이 7세기부터 19세기 사이에 오흐리드에서 퍼져 나갔다. 귀중한 사본과 희귀본들이 있는 이 도시는 발칸 반도의 이 지역뿐만 아니라 슬라브어를 사용하는 모든 국가의 역사에서, 그리고 세계사와 세계 문학에서 매우 중요한 문화 중심지이다. 빼어나게 아름다운 자연을 품은 도시와 역사 문화 지역은 슬라브 민족의 고대 도시 건축물들을 완벽하게 보존하고 있다.

수많은 선사 시대의 고고학 유적을 비롯해 청동기 시대 유적과 헬레니즘 시대의 유적들을 온전히 보존하고 있는 오흐리드는 유럽에서 가장 오래된 인간 거주지 중 하나이다. 5,000여 년 전의 물질문화를 보여 주는 흔적들을 간직한 이곳은 고고학의 진정한 보물 창고라고 할 수 있다. 호수 주변에서는 신석기 시대부터 중세 말까지의 고고학 유적이 250곳 이상이나 발굴되었다.

2) 성 키릴로스와 메토디오스의 제자, 마케도니아 정교의 개척자이자 최초의 슬라브인 주교(893년).

현재 오흐리드 시 중심에 있는 고대 도시 리흐니드(Lihnid)는 이후 이것을 계승한 도시들만큼이나 중요하다. 6~9세기에 고대의 리흐니드가 중세의 오흐리드로 변하면서 발칸 반도에서 가장 중요한 중세 도시들 중 하나가 되었다. 성 클레멘트(St Clement)와 성 나움(St Naum)의 작품에 들어 있는 오흐리드의 전설(saga, 북유럽의 산문 문학)을 보면, 슬라브 문자와 슬라브 문화의 탄생에 대한 기억을 엿볼 수 있다. 성 클레멘트는 이 도시의 수호자로 추앙받고 있으며, 886년부터 916년까지 30여 년간 그의 노력으로 클레멘트 슬라브 대학이 설립되었다.

과거 지질학적 시대에 지각 이동의 결과로 생겨난 오흐리드 호수의 이중 능선 아래쪽 기슭에 옛 시가지가 있는데, 이곳에서 9~14세기에 건축된 수많은 성당과 소예배당을 비롯해 고대 사원과 바실리카의 유적이 발견되었다. 성 클레멘트가 플라오슈니크(Plaosnik)에 세운 고대 슬라브 수도원인 성 판텔레이몬 수도원은 2002년 8월 11일에 다시 축성됐는데, 이날은 최초의 슬라브인 주교(893년)이자 마케도니아 정교회의 개척자였던 성 클레멘트의 유물이 이 사원에 반환된 날이다.

호수 인근의 오흐리드 산 기슭에 있는 성 소피아 대성당에 대한 고고학 발굴에 따르면 이 성당은 초기 기독교 바실리카 건물의 기초 위에 건축되었고, 레오(Leo) 대주교 시절(1037~1056)에 재건축되었다.

14세기의 가장 중요한 화가 중 한 사람인 테오라니우스(Theoranius)의 이름이 성 소피아 성당 1층의 「다윗의 회개(Repentance of David)」라는 프레스코화에 그려진 '천사장의 칼(archangel's sword)'에서 발견되었고, 오흐리드에 있는 다른 성당들의 채색 프레스코화와 성상들에서도 등장했다. 성 클레멘트 성모 교회(St Clement's Church)의 프레스코화들은 주로 인물 초상에서 개인적인 특징을 강조한 모습이다. 일률적인 성상 화풍에서 탈피하려는 화가들의 몸부림도 뚜렷하다.

- 명칭:

고대 그리스에서는 Lychnidós (Λυχνιδός)로 알려져 있었는데, lychnís(λυχνίς, 소유격은 lychnidós; '빛이 나는 화려한 바위'의 뜻) 또는 lýchnos(λύχνος) ('등불, 초롱'의 뜻)에서 왔다.

그래서 '빛의 도시'라는 의미가 있었던 것으로 추측된다.

나중에 로마시대에 리흐니도스(Lychnidos)로부터 라틴어 리흐니두스(Lychnidus) 또는 리크니두스(Lycnidus)가 생겨났다.

초기 중세에는 이름이 달랐다. 879년 Ohrid란 이름 등장. 슬라브어에서 온 것으로 추측. 슬라브어로는 고대의 Lychnidos의 위치와 관련해서 '언덕 위에(vo hrid)'란 의미. 마케도니아어와 여타 남슬라브어에서는 현재 이 도시를 오흐리드(Ohrid, 키릴 문자로는 Охрид)로 지칭하고 있다. 알바니아어로는 오흐리(Ohri, 남성 정형)와 오헤르(Ohër, 비정형)라고 한다. 터키어로는 오흐리(Ohri)라고 하는데, 여기서 강세는 H에 있고, 알바니아어에서처럼 O에 있지 않다. 현대그리스어에서는 이 도시를 아흐리다(Achrída, Αχρίδα)로 부른다.

- 주민

2002년도 주민통계에 따르면, 오흐리드의 인구는 42,033명이었다. 정교 신자가 33,987명, 수니파 이슬람교도가 7,599명, 로마가톨릭 교도가 119명, 개신교도가 4명 그리고 기타 종교인이 324명으로 집계되었다. 가구 수는 12,043 가구였으므로, 가구당 가족 수가 3.4명에 이르는 셈이다.

〈1900년경 오흐리드의 내성과 구시가〉

오흐리드는 오스만 시대 말기에 소도시로 전락했다. 이 시기에 이 지역의 마나스티르와 위스퀴브 같은 여타 도시들이 성장함에 따라 오스만 제국에게는 오흐리드가 전략적으로도 중요성이 떨어졌다. 20세기 초에는 오흐리드의 인구가 15,000명에 불과했다. 반면에 바나스티르는 60,000명, 위스퀴브는 40,000명을 넘었다. 유고슬라비아 시절부터 인구가 늘어나기 시작해서 1981년에 약 40,000명을 상회했다. 이렇게 인구가 늘어난 것은 이 도시에 공업단지가 들어서면서 이웃의 여러 마을과 마케도니아의 도시들로부터 이주물결이 일어난 때문이었다.

- 요새

제1 불가리아 제국의 차르 사무일(Zar Samuil, 997~1014)의 요새 - 현재는 내성을 이렇게 부른다 - 는 이 도시에서 가장 높은 지점인 고르니 사라이(Gorni Saraj) 언덕에 있다. 현재의 요새는 이 도시를 둘러싸고 있는 요새 시설물들 중 일부였다. 마케도니아의 왕 필리포스 2세에 의해 확장된 축성의 최초 유적들은 기원전 4세기 엔켈리오이 인(Encheläer, 기원전 7, 8세기에 오흐리드 호수 주변에 거주하던 일리리아 인의 한 종족)[3]의 것이다. 992년부터 1018년까지는 제1 불가리아 제국의 수도였다. 그래서 불가리아 황제 사무일(958~1014, 제1 불가리아 제국의 마지막 황제들 중 한 명)의 관저, 축성 그리고 도시성벽이 확장되었다. 도시성벽 외에 약 20개의 성루와 성문 첨탑 및 6개의 도시 성문과 요새 성문도 있었다.

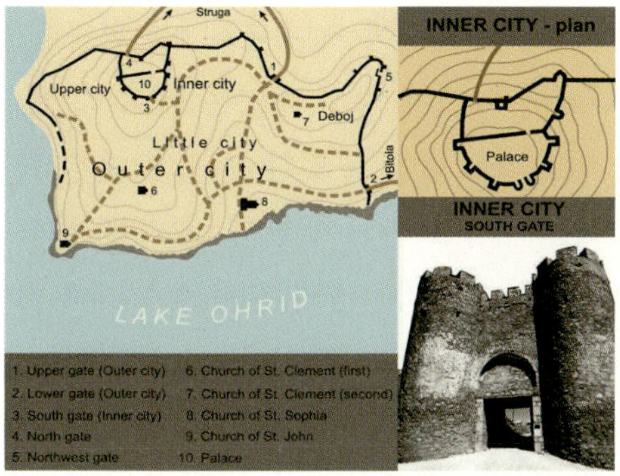

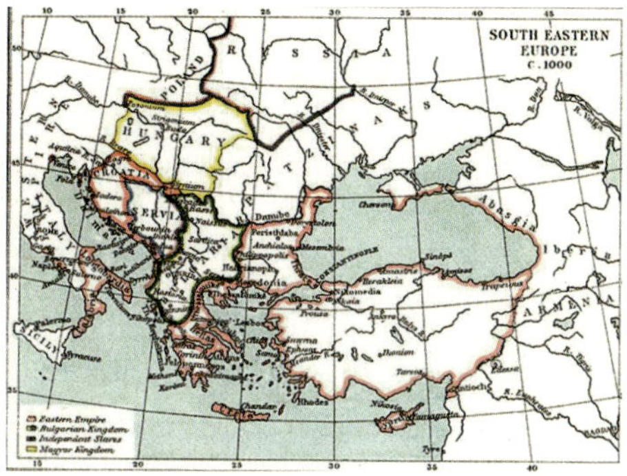

〈좌: 고대의 요새, 우: 1000년경의 남동유럽, 노랑이 제1 불가리아 제국, 분홍이 비잔티움 제국〉

▶ 성 소피아 성당(Sveti Sofija)

〈성채 가는 길과 성 소피아 성당(11세기, 오스만 제국 시절에는 이슬람 사원으로 사용)〉

- 11세기 초기에 건축.
- 기독교 교회의 초석 위에 그리스 대주교 레오(재위 1036~56)의 지시로 3랑(중랑 하나

3) 그리스 신화에 의하면 엔켈루스(Enchelus)는 일리리우스(Illyrius)의 아들, 즉 카드모스(Kadmos)와 하르모니아(Harmonia)의 아들로 태어났다. 그의 이름에 따라 이후 전체 종족도 그렇게 불렸다고 한다.

와 측랑 둘)으로 된, 3개의 반원형 벽감과 서쪽 파사드 앞의 중간과 종탑 위에 하나의 거대한 둥근 천장을 가진 대성당이다.

- 1317년 세르비아 정교의 대주교 그리고리예(Elder Grigorije, 재위 1310~1355)가 현관 앞에 거대한 2층짜리 회랑, 위층에 2개의 또 다른 둥근 지붕과 회랑을 증축하게 했다. 오스만 제국은 이 교회를 이슬람 모스크로 전환하면서, 종탑, 중앙의 둥근 천장, 내부 회랑을 파괴했다. 또한 오스만 제국은 현재도 보존되어 있는 설교단을 만들어 넣었고, 수백 년 이상 보존되어 오던 프레스코화들을 덧칠해버렸다. 이 프레스코화들은 1950년대에 와서야 다시 햇빛을 볼 수 있게 되었는데, 유럽 미술사에서 가장 우수한 업적들로 꼽히고 있다. 가장 오래된 11세기의 그림들은 제단공간과 회랑에만 지금까지 보존되어 있다. 제단공간의 둥근 천장에는 거대한 예수승천 그림이 있는데, 예수가 4명의 천사들에 의해 천당으로 인도되고 사도들과 마리아는 지상에 남아있는 그림이다. 그 아래에는 기도하는 천사들로 장식된 프리즈 모직천이 있다. 반원형 천장 앞쪽에는 왕관을 쓰고 어린 그리스도를 안고 있는 성모마리아가 그려져 있다. 회랑에 그려진 희생자 아브라함을 묘사한 그림, 40명의 순교자, 슬라브어를 전파한 사도 키릴로스와 메토디오스도 중요한 작품들이다. 회랑 위층과 바깥쪽 회랑의 프레스코화들은 14세기의 것들인데, 주로 구약성서의 다양한 주제들을 다룬 수많은 개별 그림들이다.

〈좌: 11세기, 왕관을 쓰고 아기 예수를 안은 성모, 우: 천사 4명이 예수를 천당에 인도하는 장면〉

▶ 성 클리멘트 수도원과 판텔레이몬 대성당(Sveti Kliment & Panteleimon Monastery).

〈성 판텔레이몬 수도원과 정문 위에 반원 모양으로 모자이크 된 메토디오스 사제〉

- 12세기에 건축된 비잔틴 양식 기념물. 성 클레멘트는 이 도시의 수호자.
- 1295년 비잔티움의 야전사령관 프로곤 스구로스(Progon Sguros)와 그의 부인 에우도키아(Eudokia, 황제 안드로니코스 2세의 딸)가 이 교회를 설립했다. 처음에는 성모마리아 페리블렙토스(Periblèptos='우러러 보다'의 뜻)에게 헌정된 것이다. 나중에 성 클리멘트(Kliment von Ohrid, 840경~916)의 성유물들이 이곳으로 옮겨진 이후 이곳 성 소피아 성당(오흐리드 정교회 주교좌 성당으로 11세기 초에 건축)이 이슬람 사원으로 전환되면서 대주교의 본산이 된 이 교회가 성 클리멘트 대성당이란 이름을 갖게 되었다.
- 십자가 수평 단면에 비잔틴 양식으로 건축된 이 벽돌건물은 8각형 둥근 지붕과 반원형 벽에 계단식 제단을 갖추고 있다. 14세기에 제단공간의 양 측에 두 개의 분회당을 추가했다. 성당 내부 여러 곳에 산재한 프레스코화들은 미하일로(Michailo)와 에우티히오스(Eutychios)라는 두 화가들의 초기 작품들이다. 주목을 끄는 것은 생명력과 용맹성을 발산하는 옛 교회 장로들의 젊고 건장한 형상들이다. 클리멘트 대성당의 프레스코화들은 비잔티움 벽화들 중 초기의 것들이다. 이들은 13세기의 세련되고 웅장한 그림들을 거쳐 성당의 모든 벽에 인물 이콘화들로 가득채운 이른바 '팔라이올로고스 왕조시대의 르네상스(비잔티움 예술의 후기단계, 대략 콘스탄티노플 정복(1204년)부터 비잔티움 제국의 몰락(1453년)까지의 시기)로 넘어가는 가교 역할을 한다. 특히 이목을 끄는 것은 그리스도의 십자가상, 그리스도를 애도하는

그림, 성 클리멘트의 인물상이다. 바깥쪽 배랑((拜廊, Narthex)에는 가장 거대하고 가장 화려한 이콘화 축적물들 중 하나로, 11세기와 14세기 사이의 비잔틴 양식 이콘화들이다.

▶ 성 요한 교회(St. John at Kaneo Church)

- 오흐리드 호수가 내려다보이는 절벽 카네오 언덕 위에 위치.
- 요한복음의 저자 성 요한을 기리기 위해 13세기에 건축된 교회.

- 이 교회는 직사각형 대지 위에 십자가 모양을 하고 있다. 교회 건축가는 미상이기는 하지만, 특히 지붕의 경우 아르메니아 교회 건축에 영향을 받은 것으로 추정하고 있다. 14세기에 교회 보수작업이 있었다. 이때는 오스만 제국이 마케도니아에 입성하기 직전이었다. 교회 안에 나무에 새긴 이코노스타시스가 있는데, 20세기에 성모 마리아와 함께 늘어서 있는 여러 명의 성인들이 아프시스(Apse, 교회 건축에서 가장 깊숙하게 위치한 부분, 내진 뒤 주보랑에 둘러싸인 반원형 공간)에 그려져 있다. 이 교회의 돔에는 그리스도 판토크라토('전능하신 분, 만물을 다스리시는 그리스도'의 뜻) 모자이크가 있고, 벽면에는 성 에라스무스(Saint Erasmus of Ohrid)를 동반한 성 클리멘트의 프레스코화(성 클리멘트의 수도원인 성 판텔레이몬은 이 교회 가까이에 위치함)가 있다.

▶ 마르코 수도원(Marko's Monastery)

- 마르코 강 계곡에 위치한 마르코바 수쉬카(Markova Sušica) 마을(스코프예로부터 18km 거리)에 있다.
- 수도원의 이름은 세르비아의 마르코 왕(재위 1371~1395, 불카신의 장남)에서 유래했다. 성 데메트리우스(Saint Demetrius, 4세기의 기독교 순교자)에게 헌정된 교회.

〈마르코 왕, 성 데메트리우스 그리고 마르코 수도원〉

- 기록에 따르면, 1346/47년 슈테판 두샨 왕(재위 1308~1355)과 불카신 왕(재위 1365~1371) 시절에 건축되어, 1366년 마르코 왕 시기에 완성되었다. 내부에 그려진 마르코 왕의 프레스코화는 1366~1371년에 완성된 것이다.

▶ 성 나움 수도원(Monastery of Saint Naum, Sveti Naum)

- 895년 성 나움(Naum of Ohrid 또는 Naum of Preslav, 830~910)이 제1 불가리아 제국의 황제 보리스 1세(재위 852~889)와 시메온 1세(재위 893~927)의 지원으로 창건한 수도원이다.
- 나움이 910년 12월 23일에 사망하자 이 수도원은 그를 기념하여 헌정되면서 개명되었다.
- 1870년 화재로 수도원과 소속 교회까지 파괴되었다. 현재의 시설물은 그 이후에 건축된 것이다. 1912년 발칸 전쟁 동안 세르비아가 이 지역을 정복한 후 수도원 근처에 세르비아 왕의 관저와 성 이반 블라디미르 교회가 건축되었다. 1913년부터 1925년까지는 알바니아에 귀속되었다. 1924년 유고슬라비아의 지원으로 티라나에서 권력을 장악하여 알바니아 국왕이 된 아흐메트 조구(Ahmet Zogu, 조구 1세 또는 '스칸데르베그 3세', 재위 1928~1939)가 세르비아-크로아티아-슬로베니아 왕국의

지원에 감사의 뜻으로 이 수도원을 양도했다.

- 현재는 3랑식(측랑)[4] 십자가형 수도원 교회만 남아있고, 종교적인 목적(예배)에만 사용되고 있다. 교회의 내부는 성 나움의 생애와 여타 슬라브 출신 사도들의 생애와 관련된 장면들이 묘사된 프레스코화들로 가득하다. 수도원 입구 왼쪽에는 수도원의 기부자인 제1 불가리아 제국의 황제 보리스 1세[5]가 그려져 있다.
- 원래 이 수도원에는 성 나움 자신의 무덤과 유물이 있었으나, 현재는 16세기에 지어진 소속 교회 밑에 묻혀 있다.

〈좌: 성 나움 교회, 우: 오흐리드 호숫가의 성 나움 수도원〉

▶ 프릴레프(Prilep)

- 마케도니아 공화국에서 4번째로 인구가 많은 도시(66,000여 명). 스코프예에서 128km, 비톨라에서 44km, 크루셰보에서 32km 정도 떨어진 곳에 위치.
- 매년 7월 중순에 맥주축제(pivo fest prilep)가 열린다.

---

4) 교회 건축에서 신랑 양 옆에 줄지어 늘어선 기둥의 밖 또는 옆에 있는 복도. 소규모 교회는 신랑과 양 옆 측랑, 3랑으로 되어 있다.

5) 그가 집권하던 시기에 불가리아인들은 기독교로 개종했고, 자주적인 불가리아 교회가 창설되었다. 886년 보리스는 키릴로스와 메토디오스 형제의 제자로서 슬라브 인들을 전도하기 위해 파견되었다가 모라바에서 쫓겨난 클레멘스와 앙겔라리오스 등에게 피난처를 제공했다. 이들은 보리스의 적극적인 원조와 물질적 지원을 받아 플리스카 · 프레슬라프 · 오흐리드에 슬라브 학문의 중심지를 설립했다. 슬라브 학자들이 집중적인 작업을 벌인 결과 슬라브어가 그리스어 대신 교회 예배와 문학에서 사용하게 되었으며 불가리아의 공식 언어로 채택되었다.

- 트레스카베치 수도원(Monastery of Treskavec).

프릴레프에서 8km 떨어진 즐라토브르브(Zlatovrv) 바위산에 위치.

13세기에 건축, 14세기 세르비아 왕 우로쉬 2세 밀루틴(Stephen Uroš II Milutin, 재위 1282~1321)과 우로쉬 4세 두샨(Stephen Uroš IV Dušan, 재위 1331~1346)에 의해 재건되었다. 16세기 중엽에 마케도니아 크라토보 출신의 유명한 후원자이자 기부자였던 디미트리예 페피치(?~1566) 공작에 의해 개축되었다.

그러나 이 수도원은 2010년 초기에 교회 근처에서 화재가 발생하여 파괴되는 바람에 현재는 유적만 남아 있다. 2015년 말부터 마케도니아 정부가 복구 작업을 시작하였다고 한다.

〈트레스카베치 수도원, 좌: 화재 이전, 우: 화재 후 2015년 8월의 모습〉

04
알바니아

국명	알바니아 공화국((Republika e Shqipërisë, 레푸블리카 에 슈치퍼리스)
면적	28,748 m2
인구	2,886,026명(2016년)
인종	알바니아인 83%, 기타 17%
수도	티라나
GDP	$ 12,484 (2016년)
화폐	레크 (LEK)
언어	알바니아어
종교	이슬람(56.7%), 알바니아 정교(6.75%), 가톨릭 교(10.03%)
도메인	.al

1
지리

위치

- 발칸반도 서쪽에 위치한 산악국가.
- 서북쪽에 몬테네그로, 동북쪽에 코소보(세르비아), 동쪽에 마케도니아, 동남쪽에 그리스와 국경을 마주한 나라. 지중해와 아드리아 해에 접해 있고, 서쪽의 아드리아 해 건너편에는 이탈리아와 이웃하고 있다.
- 국토의 70%가 산악지대. 알바니아의 북쪽에는 높이가 2,590m나 되는 노스 알바니아 알프스가 솟아 있다. 알바니아에서 가장 높은 산은 마케도니아 국경지대에 위치한 해발 2,764m인 코랍 산.
- 해안 지역은 여름에는 따뜻하고 건조, 겨울에는 온화하고 습기가 많은 지중해성 기후. 수도 티라나의 7월 평균 기온은 약 23.9℃, 그러나 산악지역에는 겨울에 폭설도 자주 내린다.

국명

- 'Albania'는 영어 국명, 현지어로는 '슈치퍼리아(Shqipëria)'나 'Shqipëri(슈치퍼리)', 알바니아인은 'shqiptarët(슈칩타러트)'라고 한다. 'shqip(슈치프)'라는 말은 알바니아어라는 뜻. 정확히는 gjuha shqipe(주하 슈치페)라고 하면 '알바니아어'라는 뜻이다.
- 인구의 95% 이상이 알바니아인, 북부의 게그 족과 남부의 토스크 족 사이에는 언어 · 풍습에 차이가 있다. 표준어로는 토스크 방언을 채용.
- 소수민족으로는 그리스인 · 마케도니아인 · 몬테네그로인 등이 있다. 구 유고슬라비아 연방에는 알바니아인 150만 명이 거주하고 있다.
- 제2차 세계대전 이전에는 국민의 약 80%가 문맹. 그 뒤 8년간의 의무교육을 통해 문맹률이 많이 해소되었다.

종교

- 유럽에서 이슬람교도 비율이 가장 높은 나라.
- 인구의 56.7%가 무슬림. 정교회(10.0%)와 가톨릭(6.7%). 무종교인의 비율도 꽤 되지만, 이 중 무신론자가 인구의 2% 수준이다.
- 1967년 알바니아노동당은 종교말살운동을 전개하여 종교 관련 건물은 모두 박물관 등으로 전환시켰다. 1976년 공포된 신헌법에서는 사실상 종교를 금지하여 알바니아는 〈세계 유일의 무종교국가〉가 되기도 하였으나, 1990년 11월 종교 활동을 다시 허용했다.

인구

- 한때 인구증가율이 2.4%로 유럽 최고였지만, 지금은 인구 감소가 극심한 나라. 1인당 국민소득은 유럽 최저 수준.
- 사망률이 그리 높지는 않지만 한때 유럽 최고 수준이던 출생률이 1990년대 이후 급감하고 노동력도 외부로 유출되고 있는 나라.
- 1990년대에 알바니아에서 80만 명이 고국을 떠났고, 두뇌 유출은 더욱 심화되고 있다. 터키에 적어도 50만 명의 알바니아인이, 그리스에 60만 명이, 독일과 이탈리아에도 80만여 명이 거주한다.
- 알바니아의 동북쪽에 위치한 코소보에도 알바니아계 주민들이 인구의 대부분을 차지한다. 세르비아의 탄압과 박해가 예사롭지 않아서 NATO가 이 지역에 개입한 상태. 코소보 지역은 2008년 2월에 독립을 선언했다. 그러나 미국, 영국, 프랑스, 알바니아 등은 이곳을 독립 국가로 공식 승인하였지만, 아직 유엔의 과반수 회원국들의 승인은 얻지 못한 상태.

민족

- 발칸 반도의 선주민족인 고대 일리리아 인의 후손이라고 주장하며 자부심이 대단한 민족.
- 'Albanian'(라틴어 Albani, 고대그리스어 Albanoi Ἀλβανόι 또는 Albanioi Ἀλβ?νιοι)이란 명칭은 고대 그리스 시대에도 통용되었다. 일리리아 혈통을 지칭하며, 이들의 주

거지는 현 알바니아의 뒤라키움(Dyrrachium, 현재의 두러스) 북동쪽에 위치하였다. Albanian이란 명칭은 이탈리아어 Albanesi에서 유래한 것으로, 유럽의 거의 모든 언어로 퍼져나갔다.

- 5세기에 슬라브족이 대대적으로 이주한 이후, 선주민들을 학살한 남슬라브 족들은 세르비아를 건국하고, 에피로스 공국도 최초의 남슬라브 족 국가인 세르비아 왕국의 영토가 된다. 그러다가 슬라브 불가리아-비잔티움-세르비아의 각축장이 되었다가 프랑스계 왕족인 나폴리-시칠리아의 왕 샤를 1세에 의해 1271년 역사상 최초로 알바니아 공국령이 세워진다. 즉, 국가가 세워진 시점에서 영토와 역사는 로마-그리스계(특히 에피로스)이며, 민족은 불가리아-세르비아계(슬라브)이고, 왕은 프랑스계 이탈리아인이었다. 따라서 현대 알바니아인들은 유전적으로 남슬라브계이며, 과거 일리리아 인들은 켈트-트라키아계였고, 천 년간 에피로스 인으로서 스스로의 정체성을 규정했다는 사실까지 고려하면, 13세기에 처음으로 나타난 알바니아인들이 자신의 정체성을 2천 년 전 사라진 일라리아 인으로 규정한 것은 비논리적이다. 알바니아인들이 유전적인 유사성에 기초하여 일리리아의 계승을 주장하는 것이라면, 그 이전과 이후에 있었던 에피로스에 대한 계승 의식도 주장해야 할 것이다.

▶ 알바니아인들의 디아스포라[1]

- 알바니아가 공산화되면서 옛 지식인과 종교인 추종자들은 해외로 그들의 보금자리를 찾아 조국 알바니아를 등지기 시작했다. 제2차 세계대전 직후인 1946년에 수천 명의 공산주의자 적대세력들이 조국을 떠났다. 대부분은 미국으로, 일부는 이탈리아로 갔다. 이탈리아로 간 사람들 중 일부는 이탈리아 파시스트 협력자들이었다. 1948년부터 국경이 모두 폐쇄되면서 국외이주는 거의 불가능해졌다.
- 제2차 세계대전 후 미국의 알바니아인들은 점차 동화되었다. 공산화된 출신국가들과의 연결고리도 단절되었다. 이주민 가족의 주된 언어는 이제 영어였다. 알바니아 정교회의 미사에서도 영어가 알바니아어와 함께 등장했다. 이주자들의 자식과 손자들은 알바니아어를 전혀 하지 못하는 경우가 허다했다. 알바니아계 미국 시민들은 20세기 후반에 미국 정계에도 진출했다.

1) 이 주제는 특히 '나무위키'의 내용을 참고하였다.

- 코소보의 알바니아인들은 구 유고슬라비아 정권의 억압을 받았기에 수천 명의 무슬림계 알바니아인들은 1960년대 중반 터키로 이주했다. 당시 터키는 코소보로부터 이민자들을 받아들인 유일한 나라였다.
- 1970년대에 코소보-알바니아인들은 유고슬라비아인의 외국인 노동자 이주 물결을 타고 독일, 스위스, 오스트리아로 몰려들었다. 동시대에 유고슬라비아 내부 이주도 증가했다. 코소보인과 마케도니아 출신 알바니아인들은 1980년대까지 슬로베니아와 크로아티아 산업단지와 베오그라드로 이주했다.
- 알바니아에서 공산정권의 붕괴, 알바니아, 코소보, 마케도니아의 황폐화된 경제상황 그리고 전쟁으로 치달은 코소보 분쟁은 알바니아 민족사에서 가장 큰 이주물결을 야기했다.
- 1989년부터 2004년까지 거의 백만 명의 알바니아인들이 조국을 떠났다. 알바니아 국민의 거의 1/3에 해당하는 수치였다. 1991/92년과 1997년 정치적 · 경제적 위기 때문에 이탈리아나 그리스로 가는 탈출 행렬이 정점을 찍었다. 그 후 수천 명이 고향으로 돌아오기는 했으나, 2001년까지 440.000명 이상의 알바니아인들이 그리스에 정착했다. 그리스 경제가 급성장하던 시절에 알바니아인들은 주로 농업과 건설업에서 급료가 박한 노동에 종사했는데, 2010년 그리스가 재정위기에 놓여 많은 알바니아인들이 그리스에서 일자리를 잃게 되자 고국으로 돌아왔다. 1990년부터 2006년까지 이탈리아로 이주한 알바니아인들은 350.000여 명이나 되었다. 터키도 1990년부터 알바니아 출신 이주노동자들을 수용하고 있다.
- 1980년대 말부터 400.000명 이상의 알바니아인들이 정치적, 경제적 이유로 코소보를 떠났다. 코소보 전쟁 중에 수십만 명의 코소보 인들이 국외로 빠졌는데, 이들 중 대부분은 재귀국했다. 수십 년 전부터 코소보 인들이 이주하고 있는 주요 국가는 스위스다. 스위스에는 2000년에만 약 95.000명의 알바니아인들이 거주했다. 알바니아인들이 선호하는 또 다른 디아스포라 국가들로는 독일, 오스트리아, 스웨덴, 영국이 있다. 2000년에 미국으로 이주한 알바니아계는 113.661명이었다. 전통적인 이민 국가들인 캐나다와 호주도 지난 20여 년 동안 알바니아 이민자들이 선호하는 국가들이다. 영어권 국가들은 코소보 전

쟁 이후 매년 일정 수의 알바니아인들만 법적으로 이주를 허용하고 있다. 지난 수년간 알바니아인의 이민은 전반적으로 감소했는데, 주된 원인은 알바니아의 경제적인 안정과 솅겐 가입 국가들 중 이민 국가들의 강한 장벽 때문이다. 또한 알바니아 국민들 중 청년층과 이민 선호계층은 대부분 떠났기에 이민압박은 한풀 꺾인 셈이다.

언어

- 알바니아어 자체는 인도유럽어족에서 홀로 독립된 분파를 형성하고 있다. 터키어, 그리스어, 이탈리아어 등에서 많은 어휘 차용. 굴절어.

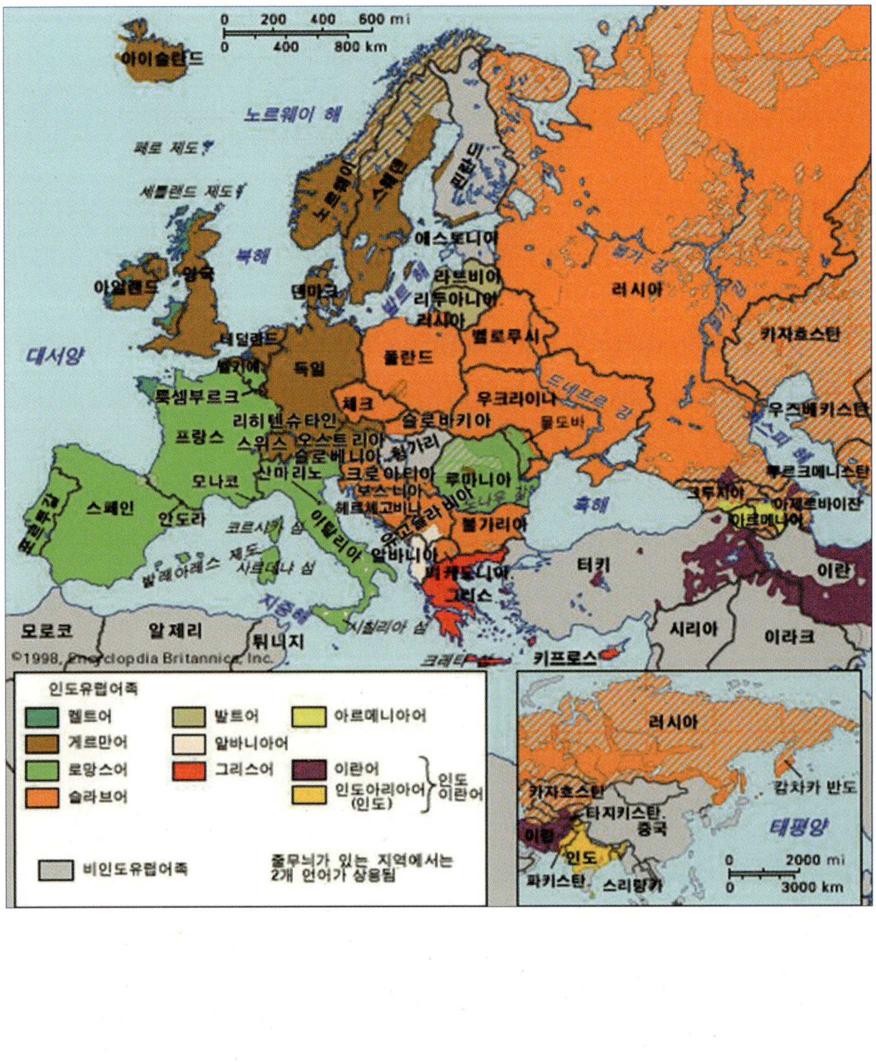

- 어족: 인도유럽어족에서도 단독 어군을 이룬다.

▶ 생활

- 집 전화 보급률은 8~45%(농촌, 도시), 휴대전화 보급률은 90%에 육박. 이는 산업구조가 갖춰지고 집전화가 들어오기 전 휴대폰이 더 빨리 대중화되었기 때문. 값싼 단말기가 있어서 서민들이 사용하기에도 별다른 문제가 없다.
- 많이 쓰면 요금이 많이 나가지만 쓰지 않으면 요금이 매우 저렴한 편. 그래서 알바니아 친구를 사귀면 전화를 1초 걸고 끊는다. 다시 자기한테 전화하라고.

2
역사

- 알바니아인은 고대 그리스문명 이전부터 발칸 서부에서 살고 있던 일리리아인의 자손, '발칸 최고(最古)의 민족'이라고 자부한다. 이민족의 지배를 받고 있었기에 독립 국가를 형성할 수 없었다.
- 일리리아 인에 대해서는 7세기 초 이후로는 기록이 없고, 11세기 비잔티움 제국의 지배를 받던 한 부족으로서 알바니아인이 역사서에 처음 등장한다.
- 일리리아 전통 춤과 알바니아 문화도 주변국가의 그것과는 차이가 있다.

고대

- [BC 2000년 무렵] 일리리아 인이 발칸 반도 서쪽(일리리아)에 정착하기 시작. 일리리아인과 트라키아인은 발칸문화권의 조상.
- [BC 10세기 무렵] 인도유럽인에 속하는 일리리아 인들이 이곳에 정착. 세력이 절정에 이르렀을 때 도나우 강에서부터 아드리아 해에 있는 암브라시아 및 아드리아 해를 건너 샤르 산맥까지 영토를 확장한다.
- [BC 7세기 무렵] 그리스인들이 들어와 자치 식민지를 건설한다(현재 알바니아 영토의 남부는 그리스의 유력한 폴리스인 에피로스의 영토). 북부는 일리리아를 비롯한 켈트 분파의 영토.
- [BC 4세기 무렵] 그리스인들이 알바니아 남부 점령. 그래서 그리스가 오늘날까지 이에 대한 영토권을 주장하고 있다. 이 시기에 에피로스와 일리리아는 둘 다 로마제국에 점령되어, '에피로스 노바'로 불린다. 로마제국의 분열 이후 동로마의 영토인 '에피로스 테마'로 존속되다가, 제4차 십자군 원정으로 동로마가 분열된 이후 '에페이로스 공국'이 되어 유지되다가 다시 부활한 동로마에 편입된다.
- [3세기~167BC] 최후의 왕국이자 가장 유명한 왕국인 '일리리아 왕국'은 스코드라(지금의 알바니아 쉬코더르)를 수도로 삼았다. 가장 유명한 통치자는 기원전 3세기

후반의 아그론 왕(재위 250~231BC)이데, 기원전 231년 마케도니아의 데메트리오스 2세(재위 239~229BC)와 연합하여 아이톨리아 인들을 물리쳤다. 그가 갑자기 죽자, 그의 아들이 어려서 미망인 테우타(재위 230~228BC)가 섭정을 했다. 테우타 여왕은 일리리아 해군 병력 일부를 동원하여 시칠리아와 그리스의 여러 해안 식민지를 침략한다. 이러한 행위에 분노한 로마제국은 대규모 함대를 아드리아 해 동쪽 해안지대에 파견한다. 기원전 228년 테우타가 항복했으나 왕국의 내륙지대는 건재했다. 그 후 기원전 219년에 로마는 제2차 해군 원정대를 파견한다. 이웃 마케도니아의 필리포스 5세가 일리리아 왕국을 도와 전쟁에 가세하는 바람에 전쟁이 오래갔지만 기원전 167년 발칸 반도 전체를 로마에 내주는 결과를 낳았다. 일리리아 왕국의 마지막 왕 겐티우스(재위 181~168BC)가 기원전 168년에 항복한다.

로마시대

- 일리리쿰은 일리리아 왕국의 자리에 세워진 로마의 속주였는데, 그 영토가 남쪽의 드릴론 강(지금의 알바니아의 드린 강)에서부터 북쪽의 이스트리아(지금의 크로아티아와 슬로베니아의 영토)와 동쪽의 사부스(사바) 강에까지 이르렀다.
- 행정중심지는 달마티아의 살로나이(지금의 스플리트 근처).
- 도나우 강 유역을 따라 로마 제국의 영토가 확장됨에 따라 일리리쿰은 달마티아 속주와 파노니아 속주로 나누어졌다. 로마 제국의 지배 하에서 일리리아는 번영을 누렸다. '로마 가도'가 이 지역을 가로질렀으며, 이곳 항구들은 로마와 동유럽 여러 지역 간의 교역 및 교통의 요지가 되었다.
- 이 지역의 여러 곳에서 구리 · 아스팔트 · 은 등이 채굴되었으며, 일리리아 포도주 및 기름 · 치즈 · 생선 등을 지금의 이탈리아로 수출했다.
- 반 자치를 누리던 일리리아 고지대의 사람들이 용감하였기에 황제들은 이들을 징집하여 로마 군단이나 근위대에서 복역하게 했다. 기원전 3세기에 로마 제국이 오늘날 유럽 동부 및 중부 지역에 거주하던 야만인들로부터 위협을 받게 되자 일리리아는 고대 로마의 영토와 문화의 중요한 보루가 되었다.
- 클라우디우스 2세(재위 168~270), 아우렐리아누스(재위 270~275), 디오클레티아누스(재위 284~305), 콘스탄티누스 대제(재위 306~337)를 포함하여 로마 제국 말기의 유명한 황제들 중 여러 명이 일리리아인이었다. 이들은 대부분 격전지의 군단 자체

내에서 선발되어 나중에 원로원(세나투스)의 승인을 받았다.
- [395년] 로마 제국이 동서로 분열되면서 드리누스 강(지금의 드리나 강) 동쪽의 일리리아는 동로마 제국에 귀속.
- [3~5세기] 서고트족과 훈족이 동로마 제국을 침입했으나 이곳은 무풍지대.

중세시대

- [5~6세기] 로마가 쇠퇴하자 고트족, 훈족, 슬라브족이 잇따라 침략. 11세기에는 비잔티움 제국, 제2 불가리아 제국, 노르만족이 일리리아 북부 지역에 대한 주도권을 두고 다투기도 했다.
- [535~1204년] 비잔티움 제국의 지배를 받는다.
- [591년] 발칸 반도에 슬라브족이 침입하기 시작한다.
- [7세기말] 슬라브족이 일리리아의 다수 민족이 된다. 크로아티아 · 세르비아 · 달마티아 · 보스니아 · 몬테네그로 · 마케도니아의 여러 지역이 일리리아어를 잃어버리고 완전히 슬라브어화 되었고, 알바니아인들만 고대 일리리아 인의 직계 후손으로 남게 된다. 일리리아 인과 일리리아어 개념이 남슬라브인 또는 남 슬라브어와 동일시된다.
- [880~1018년] 중부와 남부 일리리아는 제1 불가리아 제국의 일부가 된다.
- [1081년] 비잔티움 제국의 지배 시절에 노르만족이 이곳을 침입한다.
- [14세기] 오스만 제국의 지배를 받는다.
- [1443~1468년] 스칸데르베그(1405~1468)가 오스만 제국에 반기를 들고 25년 동안 오스만 대군을 계속 격퇴. 스칸데르베그 이후 알바니아는 다시 오스만 세력에 굴복하고 주민들은 이슬람화된다.

삼위일체 왕국

- 달마티아, 크로아티아, 슬로베니아/합스부르크 제국의 일리리아 (1745~1777)
- [1767~1777년], 마리아 테레지아 시절에 크로아티아 왕국, 슬로베니아 왕국, 달마티아 왕국 등 세 왕국을 일리리아라고 불렀다. 이들 왕국은 1745년에 이미 달마티아, 크로아티아, 슬로베니아라는 삼위일체 왕국으로 정착.

- 달마티아 왕국은 오스만 전쟁 때 헝가리 왕국에 그대로 남고, 나머지 두 왕국은 16세기에 오스만 제국에 편입(1479~1912)되었다가 18세기 초에 다시 합스부르크 제국에 편입되기도 한다.

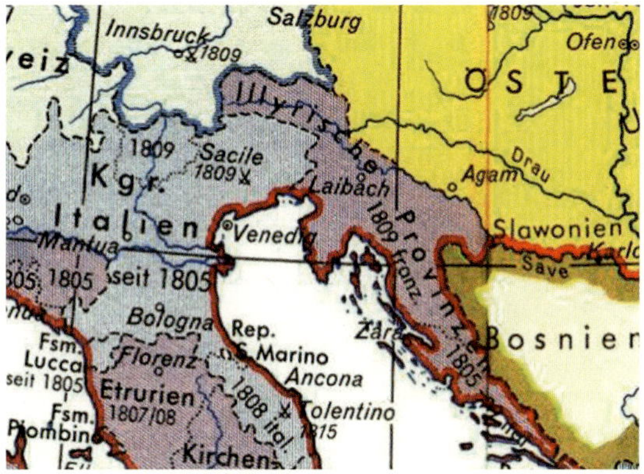

일리리아 주

- [1809년] 나폴레옹은 오스트리아가 정복한 달마티아 지역들인 피우메, 고리치아, 이스트라 반도, 크라인, 트리에스테 그리고 크로아티아의 일부지역과 캐른텐을 쉔브룬 평화조약에 따라 프랑스 황제국의 '일리리아 주'로 재조정한다.

일리리아 왕국(1814~1849)

- [1814년] 일리리아 주가 오스트리아에 반환된 후 이 지역은 1816년 빈 회의의 결정에 따라 일시적으로 일리리아 왕국이란 이름을 부여받는다.
- [1849년] 혁명과 국가개혁 후 이 왕국은 해체되고, 이 지역에 1849~1918년에 오스트리아의 황실직할지 캐른텐, 크라인, 오스트리아 연해주가 들어선다.
- 그러나 일리리아 왕권은 (형식상) 1918년까지 오스트리아 황제의 타이틀에 포함된다.

현대

- [1912년] 제1차 발칸 전쟁에서 오스만 제국이 패퇴하고, 현재의 국경을 가진 알바니아 왕국으로 독립.
- [1914년] 빌헴 비디 왕자(Princ Vilhem Vidi, 1876~1945)가 알바니아 왕으로 추대되지만 국내에서 근거를 마련하지 못하자 제1차 세계대전이 일어나자 국외로 떠난다. 전쟁 중 알바니아는 처음에는 오스트리아에게, 나중에 이탈리아에게 점령되었다.
- [1920년] 이탈리아군을 추방하고 독립을 회복한 뒤 국제연맹에 가입. 그 뒤 아흐

메트 조구(Ahmet Zogu, 재위 1925~28)가 나타나 판 놀리(Fan S. Noli, 1882~1965) 정권을 쿠데타로 무너뜨리고 대통령이 되었다가 1928년 왕정제를 선언하고 스스로 국왕이 되었다.

- [1939년] 이탈리아에게 무력으로 합병된다. 제2차 세계대전 중에는 이탈리아의 항복 직후 독일에게 점령. 1941년 알바니아 공산당이 결성되어 독일에 대한 파르티잔투쟁이 시작된다. 1944년 10월 엔베르 호자(1908~2011)를 수반으로 한 임시정권이 수립되어 같은 해 11월 말까지 전국토를 장악한다.
- [1946년] 1월 인민공화국을 선포하여 사회주의국가가 된다.
- [1961년] 중 · 소 분쟁 때에는 소련권에서 이탈, 중국의 맹방이 되어 원조를 받는다. 그러나 얼마 뒤 중국이 원조를 끊자, 일체의 외국원조를 거부하고 자력경제원칙을 고수했다.
- [1985년] 엔베르 호자의 뒤를 이은 라미즈 알리아는 개방과 개혁을 시도했으나 경제난을 타개하지 못해 경제혼란에 빠졌다. 1992년 4월에 선거를 통해 47년간의 공산체제가 무너지고 정권이 노동당에서 민주당으로 넘어갔다.
- [1992년] 4월 4일 마케도니아의 알바니아계 소수민족 대표자들이 스트루가(Struga)와 오흐리드 호수 주변의 다섯 지역을 중심으로 '알바니아 자치 일리리아 공화국'을 공표하였다.
- [1997년] 조기 총선에서 민주당이 패배하고 사회당이 압도적 승리를 거두자 사회당 서기장 렉헤프 메이다니가 대통령에 취임. 2002년 7월에는 알프레드 모이시우 대통령이 취임했다.

3
문화

▶ 여행상식

- 알바니아에 입국하는 방법은 다양하다.
- 이탈리아의 바리(Bari)에서 국제선 페리를 타고 두러스 항구로 넘어가기도 한다.
- 보통은 알바니아를 기점으로 여행하려면 비행기를 이용한다.
- 무엇보다 국제선 기차가 없기 때문에 주요 교통수단은 국제 버스. 티라나 센터 부근 카바야 거리(Rruga e Kavajes)에 여행사가 밀집해 있다. 각 여행사에서 개별적으로 표를 끊고 이동하면 된다. 직행 버스는 마케도니아, 그리스 등은 기본이고 이스탄불이나 뮌헨, 베를린까지 가는 버스도 정기적으로 운행한다. 여행사 직원들은 영어에 능통하여서 매표나 이동에 전혀 지장이 없다. 물론 알바니아어를 할 수 있으면 금상첨화다. 큰 버스는 2층짜리에 화장실, 위성방송, 심지어 무선인터넷이 되는 버스도 있을 정도로 쾌적하다. 여름에는 추울 정도로 냉방을 해 주니 무릎 담요 정도는 반드시 지참해야 편안하게 여행할 수 있다.
- 식품 가격이 매우 저렴하고, 부유한 사람들도 꽤 많아 헐벗은 나라인줄 알고 가보면 놀라기도 한다.
- 알바니아는 우리가 생각하는 것보다 치안이 좋다. 사람들도 매우 친절하다. 치안이 좋다고 하더라도 밤거리를 혼자 돌아다니고 으슥한 곳을 돌아다니는 것까지 안전하다는 말은 아니다.
- 독자적인 화폐 레크(Lekë) 사용. 코소보나 불가리아 등은 유로 존이 아님에도 유로를 사용한다. 그러나 알바니아에서 유로는 고액 결제에나 사용한다.
- ATM에서는 돈을 뽑을 때 EUR/LEK 옵션이 있다. 물론 EUR은 유로이고 LEK는 레크로 뽑는 것. LEK만 뽑을 수 있는 기계도 많으니 주의할 것. 그런데 여기서 반드시 알아야 할 것은, 알바니아 레크와 한국 원의 직접 교환이 아니고 달러를 돌아서 환전된다는 점이다. 따라서 달러 시세에 따라 레크로 뽑는 편이 유리할 때도 있고 유로로 뽑아서 환전하는 편이 유리할 때도 있다. 유로를 가져갔거나 뽑았다

면 알바니아 돈으로 환전 필수. 하나는 은행, 다른 하나는 사설 환전소, 마지막으로 노점 환전소. 보통은 사설 환전소 이용, 은행은 유로를 싼 값에 매입하는 편, 노점 환전소는 들고튀기도 한다. 사설 환전소는 'KEMBIM'이라고 써져 있으니 확인하고 들어가서 환전할 것. 여러 가지 환전소가 있지만 'Moneygram'이라는 환전소가 제일 많다.

- 레크는 한국의 11배 정도. 귀찮다면 그냥 일본 엔화랑 비슷하다고 생각할 것. 2000레크짜리 물건을 보면 '22000원'이라고 생각하면 된다.

▶ 교통수단

- 도시와 도시를 연결하는 기차, 시내를 주행하는 버스, 택시, 렌터카, 기차 탑승은 피할 것. 멀쩡한 창문이 없는데다가 속도도 너무 느리다.
- 택시는 싸지는 않지만 그렇다고 아주 비싸지도 않다. 미터기는 없다고 보면 되고 기사와 흥정을 해야 하는데 기사가 영어를 할 리 만무하다. 알바니아어에 자신이 있거나 언어의 장벽을 뛰어넘는 흥정 스킬이 있다면 안심하고 택시를 타자. 물론 외국인, 특히 동양인은 더욱 조심할 것.
- 국제선 버스가 아니라면 대체로 스타렉스보다 큰 '풀곤'(또는 '풀고니')이라는 밴을 이용한다. 버스 터미널은 따로 없지만, 모이는 곳은 기차역 부근과 여행사가 밀집한 카바야 거리.
- 알바니아 렌터카는 굉장히 싼 편. 대신 알바니아 번호판은 국경에서 의심받는 경우도 있으므로 조심할 것. 렌터카나 보험사 사무실에서는 영어가 통한다. 물론 2~3명이 같이 움직여야 경비가 싸진다.

▶ 문화의 토대

- 오랫동안 오스만 제국의 지배를 받았기에 민족의식의 형성과 이에 기초한 문화발전이 늦어졌다.

- 알바니아어로 수업하는 학교는 1887년에 1개교만 설립이 인정되었을 정도. 19세기에 주로 국외에서 '알바니아 르네상스' 운동이 일어났는데, 그 와중에 N. 프라세리의 서사시 〈스칸데르베그 이야기〉가 탄생했다.
- 제2차 세계대전 후 집권한 좌익정권은 강력한 민족주의적 입장에서 국민계몽과 문화수준 향상에 힘을 쏟았다. 공산주의 이데올로기적 색채가 강하였으나, 1992년 3월 노동당을 제압하고 총선에서 승리한 민주당 정권이 들어선 뒤부터 자유민주화의 길로 들어섰다.
- 지중해의 다른 여러 민족에 비하면 차분하고 인내심이 강하고, 가부장제적인 전통이 남아 있어서 여성들의 지위향상운동이 지속되고 있다.

▶ 문화의 루트

- 서쪽의 아드리아 해를 따라 내려가면 블로라(Vlora)나 사란다(Saranda) 등 다른 유럽 지역에서는 보기 어려운 독특하고 아름다운 풍광도 적지 않다.
- 주요 관광지로는 지로카스터르, 베라트, 오흐리드 호수.
- 지로카스터르는 알바니아의 세계적인 작가 이스마일 카다레(Ismail Kadare, 1936~)와 알바니아 독재자 엔베르 호자(Enver Hoxha, 1908~1985)의 고향이기도 하다. 독특한 건축양식으로 유명하다.
- 현지인들은 알바니아 최고의 관광지로 베라트를 추천한다.
- 오흐리드 호수는 마케도니아와 알바니아 사이에 있다.
- 수도인 티라나는 스칸데르베그 광장에 볼거리가 많다. 인터넷에 올라온 티라나 사진의 대부분이 스칸데르베그 광장 및 그 주변이라고 보면 된다. 광장 주변에는 오페라 극장, 국립 박물관, 관광 명소인 시계탑, 에트헴 베우(Et'hem Beu) 모스크 등이 몰려있다.

(1) 수도 티라나

- 마더 테레사가 이곳 알바니아계 가정에서 태어났다. 수도 티라나의 공항이나 대학에도 테레사 수녀를 기리는 동상이 있을 정도. 티라나 국제공항은 공식 명칭이 Nënë Tereza(테레사 수녀) 공항.
- 중심가(관공서들)와 스칸데르베그 광장, 광장 중앙을 점령한 스칸데르베그 동상, 모스크 뒤쪽은 오페라극장

〈테레사 수녀 동상〉

- 알바니아의 교통신호체계는 우리와는 사뭇 다르다. 좌회전 시 좌측 횡단보도도 녹색이어서 사람과 차가 뒤엉킨다. 운전도 매우 거칠다. 그러니 교통사고도 빈번하다.
- 집시도 다른 발칸국가들보다 유난히 많고, 질이 더 나쁘다. 원래 마피아가 그 근거지로 활용한 땅이 알바니아. 그러니 납치가 빈번하다. 그렇지만 관광객을 이유도 없이 납치하지는 않는다.

〈스칸데르베그 광장〉

(2) 쉬코더르(Shkodra)

- 알바니아 북서부 쉬코더르 호수와 인접한, 쉬코더르 주의 주도이자 쉬코더르 현의 현청 소재지. 2400여 년의 역사를 가진 문화적 · 경제적 중심지.

▶ 도시이름

- 기원전 4세기에 처음 라틴어로 'Scodra'로 불렸다. 역사가 흐르면서 모든 언어들이 원래 일리리아어인 이 이름을 이어받았다. 알바니아어로는 쉬코드라(Shkodra, 정형) 또는 쉬코더르(Shkodër, 비정형)라고 한다. 세르비아어로는 스코다르(Skadar Скадар)로, 터키어로는 이쉬코드라(İşkodra)로, 이탈리아어로는 스쿠타리(Scutari)라고 부른다. 독일어 쉬쿠타리(Skutari)는 이로부터 파생된 것.

▶ 역사

- 기원전 4세기에 이곳은 현재의 알바니아, 몬테네그로, 보스니아 · 헤르체고비나, 크로아티아 사이의 지역을 지배하던 남부 달마티아의 일리리아 족인 아르디어에르(Ardiäer) 족의 수도. 도시요새인 로자파에 남아있는 수많은 유물과 비문들은 이 시대를 대변하고 있다.
- 아르디어에르 족의 뒤를 이어 스쿠타리(Skutari) 호수 근처의 일리리아 족인 라베아텐 족이 이곳을 차지, 앞선 종족보다 훨씬 더 막강했다. 테우타 여왕(재위 230~228BC), 아그론 왕(재위 250~231BC), 겐티오스 왕(재위 181~168BC)이 라베아텐 족의 가장 유명한 인물들. 수많은 은화를 주조했다. 이 은화에는 그리스어로 된 이들의 이름 또는 초상이 새겨져 있다.

로마시대

- 로마인들에게는 라베아텐 왕국이 오랫동안 눈에 가시였다. 기원전 229년에 처음으로 로마군대가 일리리아로 파견되기 시작했다. 제1차 로마-일리리아 전쟁(229~228BC)이 시작되자, 테우타 여왕의 일리리아 군대가 로마인의 공격에 격파되었다. 아르디아 왕국(Ardiaean Kingdom, 기원전 5세기 후반~4세기 초반)은 몰락하고, 로마제국이 이 도시 지역만을 지배했다. 기원전 168년 이 도시에도 로마인들이 이주해왔는데, 당시 일리리아의 마지막 왕인 겐티오스 왕은 이탈리아의 이구비움(Iguvium)으로 가서 억류되었다.
- 1세기부터 '스코드라(현재의 쉬코더르)'는 로마의 달마티아 주의 일부였다. 디오클레티아누스 황제의 행정개혁 과정에서 이곳은 3세기 말 새로 창설된 프레발리타나 주의 주도가 되었다. 4세기에 기독교가 전파되면서 스코드라 대주교 교구가 창설되었는데, 535년 유스티니아누스 대제(재위 527~565)가 또다시 창설한 대주교구 도시 유스티니아나 프리마(535년부터 615년까지 존재, 현재 세르비아의 레바네 근처)에 예속되었다. 이렇게 하여 스코드라는 주교구로 한 단계 내려가게 되었다. 6세기 후반에 고대도시 스코드라는 슬라브인에게 정복되었다.

중세시대

- 1040년 쉬코더르는 제타 공국(10세기 말까지는 두클랴 공국)에 정복되었다. 1360년부터 발쉬치(Balšić, 알바니아어 Balsha) 귀족 가문이 제타를 통치하면서 쉬코더르가 이 공국의 수도로 격상되었다. 1185년부터 세르비아 왕국에 속한 제타 제후국은 오스만 제국에 굴복했다.
- 1396년 베네치아 공화국이 쉬코더르의 통치권을 넘겨받으면서 알바니아의 베네치아령이 되었다. 1403년 베네치아의 통치에 반대하는 쉬코더르 인들의 반란이 일어났다. 베네치아 공화국이 지배하는 동안 쉬코더르는 부유한 상업도시로 전성기를 맞았다.

▶ 로자파 요새(Castello di Rozafa)

- 요새언덕 로자파에는 고대부터 인간이 거주한 흔적이 남아 있다.
- 이 요새는 130m 높이의 언덕에 있다. '스쿠타르' 호수가 부나 강으로 흘러나가는 것을 통제할 수 있는, 전략적으로 중요한 위치. 남쪽에는 드린 강과 키르 강으로 인해 구릉지가 형성되어 있었다.
- 언덕의 측면들은 성벽까지 아주 가파른 바위. 이와는 달리 불규칙한 삼각형으로 된 성의 넓은 평지는 평평한 고원지대. 접근로는 경사가 심하지 않은 동쪽에 있다.
- 기원전 4세기에 이미 일리리아 인들이 이 언덕에 '스코드라'라는 이름의 도시를 건설, 현재의 슈코더르의 전신. 로마시대에는 규모가 이 언덕 끝자락의 평원에까지 확장되었다.

〈요새의 성터유적. 우측 사진의 뒤쪽이 쉬코더르이고 그 뒤쪽은 알바니아 알프스〉

- 나중에 비잔티움 제국, 지방 영주, 베네치아 공화국이 이 시설물을 이용했다. 특히 베네치아 공화국은 요새의 시설물들을 확장했다.
- 1479년 오스만 제국이 이 성을 10개월 동안 포위한 끝에 정복하여 17세기 후반까지 이 성을 지배했다. 1863년에 와서 비로소 빌라예트 쉬코드라[2]의 행정관청이 이 성에서부터 도심으로 이전되었다. 몬테네그로 왕국이 이 도시를 정복한 1913년까지 이 성을 오스만 제국의 군대가 군사용으로 이용했다.
- 전설에 따르면, 3명의 형제가 지었다고 한다. 어느 날 밤 성벽이 무너졌는데, 한 현

2) Vilâyet Shkodra, 터키어로 İşkodra Vilayeti, 알바니아어로 Vilajeti i Shkodrës로 표기함. 오스만 제국 시기(1867~1913)에 하나의 주였음.

자가 삼형제에게 벽을 단단하게 지키고 싶으면 사람을 한 명 희생시켜야 한다고 말한다. 그래서 가장 어린 형제의 아내가 벽에 생매장된다. 어린 형제의 아내는 저항하지 않고, 대신 아기를 돌볼 수 있도록 부디 눈과 젖가슴, 두 팔과 두 다리만은 벽 밖으로 내놓아 달라고 빈다. 그래서 아직도 그녀의 모유가 성벽 밖으로 스며 나온다는 말이 있다.

(3) 크루여(Krujë)

- 알바니아의 중부지역에 위치한 인구 11,000여명의 소도시.

▶ 도시이름

- 알바니아어에서 유래하며, '수원' 또는 '온천'(kro, -i)의 의미가 있다. 7세기 초기 비잔티움 제국의 자료에 처음 Kroaí(그리스어 Κροαί)라는 이름으로 등장한다. 라틴어로는 이 도시를 Croia, Croya, Croarum 등으로 불렀다. 오스만 제국 시절에 터키인들은 이 도시를 Ak Hisar 또는 Akçahisar라고 불렀는데, 터키어로는 '백색 성'이란 뜻이다.

▶ 크루여 요새(알바니아어: Kalaja e Krujës).

- 스칸데르베그 성이라고도 하며, 알바니아의 역사적인 성지.
- 요새는 크루여 중심가에서 남쪽으로 바자르와 연결되어 있다. 요새는 4면이 깎아지른 바위절벽 위에 있는데, 이 바위절벽은 동쪽에서 서쪽으로 둘러싸고 있는 지대처럼 경사를 이루고 있다. 산 정상의 가장 넓은 평지는 길이가 150m부터 270m에까지 이른다. 요새의 면적은 2,25 헥타르나 되고, 둘러싸고 있는 성벽은 길이가 800여 미터나 된다.
- 사면이 가파른 암벽이기 때문에 요새로 통하는 길은 2개 밖에 없다. 요새의 서쪽 암벽 아래쪽에 작은 마당이 있는데, 돌마테케와 이슬람 공중목욕탕 사이의 좁은 통로를 통해 갈 수 있다. 이곳에 크루여 도시의 이름이 파생된 우물이 있다.
- 이 요새는 4세기 또는 5세기부터 사람이 살았고, 12세기부터 성벽이 구축되었다. 그 이후 이 요새를 여러 명이 소유했는데, 그 가운데 토피아 백작가문[3]과 오스만 제국 사람(1415년부터)도 있었다.

---

3) 중세 후기 알바니아에서 가장 강력한 봉건 가문들 중 하나였다.

- 1443년에 스칸데르베그가 이 성을 무혈 입성했다. 이 요새는 오스만 제국의 대군에 의해 세 번 (1450, 1466, 1467년) 포위당했는데, 스칸데르베그 사후 10년 뒤인 1478년 4번째 공격 때 함락되었다. 그 후 오스만 제국은 오스만 제국 양식의 주택들을 다양하게 건축했고, 요새 시설물도 대부분 새로 건축했기 때문에 현재 볼 수 있는 것은 오스만 건축물들이 대부분이다.
- 1617년에 발생한 지진으로 남동쪽 암벽들이 붕괴되는 바람에 그 위에 있던 성벽이 파괴되었다. 요새는 1831년에 있었던 탄지마트(개혁정책)[4]에 대항하는 봉기 때 오스만 제국에 의해 파괴되었다.

- 톱타니 하우스(Toptani-House ⇦) - 1764년부터 있었던 거대한 호화 오스만 귀족 저택 - 에는 제2차 세계대전이 발발하기까지 크루여의 법원과 감옥이 있었다.
- 요새성벽 안에 있는 스칸데르베그 박물관은 스칸데르베그의 지도하에 알바니아인들이 벌인 독립투쟁을 상기시키는 곳이다. 이 박물관은 여류건축가 프란베라 호자(Pranvera Hoxha)가 기초한 것인데, 중세시대에 라인 강변에 건축된 방어요새 '트루츠부르크'[5]의 외관을 연상시킨다. 요새성벽 안에는 이슬람 탁발종단승려수

〈좌: 독일의 트루츠부르크 요새, 우: 크루여 요새 유적〉

4) Tanzimat. 1839년부터 1876년까지 실시된 오스만 제국의 개혁 정책. 대영 제국과 러시아 제국의 간섭, 그리고 술탄 압둘 하미트 2세의 등장으로 실패로 끝났다. 탄지마트는 터키어로 '개편'이란 뜻. 개혁내용: 중앙집권제를 강화하기 위해 여러 제도 개편. 군사제도에서 군복을 튀르크식이 아닌 프로이센 식으로 변형하고 징병 제도 도입. 오스만 제국의 거주민은 인종과 종교에 관계없이 생명과 재산을 보호받는 대신 징병과 납세의 의무 필수. 교육제도에서 이슬람 성원 부설 신학교인 마드라사에 의한 교육 대신 유럽의 세속적인 학교 제도 도입, 1845년엔 내각 내에 교육 전담 부서 설치. 기술 교육 강화를 위해 실업학교 급증. 사법에서 프랑스를 모태로 한 새로운 상법, 형법 제도 실시 등

5) Trutzburg. 영어로는 Counter-castle. 'Trutz'는 'Trotz'(방어의 뜻)의 중세독일어 표현.

도회(Bektashi)의 작은 돌마테케(Dollmatekke/Teqja e Dollmës, 이슬람 수피교도 형제단 센터), 민족지학 박물관, 터키 목욕탕이 있다. 요새의 아래쪽에는 여전히 가족들이 살고 있는 수많은 작은 주거건물들이 있다. 성채언덕 끝자락에는 보수된 바자르 거리가 있는데, 건물들은 19세기의 것으로 산악지방에 전형적인 건축양식을 보여준다.

▶ 돌마테케(Teqja e Dollmës)

- 크루여 요새 안에 있는 역사적인 탁발종단승려(수피교도)수도회 센터('테케'(Tekke)). 요새의 서쪽 아래 변두리에 위치. 그 옆에 옛 이슬람 공중목욕탕이 있다.
- 1190년 프로곤(재위 1190~98, 최초의 알바니아 군주)이 크루여 요새를 통치의 중심지로 한 아르바논 제후국을 창립. 이 왕국은 알바니아 귀족이 통치한 최초의 제후국(비잔티움 제국의 일부). 1415년 크루여는 술탄 메흐메드 1세(Sultan Mehmed I., 재위 1413~1421)가 이끄는 오스만 군대에 정복된다. 15세기 중엽 스칸데르베그가 리가 폰 레스허(League of Lezhë, 1444~1450) 동맹국과 함께 이 도시를 재정복하여, 이 요새로부터 알바니아를 수십 년 동안 야심찬 오스만 제국으로부터 지켜낸다. 오스만 제국은 그 후 이 성을 여러 번 공격한다. 예를 들어 1450년 1차로 수개월 동안 포위했지만 성공하지 못한다. 스칸데르베그 사후 오스만 제국은 1478년 크루여와 알바니아 전체를 완전히 점령하여 400년 이상 통치하게 된다. 16세기에 바자르-모스크가 건축되었는데, 현재까지 보존되고 있다. 1617년 중세의 크루여는 강력한 지진 때문에 초토화되었다.
- 역사적인 수피교도 수도원의 하지 무스타파 바바(Haxhi Mustafa Baba)의 무덤(1770년대에 건립)이 여전히 보존되어 있다. 이 무덤은 둥근 지붕이 하나인 모스크를 모델로 하여 지은 것이다. 정사각형 건물의 암벽들은 길이가 7,20m나 된다. 평평한 둥근 지붕은 나지막한 8각형 호박 주춧돌(둥근 기둥 밑의 받침돌) 위에 놓여있다. 내벽들은 꽃 덩굴과 글자들로 화려하게 장식되어 있다. 이 무덤들 중 하나는 1784년에 죽은 톱타니(Adem Aga Toptani)의 것인데, 돌마테케를 창건한 인물로 추측되고 있다.

〈좌: 수피(교도)수도회 건물, 우: 돌마테케와 내부모습〉

- 이 테케 둘레에 여러 개의 수피교도 성직자들 무덤이 있는 작은 정원이 있다. 그 중 하나가 1495년에 죽은 하지 무스타파 바바의 것이다. 정원에 있는 올리브 나무는 스칸데르베그라는 이름을 가지고 있는데, 1000년 이상 된 것이라고 한다.

- 1967년 테케가 폐쇄되었는데, 공산주의 알바니아에서는 종교 활동이 금지된 때문이었다. 1990년 12월에 이 테케는 이 나라에서 첫 번째로 재개장되었다. 1973년부터 국립문화재로 지정되어 있다.
- 이 도시의 명소들을 찾는 여행객들은 알바니아의 다른 어떤 곳에서도 누리지 못한 호텔, 카페, 바, 기념품 가게들을 만날 수 있다. 시내투어 프로그램도 있다.

〈좌: 터키의 보스포루스 해협에 있는 Rumeli Hisari 요새, 우: 스칸데르베그 박물관〉

〈상식〉 스칸데르베그, 그는 누구인가?

기제르지 카스트리오티(Gjergj Kastrioti, 1405~1468)는 흔히 스컨데르베우(알바니아어: Skënderbeu)나 스칸데르베그라는 이름으로 알려진 알바니아의 군주이자 민족 영웅.

1405년 중부 알바니아의 영주인 기온 카스트리오티(Gjon Kastrioti, 1380~1442)의 아들로 태어났다. 1423년 자신의 형제들과 함께 오스만 제국의 술탄인 무라트 2세의 인질로 끌려가면서 이슬람교로 개종했고 '알렉산더 대왕의 아들'을 뜻하는 터키어 단어인 '스칸데르베그'(터키어: İskender Bey, 이스켄데르 베이)라는 칭호를 받게 된다. "스칸데르베그"라는 이름도 여기서 유래된 이름이다.

1443년 11월 28일 300여 명의 알바니아인들을 이끌고 오스만 제국에 저항하는 반란을 일으켰다. 기독교로 개종한 뒤에는 베네치아 공화국과 나폴리 왕국, 교황과 동맹을 맺고 알바니아 북부 지역을 통일했다. 그가 이끈 알바니아 군대는 1448년 코소보 전투를 비롯해서 1451년과 1457년, 1461년에 일어난 전투에서 오스만 제국 군대를 연달아 격파했다. 그의 전술은 당시 오스만 제국을 두려워하던 유럽 국가들에게도 모범이 됐다. 이렇게 하여 알바니아는 1443년부터 1468년까지 25년 동안 독립을 유지할 수 있었지만, 그의 사후 1479년에 오스만 제국에 정복당했다.
현재 알바니아의 수도 티라나에는 그의 이름을 딴 광장과 동상이 있고, 알바니아 국기는 그의 출신 가문인 카스트리오티 가문의 문장(검은 독수리)을 소재로 만들어졌다. 알바니아인들은 이 때문에 그들의 나라를 '검은 독수리의 나라'로 부르기도 한다.

(4) 아르데니카 알바니아 정교회 수도원(Monastery of Ardenica)

〈아르데니카 수도원과 수도원 내의 로마가톨릭교회〉

- 이 수도원 내 비잔틴 교회의 내부에는 1743~1745년에 콘스탄딘 쉬파타라쿠(Konstandin Shpataraku)와 아타노스 조그라피(Athanos Zografi) 같은 알바니아 화가들이 그린 프레스코화들이 있다. 이들 프레스코화는 구약성경과 신약성경, 교리문답, 교회예식, 성인들의 삶 등의 내용을 담고 있다. 이 프레스코화들 중에는 두러스 태생의 성인인 쿠쿠젤리(Johannes Kukuzeli)의 프레스코화도 들어 있다. 교회의 입구와 바로 연결되는 배랑(Narthex)에는 '최후의 심판' 프레스코화도 있다.

〈7명의 성인: 키릴로스, 메토디오스, 클리멘트, 나움, 고라즈드, 사바, 안겔라로스, 오른쪽 위는 요하네스 쿠쿠젤리〉

- 이 수도원은 비잔티움 제국의 황제 안드로니코스 2세(재위 1282~1328)가 1282년 아르데니카의 언덕에 건축하게 한 것. 적어도 1세기 동안 같은 곳에 세 명의 성인(성부, 성자, 성신)에게 봉헌된 예배당이 있었지만, 이곳에 새로운 본당교회가 세워졌다.
- 이 예배당은 아르테미스 여신에게 헌정된 고대 신전을 기초로 하여 건축되었다고 한다. 그래서 아르테미스에서 파생된 것이 현재의 지명인 아르데니카라는 설이

있다. 이 수도원 근처에서 실제로 고대 로마의 공중목욕탕에 속한 건축유적들이 발견되었다. 1431/32년도 오스만 제국 문서에는 이 아르데니카 마을이 조세 의무가 있는 8가구가 있는 곳으로 표시되어 있다. 1451년에 알바니아의 유명한 영주인 스칸데르베그와 도니카 아리아니티 무사카(Donika Kastrioti(처녀명, Arianti Muzaka, 1428~1505)가 이 수도원에서 결혼식을 올렸다.

- 1743년 베라트의 주교 메토디오스가 대규모 개축 및 확장 공사를 단행했다. 이때 건축된 대부분의 건물들이 현재에까지 이르고 있다. 같은 시기에 로마 가톨릭 성직자 넥타리오스 테르포(Nektarios Terpo, 출가명은 Hieronymus)가 아르데니카 수도원에 살았다. 그는 그리스어, 라틴어, 알바니아어 등으로 글을 썼고, 이 언어들을 이 수도원의 젊은 수도승들에게도 가르쳤다. 1773년 베네치아에서 테르포의 종교교과서가 한 권 인쇄되기도 하였다.
- 1780년 아르데니카에는 그리스어 초등학교가 생겼다. 1817년에는 김나지움으로 확장되었는데, 제2차 세계대전 직전까지 존속했다. 이미 17세기부터 이 수도원은 고등교육의 중심지였는데, 32,000권 이상의 장서를 가진 대규모 도서관이 있었다. 이 도서관에는 정교 문화권의 서적들뿐 아니라 서유럽, 헝가리, 폴란드의 작품들도 있었다. 대부분의 장서들을 이 수도원은 그 당시 콘스탄티노플 외에 발칸반도에서 가장 중요한 문화의 중심지였던 보스코포야를 거쳐 들여왔다. 1932년 아르데니카의 도서관 전체가 화재로 소실되었다.

(5) 고대도시 아폴로니아(Apollonia)

- 기원전 588년, 고대 그리스의 코린트 출신 정착민들과 그리스의 코르푸 섬 출신의 도리아인 식민지로 건설된 곳. 거의 천년동안 에피루스 지역에서 중요한 도심지였다. 아폴로니아는 아폴론 신의 이름을 딴 것이다.
- 아폴로니아는 고대 그리스로마 시대 전체의 30개 도시들 중, 아폴론 신을 기리기 위해 명명된 가장 거대하고 가장 중요한 도시였다. 또한 이 도시는 일리리아에서 가장 거대한 도심지들 중 하나였고, 수많은 세속건물과 종교건물들, 대규모 주거지역들, 강력한 요새시설물들 그리고 수많은 방어용 도로들을 보유하고 있었다. 축성장벽은 4km나 둘러싸여 있었고 면적은 137헥타르에 달했다. 도시성벽 안에는 6만 여명의 주민이 거주한 것으로 추정된다. 아폴로니아에서 가장 중요한 기념물들로는 입법의회, 도서관, 예술의 전당, 디아나 신전(디아나는 사냥, 정조의 여신,

달의 여신), 극장, 님프의 성소(聖所, 조각 분수대), 체육학교, 거대한 주랑(柱廊), 도리아 양식 신전과 호화주택 및 서민가옥들이 있었다.

▶ 서로마제국과 동로마제국을 잇는 군용도로: 비아 에그나티아(Via Egnatia)

- 아폴로니아는 기원전 2세기에 로마인들이 건설한 '비아 에그나티아'라는 군용도로의 주요 거점도시들 중 하나였다. 이 무역로는 보스포루스 해협과 알바니아의 아드리아 해안을 연결한(860km), 로마제국의 속주들이던 현재의 터키 이스탄불(당시는 콘스탄티노플)에서부터 그리스, 마케도니아 그리고 종착점이자 출발점인 알바니아의 뒤라키움(Dyrrachium, 현재는 두러스)을 거쳐 로마에 이르는 직선로드였다(전체 길이 1120km). 로마와 콘스탄티노플은 후기로마제국의 메트로폴이었다.
- 고대의 이 로드는 일리리아, 마케도니아, 트라키아를 통과했다. 이들 국가는 오늘날의 알바니아, 마케도니아, 그리스, 불가리아 그리고 터키 지역에 있었다. 출발점은 아드리아 해변의 뒤라키움이었다. 남쪽 지선은 아폴로니아(현재의 피에르 근처)에서 시작되었는데, 당시에도 중요한 항구도시였다. 쉬쿰빈(Shkumbin) 계곡에서는 두 개의 지선이 다시 만났다. 오흐리드 호수 지역에서 다시 두 개의 로드가 있었는데, 헤라클레아 륀체스티스(현재의 비톨라) 근처에서 다시 만났다. 이후 이 길은 남쪽의 테살로니키로 이어졌는데, 거기서부터 다시 동쪽으로 북부 그리스 할키디키 반도를 지나 비잔티움으로 통했다.
- 기원전 146년 무렵에 건설된 이 군용도로는 당시 마케도니아의 식민지 총독이던

에그나티우스(Gnaeus Egnatius)가 건설하였기에 그의 이름에 따라 명명되었다. 구간의 성격상 마케도니아의 왕립도로들이 건설에 포함되었다.

- 이 도로의 중요한 전략적, 경제적 의미는 로마제국의 몰락 후에도 사라지지 않았다. 비잔티움 시대에도 비아 에그나티아는 핵심도로의 구실을 했다. 십자군과 오스만 정복군도 이 도로를 활용했다.
- 이 고대 도로의 일부 잔해가 아직도 남아있는데, 알바니아의 쉬쿰빈 계곡에 짧은 구간들이 여럿 있다. 이곳의 폭이 넓은 구간 도로는 하천계곡에서 지나가는 것이 아니라 남쪽 산비탈 고지대를 지나갔다. 알바니아의 도시 리브라쉬드(Librazhd) 근처 일부 지역에서는 아직도 당시 도로의 모습을 엿볼 수 있다. 상태가 좋은 또 다른 잔해는 북부 그리스 도시 카발라(Kavala, 아기오스 실라스 근처)에서도 찾을 수 있다.
- 오늘날 이 구간도로는 발칸반도에서 가장 중요한 루트들 중 하나로서 다시 확충되어야 한다는 여론이 조성되고 있다. 그리스에서는 고속도로 A2를 Via Egnatia에 기대어 오도스(Odos)로 표기했다. 이 고속도로는 이오니아 해변의 중요한 이구메니차 항구[6]를 트라키아의 도로망과 연결시킨다. 그러나 고대의 모습과는 달리 서쪽의 구간 모양새는 남쪽 방향을 벗어나서 산이 많은 이피로스 지역[7]으로 길을 낸 상태다.

〈션 메리(성모마리아) 수도원〉

- 무역중심지의 기능을 상실하기 시작한 때는 지진이 브요사(Vjosa) 강의 흐름을 변화시키고 아폴로니아 항구를 육지로 만든 4세기였다. 일찍이 기독교가 이 도시에 유입되었는데, 이 도시의 주교들은 에페소스(431년)와 할케돈(451년)의 종교회의에 참석했다. 황제 유스티니아누스 1세 시절에 도시의 축성들이 마지막으로 복구되었다. 그러나 6세기 말에 변형된 지형 때문에 이곳은 황폐화되었다.
- 9세기에 션 메리('성모 마리아') 수도원(⇦)이 이 도시의 폐허

6) 그리스어: *Ηγουμενίτσα*. 그리스 북서부의 해안 도시. 고대의 지명은 티타니(Titani)였다. 로마인들이 기원전 167년 파괴하고 합병하였다. 오스만 제국시절 1909년, 메메트 5세(재위 1909~1918)를 기려 '레샤디예(Reşadiye)'로도 불렸으나, 제1차 발칸 전쟁으로 1913년 그리스 왕국에 점령되었다. 이때부터 그라바(그리스어: Γράβα, '동굴')로 불리다가 1938년 현재의 이름을 갖게 되었다.

7) 역사적으로 이피로스(고대의 에페이로스)는 북쪽 알바니아 로가라 산맥의 끝에서 그리스의 암브라키코스 만까지 아우르는 지역. 그리스 본토의 척추를 이루는 핀도스 산맥이 동쪽 경계가 되며, 에페이로스와 마케도니아와 테살리아의 경계선이다. 서쪽으로 에페이로스는 아드리아 해와 이오니아 해에 접하고 있다. 육지와 떨어진 케르키라 섬은 에페이로스에 속하지 않는다.

지역에 건축되었다. 14세기에 수도원 교회가 설립되었는데, 현재까지 남아 있다.

- 수도원의 성벽 안에서는 현재 고고학적 발굴 작업으로 묻혀있던 유물들이 출토되어 전시되고 있다. 유물의 일부는 수도 티라나의 고고학 박물관에도 있다. 1990년 알바니아의 공산주의 정권이 붕괴되면서 아폴로니아의 고고학적 수집품들도 약탈되었다.

(6) 부트린트(Butrint)

- 알바니아 남부에 위치한 고대 일리리아 왕국의 도시.
- 고대 그리스의 에페이로스 지방에 있던 마을. 당시에는 부트로톤(Bouthroton)이라고 불렀다. 고대 로마의 시인 베르길리우스가 쓴 서사시 〈아에네이스〉에 등장한다. 이 글에 따르면 트로이의 왕 프리아모스의 아들인 헬레노스가 안드로마케와 결혼한 뒤 트로이가 함락되자 서쪽으로 피신한 뒤에 세웠다고 전해진다.

〈아폴로니아의 오데온(Odeon, 고대의 음악당)〉

- 기원전 10세기부터 8세기 사이에 사람이 살았던 것으로 추정. 기원전 4세기 때 극장과 아고라, 아스클레피오스 신전 등이 건설되면서 도시 형태를 이루었다. 기원전 228년 로마 제국의 보호령이 되었고 기원전 167년 로마 제국의 완전한 지배를 받게 된다. 기원전 31년 아우구스투스 황제의 칙령에 따라 부트로툼(Buthrotum) 식민지가 건설되면서 로마식 목욕탕과 님프 신전이 건설되었다.

〈아크로폴리스 주변과 베네치아 공화국의 성채〉

- 3세기 때 지진으로 파괴. 6세기 초반 기독교 세례당과 성당, 바실리카가 건설되었다. 비잔티움 제국의 지배를 받았다. 7세기에 제1 불가리아 제국에 정복되었다가 9세기에 비잔티움 제국이 재탈환했다. 1204년 제4차 십자군과 노르만족의 공격으로 비잔티움 제국에서 떨어져 나가면서 에페이로스 공국의 지배를 받게 된다. 비잔티움 제국과 앙주-시칠리아 왕가, 베네치아 공화국의 지배를 받았다. 1267년 부트로툼과 코르푸를 정복한 카를로 1세의 칙령에 따라 요새와 바실리카가 재건되었다.
- [1797년] 캄포포르미오 조약이 체결될 때 베네치아가 나폴레옹에 할양되면서 프랑스의 지배를 받았지만, 1799년 오스만 제국의 지방 총독 알리 파샤에게 정복되고 만다. 1912년 알바니아가 독립한 이후에도 늪지대에 파묻힌 상태로 남아 있었다.
- [1928년] 이탈리아의 파시즘 정권 지도자인 베니토 무솔리니의 명령에 따라 최초의 학술적인 발굴 조사가 실시되었다. 1944년 알바니아에 공산주의 정권을 수립한 엔베르 호자는 외국에서 온 고고학 연구단을 국외로 추방시키는 한편 알바니아의 고고학 연구 발전에 주력했다. 1959년 소비에트 연방의 지도자인 니키타 흐루쇼프가 이곳을 방문하기도 했다.
- [1992년] 유네스코가 지정한 세계문화유산으로 선정. 1999년에 지정 범위가 크게 확대되었다.

(7) 지로카스터르(Gjirokastër)의 요새

- 베라트와 함께 터키식 전통가옥과 일대에 산재한 비잔티움 시대의 교회 건물들이 유네스코 세계문화유산으로 등재되어 있다.

- 지로카스터르는 산의 지형을 따라 계단식으로 조성된 도시. 구시가와 신시가가 아름다운 조화를 이룬다. 현재 민속박물관으로 사용되고 있는 알바니아 독재자 엔베르 호자의 생가에 들리면 옛 시골의 가정문화를 체험할 수 있다.
- 요새는 발칸반도에서 규모가 두 번째로 큰 성이다. 안에는 아르마니아 박물관이 있다. 공산정권 시절에는 정치범 수용소로 사용되기도 하였다.
- 비잔티움 제국 시대인 13세기 후반에 건설. 당시에는 아르기로카스트론(그리스어 Αργυρόκαστρον, Argyrocastron, '은(銀)의 성'이란 뜻)이라고 불렀다. 1419년 발칸 반도에서 세력을 확장하던 오스만 제국에 정복되었다.

- 1812년 알리 파샤 테펠리나(Ali Pasha Tepelene, 1740~1822)에 의해 많이 개축되면서 서쪽부분이 추가되었다. 성은 동북에서 서남쪽으로 길게 거대한 군함 모양으로 배치되어 있다. 성의 서남쪽 끝자락에 기도시간을 알리던 시계탑이 있는데, 제1차 세계대전 때 손상되어 현재는 작동불능상태이다. 이 시계탑도 알리 파샤가 건립한 것이다.
- 성의 남서쪽 성곽 안쪽에는 수니파의 일종인 벡타시교(Bektashizmi)의 정신적 지도자인 바바의 터키식 묘가 있다. 작은 건물 안에 관이 안치되어 있는 형식이다. 벡타시교는 시아파의 열두 이맘파에서 분파한 수피파 교단이다. 13세기에 호라산 출신의 성자인 하지 벡타시 벨리(Haji Bektash Veli)가 아나톨리아 지방에서 설립하고 발전한 것으로, 16세기에 발름 술탄(Balım Sultan)이 교단의 조직과 중앙 집권화에 성공하고 중흥시켰다. 벡

타시교는 이슬람교 뿐만 아니라 기독교, 불교 등이 혼합돼 만들어진 종교로, 전통 이슬람교와 달리 벡타시교는 술과 돼지고기 섭취를 금지하지 않고 여성들에게는 부르카를 쓰도록 강요하지도 않는다. 기도문도 보통 이슬람교보다는 훨씬 덜 형식적이다. 벡타시교는 1990년 알바니아에서 공산주의 체제가 무너지면서 다시 부활한 종교인데, 공산정권 지도자였던 호자는 1960년대 말 알바니아를 무종교 국가로 선포했다. 1990년 이 종교가 부활한 뒤 매년 이를 기리는 축제가 열리고 있다.

(8) 베라트(Berat)

- 베라트는 '천 개의 창문을 가진 도시'라는 별칭을 가진 '박물관 도시'로 유명하다. 2005년 유네스코문화유산에 선정.
- 베라트 시는 지로카스터르와 오흐리드에서와 같이 오스만 제국의 건축양식에 따라 건설된 도시이다. 여타의 알바니아 도시들과는 달리, 베라트에는 명소들로 가득하다. 구시가도 관리가 잘 되어 있다.
- 역사적으로도 알바니아에서 가장 오래된 도시. 최초의 주거 흔적은 기원전 2600년부터 기원전 1800년까지 거슬러 올라간다. 기원전 7세기와 6세기의 도자기도 발견되었다. 베라트 거주민들은 처음에는 일리리아 인으로, 나중에는 아르버르 인(Arbër)으로, 근래에는 알바니아인으로 불리게 되었다.
- 레아덴 모스크, 테케야 헬레티베 모스크 등은 뛰어난 건축 기술을 보여준다. 이 시대에는 종교적으로 관대하여 다수의 무슬림들이 그리스 정교의 유산을 유지하였다. 장식용 전등과 도상 같은 기독교 예술이 발달하였고(16세기, 오누프리 학파), 그리스 정교 성당도 복원되었다(18세기). 그러나 1834년 오스만 제국에 대한 반란이 일어나서 베라트의 성은 파괴되어 방어 기능을 상실했다.

▶ 베라트 성

- 4세기 중엽에 돌을 이용하여 요새 형태로 성을 쌓았는데, 이 요새 안에 일리리아 인의 마을이 있었다.
- 고대에 베라트는 안티파트리아(Antipatreia)로 알려진 곳인데, 한동안 로마 군에 끝까지 저항한 요새 중심지이기도 했다. 비잔티움 시절이던 533년에는 비잔티움 제

국의 아우구스타(Augusta, '황후'의 지위)이던 풀케리아(Aelia Pulcheria, 399~453)의 이름을 따서 풀케리오폴리스(Pulcheriopolis)라 불렸다. 당시에 도시는 언덕의 정상 부분에서 발달했고, 이후 성과 요새가 재건축되었다.

- 중세에는 불가리아 인들이 점령하면서(860~1018) 그 중요성이 커졌다. 베라트라는 이름은 1018년에 처음 등장한다. 13세기 십자군 전쟁 때부터 베라트는 세르비아, 무자카 공국을 비롯한 여러 민족들에 점령당했다. 13세기에 많은 요새들도 재건축되었는데, 현재 남아있는 것에서 당시의 규모를 엿볼 수 있다. 13세기와 14세기에 성 안쪽에 성모 마리아 블라헤르너 교회(St. Mary of Blachernae Church), 성삼위일체 교회, 성 미카엘 교회가 건설되었다. 당시 이곳에는 뛰어난 수리 시설이 갖춰져 있었다.

〈베라트 성(좌), 성 마리아 블라헤르나 교회(우)〉

- 15세기 초에 베라트는 오스만 제국에 점령되면서 많은 변화가 일어났다. 요새를 수리하면서 강화하기 위해 새로운 첨탑들을 지었다. 이 시기는 베라트가 평화와 번영을 누리던 시절이었다.

(9) 두러스(Durrës).

- 기원전 7세기에 그리스인들이 식민지로 건설한 도시.
- 로마시대와 비잔티움 시대에는 전략적으로 중요한 역할을 했다. 비아 데그나티아 무역로가 두러스에서 시작하여 발칸반도의 내륙을 거쳐 콘스탄티노플로 이어졌다. 비아 데그나티아는 아드리아 해 뱃길을 통해 아피아 가도와 연결되었는데, 이 길은 이탈리아의 아드리아 해안을 따라 로마와 연결되는 핵심 군사도로였다.

- 오늘날의 두러스는 수도 티라나 다음으로 경제적으로 중요한 도시이다. 특히 두러스 항구는 알바니아 최대 항구로서 중요한 역할을 하고 있다. 관광산업에서도 두러스는 알바니아에서 중요하다. 두러스 해변에는 2000년대에 수많은 호텔들이 들어섰고, 인프라도 1990년대에 비해 눈에 띄게 개선되었다.

▶ 도시이름

- 현재의 도시이름 '두러스' 또는 '두러시(Durrësi)'는 중세시대에 특히 베네치아 인들이 사용하던 이탈리아어 이름 '두라조(Durazzo)'를 알바니아어로 이어받은 것이다. 이 이탈리아어 이름은 중세그리스어 뒤라키온(Dyrráchion)과 관련이 있는데, 비잔티움 사람들이 이 도시를 그렇게 불렀다. 이와는 달리 뒤라키온은 라틴어 Dyrrhachium에서 온 것이다. 여기까지는 어근 Durrës의 추적이 가능하다.
- Dyrrhachium이 처음 언급된 때는 로마인이 이 도시를 일리리아 인으로부터 정복한 기원전 3세기였다. 그 이전에는 이곳을 에피담노스(Epídamnos)라 불렀다. 이것은 도리아 식민지배자들이 기원전 627년 그들의 새 고향인 이곳을 지칭한 이름이었다.

▶ 유적: 도시의 역사만큼 화려하다.

- 두러스에서 가장 볼만한 곳은 20세기에 와인저장고를 건설하다가 우연히 재발견한 고대 로마시대의 원형극장이다. 관중석 밑에서 모자이크가 있는 예배당이 발견되었다. 현재 관람도 가능하다.

〈원형극장과 모자이크〉

- 그밖에도 기둥, 가옥 울타리, 첨탑 같은 유적들은 이 도시의 여러 곳에 산재해 있지만 접근은 불가능하다. 이 지역에서 발견된 수많은 유물들은 서양 후견인들의 지원으로 건설된 이곳 고고학 박물관에 전시되어 있다.
- 오스만 시대(16~20세기)의 유명한 이슬람 성전으로는 1504년에 완성한 파티흐 모스크(Fatih Camii, '정복자의 모스크'의 뜻)가 있다. 1937년에는 거대한 모스크가 중앙광장에 건설되었다.

05
몬테네그로

국명	몬테네그로(Црна Гора, Crna Gora)
면적	13,812km^2
인구	678 931명 (2017년)
민족	몬테네그로인 44%, 세르비아인 28%, 알바니아인 10%
수도	포드고리차(Podgorica, 1946~1992년 티토그라드)
GDP	$6,783 (2016년)
통화	유로
도메인	.me

1
지리

위치

- 디나르알프스 산맥의 남쪽 끝, 남서쪽으로 아드리아 해, 북동쪽으로 세르비아, 남동쪽으로 알바니아, 북서쪽으로 보스니아·헤르체고비나와 경계. 바르(Bar) 항을 통해 아드리아 해를 건너면 이탈리아에 도달한다.

지형

- 국토의 대부분이 해발 1000m에 달하는 고원지대. 고원에 펼쳐진 평야가 대부분. 그러나 북부는 해발고도가 1700m 이상이어서 농사가 불가능하고, 서부도 800~1000m가 넘는다. 거의 유일한 저지 평야는 알바니아와 접한 쉬코더르 호수가 있는 남동부 지역. 수도 포드고리차가 이곳에 있다.
- 국토가 대부분 산악지대이다보니 절경인 곳이 많아서 관광객도 많다. 타라 강은 레프팅 등의 스포츠 장소로 인기가 있다. 일부는 국립공원으로 지정되어 있다.
- 큰 항구도시가 없어서 해상 편으로 몬테네그로에 진입하기는 어렵다. 육로와 항공편을 이용해야 한다. 기차 편도 없다. 그래서 육로의 경우 국제선 버스를 타야 한다.

국명

- '몬테네그로': 이탈리아어 베네토 방언으로 '검은 산'의 뜻, 디나르알프스의 로브첸(Lovćen) 산을 지칭한 것이다. (Monte = 산, Negro = 검은)
- 몬테네그로어(사실상 세르비아어와 같은 언어)로는 '츠르나 고라(Crna gora)', 이것 역시 '검은 산'이란 뜻.
- 몬테네그로어로 '하얀 산'은 '비옐라 고라(Bijela gora)'.

언어

- 과거의 공용어는 세르비아어. 그러나 2004년부터 몬테네그로어(세르비아어의 방언) 독립이 추진되어 2007년 새로운 헌법에 몬테네그로어를 공용어로 명시했다.
- 2011년 46.9%가 세르비아어를 모어(母語)로, 38.5%가 몬테네그로어를 모어라고 대답했다. 보스니아어(6.1%), 알바니아어(5.5%), 롬어(0.86%) 등도 사용된다.
- 문자는 키릴 문자와 로마자가 대등한 지위, 웹 문서의 기록 등 일상에서는 대부분 로마자 사용, 키릴 문자는 소수만 사용 중이다.

민족

- 2011년 몬테네그로 인이 전 인구의 47.4%로 다수, 세르비아인이 31.6%로 두 번째. 그러나 몬테네그로인과 세르비아인은 같은 혈통으로 같은 민족.
- 보스니아인(슬라브계 무슬림 포함 12.3%), 알바니아인(5.5%), 롬족(1.1%), 크로아티아인(1%) 등 거주.

종교

- 2011년(무응답자 포함) 주민의 다수(72.1%)는 동방정교, 다음으로 무슬림(19.1%)과 가톨릭 3.4%.

2
역사

고대

- 로마 제국 시대. 로마의 속주 일리리아의 일부.
- 서기 400년 무렵의 몬테네그로 지역(⇩)

중세

- [7세기] 슬라브족이 정착하면서 제타 주로 분리.
- [9세기] 비잔티움 제국의 제후국이던 두클랴(Doclea/Duklja)에서 몬테네그로의 역사

태동.

- 'Doclea'는 원래 현재의 포드고리차(당시는 Ribnica)에 있던 로마도시의 이름으로, 로마 황제 디오클레티아누스가 건설한 도시.
- 'Docleatae'로 알려진 이 지역 거주 일리리아 종족도 이 도시의 이름에서 파생된 명칭. 이후에 로마인들이 이 이름을 Dioclea로 잘못 표기한 것. Duklja는 이 지역 이름의 슬라브어 버전이다.
- 초기 두클랴는 보이슬라블레비치 가문이 지배했다.
- [1042년] 보이슬라브 왕(Stefan Vojislav, 재위 1018~1043)이 즉위 25년 만에 바르(Bar)에서 비잔티움 제국에 결정적인 승리를 거두면서 두클랴는 독립 - 두클랴 왕국(Kingdom of Duklja, 1053~1100)
- 보이슬라브 왕의 아들 미하일로(Mihailo Vojislavljević, 재위 1052~1077)와 그의 아들 보딘(Constantine Bodin, 1081~1101) 시기가 전성기.
- [11세기] 제타 공국(10세기 말까지 '두클랴(Duklja))'이라고도 했다. 제타는 이 지역의 강 이름에서 온 것)으로 알려졌다. 제타 공국은 라슈카와 통합하여 츠로노예비치 왕조 시대(1426~1516)부터 제타는 '츠르나 고라' 혹은 베네토 방언으로 '몬테네그로'로 불렸다. 1498년 오스만 제국에 정복될 때까지 존속했다.

- [1389년] 코소보의 폴예에서 세르비아가 오스만 제국에 패배한 후에도 몬테네그로는 독립을 유지하였다. 주민은 1516년부터 민중의회가 선출한 주교들(블라디케)의 지배를 받았다. 오스만 제국 및 알바니아와 전쟁을 치르다가 1711년부터 러시아와 동맹을 맺었다.
- [1878년] 베를린 회의에서 공식적으로 오스만 제국으로부터 독립(몬테네그로 제후국 => 1910년 왕국으로 전환). 따라서 1878년까지는 오늘날의 대부분 지역은 형식적으로 오스만 제국에 속했다.
- [1880년] 알바니아인의 저항 때문에 남쪽 국경에 대한 합의는 1880년에 성사. 이때 몬테네그로는 포드고리차 평야 전체와 바르(Bar)와 울치니(Ulcinj) 같은 해안도시이자 항구가 있는 해안 40㎞를 얻었다.

- [1910년] 몬테네그로 왕국. 니콜라 1세(재위 1860~1910 군주, 1910~1918 왕)는 1910년 8월 27일에 자신의 즉위 50주년을 기념하여 1852년부터 사용하던 몬테네그로 공국을 몬테네그로 왕국으로 개명하면서 스스로를 몬테네그로 왕으로 선언. 그래서 몬테네그로 역사에서 유일한 왕이 된 니콜라 1세가 먼저 시작한 발칸 전쟁(1912~13) 때 세르비아와 연합하여 오스만 군과 싸웠으며, 전쟁의 결과로 북쪽과 동쪽으로 영토가 확장되어 세르비아와 국경을 공유했다.
- [1918년] 11월 28일 몬테네그로 왕국은 세르비아의 일부가 되면서 니콜라 1세 왕도 폐위된다. 이로써 몬테네그로의 4년간의 독립은 끝나고 1929년부터 유고슬라비아의 일부가 된다.

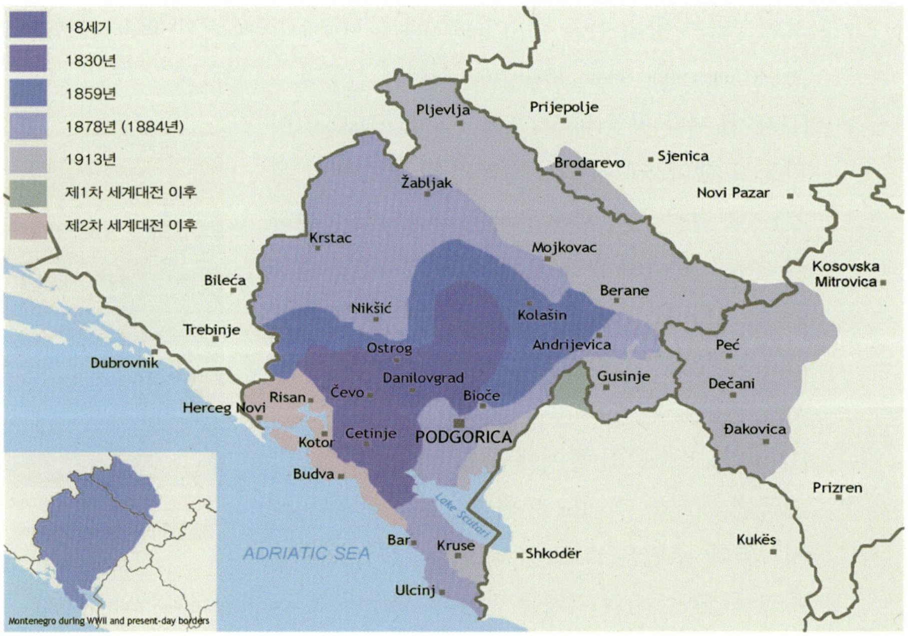

〈몬테네그로의 영토 변화(18세기부터 제2차 대전 이후까지)〉

- [1943년] 유고슬라비아 사회주의 연방공화국 창건. 이 공화국은 처음에는 유고슬라비아 민주연방으로 부르다가 1946녀 1월 31일 신헌법 도입 후 유고슬라비아 연방 인민공화국이 된다. 결국 1963년 유고슬라비아 사회주의 연방공화국이 되어, 4개의 연방공화국으로 분열한 1992년 1월 15일까지 유지된다.
- [1992년] 슬로베니아, 크로아티아, 보스니아·헤르체고비나, 마케도니아의 분열과

구 유고슬라비아(1946~1991)의 합의에 따라 세르비아와 몬테네그로로 구성된 신 유고슬라비아 연방공화국이 창건된다.

- [2003년] 연방제가 세르비아-몬테네그로 국가연합으로 변형된다.
- [2006년] 5월 국민투표에서 몬테네그로인의 55%가 몬테네그로의 독립에 찬성한다. 몬테네그로 의회는 국가의 독립과 세르비아와 몬테네그로의 국가연합 해체를 선언한다. OSCE(유럽안보협력기구, Organization for Security and Cooperation in Europe)의 56번째 회원국이 되고, UN의 192번째 회원국으로 승인받는다.
- [2007년] 몬테네그로는 국민투표에서 2/3의 지지로 1년 이상 정치논쟁 끝에 신헌법을 수용하고 유럽의회(Europarat)의 47번째 회원국이 된다.
- [2008년] 밀로 주카노비치(Milo Đukanovic, 1962~)가 새 수상에, 필립 부야노비치(Filip Vujanovic, 1954~)가 4월 6일 대통령에 선출된다. 비자 상태 완화와 불법체류자의 재입국 협정.
- [2009년] 유럽으로 여행하는 시민의 비자의무 폐지.
- [2010년] EU와의 안보 및 제휴협정 발효. 유럽의회가 유럽연합 가입 후보국가로 위상을 격상한다.

3
문화

몬테네그로의 문화는 역사와 지리적 위치를 고려할 때 다원성과 다양성으로 정의될 수 있다. 주로 고대 그리스, 고대 로마, 기독교, 이슬람, 비잔티움 제국, 세르비아 제국, 오스만 제국, 베네치아 공화국, 오스트리아-헝가리 이중제국, 이탈리아 왕국, 유고슬라비아 등의 영향을 받았다.

▶ 민속과 음악

- 민속 음악과 창의성은 수세기 동안 다양한 문화권의 영향을 받아 형성되었다. 몬테네그로 사람들의 민속과 전통이 결정적인 역할을 하기는 했지만, 음악 표현의 스타일 정립과 현대적인 해석은 유럽의 전통 외에 특히 남슬라브 음악의 영향도 무시할 수 없다. 몬테네그로의 예술 음악은 민속의 경우 남슬라브의 창의성과 관

련이 있는데, 주제와 내용에서 예술음악의 창의적인 발전에 중요한 역할을 했다.

▶ 몬테네그로의 민속춤 : 오로(Oro)

- 전통춤 오로(Oro)는 그 형식에 따라 Crmnički Oro, Zetsko Oro, Katunski Oro, Riječki Oro로 나뉜다.
- 여러 명의 댄서들이 원을 만들고 북의 리듬에 맞춰 한 명 또는 두 명씩 어깨에 손을 얹고 원을 그리며 춤을 춘다. 문헌에 따르면 그 기원은 10세기 이전까지 소급된다. 문헌에 등장한 것은 1494년에 최초의 국립인쇄소가 체티녜(Cetinje)에 설립된 사실과 무관하지 않는데, 이곳에서 최초의 슬라브어 책인 '옥토이흐(Oktoih)'가 인쇄되었다. 그밖에 수도원들에 보관된 13세기의 다양한 관련 원고들에서도 발견된다. 매년 6월에 부드바에서 열리는 음악축제는 아드리아 남부에서 가장 중요한 음악축제이기도 하다.

- 예: 보카 코토르(Boka Kotor) 만의 전통춤

- 예: Ksenija Cicvaric-Milica jedna u majke

▶ 전통 의상

- 현재의 몬테네그로 문화는 그 역사와 지리적 위치가 암시해주는 만큼 매력적이다.
- 의상에는 황금색으로 자수를 놓았는데, 유럽에서 가장 아름다운 의상들 중 하나라고 할 수 있다. 몬테네그로 민속의상 한 벌을 한 사람이 완성하는 데 3개월 정도 걸린다.
- 전통의상은 의상 재료나 의상 스타일과 관련해서 언제나 몬테네그로 인들의 삶에서 중요한 부분을 차지해왔다. 이런 문화적인 유산의 뿌리는 몬테네그로의 과거와 무관하지 않다. 몬테네그로는 수세기 동안 여러 정복자들의 목표물이었다. 피정복 과정을 거치면서 여러 문화의 영향을 받았는데, 정복자들의 이질적인 문화들은 몬테네그로 인들의 삶의 방식에도 녹아들었다. 몬테네그로에서 만들어지는 복식문화는 문화사적인 측면과 지리적인 조건 외에 직물선택에서도 많은 영향을 받았다. 몬테네그로의 어떤 마을은 오늘날까지도 이른바 '문명'과의 접촉 및 접근이 쉽지 않은 실정이다. 과거 시절에도 많은 마을들이 문명과의 접촉에서 소외되어 있었다. 이런 이유 때문에 주민들은 각 가정에서 그들이 쉽게 찾을 수 있는 재료로 자신의 의복을 재단하기도 하고 만들어 입기도 하였다. 가장 흔하게 사용된 직물은 양모, 대마, 아마, 스페인산 데크브러시였고, 실크를 사용하는 경우는 많지 않았다.

▶ 전통악기: 구슬레(gusle)

- 구슬레는 한 줄로 된 발칸 지방의 민속 피들이다.
- 구슬레는 원래는 1현 또는 2현의 찰현악기(현을 활로 마찰해서 소리를 내는 현악기의 총칭)로, 9~10세기경 서아시아에서 전래된 것으로 추정되는 민속악기다.

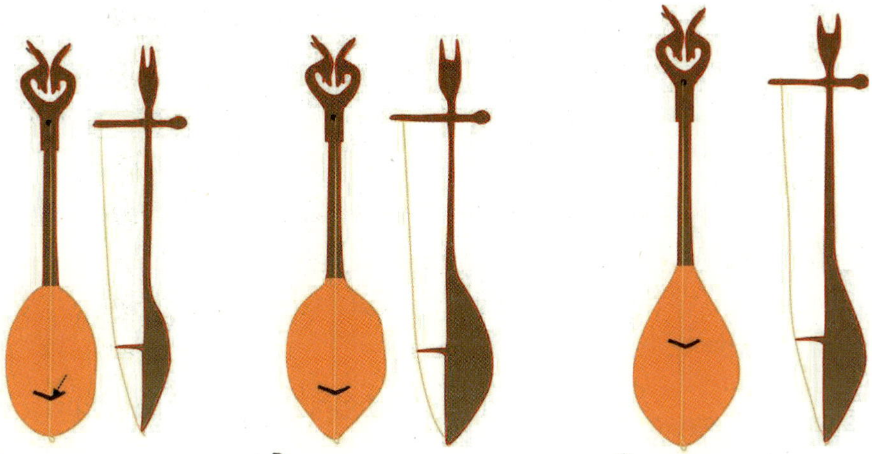

A B C

〈A) 세르비아 타입, B) 보스니아 타입, C) 몬테네그로 타입〉

- 순수 원형은 없고, 세 가지 유형들은 서로 뒤섞인 형태를 취한다. 이들은 공명체의 형태, 톤, 연주방식에 따라 차이가 난다.
- 세르비아 타입 - 한 가닥 현, 제한된 음계, 딱히 정해진 음정이나 피치도 없다. 낼 수 있는 피치는 전통적인 방식을 취하는 경우에 많아야 다섯 개. 연주하는 사람의 목소리 높낮이에 따라 튜닝도 바뀌는 악기. 세르비아에서만 쓰는 것이 아니라 크로아티아를 포함한 발칸반도 전체에서 연주되고 있지만, 아무래도 악기의 종주국은 세르비아 민족이 많은 세르비아와 몬테네그로다. 연주법은 양다리 사이에 끼우고 활을 써서 연주한다. 한국의 해금과도 비슷한 구조이지만, 손아귀가 아니라 손가락으로만 음정을 만들기에 만들 수 있는 음계가 그리 많지 않다. 노래의 주제는 주로 세르비아의 역사, 신화, 영웅담들이다. 예를 들면 1389년의 코소보 전투 전후를 다룬 서사시들, 근래의 사라예보 암살사건, 티토의 빨치산 활동, 유고 내전 등 구슬레 음유시인들이 다루지 않는 주제는 거의 없다.
- 보스니아 타입 - 비셰그라드에서 사라예보에 이르는 지역에서 많이 연주된다. 특히 크기에서 세르비아 유형과 유사하다. 공명몸통은 삼각형 모양. 공명몸통의 깊이에서 많은 차이가 난다.
- 몬테네그로-헤르체고비나 타입 - 헤르체고비나, 코토르 만, 달마티아, 몬테네그로의 것으로, 공명몸통이 약간 둥글고, 전구모양이고, 공명상자가 납작하고, 전체적

으로 크기가 크다. 가장 훌륭하고 가장 아름다운 유형으로 여겨지고 있으며, 오늘날 대부분의 전문 구슬레 연주자들이 선호하는 것이기도 하다. 약간 높게 무릎을 교차시켜 앉은 자세로 무릎에 올려놓고 연주한다. 몬테네그로 유형은 공명상자가 얇게 오목하게 깎아낸 것으로, 뒤쪽에는 울림구멍이 한 개 나있는 경우도 있다. 맑고 세련되고 비장한 음색을 가진, 음색에 관한 한 가장 훌륭한 유형으로 여겨지고 있다.

(1) 페라스트(Perast)

- 코토르 만 해안의 성 엘리야 산(873m) 아래에 위치.
- 몬테네그로에서 기후가 가장 온화하고 연중 햇빛이 가장 많은 곳.
- 만을 따라 나있는 해안도로를 거쳐 북쪽으로는 리산과, 남동쪽으로는 코토르와 연결된다.
- 두 개의 작은 섬: 성 게오르게(Sveti Dorde) 섬과 바위 위의 성모 마리아 인공섬(Our Lady of the Rock). 전자에는 묘지가 있고, 후자에는 예배당이 있어서 성지순례지로 유명한 곳.
- 베네치아가 1420년부터 1797년까지 지배, 1797년 베네치아 국기를 내릴 때까지 베네치아 공화국이 점령한 최후의 도시.
- 페라스트의 16세기 바로크 궁전들은 대부분 이 시기에 건축된 것들. 17개의 가톨릭 성당과 2개의 정교 성당도 같은 시기에 건축된 것들이다.
- 페라스트의 구시가는 방어성벽은 없지만 9개의 방어용 망루가 있다.

(2) 코토르(Kotor) : 구시가와 성벽

- 코토르(아드리아 해) 만의 남동쪽 끝에 위치한 항구 도시이자 지역을 초월한 문화중심 도시. 올드 타운과 성벽이 유네스코 세계문화유산에 등재.
- 문화사적으로 중요한 건축물과 지정학적 위치로 1979년 유네스코 세계문화유산과 자연유산에 등재. 몬테네그로의 세르비아 정교 중심지이자 가톨릭 주교의 주거주 도시.

- 도시와 1894m에 이르는 산맥들(디나르 알프스 산맥의 줄기인 오르옌(Orjen)과 로브첸(Lovćen)로 둘러싸인 깊숙한 항만은 몬테네그로에서 가장 유명하고 여행객이 많이 찾는 관광지역.
- 몬테네그로 대학교의 항해학 및 관광학과 호텔경영학 학부가 있는 도시.

▶ 역사

- [BC 168년] 최초로 역사서에 등장.
- 로마 제국.
- 로마의 속주. Acruvium이나 Ascrivium, 또는 Ascruvium으로 알려졌다.
- 중세 초기. 이 시기에 도시로서의 면모를 갖추었다.
- [535년] 비잔티움 황제 유스티니아누스 1세(재위 527~565) 시절 아스크리비움(Ascrivium) 위에 요새 건설. 나중에 고트족 격퇴.
- [10세기] 비잔티움 황제 콘스탄티누스 7세(재위 913~959)에 의해 주변 고지에 위치했던 제2의 도시가 것이 저지 카타로(Lower Cattaro)보다 더 발전.
- [810년] 사라센 족의 약탈.
- [1002년] 제1 불가리아 제국(681~1018)의 점령 시절에 수난을 당함. 다음에 불가리아 황제가 이 도시를 세르비아에 할양.
- 세르비아의 네마니치 왕조(House of Nemanjic, 1166~1371)가 코토르를 지배할 때, 병풍처럼 둘러싸여 있는 1,747m의 로브첸 산 중턱까지 4.5km에 달하는 고대 성벽을 쌓았다.
- [1420~1797년] 베네치아 공화국 령(1538~1571년, 1657~1699년 오스만 제국이 통치). 그래서 도처에 베네치아 양식의 건축물들이 산재.
- [1797년] 캄포포르미오 조약(나폴레옹 전쟁 중 프랑스-오스트리아 간 평화조약, 1796)에 따라 합스부르크 왕가의 영토, 빈 회의[1]에 의해 재확인.
- 제1차 세계대전 중, 오스트리아-헝가리 이중제국 해군 기지가 있었다.
- [1918년] 유고슬라비아 왕국의 영토가 되면서 '코토르'로 개칭.
- 제2차 세계대전 중, 이탈리아에 병합.
- [1945년] '유고슬라비아연방 몬테네그로 사회주의 공화국'에 귀속.

1) 1814.9.1.~1815.6.9. 나폴레옹 전쟁 수습, 유럽의 상태를 전쟁 전 상태로 되돌리는 작업을 한 회의.

- [1979년] 4월 15일 대지진이 이 도시를 덮쳐 100여 명의 희생자 발생, 코토르 구시가도 반파(半破)됐다.
- 유럽 최남단에 있는 피오르드 지형, 베네치아 공화국의 오랜 통치를 받아서 도시 곳곳에 이 시대를 반영한 건축물로 가득하다.

〈서문 안쪽의 광장과 시계가 있는 종탑, 첨탑에서 본 서문 광장〉

- 광장 중앙의 르네상스 양식의 종탑은 1602년 재건축된 코토르의 상징적인 건축물.
- 해적이 가까운 해안에 상륙해 육로로 습격해 올 위험은 상존했다. 그것을 고려하여 도시의 구조까지도 쾌적성을 희생하고 방어를 최대 목표로 삼아 구불구불한 골목길을 미로처럼 건설했다.

〈서문 안쪽의 시계가 있는 종탑과 뒤쪽의 성벽〉

〈해양박물관과 17세기에 만들어진 샘〉

- 좁은 골목길의 건물들에는 초록색, 하늘색, 갈색 등의 예쁜 창문들. 오랫동안 베네치아 공화국의 지배를 받아서 베네치아의 거리와 골목을 많이 닮았다. 크로아티아의 두브로브니크의 골목도 이와 닮았다.
- 골목길을 가다보면 갑자기 작은 공터(우측 사진 참조)가 나타난다. 이 공터는 주변 집들의 채광을 고려한 것이 아니라, 해적들을 방어하기 위한 것. 즉, 골목과 이 공터의 철문을 막아서 해적을 가둬버리려는 속셈. 그래서 코토르의 골목은 미로처럼 복잡하게, 좁아지도록, 그리고 여러 방향으로 갈라지게 건설. 어느 골목길을 택하더라도 성 밖으로 달아 날 수 있도록 설계했다.

- 시가지 앞쪽은 바다, 뒤쪽은 중세 성벽.

〈북문과 해자〉

▶ 성 트리폰 성당(Cathedral of St. Tryphon, 809년 최초 건립).

- 로마네스크 양식으로 지어진 성당. 성당 정면에 서로 다른 두 개의 종루가 인상적이다. 왼쪽 종루는 파괴되어 복원된 것.
- 성당 안에는 아치형의 긴 열주들이 중앙 제대를 중심으로 길게 늘어서 있다.
- 성 트리폰은 250년경 로마제국의 트라얀 데시우스 황제(Trajan Decius, 재위 249~251) 시대에 순교한 성인, 그의 유해가 비잔티움 제국의 수도 콘스탄티노플에서 코토르로 옮겨와 매장되면서 코토르의 '수호성인'으로 추앙을 받게 되었다.
- 이 성당은 그의 유해 안치를 위해 809년 건축, 1166년 화재로 재건. 1667년과 1979년 대지진으로 파괴되었으나 2009년에 복원.

〈성당 내부의 후기고딕회화와 13세기경의 은으로 된 제단〉

▶ 성 니콜라스 정교회(Serbian-orthodox church St. Nicholas).

- 1909년 건축, 화재로 소실되어 20세기에 네오 비잔틴 양식으로 재건.
- 현재는 세르비아 정교회 성당으로 사용 중이다.
- 귀족들이 남긴 진귀한 예술작품들을 많이 보관하고 있다.

▶ 성 루카 성당(Church of St. Luke, 1195).

- 성당 주변에 귀족들의 저택도 많아서 각 가문의 화려한 문장들을 관람할 수 있다.
- 성 루카 광장에는 세르비아 정교 성당과 이웃하여 또다른 성당이 하나 있는데, 1195년 로마네스크 양식으로 건축된 성 루카 성당(Sveti Luka)이 그것이다. 이 성당은 서쪽 파사드에 창립자의 비문에 적혀있듯이 마우로 카카프란키(Mauro Kacafrangi)와 그의 부인 보나(Bnona)에 의해 '영혼들의 구원'을 위해 설립된 것이다.
- 본당이 하나인 성당의 벽들은 건축 직후 프레스코화들로 채색되었지만, 현재는 남쪽 벽면에만 조금 남아 있다.

- 17세기 중엽까지 성 루카 성당은 가톨릭 교회였다. 시민들 중 정교 신자들이 늘어나면서 정교 성당으로 탈바꿈하였다. 그러나 가톨릭교도들은 가톨릭 신도들을 위한 고유의 제단을 남겨두었다. 그래서 이 성당은 1807년까지 독특하게 2개의 제단, 즉 가톨릭 제단과 정교 제단을 가지고 있었다. 예배는 교대로 이뤄졌다. 현재의 성 루카 성당은 정교 교회.
- 성 루카 성당 내부를 장식하고 있는 이콘화들은 디미트리에 다스칼(Dimitrije Daskal)의 작품인데, 그는 17세기에 유명하던 코토르의 보악(Boak) 미술학교의 창시자이기도 하다.
- 교회의 바닥에는 수많은 묘지 위의 대리석 판들이 있는데, 이 지역에는 1830년 무렵까지 매장문화가 있었기 때문이다.
- 이 교회는 1979년 대지진 때 코토르 구시가가 대부분 파괴된 것과는 달리 거의 피해를 입지 않은 코토르 유일의 건물이기도 하다.

▶ 코토르 요새(Sveti Ivan' s Fortress)

- 성 이반 요새(성 요한 요새)라고도 한다.
- 코토르 항구도시의 뒤쪽 산악지대(로브첸 산, 해발 1749m)에는 외침(外侵)을 막기 위해 길이 4.5km, 높이 20m 이상의 성벽 건축. 성벽은 이 도시를 지켜 온 역사적 산물.

〈성벽 매표소로 가는 입구 골목과 성벽 계단〉

〈성벽 길목의 치유의 여신 성모성당(1518년)〉

- 로마와 그리스 이전 시대에도 이곳에는 사람이 거주했다. 최초의 방어요새는 일리리아 시대에 코토르 위쪽에 거의 수직에 가까운 절벽에 지어졌다. 현재의 성벽은 베네치아 인들이 코토르의 방어를 위해 증축한 15세기로 소급된다. 이 요새는 산의 이름을 따서 성 이반 또는 성 요한 요새로 불리고 있다.
- 요새는 지그재그로 난 길들을 따라 1350개의 계단을 올라가게 된다.
- 성 요한 산의 중턱쯤에 봉헌성당이 있는데, 치유의 성모성당이 그것이다. 15세기에 창궐한 흑사병에 대항하여 지어진 정교 성당(Church of Our Lady of Remedy). 건축된 때는 1518년이다.
- 계속 올라가면 조그마한 가톨릭 성당(⇦)이 나타나는데, 1000년은 족히 넘은 교회이다. 이것은 프란치스(Francis)라 불리는 지역으로 남성에 의해 유지되어 온 것이라고 한다. 그는 상속받은 재산으로 이 교회를 유지, 보호하기 위하여 요새 뒤쪽의 이 땅을 구입하였다. 그래서 오늘날에도 이 지역의 유산과 역사를 볼 수 있다고 한다.

(3) 부드바(Budva)

- 원래는 섬이었으나, 모래톱에 의해 육지와 연결되었다. 아드리아 해에서 가장 오래된 곳 중 하나.
- 신화에 따르면, 이곳에 2500년 전 그리스-페니키아 왕 아게노르(Agenor, '영웅적인, 남자다운'의 뜻)의 아들 카드모스(Kadmos, 테베를 건설한 인물)가 도시를 건설했다.
- 현재의 모습은 1979년 지진으로 폐허가 된 것을 원래의 모습으로 제건한 것이다.

▶ 역사

- [BC4세기] 일리리아 인의 주거지로 등장, BC10세기부터 그리스의 식민지, BC2세기 로마제국이 지배.
- [1186년] 로마제국에 합병.
- [1442년] 베네치아 공화국에 귀속.
- [16세기] 오스만 제국의 공격과 약탈.
- 베네치아 공화국 몰락 후 제1차 세계대전까지 오스트리아의 영토. 1813년 1년 동안 몬테네그로가 지배.
- [1918~2003년] 유고슬라비아에 귀속. 제2차 세계대전 중 독일과 이탈리아가 점령. 이 시기에 1944년 이전까지 유고슬라비아 빨치산 운동의 중심지.

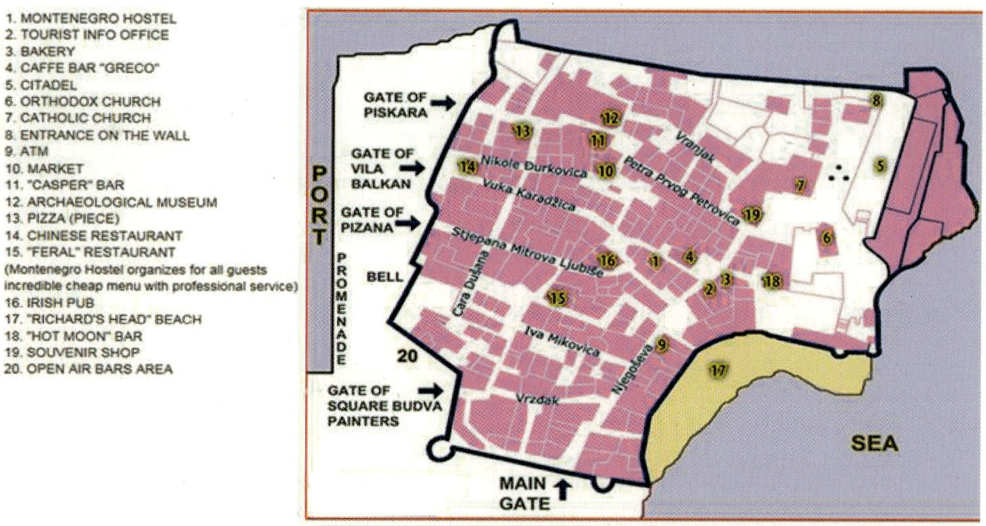

〈부드바의 유적관광지도〉

▶ 문화유적

- 구시가는 도시성곽으로 둘러싸여 있으며, 문화재보호구역.
- 구시가 전체가 1979년 지진으로 폐허가 됐다. 현재의 모습은 오스트리아의 문서 기록실에서 찾은 도시계획도에 따라 베네치아 양식으로 재건한 것.
- 가장 중요한 건축물들 중 두 개가 9세기에 건축한 3랑으로 된(중랑 하나와 측랑 둘) 세례자 성 요한 성당과 1804년에 건축한 성 삼위일체 정교회 성당(Sveta Trojica). 후자는 적색과 흰색 무늬가 든 벽이 특징적이다.

▶ 도시성벽과 내성

- 현재의 도시성벽은 중세의 것. 가장 오래된, 현재 가장 낮은 부분은 베네치아 인들이 건설한 것. 나머지는 베네치아 인과 오스트리아 인들이 축조한 것.
- 도시축성에서 가장 중요한 부분은 언덕에 있는 내성. 이 내성의 현재 모습은 오스트리아 인들(오스트리아 제국)이 건설했다. 문제는 그들이 자급자족을 위해 조그만 빵집을 증축하는 바람에 소규모 성모승천교회는 철거되어야 했다는 점.

〈좌: 성 삼위일체 성당(앞은 정교회)과 세례자 성 요한 성당(뒤는 성 이반 성당), 우: 성채〉

▶ 성 사바 정교 수도원(Savina Monastery)

- 세르비아 정교회 수도원. 수도원의 이름은 순교자 성 사바(Sveti Sabbi, 439~532)에서 따온 것인데, 시기는 확실하지 않다.
- 3개의 교회들로 구성. 각각 수백 년의 간격을 두고 건축했다. 규모가 작은 성모승천교회(Sveti Marija Church)는 11세기에, 이 교회에 헌당된 규모가 큰 교회는 18세기 후반에 지어진 것. 성 사바에게 헌당된 조그마한 교회는 성인 이름이 주어진 이후

전체 사바 수도원 위쪽으로 300m 정도 떨어진 고지대에 지어진 것으로, 인상적인 둥근 첨탑을 가진, 부드바에서 가장 오래된 성당.

(4) 스타리 바르와 바르 요새

- 라틴어어로 Antibarium이라 불린 데서 영어로 Antivari라고 알려진 곳. Bar는 이 Antivari를 줄인 것. 'Stari Bar'의 의미는 '올드 바르(Old Bar)', 즉 '옛날의 바르'의 뜻이다.
- Stari Bar는 불행히도 수세기 동안 여러 나라의 침략에서 벗어날 수 없었다. 베네치아인, 세르비아인, 헝가리인 그리고 오스만 제국의 지배를 받았다.
- 바르 요새는 현재 야외 박물관으로 활용되고 있다.

- 스타리 바르는 몬테네그로의 조그만 도시. 바르의 신시가지에서 몇 마일 떨어진, 바다에서 4km 떨어진, 루미야(Rumija) 산의 끝자락 언덕에 위치한 역사적인 장소

(면적 4 헥타르, 인구 1864명(2003년)).

- 중세 초기에 뒤라키움(Dyrrhacium) 속주의 일부로서 비잔티움 제국의 지배를 받았다. '두클랴의 세르비아 왕자' 스테판 포이슬라브(Stefan Vojislav, 재위 1034~1043)가 1040년경 이곳을 병합했다. 그 후 이곳은 중세 세르비아 제국의 일부가 되어 네마니치 왕조(Nemanjić dynasty, 1166~1371) 때 전성기를 구가했다. 잠시 베네치아 공화국에 합병되기도 했다. 1360년경 제타공국의 발시치 가문(Balšić family)[2]이 세르비아 제국이 무너지면서 바르의 지배권을 얻었다. 그 후 헝가리 왕 루이 1세(Louis I., 1326~1382, 1342년 헝가리와 크로아티아의 왕, 1379년 폴란드의 왕)가 1443년 다시 베네치아에 합병되기 전에 잠시 바르를 지배했다. 바르는 1571년 유럽으로의 확장을 꾀하던 오스만 제국에 함락되기 전까지 베네치아 공화국의 지배를 받았다.
- 몬테네그로-오스만 전쟁(1876~78) 중이던 1877년 11월 13일 이 도시는 몬테네그로의 공작 마쇼 블비카(Mašo Vrbica, 1833~1898)의 지배 시절에 포위되었다. 이 도시의 방어를 책임지고 있던 이브라힘 베이(Ibrahim Bey)는 집중적으로 대포 공격을 받았음에도 적에게 이 도시의 양도를 거부했다. 포격은 7주 이상 계속되었고 이 도시의 대부분이 파괴되었다. 1878년 1월 5일 몬테네그로군은 이 도시의 물 공급을 차단하는 바르 도수관(Bar Aqueduct)을 폭파했다. 이브라힘 베이는 1월 9일 이 도시를 포기했다. 바르 반도와 바르 시는 베를린 회의(1878년)에서 다시 몬테네그로의 지배를 인정받았다.
- 1979년 몬테네그로 지진이 이 도시에 물을 공급하던 도수관을 파괴한 이후 더 이상 사람들이 거주하지 않게 되자, 바르 신도시가 옛 항구시설이 있는 해안에 건설되었다. 도수관이 설치되고 몇 년이 지나서 사람들이 이곳으로 몰려들기 시작했다.

2) 14, 15세기에 남동 아드리아 해안 지역 역사에서 중요한 역할을 했다. 발시치 가문이 처음 등장한 때는 1350년 무렵인 세르비아 황제 스테판 두샨 시절이었다.

06
세르비아

국명	세르비아 공화국(Република Србија, 레푸블리카 스르비야)
면적	88,361㎢
인구	7,058,322명 (2016년)
수도	베오그라드(Beograd)
GDP	$5,397 (2017년)
공용어	세르비아어
국교	세르비아 정교
화폐	세르비아 디나르 (dinar, RSD)
도메인	.rs

1
지리

위치

- 발칸 반도와 파노니아 평원에 위치.
- 다뉴브 강이 북쪽을 흘러간다. 동쪽 국경에는 카르파티아 산맥이 있고, 벨리카 모리카 강(길이 500km)이 흐른다.
- 남동 지방에는 발칸 산맥이 로도프 산맥과 맞닿아 있고 그리스와 마주한다.
- 영토의 1/4 이상이 숲이다.
- 세르비아는 코소보가 독립선언을 하기 전까지 헝가리 인이 많이 사는 보이보디나 자치주와 알바니아인이 절대다수를 차지하는 코소보 자치주를 포함했었다.
- 코소보는 코소보 전쟁 이후 현재 국제연합 관할 하에 있다. 그래서 사실상 세르비아의 주권이 미치지 못하는 지역. 코소보는 미국과 영국 등 서방국가들의 지원 하에 2008년 2월 17일 독립을 선언했다. 세르비아와 러시아 등의 국가들이 아직 코소보의 독립을 인정하지 않아서 코소보의 운명은 예단하기 어렵다.

민족

- 남 슬라브인의 분파인 세르비아인이 다수(82,86%).
- 여러 소수 민족들이 거주한다. 헝가리인(3,91%), 보스니아인(1,82%), 터키인, 크로아티아인, 불가리아인, 알바니아인, 마케도니아인, 아랍인, 기타 소수 민족도 거주한다(집시 족은 공식통계로는 108.000명, 비공식통계로는 500,000여명으로 추산).
- 몬테네그로인은 구 유고슬라비아의 구성 민족 중 세르비아인과 가장 가까웠지만, 독립과 더불어 독자적인 민족정체성을 강화 중이다.

언어

- 세르비아어는 세르비아, 몬테네그로, 크로아티아, 보스니아 및 인접 국가들에서 870여만 명이 모국어로 사용.
- 키릴문자와 로마자 모두 사용, 키릴문자의 사용이 더 보편적이다.
- 유고연방 시절에는 크로아티아어나 보스니아어와는 방언 정도의 차이에 불과했으나, 현재는 정치적인 대립으로 인해 급속히 분화하는 중.
- 2006년 10월 28일과 29일에 실시한 국민투표로 확정한 헌법 10조 1항에는 '세르비아공화국에서는 세르비아어와 키릴문자가 공식적으로 사용된다.'라고 규정하고 있다.
- 알바니아계 주민이 90%를 넘는 코소보에서는 알바니아어의 북부 방언인 게그 방언이 주로 사용. 보이보디나 자치주에서는 헝가리어도 사용.
- 2006년 9월 부쿠레슈티에서 열린 프랑코 포니 정상회담 결과 참관국의 자격을 획득하였으나, 프랑스어의 사용은 제한적이며, 영어나 소수 민족어도 사용하고 있다.

종교

- 종교 인구의 85%는 세르비아 정교(주로 세르비아인).
- 가톨릭(주로 헝가리인과 크로아티아인)이 5.5%, 무슬림(주로 보스니아인과 알바니아인)이 3.2%, 개신교가 1.1%.

관습

▶ 인사

- 세르비아인들은 악수를 하며 서로 인사하는 경우가 흔하다. 악수는 세르비아 문화에서 중요한 역할을 하는데, 다른 사람에게 답례와 존경을 표시한다.
- 친구들과 가족 같은 대인 관계뿐 아니라 의사의 왕진 같은 직업적 관계에서도 악수로 인사한다.
- 세르비아인들은 가족과 친구처럼 가까운 관계인 경우 양 볼에 세 번 키스하기도 한다. 세 번 키스하는 것은 삼위일체(성부, 성자, 성령)를 상징한다.
- 세르비아인들은 보통 성이 아닌 이름을 잘 모르는 사람들에게도 "Drago mi je"

(Nice to meet you)라고 하면서 인사한다. 서로 잘 아는 사람들과는 악수를 하며 “Kako Ste”(How are you?)라고 묻는다.

▶ 비언어적 커뮤니케이션

- 시선 마주치기는 세르비아 문화에서 꼭 필요한 것. 시선 피하기는 상대방에 대한 무례함과 무관심의 뜻.
- 손짓과 얼굴표정을 포함한 비언어적 커뮤니케이션은 일상 대화에서 아주 중요하다.

2
역사

▶ 고대

- 현재의 세르비아 지역은 원래 일리리아 인, 켈트인, 트라키아 인이 거주했고, 나중에 그리스인이 거주한 곳.
- 기원전 2세기 중엽 로마인이 일리리아 속주 건설. 서기 3세기부터 여러 유목민족들의 침략을 받았다. 로마제국 몰락 직전 일리리아가 비잔티움 제국에 병합되었다.

▶ 중세

- [12세기경] 세르비아 왕국 건설.
- [14세기 중반] 스테판 두샨 대왕의 통치로 최전성기 구가. 두샨 대왕은 스스로를 차르라고 칭하고 비잔티움 제국(동로마제국)과 맞먹는 황제국가임을 선언.
- [1389년] 코소보 전투에서 오스만 제국에게 대패하고 쇠락기에 접어들고, 1459년 완전히 오스만 제국에 귀속, 이후 400년 가까이 오스만 제국의 지배를 받는다.

▶ 근세

- [19세기] 세르비아의 민족운동이 격렬해지면서 1817년 세르비아 공국으로서 형식적으로는 오스만 제국의 속국이었지만 자치권을 인정받는다.
- [1878년] '제6차 러시아-튀르크 전쟁'에서 러시아가 승리하면서 완전한 독립국.

〈잠깐〉 스테판 우로쉬 4세 두샨(Stefan Dušan)

- 세르비아 네마냐 왕조의 왕(재위 1331~1355)이자 황제(1346년부터).
- 중세 세르비아 제국의 위대한 통치자, 이 시기의 세르비아 제국은 발칸 반도의 최강국.
- 1308년 스테판 우로쉬 3세 데찬스키의 아들로 탄생
- 1331년 아버지의 왕관을 찬탈하고 귀족들의 지원을 받아 스스로 세르비아의 왕으로 등극. 9월 18일 스코프예에서 대관식 거행
- 1332년 불가리아의 이반 아센 알렉산더의 여동생 옐레나와 결혼
- 1345년 스코프예에서 세르비아와 중세 동로마인의 황제(Zar)로 등극. 비잔티움의 왕관을 얻으려고 했으나 실패.
- 1355년 현재의 터키 아드리아노플에서 사망.

▶ 정복과 업적:

- 1341년 안드로니쿠스 3세가 죽자 비잔티움 제국에 내전 발생, 두샨은 비잔티움의 장군 칸타쿠제노스를 도왔으나 곧 그와 원수지간이 되어 알바니아와 마케도니아 지방 정복에 눈을 돌림.
- 그 후 1346년 정식으로 대관한 뒤 세르비아인과 그리스인의 황제라고 자칭. 그러나 그리스 귀족가문 출신의 요한네스 6세(Kantakuzenos, 재위 1347~1354))가 황제가 된 후 큰 위협이 되었으나, 결국 1348년 테살리아와 에피루스(현재의 알바니아)까지 진출.
- 그의 제국 영토는 도나우 강, 사바 강에서 코린트 만까지, 그리스 중부에서 마케도니아, 아드리아 해에서 이오니아 해, 에게 해까지 진출. 사실은 그의 통치 시기에 비잔티움 제국이 내란으로 너무나도 허약했던 것이 그에게는 큰 도움.
- 방대한 영토를 직접 통치, 대관식 직전에 세르비아 대주교를 총대주교로 격상, 비잔티움 제국의 제도를 따랐고, 내정 개혁을 실시하여 행정조직을 통합하고 중앙 집권화를 추진.
- 1349년 두샨 법전을 공포하여 세르비아 역사상 가장 큰 영향을 끼치는 법전 제작.
- 콘스탄티노플 정복을 위해 베네치아와 가까운 관계를 유지했으나 헝가리와 교회의 방해로 실패.
- 1355년 그가 열병으로 갑작스레 사망하자 세르비아 제국은 불과 15년 만에 몰락했다.
- 두샨은 세르비아 민족주의가 폭발했던 19세기에 많은 세르비아인의 우상이 되었는데, 이 두샨의 제국을 되찾는 것이 근대 세르비아 정치의 이상적인 목표였다.

▶ 세르비아 왕국

- 독립 이후 마케도니아를 둘러싸고 주변국과 갈등 지속, 1878년 완전 독립 이후에도 두 차례나 발칸 전쟁을 주도했다.
- 완전 독립과 함께 보스니아를 점령한 오스트리아-헝가리 제국과 마찰을 빚으면서 심상치 않은 분위기 연출. 이 과정에서 친 오스트리아 성향이던 세르비아의 2

대 왕 알렉산다르 오브레노비치(알렉산다르 1세, 1876~1903)가 비밀결사인 '검은 손'에 의해 1903년 암살되고 세르비아 민족주의 성향의 카라조르제비치 가문에게 왕권이 넘어간다.

- 1914년 6월 28일 사라예보를 방문한 오스트리아 황태자 프란츠 페르디난트 부부가 '검은 손'의 가브릴로 프린치프에게 암살되면서 제1차 세계대전의 도화선이 된다.

▶ 유고슬라비아 왕국

- 제1차 세계대전이 끝나자 크로아티아와 슬로베니아, 몬테네그로 등을 강제 합병하여 '크로아티아-슬로베니아-세르비아 왕국'이란 국가 건설, 1926년부터 유고슬라비아 왕국으로 변경.
- 그러나 단일국가로 뭉친 적이 없는 민족 집단들을 강제합병하여 묶은 나라들이라 내부적으로 민족, 지역 간 분란 심화,[1] 권력을 세르비아인이 독식하고 나중에는 아예 국왕 알렉산다르 1세에 의해 의회가 해산되고 전제 왕정으로 탈바꿈.
- 불만에 차있던 크로아티아인들은 이탈리아, 마케도니아 인들과 불가리아의 후원을 받으며 테러 주도, 1934년에는 알렉산다르 1세가 테러로 사망하고 11세의 페타르 2세가 즉위하는 등 혼란 중에 제2차 세계대전 발발.

▶ 제2차 세계대전

- 그리스를 침공했다가 참패한 무솔리니를 돕기 위해 히틀러가 발칸 반도에 관심을 가지고 있을 무렵, 페타르 2세(재위 1934~1945)의 반대에도 불구하고 친독일파이던 페타르 1세의 남동생이자 섭정이던 유고슬라비아의 마지막 왕 파울(1893~1976, 섭정 1934~1941)은 1941년 3월 25일 추축국 가입을 선언.[2]
- 이에 앙심을 품은 페타르 2세는 군부의 친영국파를 결집하여 협정 조인 이틀만인

1) 세르비아, 마케도니아, 크로아티아, 몬테네그로, 보스니아 등 구유고 출신 국가들은 혈통상 슬라브족.

2) 독일의 히틀러 정권이 1930년대부터 꾸준히 유고슬라비아에 대해 특혜적 대우를 해주었을 뿐 아니라 말이 추축국 가입이지 실상은 독일의 전쟁에 가담하지 않아도 된다는 특혜적이고 실질적인 중립보장을 얻어냈다.

27일 쿠데타를 일으키고 친정을 시작.

- 그러나 친영파의 집권에 당황한 독일은 종전의 '마리타 작전'을 수정하여 알바니아 전선을 지원하지 않고 유고슬라비아를 거쳐 그리스 국경까지 점령할 생각으로 4월 6일 선전포고도 없이 베오그라드를 잿더미로 만들며 침공 시작.
- 전쟁이 터지자 크로아티아인들은 세르비아인들을 배반하고[3] 독일군에 가담, 불가침 조약을 맺었던 헝가리군은 간단히 조약을 파기하고 남진.
- 동시에 불가리아에서 건너온 독일군과 불가리아 군이 그리스를 침공하면서 유고슬라비아는 완전 포위된다.
- 유고의 최대 세력이던 게릴라 조직 '체트니치(Четници)'를 이끌던 세르비아계 유고슬라비아 장군 드라자 미하일로비치(1893~1946)는 연합군의 지원까지 받는다. 그러나 그는 유고 왕정이 부활할 날만 기다리며 독일군을 공격하기 보다는 당시 세르비아인 50여만 명을 잔혹하게 학살한 크로아티아의 우스타샤 정권(Ustaša)과 이에 맞서 싸우던 빨치산 공격에 집중하며 20여만 명의 크로아티아인과 무슬림을 학살한다.
- 체트니크[4] 대신 선택받은 티토의 빨치산이 전후 주도권을 쥐고 전후에는 유고슬라비아 연방으로 재탄생. 유고 연방은 일단 공산주의를 선택하지만, 소련의 간섭을 배제하고 다른 제3세계 국가들처럼 중립, 독자노선을 걸으면서 소련과 심하게 대립한다.

▶ 티토 치하

- 티토 정부는 빨치산 시대의 경험을 토대로 소련의 침략에 대비하여 범국민적 방어체계 구축. 전 국민이 정규군으로 처리되어 제네바 협약까지 적용받는다.
- 티토 사망 후 통제력을 상실한 유고 연방은 슬로보단 밀로셰비치 등의 민족주의 선동을 막지 못하고 붕괴, 세르비아계인 몬테네그로 공화국을 제외한 전 연방 구

3) 크로아티아 온건파 세력이 섭정과 줄다리기 끝에 1940년에 광범위한 자치권을 얻어냈지만, 이탈리아의 입김을 받은 강경 파시스트 세력들이 반란을 일으킨 것.

4) 유고슬라비아 육군 체트니크 분견대, 속칭 '체트니크(체트니치)'는 제2차 세계대전 당시 드라자 미하일로비치가 이끈 세르비아 민족주의 유격대. 결성 목적은 추축국과 그에 협력하는 크로아티아와 싸우는 것이었지만, 실제로는 티토의 공산 유격대와 항쟁하거나 크로아티아계 유격대인 우스타샤가 세르비아인들을 학살한 것에 대한 보복으로 크로아티아인들을 학살하는 일에 더 집중했다.

성국들이 독립 선언.

- 문제는 크로아티아와 보스니아에 퍼져있던 세르비아인들이 크로아티아와 보스니아로부터 재 독립을 추구, 이를 진압하려는 신생 크로아티아/보스니아와 세르비아인들을 후원하는 베오그라드 정권 사이의 내전 발발. 사태가 심각해지면서 인종청소와 포로 학살, 그리고 두브로브니크를 포격함에 따라 동정적 감정이 서구의 개입을 유발한다.
- 베오그라드 정권은 크로아티아, 보스니아 등의 세르비아인들을 간과하고 세르비아-몬테네그로(신 유고연방)로 국가 개편.

〈잠깐〉 티토와 티토주의

▶ 티토(Josip Broz Tito, 1892~1980)

- 유고슬라비아 연방 공화국의 초대 대통령, 티토주의라 불리는 민족주의적 공산주의 창시.
- 티토의 아버지는 크로아티아인, 어머니는 슬로베니아인.
- 현재 크로아티아의 수도인 자그레브 근처의 쿰로베츠(Kumrovec)에서 태어났으나 세르비아에서 주로 활동.
- 1948년 소련의 획일적이고 경직된 공산주의에서 벗어나 각 나라의 실정에 맞는 공산주의를 해야 한다는 민족주의적 공산주의(National Communism) 창시.
- 경제에 자본주의적인 요소를 도입하고 종교의 자유를 인정, 당 조직에 대해서도 민주화, 자유화 개혁 추진.
- 대외적으로는 미국과 소련이 주축이 된 냉전 블록에 가담하기를 거부하는 비동맹 외교정책 시행. 비동맹 정책은 제2차 세계대전 이후 독립한 아시아, 아프리카 국가들과 라틴 아메리카 국가들에서 큰 지지를 받음.
- 티토의 독자노선은 소련 중심의 단일 공산주의 세계를 추구하던 스탈린에게 큰 타격. 스탈린은 코민포름(공산당 정보국)에서 티토가 이끄는 CPY(유고슬라비아 공산당)를 축출하고 다른 국가들이 유고슬라비아의 전례를 따르는 것을 막기 위해 티토 주의자들에 대해 대대적인 숙청 단행. 유고슬라비아에 경제봉쇄, 국경분쟁, 군사침략 등을 실시.
- 그러나 소련의 위협에도 티토의 권위는 흔들리지 않았으며, 유고슬라비아 국민은 티토를 중심으로 단결.

▶ 유고 내전

〈내전의 흔적, 옛 국방성 건물〉

- 권좌에 오른 슬로보단 밀로셰비치(1941~2006) 대통령은 대세르비아주의를 포기하지 않고, 정적 살해와 코소보 사태로 1999년 신 유고연방은 NATO군의 공습을 받는다.
- 결국 신 유고연방군이 코소보에서 철수하는 것으로 마무리, 이듬해 밀로셰비치 대통령이 선거에서 패배한 직후 전범으로 기소되면서 정권까지 교체.
- 2006년 5월 21일 몬테네그로가 분리 독립 투표를 의결하여 신 유고연방이 해체되면서 세르비아는 내륙국으로 전락한다.

▶ 코소보 전쟁 이후

- 몬테네그로가 독립하자 알바니아계 주민들이 다수를 차지하던 코소보도 세르비아로부터 강력하게 독립을 요구하기 시작.
- 그러나 오랜 유고 연방 국가들의 분열로 세르비아는 더 이상의 분리 독립은 용납될 수 없다며 자신들의 역사에서 중요한 위치를 차지하는 코소보의 독립을 강력하게 반대, 코소보의 독립을 막기 위한 온갖 방법을 동원.
- 이에 핀란드 아티사리 대통령과 유럽연합, 국제연합 등이 코소보 지위 문제를 해결하기 위한 평화 협상과 세르비아와 코소보 간의 화해를 중재했지만 결국 실패.
- 2008년 2월 코소보가 일방적으로 세르비아로부터 독립을 선언. 이에 세르비아는 코소보의 이러한 일방적 독립 선언을 무효라며 코소보를 정식 주권 국가로 승인하지 않는다. 그럼에도 코소보가 독립하자 세르비아 전역에서 코소보의 일방적인 독립을 규탄하는 독립 반대 시위,[5] 독립한 즉시 미국과 영국, 프랑스 등등 서방 국가들이 코소보를 정식 주권 국가로 승인.
- 그러나 수단, 아르헨티나, 중국, 스페인, 인도네시아, 슬로바키아, 러시아, 그리스, 인도, 이라크, 모로코 등 대다수의 국가들이 코소보를 정식 독립국가로 인정하지 않아서 코소보는 현재 그 지위가 상당히 애매한 미승인 국가로 남아있는 상태.

---

5) 폭동. 코소보 독립을 승인한 미국 대사관을 공격하고 미국 국기를 불태우기까지 했다.

- 주변국들과는 달리 역사적으로 패권은 고사하고 침략과 전쟁으로 수없이 많은 피를 흘렸고 현재에도 전범 처리문제와 지속되는 민족 분쟁, 종교 분쟁으로[6] 유럽연합 가입자격을 얻지 못하고 있다.[7]
- UN가입도 유고슬라비아 내전이 한창이던 1992년 UN안전보장이사국의 유고 재제 결의에 따라 회원국 자격을 박탈당했지만, 2000년 밀로셰비치 대통령이 물러나면서 신유고 연방의 국호를 달고 재가입했다. 반면 몬테네그로는 독립 이후 유럽연합 가입의 청신호가 켜진 상태.
- 그러나 이런 국내외적 악조건 상황 속에서도 세르비아는 현실적으로 유럽연합 회원국 가입을 희망, 2009년 12월 유럽연합에 가입 신청서 제출하고, 2014년 1월 유럽연합 가입 협상을 시작했다.
- 루마니아, 헝가리, 불가리아, 크로아티아, 마케도니아, 몬테네그로 등 세르비아 주변의 이웃한 나라들이 유럽연합에 가입했거나 가입을 추구하면서 세르비아 내부에서도 유럽연합 가입이 시급한 형국이다. 그럼에도 세르비아의 유럽연합 가입은 별다른 성과가 없는 실정이다. 허약한 자국의 경제력도 문제이고 유럽연합의 기준에 맞게 법률이나 제도 등이 상당부분 정비되어야 하는 때문이다.
- 정작 유럽연합에 가입신청서까지 제출하여 가입 의지가 강한 세르비아이지만 NATO 가입 문제에는 매우 부정적이다. 1990년대 유고슬라비아 내전 당시 나토군의 무력 개입에 공습까지 받는 등 일반 국민들의 인식조차 NATO에 대한 감정이 나쁘고, 당시 나토군의 전투기가 폭격한 빌딩이나 건물 잔해까지 그대로 남아있기 때문.

6) 이런 민족 분쟁들이나 종교 분쟁들은 세르비아 말고도 다른 동유럽 국가들도 대부분 겪었다. 세르비아의 인접국 불가리아도 과거 터키계와 이슬람교를 믿는 자국 내 슬라브인들을 민족, 종교가 다르다는 이유로 탄압하거나 군경을 동원하여 유혈진압을 한 전례가 있었다.

7) 그러나 세르비아의 유럽연합 가입에 걸림돌이던 전범처리 문제는 2011년 여름 1990년대 유고슬라비아 내전 당시 전쟁 범죄자인 라트코 믈라디치와 고란 하지치가 검거되면서 종료되었다.

3
문화

▶ 여행규칙

- 기본 상식.

여행하기에 안전한 국가. 코소보 의회가 2008년 2월 17일 코소보 독립을 선언했지만, 세르비아는 현재까지 독립을 인정하지 않고 있다. 이는 나라 전체의 정치적 긴장으로 이어질 수 있다는 뜻이다. 산발적인 폭력행위의 발생 가능성은 언제나 잠재한다.

- 위험 지역.

코소보 국경지역 - 긴장상태가 잠재해 있어서 코소보 국경지대를 여행할 때, 예컨대 노비 파사르(Novi Pazar) 주변과 부야노바치(Bujanovac)와 프레소보(Presovo) 주변 지역에서는 주의할 것. 브르느야크(Brnjak)와 야린예(Jarinje) 국경 초소를 둘러싼 갈등 때문에 2011년 코소보 국경 쪽에서 코소보 경찰과 세르비아 소수민족 간에 심한 충돌이 일어나면서 사망자와 부상자가 발생했다. 이로 인해 긴장상태가 고조된 상태다.

지뢰위험지역도 있다. 남부 세르비아(Presevo, Bujanovac, Medvedja 지역), 크로아티아로 가는 국경 최남단 지역.

- 범법 행위.

경제 상황이 좋지 않아서 자동차 도둑과 절도사건 같은 사소한 범법 행위들이 늘어나는 추세. 자동차 도둑은 값비싼 브랜드를 선호하고, 소유주를 교묘하게 유혹하는 경우가 허다하다. 노상에서 동성애자로 보이는 사람들에게 접근하는 사례들도 있다. 혼자 여행하는 것은 되도록 자제할 것! 고속도로 휴게소에서는 주차된 자동차를 절도하는 사례도 드물게 발생. 밤길은 특히 조심할 것.

- 자연적인 위험.

근래에 여러 번 소규모 지진도 발생했다.

▶ 관광 산업

- 세르비아 경제의 중요한 성장산업들 중 하나.
- 2013년 220만 여명이 방문하여 남동유럽에서 가장 인기 있는 휴가여행지들 중 한 곳. 관광산업 분야에서 오랜 전통을 자랑한다.
- 아드리아 해나 다른 바다로 가는 길목은 없지만, 문화와 역사에서 아주 다양한 모습. 수많은 요새, 고성, 종교건물, 도시와 마을, 자연풍광과 행사들이 여행객들을 유혹하고 있다.
- 국립공원 5곳, 자연공원 20곳, 590여 곳의 자연보호지역. 이 지역의 자연은 개발보호구역으로 지정되어 있다. 세르비아 국토의 30%가 숲으로 덮여있기 때문. 그 중 대부분은 자연 상태로 보존되고 있는데, 8곳이 습지보호지역.
- 핵심 여행지역: 수도 베오그라드, 노비사드(Novi Sad), 니쉬(Niš), 크라구예바츠(Kragujevac), 수보티차(Subotica) 같은 대도시와 야고디나(Jagodina), 우지체(Užice), 포자레바츠(Požarevac) 같은 소도시, 브른야시카(Vrnjačka), 반야(Banja), 소코반야(Sokobanja) 같은 온천도시, 코파오닉(Kopaonik) 산맥과 즐라티보르(Zlatibor) 산악지대(세르비아 서부의 디나르 알프스 산맥에 속하는 산악지대) 그리고 도나우 강.
- 수많은 요새와 수도원, 수많은 호수와 협곡, 메디아나(Mediana), 이우스티니아나 프리마(Iustiniana Prima), 레펜스키 비르(Lepenski Vir) 같은 고고학적 유적지. 물론 이들 중 다수는 유네스코 세계문화유산에 등재됐다.
- 남동유럽의 핵심부는 오랫동안 다양한 문화들, 무역 대상(隊商)들, 원정군들의 집결지였다. 그래서 축성시설들의 잔해들에서 고대부터 현대에 이르는 유럽 군사건축의 발달상을 엿볼 수 있다.
- 도나우 계곡의 지정학적 위치로 인해 로마 제국, 세르비아 제국, 오스만 제국은 바치카 지역(Bačka)에서부터 철문 지역(Đerdapska klisura)에 이르기까지 강변에 수많은 요새 시설들을 건설했다.

▶ 유명 관광지

- 도시의 상징인 베오그라드의 요새(⇨)
- '도나우 강의 지브롤터'라 불리면서 17세기 유럽에서 가장 큰 축성으로 알려진 노비사드(Novi Sad)의 페트로바라딘(Petrovaradin) 요새.

- '비둘기의 도시'란 별명을 가진 골루바츠키(Golubački) 요새.

〈페트로바라딘 요새(좌), 골루바츠키 요새(우)〉

▶ 유네스코 세계문화유산에 등재된 세르비아의 유산들

- 대부분 중세의 세르비아 정교 수도원들.
- 로마와 비잔티움의 예술로부터 영향을 받았거나 세르비아-비잔틴 양식으로 알려진 세르비아 왕들의 무덤.
- 세르비아 왕의 요람으로 여겨지는 중세의 스투데니카(Studenica) 수도원, 소포차니(Sopoćani) 수도원과 베드로 성당이 있는 중세도시 스타리 라스(Stari Ras⇦).
- 고고학 발굴지 감지 성터와 갈레리우스 궁전.
- 코소보 소재 중세의 종교건물들과 세르비아 문화재들, 비소키 데샤니(Visoki Dečani) 수도원과 그라차니카(Gračanica) 수도원, 페치 대성당 수도원과 프리즈렌의 르예비스 성모교회(Bogorodica Ljeviška).

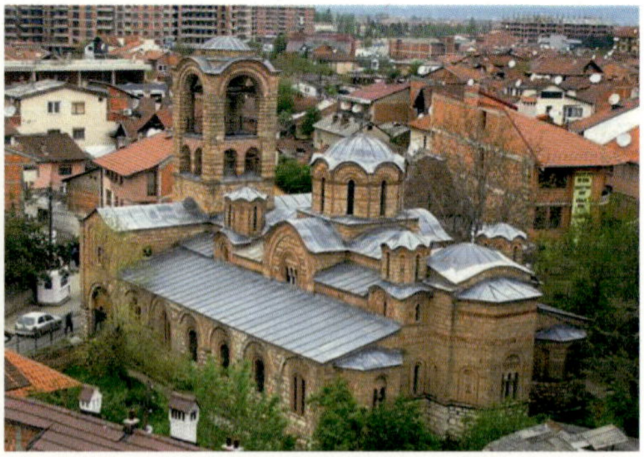

〈스투데니카 수도원 서문(좌), 프리즈렌의 르예비스 성모교회(우)〉

▶ 세르비아의 7가지 건축 기적

이미지	문화유산	위치	시기	특징
	베오그라드 요새	베오그라드	535	포베드닉(Pobednik, 승리자) 기념탑
	샤르간 에이트 (Šarganska osmica)	샤르간에서 모크라 고라 마을까지	1925	서부 세르비아 지역의 협궤철도. 드르벤그라드(Drvengrad)에 위치, 세르비아 영화 〈Life Is a Miracle〉(감독 Emir Kusturica)이 촬영된 작은 마을
	스투데니차 수도원	크랄리에보 근처	1196	유네스코 세계문화유산에 등재된 탁월한 문화유적지
	감지그라드 (Gamzigrad)	자예차르 근처	298	로마의 로물리아나 유적. 성문과 주요 성벽. 보석, 무기, 화폐 등 고대 로마 시대의 많은 유물 발견. 갈레리우스가 지은 궁전은 기둥과 모자이크 그림이 남아있음
	비소키 데샤니 수도원	페치(Peć) 근처	1327	코소보 소재 정교회 수도원. 프레스코화로 유명함.
	성 사바 성당	베오그라드	1989	세르비아의 초대 대주교이자 수호성인인 '성 사바(1175~1235)'에게 헌정된 정교회.
	수보티차 시청사	수보티차	1908~10	세르비아의 북쪽 끝, 헝가리 국경에 위치, 아르누보 양식 건축물(1908~1912)로 유명

▶ 세르비아의 7가지 자연 기적

이미지	문화유산	위치	특징
	드리나의 봄	보스니아·헤르체고비나와 국경을 이루는 곳	
	우바츠(Uvac)	세르비아 서남부의 강.	스예니차(Sjenica) 근처 우바츠담 수호의 굽이치는 사행천
	다볼야 바로시 (Đavolja Varoš)	남부세르비아의 라단 산맥	'악마의 도시'란 뜻. 200개 이상의 토주들(높이 2m~15m)
	타라(Tara) 국립공원	디나르 알프스 산맥, 스타리 블라흐(Stari Vlah)	세르비아의 5개 국립공원 중 하나
	철문 (Đerdap)	도나우 강에 위치. 루마니아와의 국경 형성	유럽에서 가장 길고 가장 큰 협곡.
	브라트나 문	브라트나 강, 보르 지구	강 위로 형성된 3개의 거대한 자연석 다리
	프루쉬카 고라 (Fruška Gora)	보이보디나	국립공원, 12~15세기에 건축된 16개의 수도원들 소재

(1) 베오그라드(Belgrade)

- 다뉴브 강과 사바 강의 접점에 위치한 수도, 크로아티아어로 하얀 마을의 뜻.
- 동로마 제국 시절 이 지역을 점령한 로마인들이 흰 벽돌로 성벽을 둘러쌓은 때문에 이런 명칭이 붙었다.
- 인구 100만의 도시로 사바 강을 중심으로 도시 남부에는 노비베오그라드가 형성되어 행정기관과 주택가들이 몰려 있다.
- 12세기경 주변의 국가들 사이에서 지배권을 다투었을 정도로 교통과 군사적 요충지인 베오그라드는 역사적 환경에 따라 지배권이 바뀌면서 안정된 역사를 누려보지 못했다.
- 예전에는 유고연방의 수도였고 현재는 세르비아의 수도로서 세계의 수많은 기업들이 입주해 있다. 종합대학과 300여 개의 학교들, 과학예술 아카데미와 각종 박물관과 미술관이 있어서 문화의 중심지. 사회주의 잔재가 남아있지만, 근교에는 누드수영장도 있다.

▶ 스카달리야 거리

- 베오그라드의 몽마르트르라 불리는 보헤미안들의 거리.
- 오스만 제국 시대에 포장된 자갈길 양쪽에 화랑, 술집, 레스토랑 등 산재.
- 여름철에는 아침까지 밤새도록 활기가 넘치는 곳, 예부터 많은 예술가들의 주거지로 한때는 보헤미안 라이프의 중심지.

▶ 공화국 광장

- 베오그라드 구시가의 중심이 되는 광장.
- 1945년 11월 29일의 공화국 공포를 기념하여 '공화국광장'이라 명명.
- 중앙에는 '미하일로 오브레노비치(1823~1868)'의 기마상이 있다. 그는 오스만 제국의 지배에서 이 도시를 해방시킨 세르비아의 왕으로, 오랜 오스만 제국의 지배가 끝난 1867년, 베오그라드로 수도를 옮긴 세르비아의 영웅.
- 광장 주변에는 국립박물관, 국립극장이 있고, 카페, 레스토랑, 영화관 등이 줄지어 있다.

〈좌: 공화국 광장. 크네즈미하일 거리 끝에 위치. 광장 주변에 국립박물관 국립극장 등 주요 관광지가 모여 있고, 5분 거리에 베오그라드 대학이 있어 대학생들이 애용하는 약속장소, 우: 스카달리야 거리가 시작되는 베오그라드 중심광장, 공사 중인 건물은 국립박물관, 오른쪽 잘린 건물이 오페라하우스, 기마동상은 19세기 세르비아 군주였던 '' 미하일로 오브레노비치'〉

▶ 세 모자 카페

- 빨강색, 하얀색, 검정색 모자를 쓴 세 명의 문인들이 만났다고 붙여진 이름, 이 거리에서 가장 오래된 카페.

▶ 주네 압스타(1832～1878)(⇦)

- 본명은 게오르기예 '주라' 약쉬치(Georgije "Đura" Jakšić). 오스트리아제국 시절(현재 세르비아)의 스릅스카 크르냐((Srpska Crnja)에서 세르비아 정교회 신부의 아들로 출생. 초등과 중등 과정은 티미쇼아라(현재 루마니아)와 세게드(현재 헝가리)에서 다녔다. 이후 빈과 뮌헨에서 순수미술을 공부하다가 1848년 헝가리혁명으로 학업을 중단하고 스르보브란에서 혁명에 가담했다가 부상당했다. 이후 베오그라드의 스카달리아 거리에 주소를 두고 교사생활을 하며 화가, 시인, 작가로 활동했다.
- 스카달리아 거리 중간쯤 그의 집(현재는 기념박물관으로 사용 중) 앞에는 그의 전신조각상이 있는데, 사람들이 기념사진을 찍느라 무릎에 하도 많이 앉아서 반질반질하다.

▶ 크네즈 미하일로바 거리

- 공화국 광장에서 칼레메그단까지 이어지는 보행자 전용도로, 베오그라드 최고 번화가.
- 원래 칼레메그단과 구시가를 연결할 목적으로 1867년에 건설된 거리.

- 세르비아 유행의 첨단을 달리는 곳, 수많은 유럽 브랜드숍, 쇼핑몰, 카페, 레스토랑, 갤러리 등.

▶ 물음표 카페

- 사보르나 정교회 성당 옆에 위치.
- 1923년 문을 연 베오그라드에서 가장 오래된 선술집.
- 처음에는 알기 쉽도록 '사보르나 교회 앞 카페'라고 간판을 붙였는데, 술집 간판에 교회 이름 사용을 교회가 반대하자 마땅한 이름이 생각나지 않아 임시로 '?'를 붙인 것. 이 '?'표 때문에 영업이 더욱 잘되어 '?(물음표) 카페'가 되었다.

▶ 사보르나 정교회 성당(Saborna crkva)

- 베오그라드에서 가장 오래된 신고전주의 양식 건물과 당시 오스트리아에서도 유행하던 바로크 양식의 첨탑을 가진 세르비아 정교 성당. 영어로는 성 마이클 대성당(St. Michael's Cathedral).
- 19세기 전반기 세르비아의 베오그라드와 관련된 역사적인 기념물로 중요한 가치가 있는데, 지금은 행정과 문화의 중심지로 변한 이 교회의 주변지역에서 그런 가치를 읽을 수 있다. 역사적으로 새로운 사회적, 정치적 상황들이 출현하면서 이 교회는 오스만 제국의 중앙집권과 수세기 동안의 종속 상태에서 벗어나려는 독립투쟁의 구심점이 된 곳이다.
- 교회는 본당이 하나이고, 동쪽에는 아프시스를, 서쪽에는 그 위에 높은 종탑이 우뚝 솟아 있는 나르텍스(성당 정문 안의 현관 홀)를 가진 구조를 하고 있다. 내부공간은 제단, 신상 봉안소, 나르텍스로 나눠져 있는데, 이곳에 종탑으로 올라가는 계단이 있다. 동일하고 단순하게 만들어진 북쪽과 남쪽 파사드와는 달리 서쪽 파사드 - 핵심 파사드 - 는 전형적인 입구와 계단으로 통하는 넓은 통로가 있는 독특한 구조를 하고 있다.
- 이런 교회 유형은 세르비아의 영주 밀로쉬 오브레노비치(Miloš Obrenović, 1780~1860)가 지배하던 시기에 아주 보편화된 양식이다.

- 성당의 채색은 19세기에 세르비아에서 가장 유명한 화가 중 한 사람인 디미트리예 아브라모비치(Dimitrije Avramović, 1815~1855)의 작품이다. 그는 1941년부터 1845년까지 총 18개의 벽면그림과 50여 개의 이코노스타시스[8]를 위한 이콘화를 완성했다. 그는 비엔나파와 독일의 나자렛파[9]로부터 영향을 받았다.

▶ 칼레메그단 요새

- 도심 서북쪽 사바 강과 도나우 강의 합류점에 자리하고 있는 역사적인 요새였으나 지금은 공원으로 사용 중이다. 베오그라드의 상징이자 주민들의 쉼터로 사랑받고 있는 장소.
- 칼레메그단의 '칼레'는 터키어로 언덕, '메그단'은 전투를 의미. 이름에 걸맞게 야외 군사 박물관에는 세계대전 당시 쓰였던 무기들을 전시하고 있다.
- 3세기 경 켈트족이 처음 이곳에 요새를 세운 이후, 로마, 슬라브, 오스만, 합스부

〈좌: 칼레메그단 요새 입구의 성문, 우: 왕의 문〉

8) 정교회 내부에서 앞쪽 제단을 중심으로 천장에는 구리나 은으로 만든 등불이 켜져 있고, 회중석 정면에는 석조와 목조의 칸막이가 있고, 제단은 그 배후에 있어서 회중석에서는 보이지 않는다. 이 칸막이를 이코노스타시스, 즉 성화벽라고 한다. 거기에는 크고 작은 이콘화들이 걸려 있다. 여기서 말하는 이콘 또는 이콘화는 예수, 성모, 성인 등을 판에 그린 성화를 말한다.

9) 19세기 초기부터 성행한 독일 낭만주의 정신과 밀접한 관계를 맺으며 독일 고딕에 대한 향수와 이탈리아 르네상스 미술의 조형성에 대한 탐구가 결합되어 나타난 미술사조. 나자렛파는 군주들과 신흥 자본가들의 후원을 받아 독일 국민들에게 종교적 신앙심의 고취와 독일 중세 미술에 대한 향수를 부추기며 대중적인 호응을 얻었다. 나자렛파 미술에는 독일 낭만주의의 민족적이고 종교적인 성격이 그대로 드러나 있다. 그래서 나자렛파는 순수하게 중세시대에 있었던 종교적 경건함을 따르고자 형성되어 고립된 집단생활을 했음에도 왕과 귀족계층들로부터 후원을 받을 수 있었다. 순수한 기독교 정신에서 출발하여 민족주의로 확대된 나자렛파 종교화는 국가적인 지지를 받으며 새로운 독일의 종교적이고 애국적인 미술로서 독일에서 뿐 아니라 전 유럽에서도 커다란 반향을 일으켰다. 예컨대 1840년 신고딕 양식으로 건축한 런던 국회의사당의 벽화 장식도 나자렛파의 영향이 강하게 작용한 것이다. 나자렛파가 종교화를 통해 19세기 전반기 독일에서 뿐만 아니라 전 유럽에서 전통적인 기독교 세계관과 인문주의 전통을 재발견하고 근대화시킨 점은 독일 낭만주의가 프랑스 낭만주의와 구별되는 특징.

<요새 성문 안쪽(해자가 있던 자리)의 테니스장과 야외 군사박물관>

르크 등의 지배를 거치면서 이들의 흔적이 성벽에 고스란히 남아 있다.

- 공원 속의 성곽은 2000년의 역사를 가진, 베오그라드 최고(最古)의 것.
- 칼레메그단 공원은 도시 한복판에 있기 때문에 베오그라드 시민들이 즐겨 찾기에 안성맞춤인 공원. 크네즈 미하일로 거리를 지나 위쪽 도시, 아래쪽 도시 그리고 칼레메그단의 세부분으로 구성되어 있다. 이 모든 지역을 포함하여 현재는 칼레메그단으로 통칭. 일명 '베오그라드 요새'라고도 한다.
- 칼레메그단 공원은 베오그라드의 가장 오래된 역사적 유적지. 그리스-로마시대와 중세시절에는 칼레메그단을 중심으로 마을이 발전, 오늘날의 베오그라드는 이 칼레메그단을 그 모체로 하고 있다.
- 이 공원은 원래 군사 목적으로 만든 것. 그 흔적은 오늘날에도 볼 수 있다. 플라비예의 제4군단이 주둔할 때의 로마군 진영과 황제 아나스타시우스 1세(510년)와 유스티니아누스 황제(535년) 시절의 이중 요새의 흔적이 남아 있다.
- 중세시대에 건설되어 아직까지 잘 보존된 유적은 2개의 반원형 탑 모양을 갖춘 '진단의 대문'과 15세기에 건설된 사각형 모양의 '전제군주의 대문'. 오스만 제국 시절과 합스부르크 왕가 시절의 수많은 유적들이 있지만 아직까지 완전히 발굴되지는 않은 상태. 위쪽 도시에는 제2차 대전의 승리를 기리는 커다란 기념탑이 위치하고 있는데, '승리자의 탑'이라 부른다. 이 승리자의 탑이 한쪽 귀퉁이에 위치할 수밖에 없었던 까닭은 베오그라드 시민들의 보수성 때문이다.

▶ 군사박물관

- 칼레메그단 공원의 중앙에 위치.
- 고대시대부터 오늘날까지의 다양한 병기와 군사 장비들이 진열되어 있다. 그래서 세르비아의 영토가 시대에 따라 어떻게 변천되었나를 보여 주는 역사 교육의 장

으로 활용되고 있다. 특히 대 오스만 제국 항전사, 제1차 대전 및 2차 대전에서의 전황을 한눈에 볼 수 있도록 진열하고 있다.

- 공원 입구에서 약 20m쯤 떨어진 지역에 '투쟁의 분수(폰타나 보르바)'위치, 분수를 중심으로 배치된 벤치에서는 주로 퇴직한 연금생활자들이 서양장기를 두며 그들의 여생을 즐기는 곳. 분수 뒤쪽에는 제1차 대전에서 프랑스가 보여준 군사협력과 우정에 감사하여 1930년도에 세운 '프랑스에 대한 감사 기념탑'이 있으며 해마다 이를 기념하는 의식 거행. 프랑스가 제 1차 세계대전 당시 세르비아를 지원, 특히 세르비아의 전쟁고아들을 프랑스 여인들이 돌봐 준 것에 대한 감사함을 잊지 않겠다는 뜻으로 건축. 조각 받침대 뒷부분에는 '1914~1918년 프랑스가 우리를 사랑한 것처럼 우리는 프랑스를 사랑합니다.'라는 글이 새겨져 있다.

▶ 승리자의 탑(Spomenik Pobedniku)

- 1928년 조각가 이반 메슈트로비치(Ivan Meštrović, 1883~1962)가 설치.
- 원래는 시내 중심가에 있었는데, 남자 누드상이 상스럽다고 하여 이곳으로 옮긴 것, 누드상의 정면은 강 쪽을 향하도록 배치했다.

- 'Pobedniku'는 '승리자'의 뜻. 오른손에 독수리를, 왼손에 접은 검을 들고 있다. 정육면체의 주춧돌에 홈을 파서 만든 도리아 양식 기둥형태의 받침은 페타르 바얄로비치(Petar Bajalović, 1876~1947)의 작품이다. 이 동상은 1912년에 원래 제1차 발칸 전쟁으로 '옛 세르비아'와 코소보가 350년간의 오스만 압제로부터 독립한 것을 기념하여 헌정된 것이었

다. 오스만에 승리한 것을 기념하는 조형물 건립에 관한 제안들을 수집한 결과, 베오그라드 당국은 1913년 8월에 승리자의 기념비 건립을 결정했다.

나체 남성 조형물을 베오그라드 중심의 테라지예(Terazije) 광장에 세우는 문제로 갑론을박하다가 1928년에 비로소 예정대로 설치되었다.

- 원래는 테라지예 광장(당시는 왕위 계승자 알렉산다르 광장으로 불림)의 고지대에 기념 분수로 기획되었다. 이 분수는 4마리 사자상들이 등에 타원형 저수조를 가진 하나의 돌받침으로 되어 있었다. 그 중앙으로부터 우둑 솟은 대리석 기둥 꼭대기에 승리자 청동상이 있었다. 이 분수의 자세한 모습은 자그레브에 있는 이반 메슈트로비치 아틀리에에 메슈트로비치의 원본설계도면에서 확인할 수 있다.
- 제1차 세계대전 초기에 메슈트로비치는 오스트리아-헝가리 이중제국의 국민이어서 거의 마무리 단계에서 베오그라드를 떠나야 했다. 오스트리아, 독일, 헝가리 군대가 점령기에 모든 조각상들을 파괴했지만, 승리자상과 사자상은 예외였다.
- 제1차 세계대전 후 분수를 테라지예 광장에 설치하는 문제가 논의되었지만, 승리자상과 사자상의 주조 비용만 지원받을 수 있었다. 1923년 베오그라드 당국과 메슈트로비치 간의 계약에 따르면 이 기념물은 테라지예 광장에 설치되어야 했다. 1927년 기술적인 작업을 준비하는 과정에서 도덕적, 예술적 이유에서 나체 조각상을 중앙 광장에 설치하는 것에 반대하는 민중운동이 일어났다.
- 오랫동안의 논쟁과 비판을 거쳐 베오그라드 당국은 테라지예 광장에의 기념물 건립을 반대하고 시 외곽의 다른 곳을 물색하여, 최종적으로 '승리자' 조각상을 베오그라드 요새의 언덕에 건립하기로 결정. 1928년 10월 7일에 새 사베-가로수길 일부가 개통되면서 승리자 기념비의 제막식이 거행되었다.

▶ 성 사바 대성당(Cathedral of Saint Sava)

- 2016년 현재 남동유럽에서 가장 큰 정교 성당이자 세계 최대의 교회들 중 하나. 12,000여 명의 신도와 800여명의 성가대를 동시에 수용 가능.
- 13세기 세르비아를 비잔티움 제국의 정교회 관구로부터 독립시켜 새로운 독립교구를 만든 라스트코 네마니치(Rastko Nemanjić, 1175~1235/36)와 관련이 있다. 그는 세르비아 왕국을 부흥시킨 스테판 네마냐(Stefan Nemanja, 1166~1196)의 셋째아들이다. 성 사바는 네마니치가 정교회 입문 때 받은 세례명으로, 세르비아의 왕자이자 정교회 수도승이라는 자신의 지위를 활용하여 당시 정교회의 본산지이던 비잔티

〈사바 대성당과 내부〉

움 제국으로부터 세르비아 정교회를 독립교구로 승격시킨 인물이다. 비잔티움 제국으로부터 독립된 최초의 세르비아 독립 교구는 현재의 코소보 쥐차(Žica)에 건립되었다. 이후 성 사바는 세르비아 정교 초대 주교가 되었고, 오늘날까지 세르비아 정교의 아버지로 추앙받고 있다.

- 그러나 14세기 중후반부터 오스만 제국의 발칸반도 침략으로 몰락하기 시작한 세르비아 왕국은 16세기 무렵 국토 전체가 오스만의 식민지가 되었다. 당시 오스만 제국의 세르비아 총독이던 시난 파샤는 1594년 4월 27일에 세르비아인의 정신이자 민족주의의 초석이라 할 수 있는 정교의 뿌리를 말살시키고자 밀레셰바 수도원에 안치되어 있던 성 사바의 유해를 꺼내 현재의 성 사바 성당이 있는 곳으로 이동시켜 세르비아인들이 보는 앞에서 소각해버렸다. 300여 년이 지난 19세기 말 세르비아가 오스만에게서 독립하자 세르비아인들은 성 사바의 정신과 세르비아 정교의 뿌리를 되살리고자 사바의 유해가 태워진 곳에 발칸반도 최대의 성당 건축을 계획하고 정교회 신도들의 헌금으로만 성당을 짓기 시작하여 오늘에 이르고 있다.
- 당시 세르비아의 유명 건축가이던 알렉산다르 데로크(Aleksandar Derok), 니콜라 네스트로비치(Nikola Nestrović)가 1935년부터 이스탄불의 성 소피아 성당의 외형을 모델로 한 네오비잔틴 양식으로 건축을 시작하였으나 제2차 세계대전이 발발하면서 중단되었다. 종전 이후에도 유고슬라비아 사회주의 연방공화국의 반 종교 정책으로 1985년까지 공사가 금지되었다. 이후 공사가 재개되어 현재 외부 공사는 완료 상태이지만 내부 공사는 아직도 진행 중에 있다.
- 장식. 성당 내부의 돌로 된 조각상들의 장식은 1930년대에 알렉산다르 데로크(Aleksandar Derok)가 입안한 것이다. 그의 설계에 따라 기둥머리들의 부조들이 완

성되었다. 성당의 모든 출입문들에는 청동 부조가 있다. 문 위의 반원 공간에는 모자이크가 있다. 알루미늄으로 장식된 창문과 장미창 장식 위로는 돌로 된 조각상들이 있다.

- 모자이크. 수년에 걸친 대규모 모자이크 작업은 석조 벽면의 모자이크 장식, 전실에 있는 회랑 및 예배당, 석조 세례당에서 수행되었다.
- 지하 납골당(Krypta). 이곳의 중앙을 차지고 있는 것은 세르비아의 군주이자 세르비아 정교 순교자인 성 라자르 흐레벨야노비치(Lazar Hrebeljanović, 1329~1389)의 장례교회. 이 지하 납골당은 콘서트, 세르비아 정교회의 보물 전시회 등을 위한 문화행사장으로 이용되고 있다. 교회 사원이 모자이크로 장식되었다면, 지하 납골당은 프레스코화로 가득하다. 게다가 벽면들은 트라베스티(희화화)와 석회석으로 뒤덮여 있다.
- 종. 49개나 되는 종들은 오스트리아 인스브루크의 종을 만드는 공장인 그라스마이르(Grassmayr)에서 온 것들이다. 4개의 종들은 일반적인 타종이지만, 나머지 45개의 종들은 카리용(Carillon, 많은 종을 음계 순서대로 달아놓고 치는 악기)을 위한 것들이다. 가장 큰 종은 직경이 2.04m, 무게가 6128kg이나 되고, 두 번째로 큰 종은 무게가 3650kg이나 된다. 가장 작은 종은 직경이 20cm, 무게가 11kg 정도 된다.
- 창문과 문. 창문 프레임과 교회의 로제트[장미꼴, 24면체] 무늬는 알루미늄으로 만든 것. 이것은 건축가 페시치(Branko Pešić)에 의해 이미 베오그라드의 오피스빌딩(Beograđanka, 세르비아에서 세 번째로 높은(높이 101m) 빌딩, 1969~1974년 페시치이 건축)의 외벽장식에 사용되기도 한 것이다. 창문 자체는 크리스탈 유리로 되어 있다. 정문은 알루미늄이 아니라 나무로 만들었다.
- 바닥. 난방장치가 된 바닥은 다채로운 화강암 판으로 마무리 되었는데, 지하 납골당 바닥도 동일한 판으로 만들었다.

(2) 노비사드(Novi Sad)

▶ 위치

- 세르비아 북부 보이보디나 자치주.
- 인구 400,000명(2010). 세르비아 제2의 도시.
- 베오그라드 북쪽 30km 지점의 도나우 강변 공업도시이자 발칸반도와 중앙유럽을 잇는 교통의 요충지.
- 주민의 75%가 세르비아인, 5%가 헝가리 인, 기타 여러 소수 민족.

▶ 역사

- 17세기에 건설, 강 연안의 어촌이었으나, 오스만 제국과 오스트리아의 경계 지점에 위치하여 군사적으로 중요해지면서 발전했다.
- 19세기 오스만 제국 시절의 세르비아인들이 도나우 강을 넘어 이곳으로 정착하였고, 오스트리아-헝가리 이중제국 시절에 세르비아인의 중심지.
- 오스트리아-헝가리 이중제국 시절에는 독일어로 노이자츠(Neusatz)로 불리기도 했다.
- 도시 이름은 로마 제국 시대의 지명인 쿠숨(Cusum)에 페트로바라딘 요새가 건설되면서 붙여진 이름, '다뉴브 강의 지브롤터'라는 별칭도 있다.

▶ 문화

- 가장 오래된 세르비아 문화협회인 〈Matica srpska〉의 고향. 이 기관은 1826년 부다페스트에서 창설되어 1864년 노비사드로 이관된 것이다.
- 세르비아 국립극장은 1861년 창설.
- 전쟁외상환자센터의 본부가 있다. 전쟁에서 정신적으로 충격을 받은 사람들에게 도움을 주는 곳.

▶ 페트로바라딘 요새(Petrovaradin Fortress)

- 지하묘지 시스템. 그 중 상위 두 층만 일반인에게 개방, 투어안내를 받으며 관람할 수 있다.

〈페트로바라딘 요새와 요새 내의 시계탑〉

- 17세기 당시 유럽에서 가장 큰 요새, 동시대에 발칸반도에서 오스트리아-헝가리 이중제국의 가장 중요한 요새. 1692~1780년에 건축된 것인데, 프랑스의 요새 건축가인 세바스티앙 드 보방(Sébastien Le Prêtre de Vauban)이 개발한 요새 유형을 따랐다.
- 요새의 규모는 112헥타르, 요새 밑에 만들어진 지하 통로(Catacombs)의 길이는 16km. 5개의 성문, 12,000개의 포문, 400개의 야전포 설치, 페트로바라딘의 상징물.
- 2001년부터 남동유럽에서 가장 거대한 뮤직페스티벌들 중 하나인 EXIT가 이곳에서 개최되기도 했다.

▶ 코빌리 수도원(Manastir Kovilj)

〈세르비아 정교회 성당이 있는 코빌리 수도원과 성당 내부의 이콘화들〉

- 노비사드에서 멀지 않은 코빌리 마을에 있는 세르비아 정교 수도원.
- 전설에 따르면 13세기에 세르비아의 성 사바가 창건했다. 이 수도원 자리는 스테판 2세 네마냐(재위 1217~1228)왕이 헝가리 왕 안드레아스 2세(재위 1205~1235)와 평화조약을 체결한 곳.
- 최초의 수도원 교회는 파괴되었고, 현재의 수도원 교회는 15세기 또는 16세기에 후기 모라바 건축학파 양식(후기 비잔틴 양식, 1370~1459)으로 건축됐다. 1705~1707년에 바로크 양식으로 재건됐다. 현재는 마약중독자 재활센터.

(3) 니쉬(Niš)

▶ 위치

- 세르비아 남부 니샤바 구에 위치한, 인구 182.209명(추정 252.000명)(2008년)으로 세르비아 제3의 도시.
- 도나우 강의 지류인 벨리카모라바 강 유역의 비옥한 니샤바 분지의 중심지, 벨리카모라바 강의 지류인 유주나모라바 강 연안에 위치.

▶ 역사

- 최초의 주거지는 기원전 6000~5000년의 것. 기원전 3세기 그리스 시대 때 켈트인이 니쉬 지역에 나비소스(Navissos, '요정'의 도시란 듯)란 이름의 정착촌 건설.
- 로마 제국이 기원전 75년에 이 도시를 정복하여 '나이수스(Naissus)'로 변경, 로마가 지배하던 발칸반도의 가장 중요한 성채들 중 하나로 발전한다.
- 나이수스를 통해 전략적인 도로 '비아 밀리타리스(Via Militaris)'가 개통됐다. 이 도로는 콘스탄티노플로부터 발칸반도의 아드리아노펠(Adrianopel), 필리포폴리스(Philippopolis), 세르디카(Serdica), 나이수스(Naissus)를 거쳐 신기두눔(Singidunum, 현재의 베오그라드)까지 연결됐는데, 옛날의 5번 유럽도로(현재 일부는 E75, 일부는 E80)와 일치한다.
- 나이수스에서 280년경 로마의 황제로서 기독교를 인정한 콘스탄티누스 대제(재위 306~337)가 탄생. 서로마 제국의 황제 콘스탄티우스 3세(612~641)도 이 도시에서 탄생했다.
- [395년] 이후 비잔티움 제국에 귀속.

- [580년경] 최초의 슬라브인들이 나이수스 주변에 둥지를 트면서 이 도시에 '니쉬(Niš)'라는 슬라브 명칭이 사용되기 시작한다.
- [615년] 슬라브인과 아바르족(옛 타타르족의 한 종족)에게 정복되면서 모라바 계곡에서 로마-비잔티움의 지배는 잠시 종말을 맞는다.
- 불가르 족의 칸 크룸(Khan Krum, 재위 803~814)이 809년 무렵 니쉬를 정복하지만, 1018년부터 다시 비잔티움의 지배를 받는다.
- 최초의 세르비아 영주로서 스테판 2세 네마냐가 1185년 이 도시를 손에 넣으면서 수도로 정한다. 니쉬에서 스테판 네마냐는 1189년 십자군 종군자로서 비아 밀리타리스를 따라 남쪽으로 이동하던 신성로마제국의 황제 프리드리히 바르바로사(Friedrich Barbarossa, 1122~1190)를 영접했다.
- [1190년] 비잔티움 제국이 다시 니쉬를 지배. 1205년 이후 세르비아 령, 1208년 불가리아 령. 그 이후에도 불가리아와 세르비아가 번갈아서 통치했다.
- [1385년] 오스만 제국이 처음 정복. 1459년 오스만 제국이 세르비아를 완전히 정복하면서 1878년까지 오스만 제국의 일부가 된다.
- 오스만 시절 유럽지역의 터키에서 가장 중요한 도시들 중 하나. 군 사령관의 본거지이자 니쉬 주(州)의 행정중심지. 오스만 제국이 현재의 니쉬 요새를 건설했다. 그래서 오스만 제국의 요새 건축을 엿볼 수 있는 사례들 중 하나.

▶ 문화

- 비잔틴 양식의 건물이 많았으나, 전쟁으로 상당수가 파괴되어 사라졌다.
- 니쉬의 현 중심가 동쪽 변두리에 로마의 유적인 메디아나 - 고대 나이수스의 변두리 - 가 있었다. 이후 메디아나의 안쪽 구역이 '니쉬'라 불렸다.

〈로마의 유적지 메디아나와 모자이크화〉

▶ 니쉬 요새

- [18세기] 오스만 제국에 의해 로마제국의 병영이던 자리에 건설된 것. 이 요새 안의 공원은 시내 중심가에 위치해서 가장 인기 있는 만남의 장소.
- 오스만 제국 시절의 모스크, 공중목욕탕, 문화행사에 이용되는 현대적인 원형극장 등이 있다. 매년 9월 록페스티벌인 니솜니아 축제 개최.
- 이 요새 뒤에 청과물 시장이 있는 거리에서 2월 12일 제2차 세계대전 때 있었던 정

치범 수용소의 추모비인 'Crveni Krst'(= '적십자'의 뜻)가 있다.
- [1941~1944년] 1만 여명의 수용소 포로들이 부바니(Bubanj) 언덕에서 총살당한 것을 기념하여 조성된 부바니-기념공원(Bubanj Memorial Park)이 있다.

〈크르베니 크르스트(좌), 부바니 기념공원(우)〉

(4) 비미나시움(Viminacium)

- Viminatium 또는 Stari Kostalc라고도 하며, '세르비아의 폼페이'라고도 한다.
- 서기 1세기와 6세기 사이에 로마 속주 모이시아(Moesia, 현재의 세르비아)에서 중요한 고대 국경도시이자 로마 제4대 황제 클라우디우스(BC10~AD54)의 로마제국 제

7군단(Legio septima Claudia) 본부가 있었던 도시. 이곳에서 599년 여름에 동로마 제국과 아바르족 간의 비미나시움 전투가 있었다.

▶ 위치

- 비미나시움은 로마인이 북쪽에서 침입하는 야만족들을 방어하기 위해 구축한 진지였다. 현재 세르비아 동부에 있는 Požarevac 부근의 Kostolac 근처에 있었는데, 수도 베오그라드 남동쪽 약 90km 지점에 있었다. 이곳에서 로마인의 길인 'Via Militaris'가 도나우 강변길과 만났는데, 이 강변길에서 시르미움(Sirmium, 오스만 제국 시절인 1526년부터 도시 기능 상실)이 비미나시움을 거쳐 도나우 강변을 따라 두로스토룸(Dorostorum, 또는 Durostorum)[10] 및 트로에스미스(Troesmis, 고대 로마인의 도시이자 숙영지)와 연결되었다.

▶ 역사

- 모이시아 지역은 기원전 30년경 크라수스(115~53BC)에게 정복당했고, 기원후 15년 로마의 속주가 되었다.

10) 고대 트라키아인의 정착촌이었고, AD 29년, 로마인이 Durostorum(또는 Dorostorum)이란 이름의 트라키아인을 보호할 목적으로 요새 건설. Dorostol 또는 중세의 불가리아 제국시절에는 Drastar (Drustur)로 알려진 곳이고, 현재 불가리아의 북동부 항구도시 실리스트라(Silistra)의 전신이었다.

〈117년 모이시아 지방: 모이시아 수페리오르, 모이시아 인페리오르〉

- 이곳은 다키아 전쟁(101~102, 105~106) 때 키아브루스 강을 경계로 동쪽의 모이시아 인페리오르(Moesia Inferior, 현재 불가리아 북부와 루마니아 도브루드야(Dobrudja))와 서쪽의 모이시아 수페리오르(Moesia Superior, 현재의 마케도니아)라는 동서 2곳의 속주로 분할되었다.
- 13대 황제 트라야누스(재위 98~117)의 통치시기에 지금의 루마니아 일부가 모이시아 수페리오르에 추가되었다. 모이시아는 변방지역이었기에 로마 수비대가 항상 지켜야 해서 도나우 강을 따라 수비대 진지가 건설되었다.
- 도나우 강 부근에 몇몇 그리스 도시들이 생겨나면서 도나우 강변의 수비대 진지에서도 모이시아의 다른 주요도시들이 생겨났는데, 수비대는 그리스인이 대부분이어서 이 도시들의 주민은 그리스인의 비율이 높았다. 흑해지방의 밀 생산 잉여분이 항상 로마 제국의 시장에서 소화될 수 있어서 모이시아는 상당히 번창했다.
- 로마제국의 14대 황제인 하드리아누스 통치 시기에 군영 옆에 있던 이 정착촌이 무니시피움(Municipium, 로마 시민과 동일한 의무를 가짐)의 위상을 얻으면서 자치권을 획득했다. 고르디아누스 3세의 지배 시절인 239년 이 도시는 로마 시민의 식민지 위상으로 격상되면서 지역 화폐를 주조할 수 있는 권한을 얻었다. 이는 로마제국 시기에 가질 수 있었던 최고의 지위. 게다가 비미나시움은 전투부대의 집결지 외에 전투출정의 출발지로도 이용되었다.
- 내륙에서는 농업과 과일재배가 성행했다. 발칸 산맥에는 풍부한 광물이 매장되어 있었다. 3세기에 이민족의 침공으로 심한 어려움을 겪었다. 270년경 이웃의 다키아 속주가 이민족의 손에 넘어갔을 때 그 주민들 다수가 모이시아로 옮겨왔다. 이런 곤란을 겪으면서도 모이시아는 7세기까지 동로마 제국의 일부로 남아 있었다.
- [3세기] 페스트 때문에 몰락했다. 콘스탄티누스 대제[11]의 사망 후 황제의 세 아들인

11) 콘스탄티누스 대제는 첫 번째 기독교도 로마 군주로 알려져 있다. 그의 치세는 기독교 역사에서 중요한 전환점이 되었다. 313년 밀라노 칙령으로 기독교에 대한 관용을 선포하여 기독교에 대한 박해를 끝내고 사실상 정식 종교로 공인했다. 그는 324년 비잔티움을 '새로운 로마(Nova Roma)'로 공표하고 330년 공식적으로 로마 제국의 새로운 수도로 정하였다. 337년, 그가 죽자 비잔티움은 '콘스탄티누스의 도시'라

콘스탄티누스 2세, 콘스탄티우스 2세, 콘스탄스가 제국을 분할 통치하기 위하여 골육상쟁을 벌였는데, '비미나시움 회의'로도 알려진 것이 바로 이 사건이다. 440년경 비미나시움은 훈족의 침략을 받아 파괴됐다. 그 이전에 고트족의 침략을 받았다. 이 도시가 황제 아나스타시우스 1세에 의해 아니면 유스티니아누스 1세에 의해 재건되면서 도나우 강변의 요새지대에 통합됐는지는 알 수 없다.

- [584년] 이 도시는 아바르족의 침입으로 파괴됐지만, 동로마의 최고지휘관 프리스코스(Priskos)가 599년 처음으로 북부 도나우 강변에서 아바르족을 물리쳤다. 이렇게 하여 그는 남동유럽과 동유럽에서 아바르족의 우세한 세력을 미약하게나마 끌어내릴 수 있는 토대를 구축했다.

▶ 유적 발굴

- 로마의 유물들.

19세기에 비미나시움에서 최초의 고고학적 조사가 시작됐다. 집중적으로 발굴된 때는 1975년부터인데, 현재도 진행 중이다. 현재까지 약 14,000개의 무덤들이 발굴됐다. 30,000점 이상이 채집되었는데, 그 중 일부는 로마 황제시대의 것으로 보존상태가 매우 양호하다. 그래서 이곳이 '세르비아의 폼페이'라고도 불린다. 그밖에도 로마의 군인 출신 황제 호스틸리아누스(235~251, 재위 251년 6월부터 11월까지)의 무덤이 확인되었다. 그는 251년 그의 아버지 데키우스가 죽자 트레보니아누스 갈루스(206~253)[12]와 함께 로마 황제에 즉위하여, 겨우 몇 달을 통치하다가 251년 페스트에 전염되어 죽었다. 그의 시체는 도시 외곽에서 소각되고 부장품도 마찬가지로 소각되어 그 현장에 매장됐다. 이 도시에는 서기 3세기에 조폐국이 있었는데, 군사적으로 중요한 북부 발칸지역용 동전이 주조되었다.

근래에는 원형극장이 발굴됐다. 크기가 400헥타르나 되는 베오그라드의 아레나에 버금간다. 앞으로 비미나시움은 전 세계에서 로마의 황제무덤에 관심을 가진

는 뜻의 콘스탄티노폴리스로 개명했고, 세계 최초의 기독교 도시로서 이후 천년이상 로마 제국(나중에 비잔티움제국)의 수도가 되었다.

12) 초기에 모이시아 지방 총독이 되어 데키우스 황제(재위 249~251)에게 충성하다가 251년 6월 데키우스 황제가 고트족과의 싸움에서 전사하자 데키우스 황제의 아들 호스틸리아누스와 함께 공동황제로 즉위한다. 253년 초 고트족이 다시 공격해오자 모이시아 지방 군대가 아이밀리아누스(재위 253년 7월~10월)를 황제로 추대하고 반란을 일으키자, 트레보니아누스 갈루스(재위 251~253)는 발레리아누스(재위 253~260)에게 도움을 청하지만 그 전에 부하에게 살해당한다.

수백만 명의 여행객들이 이 발굴지의 일부를 관람하기 위해 몰려들 것이다.

- 매머드의 발견.

2009년 6월 이 발굴지 바로 근처에서 거의 온전한 골격을 가진 초원 매머드(Mammuthus trogontherii)가 발견됐다. 이 유물은 전기와 중기 홍적세(Pleistocene Epoch)까지 소급된다. 백만 년에서 40만년 사이의 것으로 추정된다. 이 메머드는 나이가 60살 이상 된 수컷 동물인데, 높이가 약 4m, 무게가 9.4~9.7t 정도다. 같은 지역에서 2012년 학술적으로 중요한 매머드 묘지(7구의 매머드 골격)가 발굴됐다. 이들은 후기 홍적세의 황토층에서 나왔다. 그래서 대략 기원전 126,000~10,000년의 것으로 추정되고 있다.

2014년에는 유럽 최초의 매머드 공원이 개장했다. 지하 30m에 1500km^{2}나 되는 규모이다. 이렇게 지하에 공원을 조성한 것은 원시 매머드가 수백만 년 전에 매장된 상태를 재연하고자 한 것이다. 원시 매머드 외에 또 다른 4종류의 동물들도 있다. 이는 발굴 현장에서 전시된 유일한 매머드 뼈대이자 유일한 매머드들이라는 점에서 독특하다. 여타의 매머드들은 모두 그 발굴 현장과는 무관한 멀리 떨어진 박물관에 있기 때문이다.

(5) 스투데니차 마을의 스투데니차(Studenica) 수도원

- 수도원은 스투데니차 강이 가로지르는 중간지점에 지름이 115m 정도되는 성벽으로 둥그렇게 둘러싸여 있다.
- 농지 저편으로는 세 겹 단층 비탈에 각종 활엽수(참나무, 라임나무, 느릅나무, 물푸레나무, 너도밤나무, 팥배나무)와 침엽수(곰솔, 백송)가 빽빽히 들어서 있다. 숲의 비율은 80%가 넘는다.
- 수도원은 12세기 말 중세 세르비아를 세운 스테판 네마냐가 왕좌에서 물러난 직후에 건축되었다. 이것은 세르비아에서 규모가 가장 크고 아름다운 세르비아 정교 수도원이다. 수도원에는 주요 기념물인 성모 성당과 왕의 성당이 있다. 이 성당은 모두 흰색 대리석 건물이며, 13세기~14세기에 그린 비잔틴 회화가 있다.
- 스투데니차 수도원에는 세르비아를 건국한 초창기 왕들의 유해가 안치되어 있다.

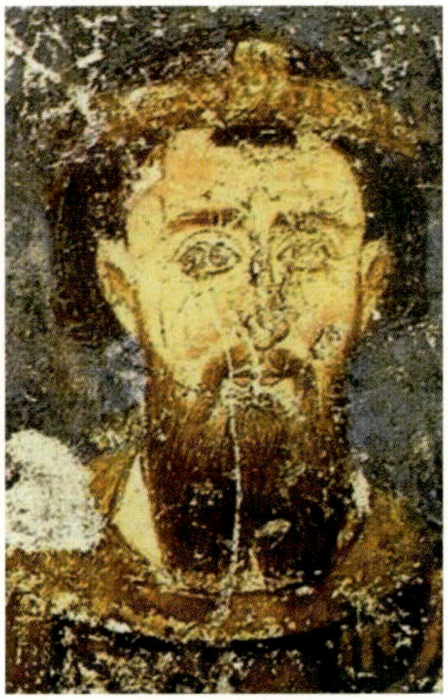

왕들의 유물과 수의 그리고 스테판 프로보벤차니(Stefan Provovencani, 재위 1217~1228, '스테판 네마니치'의 또 다른 이름 ⇨)의 관이 있다. 이곳이 왕의 막내아들인 성 사바 네마니치(St. Sava Nemanjic, 1174~1236)가 세르비아 언어로 최초의 문학작품을 쓰고, 세르비아 정교회 성당을 세운 곳이다.

- 수도원은 13세기 비잔틴 회화(1208~1209년 성모성당의 신전과 성화에 프레스코 벽화, 1233~1234년 같은 성당의 남쪽에 있는 예배당의 프레스코, 1230년 성 니콜라스 교회의 프레스코)의 진면목을 볼 수 있는 박물관이자 14세기 비잔틴 회화(1314년 이후 왕의 성당에 그린 프레스코 벽화)를 볼 수 있는 박물관이기도 하다. 또한 100여 점 이상의 진귀한 작품이 있는 비잔틴 양식 예술품들의 보고이기도 하다.
- 1183년에 스테판 네마냐가 대 주판(Great Joupan)을 설립했다. 그는 장례식을 거행할 교회를 세워 성모 마리아에게 헌정하고 싶어했다. 왕은 1196년 왕좌에서 물러나 수도사가 되고자 1197년 아토스 산으로 들어가 은둔했다. 그의 소원은 자식들을 통해 이루어졌다. 성모성당은 부칸(Vukan) 왕자가 완성했고, 1208년부터 1209년까지 부칸 왕자의 동생들이 그리스 예술가의 벽화로 성당을 장식했다.
- 네마니치 왕조의 묘지였던 스투데니차는 몇 세기를 거치면서 세르비아 역사에서 중심 지역으로 발전했다. 수도원 안에 원형으로 굽은 성벽의 곡선을 따라 식당과 수도사 숙소가 세워지면서 확장되었다. 기초부가 넓어지자 중심부에 성소들이 더 많이 세워졌다. 원래는 성당 남쪽에 작은 건물들이 여럿 모여 있었다. 성 니콜라스 성당(1240년)과 14세기 초에 세운 성 요한 성당, 유명한 왕의 성당과 성 안나 성당, 성 요아힘 성당이 1314년에 완성되었다. 동시에 신께 바치는 봉헌 예배당과 기도처 그리고 은신 기도처가 성벽 외곽의 산속에 많이 들어섰다.
- 스투데니차의 중요 기념물인 성모 성당과 왕의 성당은 대리석 벽돌로 벽을 쌓아 축조한 성당 건물로 보존 상태가 아주 좋은 편이다. 근처 채석장에서 가져온 대리석은 윗부분이 아름다운 금빛 녹청색을 띤다. 조각가의 손을 거쳐 로마네스크 양식으로 다시 태어난 남서 양측의 출입문과 동쪽의 커다란 창문의 정교함은 세월의 흔적에도 지워지지 않았다. 왕의 성당에는 마카엘(Michael)과 유티키오스(Eutychios) 두 거장이 그린 가장 아름다운 벽화가 있다. 1314년 이후 이들은 비잔

〈왕의 성당과 성당 내의 〈성모 마리아의 생애〉 프레스코화〉

틴 예술의 걸작 중 하나인 성모 마리아의 생애(Life of the Virgin Mary)를 그렸다.

- 미카엘과 유티키오스 두 거장은 오호리드의 페리블레토스(Peribletos) 성당에서 작품을 마친 뒤 스테판 우로쉬 2세 밀루틴 왕(재위 1282~1321)을 위해 세르비아 성당에 리에비사(Lievisa) 성모의 그림, 지차(Zica), 스타로 나고리치노(Staro Nagoricino), 그라차니차(Gracanica) 등을 그리던 중 스투데니차에서 자신들만의 완벽한 표현 방식을 찾았다. 벽화는 이들의 탁월한 솜씨와 더불어 얼굴 형태를 밝은 색으로 칠해 양감과 밀도를 강조했다. 프레스코 화법으로 명암을 어둠과 밝음으로 연출한 것이 성화에 나타난 기법과 매우 비슷하다.

〈프레스코화, 십자가에 못이 박힌 예수상(Crucifixion)〉

- 초기의 성모 성당은 라슈카파(派) 성당의 모형이었고 정교회의 특별한 분파를 형성했다. 이 성당은 왕실의 장례를 지내는 성당이었는데, 바니스카의 성당, 데샤니의 성당과 프리즈렌의 성 대천사 성당(Holy Archangels of Prizren)이 이 성당을 모방했다. 신전과 성채에 그린 벽화는 1208년~1209년에 완성된 것이다.
- 이 벽화의 특징은 공간에 관한 새로운 개념과 표현 기법이다. 이 기법은 비잔틴 예술 외에 서양 예술사에서도 주목할 획기적인 기법으로 평가받고 있는데, 13세기 후반의 치마부에(Cimabue), 두치오(Duccio), 지오토(Giotto) 같은 화가들도 이 기법을 사용했다.

(6) 감지그라드 로물리아나, 갈레리우스 궁전(Gamzigrad-Romuliana, Palace of Galerius)

- 이 궁전은 세르비아 동부에 있는 후기 로마 시대의 요새화된 궁전 복합 단지이다.
- 이 궁전은 3세기 후반에서 4세기 초반에 로마 황제 갈레리우스 막시미아누스(Galerius Maximianus, 재위 305~311)의 명령에 따라 건설된 것. 요새, 복합 단지의 북서부에 있는 궁전, 바실리카, 사원, 목욕탕, 기념 단지, 테트라필론(Tetrapylon, 출입구가 4개 있는 건물)을 포함한 이 건물군은 독특하게도 의식과 기념 기능을 겸했다.

- 이 궁전이 갈레리우스 막시미아누스 황제의 명에 따라 건설된 사실은 목욕탕을 발굴할 때 황제의 것과 유사한 머리 조각상을 발견하면서 입증됐다. 사두정치 체제에서는 황제가 20년을 통치한 뒤 왕위에서 물러날 때 퇴임을 축하했다. 갈레리우스도 그의 사상적 아버지인 디오클레티아누스의 이념을 따라 성벽으로 둘러싼 궁전을 지어 여생을 보낼 생각이었다.
- 갈레리우스는 297년에 페르시아의 나르세스(Narses) 왕에게 승리한 뒤에야 요새 궁전 건축에 전념할 수 있었다. 그는 카이사르 칭호를 받고, 디오클레티아누스의 양자로 상속자가 된 뒤 자신이 태어난 다키아 리펜시스(Dacia Ripensis, 오늘날의 세르비아 동부)에서 공사를 시작했다. 그는 이곳 이름을 다키아인 어머니의 이름 '로물라'를 따서 '로물리아나 요새'라고 지었다. 발굴 당시에 월계관과 함께 발견된 장식 창틀 조각에 둥글게 펠릭스 로물리아나라고 새겨져 있었다. 요새의 내부 북서쪽에 있는 궁전과 작은 사원은 공사 첫 단계에서 건설했다.
- 306년에 콘스탄티누스 클로루스(Constantius Chlorus, 부제 293~305, 황제 305~306)가 죽자 갈레리우스는 로마제국에서 가장 강력한 인물로 부상했다. 그런데 높은 자리에서 보니 요새가 너무 초라해 보여 진행 중이던 공사를 밀쳐두고 이미 세운 건물을 둘러싸는 더 웅장한 요새를 짓기로 했다. 복합 단지 남쪽에 쥬피터 신에게 헌정하는 거대한 신전을 세웠다. 새로운 건물은 다양한 재료로 지어 상징적 의미가 가득하며 더 화려하게 장식한 것이 특징이다.
- 갈레리우스는 요새 궁전의 동쪽 언덕에 자신과 어머니의 묘지를 봉분 형태로 만

들고 축성 기념비를 옆면에 세웠다. 이 기념비는 자신을 신의 지위로 끌어올리는 신격화와 관계가 있다. 카이사르가 된 갈레리우스는 헤라클레스와 동일시되었고, 나중에 아우구스투스 지위에 오르고 나서는 주피터와 동일시되었다. 통치자 신격화는 사두정치 체제의 특징이었다. 신의 화신으로서 어머니에게 신들의 궁전을 선사하고 싶었던 갈레리우스는 신격화를 통해 로물라에게 신의 불멸성을 보장했다.

- 교차로를 나타내는 테트라필론을 로물리아나로 가는 로마의 길과 기념 단지로 가는 길 교차로에 세워 지상의 길과 천국의 길이 만난다는 것을 표시했다. 모든 건물 건설에 마케도니아 부대가 동원되었는데, 이 부대는 동부 전투에서는 갈레리우스를 위해 싸웠고, 평화 시에는 건설 노동자로 일했다. 311년에 황제가 죽은 뒤에도 궁전은 계속 사용했지만 왕실 의식은 없었다. 궁전과 여러 건물은 개조한 뒤 다른 용도로 사용했다.
- 5세기 말까지 궁전은 소리 없이 쇠퇴하다가 왕의 홀이 측랑 3개의 기독교 바실리카로 개조됐다. 당시에는 궁전 동쪽 면을 따라 중앙에 아트리움이 있었고, 아프시스가 있는 다른 건물이 생겼다. 새 건물에는 세례반(洗禮盤)처럼 보이는 작은 대리석 연못이 딸려 있었다. 방어물이던 몇 개의 탑은 새 거주민들에게 필요한 물건을 만드는 공예품 가게로 바뀌었다.
- 이 시기에 로물리아나는 법원 관리가 거주하던 중요한 마을 공동체였던 것 같다. 5세기 중엽 이 복합 단지는 훈족의 습격으로 심각하게 손상되고 불에 탔다. 5세기 중반에서 6세기에 로물리아나는 재건되었으나 이전의 화려함을 되찾지는 못했다. 새로 지은 건물은 크기나 건축 방식에서 더 발전하지 못했다. 비잔티움 제국의 유스티니아누스 황제 통치시기에 약간 확장됐는데, 건축에서나 공간에서 상당한 변화가 있었다. 웅장한 측랑 3개가 딸리고 꽃잎 모양 세례반이 4장 있었고, 모자이크가 아름다운 바실리카가 궁전 복합 단지에 들어서서 기존 건물이 무색해졌다. 동쪽에 있던 문은 버리고 서쪽 문을 주 출입구로 사용했다. 갈레리우스 신전과 궁전에서 나온 건축 장식용 조각은 건축 재료로 재활용했다. 7세기 초에, 아바르인과 슬라브족의 잦은 습격으로 이 유적지는 황폐화되었다. 9세기 초에 와서 이전의 궁전에 다시 사람이 살기 시작했다. 이때 복합 단지 동쪽에는 중세의 작은 정착촌이 발달했다.

(7) 스타리 라스와 소포차니(Stari Ras and Sopoćani)

- 스타리 라스는 세르비아 왕국의 첫 번째 수도였다.
- 스타리 라스의 외곽에는 요새와 교회, 수도원 등 인상적인 중세의 역사적 건축물들이 모여 있다. 소포차니에 있는 수도원은 서구 문명과 비잔틴 문명 간의 교류가 있었음을 암시한다.
- 1159년에 라스는 세르비아의 네마니치 왕조의 성립으로 세르비아의 첫 번째 수도가 됐다. 라슈카 소왕국과 비잔티움 제국의 접경 구릉지역의 교차로에 위치한 덕분에 동양과 서양의 영향을 모두 받았다.
- 14세기에 밀루틴 왕이 수도를 스코프예로 이전하기 전까지 세르비아 왕국의 수도였음을 보이는 수많은 역사적인 기념물이 있다. 건물은 대부분 9세기에서 11세기 사이에 건축된 것. 구조와 장식과 건축 양식에서 라슈카 파(Raska School)의 특징을 보인다.

- 그라디네 요새(⇨)는 암석으로 건설된 것이어서 9세기부터 거듭된 비잔티움 제국과 불가리아의 공격을 견딜 수 있었다. 성 페트로 성당은 9세기에 일리리아 인의 묘지와 초기 기독교 바실리카 터에 지은 것으로, 초기 기독교 건축물의 전형이다. 이 성소는 몇 백 년 동안 세르비아의 종교 중심지였다. 이 성소는 아프시스(직사각형 건물의 평면에서 입구의 맞은편 벽면에 설치한 반원형 혹은 다각형의 돌출부) 네 개가 방사형으로 배치된 원형 구조이며, 둥근 지붕을 거대한 기둥 네 개가 떠받치고 있다. 이곳에 라쉬카의 주교가 거주했다. 주로 13세기의 프레스코화로 장식되어 있다.

- 세르비아의 지도자 스테판 네마냐가 세운 주르제비 스투포비(Djurdjevi Stupovi) 수도원(⇨)은 로마네스크와 비잔틴 건축 양식의 전형을 보여 준다. 이 성당

은 튼튼한 방어벽으로 둘러싸여 있다. 세르비아에서 유명한 수도원 가운데 하나. 지금은 일부가 파손된 상태.

- 소포차니 수도원은 아드리이비차(Andrijivica)로 가는 길목에 있다. 1260년에 우로쉬 1세가 부모의 유해를 모시고 지하 납골당에 자신의 묘지를 만들기 위해 지은 것이다. 수도원의 지붕이 둥글다. 1336년과 1345년 사이에 황제 스테판 두샨이 서쪽을 넓혔다. 이곳은 아름다운 프레스코화로 유명하다. 양쪽으로 튀어나와 있는 나르텍스의 프레스코화는 수도원을 건립한 가문에 관한 귀중한 역사적인 증거를 담고 있다. 벽화의 회칠한 부분은 상태가 좋은데, 대부분 13세기의 것이다. 콘스탄티노플이 십자군에게 넘어간 시기에 비잔틴 예술의 생명력을 보인 대표적인 사례에 해당한다.

〈소포차니 수도원과 성모의 죽음 프레스코화〉

07
코소보

국명	코소보(알바니아어: Kosovë / Kosova 코소버/코소바, 세르비아어: Косово и Метохија 코소보 이 메토히야)
면적	10,908km^2
인구	1,836,978명 (2016년)
민족	알바니아인 92%, 세르비아인
수도	프리슈티나(Prishtina)
GDP	$4,472 (2016년)
통화	유로
도메인	없음. ISO code는 XK

1
지리

▶ 지형

- 남서쪽은 몬테네그로, 남동쪽은 코소보, 동쪽은 마케도니아 공화국, 남쪽과 남동쪽은 그리스와 국경을 맞대고 있다. 북쪽은 지중해, 서쪽은 아드리아 해, 남서쪽은 이오니아 해와 해안선을 마주하고 있다. 알바니아는 이탈리아와 오트란토 해협을 두고 72km 떨어진 거리에 있다.
- 2개의 큰 산간분지로 구성. 동쪽의 코소보 분지에는 시트니차 강. 주요 도시는 주도인 프리슈티나와 코소프스카미트로비차. 서쪽의 메토히야 분지에는 알바니아와 경계를 이루는 벨리드림 강, 주요 도시는 페치와 프리즈렌.
- 광물자원: 갈탄 · 아스팔트 · 마그네사이트 등. 구 유고슬라비아에서 가장 개발이 안 된 곳. 발칸 반도에서 토지가 비옥한 지역 중 하나. 곡물(밀 · 보리 · 옥수수)외에 채소 · 담배 · 대마 · 사과 · 포도 재배도 활발하다. 세르비아는 이 지역을 코소보 및 메토히야라고 부르며 자국의 고유한 영토로 본다.
- 코소보에서도 이바르 강 북쪽의 세르비아인 밀집지대는 코소보 영역의 10%. 코소보 공화국의 통치권이 미치지 못하고, 세르비아 정부가 사실상 통치권을 행사한다. 공무원과 교사들의 월급도 세르비아 정부가 담당한다. 그래서 코소보 분할안도 제기하였지만, 아직 세르비아와 코소보 양 측 모두 부정적인 입장.

▶ 국명 및 어원

- 'Kosovo': 지역 전체를 지칭한다. 세르비아어에서도 같은 뜻으로 사용한다. 일부 세르비아인들은 Kosmet(Kosovo와 Metohija [코소보의 서부지역]의 합성어)이란 명칭도 병용하고 있다.
- 'Kos'는 세르비아어로 지빠귀를 지칭하는데, 지역적으로는 프리슈티나 근처에 해당한다. 'kosovo'라는 단어는 소속을 나타내는 형용사, 즉 지빠귀 과에 속한다는 뜻의 형용사여서 추가로 polje('영역')가 없으면 불완전하다. 그렇지만 그 축약어가

이런 형태로 통용되었다.

- 코소보의 서부지역을 나타내는 'Metohija'는 그리스어 μετοχ? (metochí, 수도원 자산)에서 파생된 것이다. 이 명칭은 수많은 교회와 수도원들이 만들어낸 풍경을 나타낸 것인데, 1974년부터 유고슬라비아 정부가 더 이상 사용하지 않았다. 코소보-알바니아인들은 이 지역을 Dukagjini 또는 Rrafshi i Dukagjinit라고 부른다.

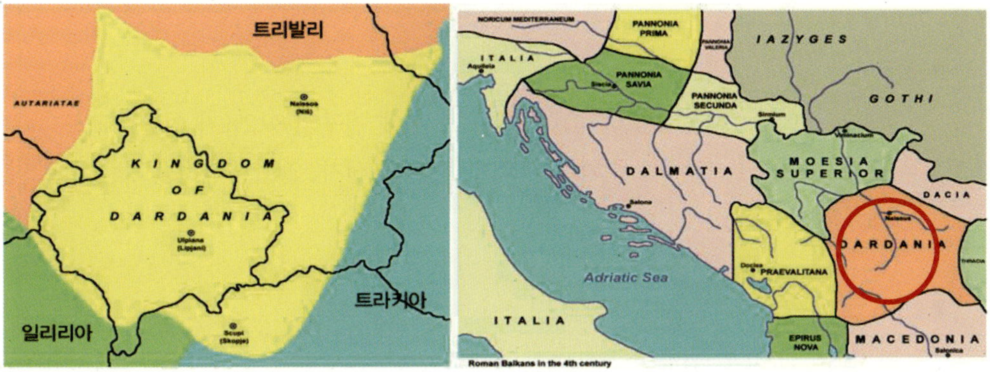

〈BC 3~1세기 다르다니아 왕국(좌), 로마제국 시절(AD4세기) 다르다니아 지역(우)〉

〈잠깐〉 다르다니아?

'Dardania'는 이바르 강, 모라바 강과 바르다르 강 상류 사이에 펼쳐진 남동유럽의 역사적인 지역이다. 현재의 코소보 지역과 세르비아와 마케도니아의 일부지역을 포괄한다. 이 지역은 동쪽으로 트라키아 민족과 혼합된 다르다니 사람이란 말에 따라 명명된 것.

다르다니인은 고대시대에 남쪽에 위치한 마케도니아 인들의 거주 지역으로 자주 약탈 원정을 감행했지만, 기원전 335년 마케도니아에 정복됐다. 기원전 279년 마케도니아에서 추방당한 켈트족들이 다르다니 인이 사는 땅으로 이주했다. 기원전 250년 무렵 다르다니 인은 아드리아 해까지 세력을 확장했다. 당시 가장 강력한 적은 일리리아의 아르디아이오이(Ardiaioi) 인이었다.

서기 1세기 중엽, 이 지역은 로마의 지배 하에서 모이시아 속주의 일부였다. 이 시기에 다르다니아에 주요 식민지들이 건설됐다. 스쿠피(Scupi, 현재의 스코프예) 시는 지역 중심도시로 발전했다. 트라이아누스 황제(53~117)는 식민지 울피아나(Ulpiana)를 세웠다. 디오클레티아누스 황제(재위 284~305)의 개혁 시절에 로마의 속주 다르디아나가 건설됐다. 여기에는 Naissus, Ulpiana, Scupi외 Mnicipium Dardanorum도 포함됐다. 프로코피우스(Prokopios von Caesarea, 동로마 제국의 역사가)에 따르면, 6세기에 다르다니아에 69개의 요새가 구축됐다. 7세기에 이 지역은 마우리키오스(Maurikios) 전투에서 패하여 슬라브 인에게 넘어갔다. 현재 이 명칭은 코소보-알바니아인들이 코소보의 대안 명칭으로 사용하고 있다.

- 'Dardania'는 알바니아인들에게는 코소보의 역사적인 명칭으로, 현재의 코소보 지역에 살았던 다르다니 족의 고대 일리리아 민족에서 유래한 것이다. 현재의 코소보 지역과 세르비아 및 마케도니아의 남부 일부지역을 포괄했다. 2000년 10월 나중에 대통령이 된 Ibrahim Rugova는 코소보의 미래의 국기를 제안했는데, 이 국기에 'Dardania'라는 명칭을 가진 명대(銘帶, 중세 때 그림에 붙여서 그 내용을 설명하는 글띠)가 있다. 이 명대는 루고나가 독립국가 코소보의 국명으로 제안한 것이다.

▶ 종교

- 알바니아인, 보스니아인, 터키인 등 코소보 전체 인구의 89.2%가 이슬람교.
- 세르비아인들은 절대 다수가 세르비아 정교회 신자, 알바니아인을 중심으로 약 2.8%는 가톨릭 신자.

▶ 언어

- 알바니아어 사용. 억양이나 문법이 미묘하게 다르다.
- 알바니아어는 크게 북부의 게그 방언과 남부의 토스크 방언으로 구분된다. 이 중 코소보는 게그 방언을 사용하는 지역.
- 알바니아어 표준어는 토스크 방언에 기초한 것이다.

▶ 민족

- 알바니아인이 인구의 88%로 절대 다수를 차지한다.
- 인구의 7%는 세르비아인, 기타 보스니아인, 터키인, 롬 족 등.

▶ 기타

- UN, NATO, WTO, 세계은행, 유럽 의회, OSCE, OIC의 회원국.
- 유럽 연합에는 회원국 지위를 신청한 상태.
- 에너지 공동체, 흑해 경제 협력 기구, 지중해 연합의 창립국의 일원이기도 하다.
- 남유럽 지역 최대 규모의 호수이자 유럽에서 가장 오래된 호수들 중 하나인 오흐리드 호수(세계 최대 깊이 294m)를 보유하고 있다.

2
역사

▶ 고대

- 옛 코소보 지역은 상고시대에 일리리아 인들의 정착지였다. 현재의 프리즈렌 근처에 위치한 고대 로마인들의 정착지 테란다(Theranda)는 일리리아 인의 취락지였다. 코소보의 일리리아 인들은 트라키아 인들과 바로 이웃한 동쪽에 있었다.

- 테우타(Teuta, BC231~BC228) 여왕이 지배하던 레베아텐 족[1]의 일리리아 제국이 제1차 일리리아 전쟁(BC229/8년)에서 패배한 후 이 지역은 로마의 지배하에 들어갔다.
- 스코드라(현재의 쉬코더르) 지역 - 일리리아 제국의 수도 - 은 로마인의 속주로 재편되었다. 이후 수십 년간 로마인과 일리리아 인 사이의 군사 충돌이 있은 후 기원전 168년 로마제국의 보호령이 되었다. 이 지역은 기원전 59년부터 일리리아인 관할구역으로 지정되었는데, 일리리아에서 있었던 옥타비아누스 전쟁(BC35~33) 이후 공식적으로 로마인의 관할구역(속주)이 되었다.
- 테란다와 더불어 프리슈티나 근처에 위치한 울피아나는 코소보 지역에서 가장 중요한 로마인의 취락지였다. 테오도시우스 1세(재위 379~395)[2] 때 제국이 동서로 분

1) 일리리아의 한 종족. 이들의 취락지역은 동부 아드리아 해안에 있었고, 대략 오늘날의 몬테네그로 북부에서부터 오늘날의 알바니아 북부의 리소스(Lissos) 지역까지 뻗어있었다.

2) 로마제국의 서방을 다스린 그라티아누스 황제(재위 375~383)로부터 동로마 제국 통치를 임명받고 서로마 제국의 황제 발렌티니아누스 2세(재위 364~375)가 죽은 후, 동로마와 서로마 모두를 통치한 마지막

할 된 후 이 지역은 서로마제국(비잔티움)의 지배하에 들어갔다.

▶ 중세

- [500~600년대] 슬라브인들이 발칸 반도로 이주.
- 슬라브족 이주 전부터 그곳에 일리리아 부족의 후손들인 알바니아인들이 거주했다. 이 지역은 '일리리아' 지역의 동부. 그래서 알바니아계 주민들은 이곳이 슬라브족이 발칸반도에 오기 전부터 자신들의 조상들이 살아온 곳, 즉 역사적, 전통적으로 알바니아계의 영토라고 주장한다.
- [1335년 무렵] 비소키 데샤니(Visoki Dečani) 수도원의 중세 프레스코화. 네마니치(또는 네마니덴) 제국의 족보가 그려져 있다.

〈잠깐〉 네마니치 왕조?

스테판 네마냐가 창건한 세르비아 왕조. 1167년부터 1371년까지 세르비아를 지배했다. 이 왕조는 2명의 제후, 8명의 왕, 2명의 차르를 배출했다. 가장 중요한 지배자는 스테판 우로시 1세(Stefan Uroš I., 1233~1276), 스테판 우로시 2세(Stefan Uroš II. Milutin, 1282~1321), 스테판 우로시 4세(Stefan Uroš IV. Dušan, 1331~1355).

초기에는 로마-가톨릭과 동방정교의 관례 중 하나를 구체화하지 못했는데, 세르비아의 성 사바와 함께 종교재단의 방향을 콘스탄티노플로 선회하면서 동방정교 의식이 굳어졌다. 우로시 2세 밀루틴 왕은 비잔티움의 궁전의식을 도입했다. 네마니치 권력의 정점은 우로시 4세 두샨 왕이 창건한 세르비아 차르제국으로, 남동유럽에서 우월한 지위를 차지했다. 1349년에 제정된 두샨의 법률서는 그리스의 법안에 기초한 것.

세르비아 문화의 토대로서 중요한 역사적 의미를 갖는 것이 네마니다 왕조. 비잔티움 양식과 비잔티움-로마네스크 양식의 수많은 화려한 영묘들은 고유의 교회건축의 발전했다(세르비아-비잔티움 양식). 세르비아-비잔티움 양식은 로마네스크와 고딕 양식의 영향을 받았으며(데차니 수도원) 비잔티움 양식의 전형과는 확연히 구분된다.

황제였다. 그가 죽은 후 로마 제국은 동로마와 서로마로 완전히 분리되었다. 그는 기독교를 로마 제국의 공식 국교로 만들었다. 그의 강력한 기독교 부흥 정책으로 기독교계 역사가들은 그에게 '대제(大帝)'의 칭호를 부여했다.

- 아바르 족(옛 타타르족의 한 종족)의 민족이동과 함께 모이시아와 일리리아의 가장 중요한 비잔티움 도시들이 약탈되고 점령되면서 7세기에 슬라브족들이 이주한다.
- 9세기에 페치를 둘러싼 북서부 코소보는 블라스티미로비치(Vlastimirović) 왕조(세르비아의 초대 왕조로, 왕자명은 블라스티미르(Vlastimir, 재위 831~851)) 치하의 세르비아에 속했지만, 프리즈렌과 프리슈티나를 포함한 남동부 코소보는 불가리아 제국에 속했다. 이 지역은 1018년 비잔티움 황제 바실레이오스 2세(재위 976~1025) 시절에 다시 비잔티움에 정복된다.
- 11세기에 중세 세르비아의 라시카(또는 두클랴) 공국이 디오클레티아누스 치하 시절에 남쪽으로 확장했다. 라시카 공국의 통치자 콘스탄틴 보딘(Konstantin Bodin, 1072~1101)은 1072년 프리즈렌에서 슬라브인이 비잔티움 제국에게 반란을 일으킨 때문에 불가리아의 황제가 되었다. 이 반란은 물론 성공하지 못했고, 코소보의 남부는 다시 비잔티움의 지배하에 들어갔지만, 라시카 근처의 북부지역은 남아있었다.
- 세르비아가 오스만 제국에게 정복당한 이후 이슬람교를 믿는 알바니아계 민족들이 이주하면서 알바니아계가 많이 사는 땅이 되면서 민족, 종교 분쟁 시작.
  세르비아의 입장: 조상들이 오스만 제국에 맞서 싸운 성지였고 포기할 수 없는 땅. 세르비아 민족주의자들이 항상 외치는 말은 '코소보 예 스르비야'(Косово je Србија), 즉 '코소보는 세르비아 땅'이란 뜻. 세르비아 네티즌이 코소보 문제 관련 영상에서 항상 외치는 매크로이기도 하고, 세르비아 국내 공익광고판에도 항상 이 문구가 덤으로 들어간다.
  알바니아의 입장: 이미 600여 년 전부터 살아오던 곳을 세르비아인들이 자신들의 땅이라고 주장하고 있다. 유럽판 이스라엘 대 팔레스타인 관계.
- 1389년부터 이슬람 국가인 오스만 제국의 지배를 받다가 제1차 세계대전 때 독립했다. 세르비아인들에게는 오스만 제국에 맞서 항전한 성지.
  소수의 세르비아인은 인구의 대다수를 차지하는 알바니아인들을 문화 탄압, 일자리 박탈, 인종정화라는 이름의 학살로 탄압한다. 결국 1999년 코소보 분쟁으로 민족갈등이 폭발한다. 현재도 나토의 개입으로 국제 연합(UN)의 통치를 받는 지역(⇨). 원래 1971년부터 알바니아인들에게 자치가 허용된 지구였지만, 1992년 공산주의

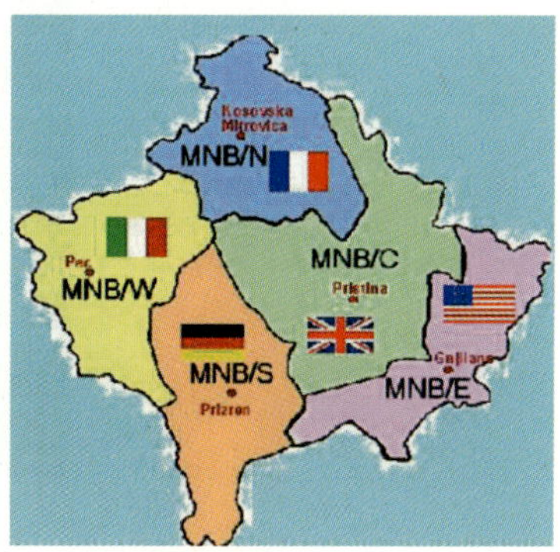

의 사멸로 민족주의가 대두하여 각지에서 독립을 외치자 세르비아 정부가 자치권을 박탈한 곳이다.

▶ 코소보 분쟁

- 1968년: 알바니아계, 처음으로 독립 요구.
- 1974년: 알바니아계, 세르비아계 내 자치주 출범 선언.
- 1980년: 알바니아계, 자치주에서 공화국으로의 승격을 요구하며 분쟁 시작.
- 1989년: 슬로보단 밀로셰비치 유고연방대통령, 코소보 자치 불허.
- 1998년: 유고연방보안군(세르비아계), 알바니아계 인종 청소.
- 1999년 3월: 나토군, 세르비아 공습, 5월: 밀로셰비치 전범 기소, 6월: 나토와 유고연방 간 군사협정 체결, 코소보 평화유지군 배치.

▶ 코소보 독립

- 2008년 2월 17일 독립을 선언했지만, 독립을 인정하지 않는 국가들(세르비아, 러시아, 스페인, 중국은 반대, 그리스, 루마니아 등은 우려 표명)이 많은데다 UN 상임이사국인 러시아와 중국이 코소보의 독립을 인정하지 않아서 UN 가입은 답보상태.
- 현재 14개 국가가 코소보에 대사관을 설치하고 있다. 2009년 7월까지 61개 국가가 코소보의 독립을 승인했다. 대한민국도 코소보를 2008년 3월 28일에 독립국가로 공식 승인했지만, 세르비아와의 관계 악화를 염려하여 외교관계를 보류하고 상황을 관망 중에 있다.

〈코소보의 수도 프리슈티나에 세워진 코소보 독립 선언 5주년 기념 조형물〉

〈잠깐〉 "코소보는 세르비아", 기차 때문에 다시 불거진 코소보 갈등

로이터, BBC 등은 14일(현지시간) 세르비아 수도 베오그라드에서 코소보 북부 도시 미트로비차로 가려던 기차를 두고 두 나라 사이에 긴장이 고조되고 있다고 보도했다. 러시아에서 제작한 이 기차는 세르비아 국기에 들어가는 파랑과 빨강, 흰색으로 표면을 칠했고, 코소보 공식 언어인 알바니아어를 비롯해 영어와 한국어 등 20개 나라 언어로 "코소보는 세르비아"라고 썼다. 기차 내부도 세르비아 정교회를 상징하는 종교적 이미지로 장식했다.

코소보 당국은 세르비아의 민족주의적 선전 메시지로 채운 기차가 코소보 국내로 들어온다는 계획이 알려지자 즉각 반발하고 나섰다. 하심 타치 코소보 대통령은 현지 온라인 가제타 익스프레스에 "기차가 국경에 도달하면 무슨 일이 있어도 멈춰 세우라고 내무장관과 경찰에 지시했다"고 14일 밝혔다. 페이스북에는 "물자와 사람이 두 나라를 오가는 것은 존중하지만 세르비아 민족주의를 선전하는 기차가 우리 국경을 넘는 것은 헌법과 법률에 비춰 절대적으로 수용할 수 없다"고 썼다.

코소보의 반발에 세르비아 당국은 기차를 일단 세르비아 국경도시 라스카에 정차시켰다. 하지만 코소보가 과민반응하고 있다는 입장이다. 알렉산다르 부취치 세르비아 총리는 회견을 열고 "코소보가 위협해서 기차를 멈춰 세웠다"면서 "우리가 평화를 원한다는 것을 보여주려 했다. 우리는 기차를 보낸 것이지 탱크를 보낸 게 아니다"라고 말했다.

코소보는 1999년 코소보 전쟁 종식 이후 유엔이 관할하는 자치주가 되었고, 2008년 독립을 선언했다. 그러나 세르비아는 아직 코소보 독립을 인정하지 않고 있다. 특히 기차가 향하려 했던 미트로비차를 비롯한 코소보 북부지역에는 세르비아계 주민 4만~5만 명이 거주하고 있어 세르비아의 영향력이 여전하다.

〈인용: 경향신문 2017.01.15.〉

3
문화

▶ 여행상식

- 세르비아에서 코소보로 들어갈 때 UN에서 입국 카드 부여. 이 카드가 있으면 90일 동안 코소보 체류 가능, 코소보에서 나갈 때 회수.
- 세르비아를 통하지 않고 다른 나라(알바니아, 몬테네그로, 마케도니아 등)에서 코소보로 입국하면 국경에서 코소보 입국 도장을 찍는다. 보통 여권 맨 뒷장에 입국/출국 도장을 찍어준다. 가끔 국경에서 세르비아를 입국할 것이냐고 물어보며 세르비아 입국 시 문제가 될 수 있다고 통보한다.
- 한국인은 코소보 무비자 90일. 알바니아에서 바로 코소보로 들어간 기록(예를 들어 여권에 코소보 도장이 찍힌 경우)이 있으면 세르비아 입출국 때 문제가 될 수 있다.
- 한국인이 코소보 입국 시에는 세르비아를 통해 코소보에 들어가는 경우 90일 무비자이므로 큰 문제가 없으나 출국 시에는 필히 루트를 고려해야 한다. 세르비아 측에서는 자국을 통하지 않은 코소보 입국을 자국 영토에 대한 불법 입국으로 간주, 철저히 입국을 거부한다.
- 세르비아를 통하지 않고 코소보에 육로로 들어가는 방법은 알바니아, 마케도니아, 몬테네그로에서 들어가는 방법, 이렇게 세르비아를 거치지 않고 코소보로 들어간 경우, 세르비아로 입국하기 위해서는 몬테네그로로 갔다가 거기서 세르비아로 들어가든가 동쪽으로 돌아서 들어가는 수밖에 없다.[3] 그러므로 코소보 여행을 계획 중이라면 코소보에서 세르비아로 바로 들어가는 이동구간은 피해야 한다.[4]
- 이렇게 코소보-세르비아 국경('검문소')에서 문제가 발생했을 경우 가장 빠르고 저렴한 것은 몬테네그로로 가서 세르비아로 들어가는 것. 이 경우도 이틀이 소요된다.

---

3) 예를 들어 마케도니아로 먼저 갔다가 불가리아, 루마니아를 경유해서 세르비아로 들어가는 것.

4) 애초에 세르비아를 통해 코소보로 입국하여 다시 세르비아로 나오는 경우는 상관없다.

- 코소보에서 최근 도로정비를 마쳐 알바니아 국경에서 코소보 수도인 프리슈티나까지는 문제없이 이동할 수 있다. 알바니아 수도 티라나에서 동쪽 엘바산까지의 도로도 2013년에 개통했다.

01. 프리슈티나-부쉬트리-미트로비차

(1) 프리슈티나(Prishtina)

- 코소보의 수도. 시내는 도보여행만으로도 다양한 문화유산들을 만끽할 수 있다. 마더 테레사 중앙공원, 스칸데르베그 유적지, 시립박물관, 그랜드 모스크, 민속박물관 등이 유명하다.

▶ 그라챠니차 수도원(Manastir Gračanica).

- 스몰타운 그라챠니차의 핵심부에 1231년 세르비아 왕 스테판 우로시 2세(Stefan Uroš II Milutin, 1253~1321)가 건축한 세르비아 정교 수도원이 있다.
- 수도 프리슈티나 남동쪽으로 약 10km 떨어진 곳에 있는데, 세르비아 정교의 가장 유명한 수도원들 중 하나.

- 다섯 개의 원형지붕이 있는 십자형 원형지붕교회. 비잔틴 양식의 가장 유명한 건축물 중 하나. 내부의 프레스코화들은 14세기 전기에 가장 유명한 작품들.
- 2006년 코소보의 중세유적이란 이름으로 유네스코세계문화유산에 등재.

〈프레스코화 좌: 밀루틴 왕과 왕비 시모니다, 우: 성모마리아의 죽음〉

(2) 가지메스탄(Gazimestan).

- 가지메스탄은 오늘날 코소보의 중심지.
- 1389년과 1448년 세르비아인과 오스만 제국이 두 차례나 전쟁을 벌인 역사적인 장소. 두 차례 전투에서 약세였던 코소보 군은 오스만 군에 맞서 용감하게 싸웠지만 결국은 패배했다.
- 1459년 세르비아를 비롯한 발칸은 '정복자'로 불렸던 술탄 메흐메트 2세(Mehmet II. 1432~1481) 시절에 오스만에 정복됐다. 이후 세르비아는 오스만의 통치를 받다가 1804년에야 전국적인 시위를 통해 자치공국의 지위를 부여받았다.
- 오랫동안 오스만의 점령통치를 받았던 세르비아인에게 코소보 전투는 엄청난 역사적인 의미가 있다. 세르비아인은 이 전투를 민족적 자긍심의 원천으로 간주한다. 특히 20세기의 세르비아 민족주의자들은 이 두 전투 덕분에 유럽이 당시 오스만의 지배를 피할 수 있었다고 주장한다. 그래서 코소보에 대한 세르비아인의 이런 애착은 이후 코소보 알바니아계의 분리 독립 움직임을 억누르고 다시 전쟁을 도발하는 빌미가 되었다.
- 유고연방은 여러 민족과 공화국들로 복잡하게 얽혀 있었는데, 유고 건국의 아버지인 요시프 티토(Josip Broz Tito. 1892~1980)가 사망하면서 연방 내 민족들을 묶어주던 유대관계는 계속 나빠졌다. 그러다가 세르비아계를 중심으로 자민족 중심주의 움직임이 일기 시작했다.

- 슬로보단 밀로셰비치(1941~2006)는 1990년 세르비아 사회당을 창건하여 세르비아 민족주의를 주도했다. 연방 대통령 시절에도 세르비아에 모든 권력을 몰아주는 정책을 고수했다. 1989년 세르비아 공화국 대통령에 당선된 후 세르비아 중심주의를 드러내기 시작했다. 민족주의를 내세워 연방 내 다른 민족들을 배척할 것임을 분명히 했는데, 1989년 6월 밀로셰비치의 가지메스탄 연설이 그것이다. 이 연설을 한 1989년은 첫 코소보 전투가 벌어진지 600년이 된 해. 이를 기념해 연설하면서 밀로셰비치는 세르비아 민족주의를 촉발시켰다.

"지금 우리가 치러야할 중요한 전쟁은 경제적 · 정치적 · 문화적 · 사회적인 번영을 이루고 더 빠르고 성공적으로 21세기의 문명으로 가는 방법을 찾아내는 것입니다. 이 전쟁을 위해서 우리는 영웅적으로 행동해야 합니다. 과거와 종류는 조금 다르겠지만, 진지하고 위대한 용기 없이 아무 것도 성취할 수 없다는 점은 변하지 않았습니다. 지금은 그런 용기가 절박하게 필요한 시기입니다. [...] 600년 전 세르비아는 코소보의 전장에서 스스로를 지켜냈고 유럽 또한 지켜냈습니다. 세르비아는 당시 유럽의 문화와 종교, 사회 전반을 지키는 보루였습니다. 따라서 오늘날 세르비아가 유럽의 부속품인 듯 말하는 것은 온당치 않을뿐더러, 역사적 사실에 어긋나는 정말 어리석은 주장입니다. 세르비아는 예전부터 지금까지 늘 자신만의 방식을 통해 유럽의 일부로 존재해왔습니다. 역사적 관점에서 보면 아무도 그 위엄을 빼앗지 못할 방식으로 말입니다."

- 오스만 제국 시절을 거치면서도 세르비아계는 세르비아 정교의 전통을 지켰지만, 같은 지역에 공존해온 알바니아계와 보스니아계는 무슬림이 대부분. 밀로셰비치의 자극으로 세르비아 민족주의는 한 지역에서 수백 년을 함께 살아온 알바니아계와 보스니아계에 대한 반감과 증오감정을 자양분으로 삼았다. 밀로셰비치의 연설은 '세르비아인이 한 명도 남지 않는다 하더라도 코소보는 영원히 세르비아로 남는다'는 메시지를 담고 있다. 세르비아의 부흥을 노래하던 자들은 이 메시지에 열광했다.
- 세르비아의 학자이자 시인인 마티야 베코비치(Matija Bećković. 1939~)는 가지메스탄 연설에 대해 '세르비아 민족주의 혁명의 정점'으로 평가했다. 그러나 이후의 역사가들은 밀로셰비치의 연설을 유고슬라비아 사회주의연방공화국의 종말(1991년)과 '피의 10년'(유고 내전)을 알리는 전조로 평가했다.

(3) 부취트른(알바니아어 Vushtrri / 세르비아어 Vučitrn).

- 코소보 북동지역에 위치한 도시. 기원전 1세기말 로마의 지배를 받았다.
- 비키아눔(Vicianum, '송아지들의 땅'의 뜻)이란 이름은 로마 제국 때의 이름. 로마제국 치하에서 비키아눔은 견고한 경제와 찬란한 문화를 누렸다.
- 로마제국 몰락 후 비잔티움 제국의 지배를 받았다.
- 1054년 교회의 대규모 분열, 즉 서방 가톨릭교회(서방정교)와 동방 가톨릭교회(동방정교)의 분파가 있은 후 주민의 절대다수가 동방 가톨릭교도가 되었다.
- 세르비아 국가가 창건되면서 오랫동안 비잔티움 제국과 세르비아의 국경지대에 위치했는데, 12세기 말부터 세르비아에 귀속. 전승에 따르면 이 도시의 이름은 'Dornigen Hauhechel'(세르비아어 vučji, '늑대의 가시'란 뜻)에서 유래했다.
- 14세기에 남동유럽의 오스만 제국이 확장되면서 1439~1444년 오스만 제국의 통제를 받다가 1454년 정복. 이때부터 이슬람교가 전파되면서 모스크, 숙박업소, 마드라사(이슬람교 고등교육기관), 터키식 공중목욕탕이 우후죽순으로 들어섰다.
- 15~18세기에는 남동유럽의 가장 큰 주거지 중 하나. 오스만 제국의 주요 행정단위의 중심지였다.
- 1912년 제1차 발칸 전쟁 때 세르비아의 통제를 받았다.
- 제1차 세계대전 중에는 오스트리아-헝가리 이중제국에 점령, 전쟁 후 유고슬라비아 왕국의 일부가 되었고, 제2차 세계대전 중에는 독일 점령지역에 귀속. 1944년 11월 유고슬라비아 공산정권이 들어섰다.

〈부취트른 요새와 올드 브리지〉

〈잠깐〉 종교적인 분열, 즉 이교, 무엇인가?

- 이교(Schisma)는 이단과는 다르다. 이단은 신앙이나 교리상의 차이로 분열한 것이지만, 이교는 분파의 주창이나 분파 상태를 가리키는 것이다. 그러나 이교로 갈라진 종교들이 서로를 이단으로 비판하기도 한다. 로마 가톨릭교에서는 모든 이교가 이단까지 되는 경우가 없지만, 모든 이단은 이교에 해당된다고 본다.

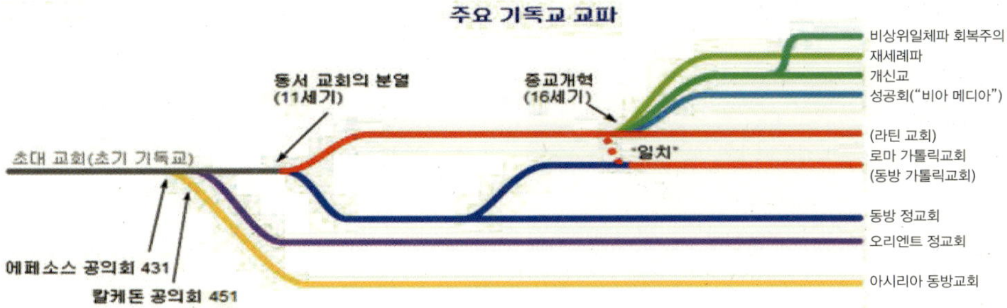

- 기독교의 역사에서 이교라는 단어는 교회나 종교 공동체의 분열을 나타내는 용어로 가장 많이 사용되었다. 이러한 문맥에서 '이교도'(離敎徒)는 교회 안에서 이교를 만들거나 그를 위해 선동한 사람 내지는 분열된 종파의 일원을 일컫는 용어이다. '이교적'이라는 형용사는 이교로 여겨지는 이념과 활동을 의미하며, 이 단어가 적용되는 사람이나 단체는 기독교회에서 이탈했음을 의미한다.

(4) 미트로비차(Mitrovica, 세르비아어: Kosovska Mitrovica)

- 코소브스카 미트로비차(세르비아어: Kosovska Mitrovica) 또는 미트로비처(알바니아어: Mitrovica / Mitrovicë).
- 1999년 코소보 전쟁으로 이바르 강의 다리를 중심으로 북부의 세르비아계 지역과 남부의 알바니아계 지역으로 나뉘어 있다 : Old Qarshi와 Bridge of "Division"
- 오스만 시절의 공중목욕탕은 현재 시립박물관.

▶ 즈베찬 요새(Tvrđava Zvečan / Zvečan Fortress)

- 미트로비차의 북서쪽 볼예틴(Boljetin) 마을의 전략적인 위치에 있으며, 2010년에 복구. 요새는 2개의 복합체, 위쪽 요새와 아래 요새로 구성. 여러 건축 단계를 거쳐 축조됐다.

〈라구사공화국(황토색부분)〉

- 해발 797m 높이의 화산 언덕에 위치한, 발칸반도에서 가장 오래된 고대 요새들 중 하나. 남동유럽 코소보의 고고학적, 건축학적, 역사적, 문화적 유산. 역사서에서 '비잔틴 요새'라는 명칭으로 처음 등장한 것은 1092년. 고고학적 발굴에 의하면 즈베찬 중세요새는 서기 4세기에 고대에 요새화된 유적 꼭대기에 건설되었다. 이 고대 요새는 역사 이전시기에 시작되어 비잔티움, 슬라브인 점령, 오스만 시기를 거치면서 계속 발전하였으며, 18세기까지 요새로만 사용되었다.

로마 시대의 자료에 의하면 중세도시 즈베찬은 당시의 모든 도시들이 그러했듯이 접근이 거의 불가능한 언덕에 초기 비잔티움 시대의 건축양식에 기초하여 건설되었다. 10세기 초에 처음으로 불가리아 제국의 황제 시메온 1세(재위 913~927)가 이 요새를 재건했다는 역사적인 자료에서 이 언덕 위에 요새가 있었음을 짐작할 수 있다. 10세기 말에 라쉬카 출신의 세르비아 크네즈들(knez, 'prince'로 번역되기도 함)이 비잔티움과의 전투 때 이 요새를 이용하였다고 한다. 말하자면 즈베찬 요새는 세르비아가 남쪽으로 확장하는 과정에 비잔티움과의 갈등을 일으키며 지정학적 중요성을 얻게 된 곳이다.

즈베찬 요새의 두껍고 높은 성벽들은 네마니치 가문의 통치시기에 건설된 것인데, 적의 공격을 방어하는 기능뿐 아니라 두브로브니크에서 오는 상인들의 은신처 기능도 하였으며, 네마니치 혈통 중에서 반란을 일으킨 통치자들의 감옥으로도 이용됐다. 그래서 스테판 데찬스키(Stefan Dečanski, 재위 1321~1331)의 이복형제인 콘스탄틴 네마니치(Konstantin Nemanić)가 1322년 이곳에서 생을 마감했다. 스테판 데찬스키(Stefan Dečanski) 왕으로 알려진 스테판 우로쉬 3세(재위 1322~1331)도 그의 아들인 두샨의 지시에 따라 페트리치(Petrić)에서 체포되어 이곳에 투옥되어 죽었다. 얼마동안 즈베찬의 통치자는 황제 스테판 우로쉬 5세(재위 1355~1371) 시절에 라자르(Lazar, 1329~1389)의 양자인 수령 무사(Musa)였다. 14세기 말에 즈베찬은 부크 브란코비치(Vuk Branković, 1345~1397)가 지배하다가 몰락한 후 1455년에 오스만 제국에 점령됐다.

02. 노보베르다 - 레트니차

(1) 노보베르다(알바니아어: Novobërdë, 세르비아어: Ново Брдо, Novo Brdo).

- Ulpiana, 고대 일리리아 제국의 고대도시(기원전 2세기), 일리리아 인의 요새.
- 비잔티움 시대에 건설했고, 세르비아 왕 우로시 2세 밀루틴(Uroš II. Milutin)이 1285년 완성했다. 요새 시설물은 휴화산에 있다.

〈노보베르다 요새, 고르니 요새라고도 함〉

- 로마제국의 유스티니아누스 대제 시절 Ulpiana로 번창. 'urbis Splendissima(영예로운 도시)'라고 불렸다.
- 고대 도시는 여러 번 공격과 약탈을 당하고 파괴되었다가 반복해서 재건됐는데, 이웃한 Ajvali, Kishnica, Novoberda라는 은 광산 덕분이었다.

- 노보베르다 중세도시, 요새, 올드 모스크, 옛 은 광산이 주요 관광지.
- 노보베르다와 주변지역은 이미 12세기에 세르비아 제국에 귀속.
- 우로시 4세 두샨 황제의 통치 시기는 오늘날 세르비아의 황금시대. 이 시기에 노보베르다도 엄청난 도약. 특히 듀산 황제가 촉진시킨 경제와 무역 관계를 통해 부를 축적. 예를 들어 듀샨 황제의 지시로 작센의 광산노동자들이 채광과 요새건축을 위해, 두브로브니크 사람들(당시는 라구사 사람들)은 무역을 하기 위해 제국으로 몰려들었다.
- 노보베르다에는 에르츠게비르게 산맥(독일의 작센과 체코슬로바키아 사이에 있는 산맥의 이름) 출신의 수많은 작센 인들이 이주. 노보베르다의 핵심 해외영업소에는 금 구매와 수입품 판매를 통해 엄청난 돈이 거래됐다. 그래서 아드리아 해상무역을 독점하자 노보베르다에 들린 베네치아인 들의 원성이 자자했다. 말하자면 노보베르다는 대 세르비아 제국에서 가장 중요한 상업지이자 가장 큰 수입원.
- 1442년 처음으로 노보베르다에 유대교를 믿는 공동체마을이 생겼다.

(2) 레트니차(Letnica, 레트니치/Letnici)

- 마케도니아와의 국경 근처에 위치한 작은 산악마을.
- 레트니차의 블랙 마돈나 성당의 기적(church of the black madonna letnica kosovo).

- 레트니차 성당은 유럽의 세 곳에 있는 '블랙 마돈나' 중 한 곳, 마더 테레사(Teresa of Calcutta, M.C., 1910~1997)가 수녀가 되도록 부름을 받은 곳.
- 300년 이상 조그만 가톨릭 성당이 레트니차 마을을 눈감아주면서, 두 개의 종탑 사이로 교구민들에게 면책 특권을 주었다.
- 마더 테레사. 1917년 7살 난 아그네사 보약스휴(Agnesa Bojaxhiu)라는 독실한 신자는 스코프예 근처에 있는 자기 집에서 매년 부모와 함께 레트니차를 찾아갔다. 그녀가 바로 마더 테레사. 인도의 캘커타에서 헌신적인 빈민 구제 활동을 하여 살아있을 때부터 성인으로서 많은 존경을 받았다. 1979년에는 노벨평화상을 받았는데, 수상축하연에 사용될 돈을 빈민구제기금으로 써달라고 요청. 1997년 세상을 떠난 후 '캘커타의 복녀(Blessed Teresa of Calcutta)'라는 칭호, 2003년 10월 3일 교황 요한 바오로 2세의 시복을 받았다.

- 레트니차 마을은 크로아티아의 두브로브니크와 코토르에서 온 이민자들이 코소보에 둥지를 튼 지 700년 이상이나 된 곳. 현재 크로아티아 출신 주민은 최근의 전쟁으로 과거보다는 훨씬 적어졌다. 그러나 현재 평화와 안정을 되찾으면서 크로아티아 출신 주민이 코소보에서 다시 늘어나고 있는데, 이 또한 기적.

03. 프리즈렌 - 라호베치

(1) 프리즈렌(Prizren) - 박물관의 도시

올드 바자르, 오스만 시절의 가지 메흐메트 파샤 공중목욕탕(1573, 사라예보와 스코프예 다음으로 큼), 시난 파샤 모스크, 프리즈렌 동맹 기념비, 성모 레비시 또는 성 프라이데이 수도원, 헬베티 또는 수피 테케(Helveti or Sufi Tekke, 수피 교단 수사와 수녀가 속한 종교건물), 사라이와 가시 메흐메드 파샤 모스크(Saraj and Gazi Mehmed Pasha Mosque) 등.

이름	사진	특징
샤디르반		타운 남쪽에 위치한 관광지역. 카페와 레스토랑들이 있고, 고대의 분수가 문화유적으로 보전됨
올드 석교		알바니아어 *Ura e gurit*, 세르비아어 Стари камени мост, 프리즈렌의 랜드 마크 중 하나. 15세기 말 완성. 1950년대 도로확장으로 다리 외관이 변형됨
르예비시카 성모승천교회		1306년에 건축된 세르비아 정교회 수도원, 세계문화유산에 등재.
쿠클리베우 모스크		1534년 건축. 알바니아어로는 쿠클리 베이 모스크(Kukli Bej Mosque)
무데리스 알리 에펜디 모스크		1543~1581년 건축.

시난 파샤 모스크(Sinan Pasha Mosque)		오스만 시대의 모스크. 1615년 소피 시난 파샤가 건축. 프리즈렌 중심가에 위치.
아라스타 모스크의 탑(Minaret of Arasta Mosque)		아라스타 모스크의 남은 탑

04. 자코바 - 데샤니 - 페야

(1) 자코바(Gjakova(알바니아어), 쟈코비차(Đakovica, 세르비아어).

코소보의 서부 지역에 위치한 역사적인 도시이자 자치구. 33개의 모스크가 있는데, 수백 년 된 것도 있다. 1593년에 건축된, 구시가 중심에 위치한 하둠 모스크(⇨)는 코소보에서 건축학적으로 빼어난 모스크.

- 올드 자코바 바자르, 발칸반도에서 가장 큰 바자르 중 하나. 역사적인 하둠 아가 모스크.
- 잘 보존된 구시가는 이 도시의 자랑거리이다. 포석이 깔린 좁은 골목길들에는 나지막한 2층짜리 건물들이 줄지어 서있다. 전형적인 오스만 양식으로 건축된 것들이다. 이런 건물의 중요한 요소는 목재골격과 목골가옥. 구시가를 구성하는 또 다른 요소가 돌로 만든 고성가옥들인데, 그 모습이 꼭 탑을 닮았다.

(2) 데샤니(Deçani).

- 코소보 서부 몬테네그로와 국경을 마주한 도시(38.984명, 2011년).

▶ 민족구성.

- 대규모 공동체는 데샤니 시 외 180km^{2}에 달하는 36개의 마을도 포함. 그래서 2011년 인구밀도가 km^{2}당 거의 217명에 이른다.
- 공동체 민족은 코소보-알바니아인, 세르비아인, 로마인, 터키인 등. 그래서 종교는 대부분 수니파 이슬람교도와 세르비아 정교도들.
- 공식 언어는 주민의 절대다수가 사용하는 알바니아어. 특히 세르비아인들은 제2의 공식 언어를 사용하지만, 소수에 불과하다.

▶ 문화유적 : 비소키 데샤니 수도원

- 데샤니에서 가장 유명한 명소. 14세기에 로마네스크 양식으로 건축된 세르비아 정교회 수도원. 이 도시에서 서쪽으로 2km 정도 떨어진 산골에 있다.
- 수도원 교회는 세르비아 왕 스테판 우로쉬 3세(Uroš III. Dečanski, 1285~1331)를 위해 지었고 그의 무덤이기도 하다. 13세기의 설립 선언문 원본이 지금도 보존되어 있다. 건축에 8년(1327~1335)이 걸렸고 프란체스코회 회원으로 코토르 출신의 건축가 프라 비타(Fra Vita)가 건축했다. 우로쉬 3세인 스테판 데찬스키는 완공 전에 죽어서 이곳에 묻혔다. 그가 죽자 아들 우로쉬 4세 두샨(1308~1355)이 건축 공사를 감독하면서 성화벽면에 성화를 그리고 교회의 가구로 교회 내부를 장식했다. 나무로 된 지도자(Hegoumenos)의 왕좌는 1335년경에, 스테판 우로쉬 3세의 목조 관은 1340년경에 만들었다.
- 수도원에는 중세시대부터 완벽하게 보존된 비잔틴 양식의 프레스코화들이 있다. 16세기 전반에 수도원에서 예술 붐이 일었는데, 이 시절에 화가이자 수도사이던 론긴(Longin)이 이곳에서 20년을 지냈다. 론긴은 대연회와 은자들을 묘사하는 성화 열다섯 점을 창작했다. 그러나 그의 걸작은 덕

이 높은 왕의 일생을 담은 스테판 데칸스키의 성화다. 17세기 말기에 오스만 제국이 수도원을 약탈했으나 심각한 피해를 입지는 않았다.

- 13세기에 이 지역에서 종교 문화가 꽃핀 것은 세르비아를 발칸 반도의 강대국으로 만든 밀루틴(Milutin, 1282~1321) 왕 때문이었다. 밀루틴 왕은 가장 관대한 수도원의 후원자로서 세르비아뿐 아니라 예루살렘, 콘스탄티노플, 로마, 살로니카, 마케도니아, 그리고 아토스 산에 교회를 40개나 지었다. 이보다 약간 앞서 스테판 네마냐 왕(Nevanjič, 1166~1196)이 스투데니차 수도원을 세웠는데 이 왕조의 묘지가 되었다(1986년 세계문화유산에 등재). 1219년 니케아의 총대주교가 세르비아의 독립 대주교 지위를 허락했다. 왕국과 교회가 함께 세르비아를 강대국으로 발전시켰고, 최초의 대주교가 지배 가문에서 나왔다. 1346년에 세르비아의 독립 총대주교 관할교구를 두샨 왕이 수립하면서 페치 수도원을 교구청으로 삼았다. 두샨 이후 세르비아는 몇 개의 왕국으로 분할되는 바람에 어느 왕국도 오스만 제국에게 저항하지 못했다. 1389년 코소보 전투에서 세르비아 왕국들은 오스만에 패한 뒤 권력 중심지를 북부로 옮겼다. 1459년 오스만이 세르비아의 수도를 함락하자 중세의 세르비아 왕국은 멸망한다. 1557년 오스만의 허락으로 페치 대주교 관할교구를 복구했다. 이후 페치 수도원은 콘스탄티노플 수도원, 아토스 산 수도원과 함께 다시 정교의 중심지가 되었다. 1756년 직전에 오스만이 재정복하면서 레예비사 성녀 교회가 이슬람사원으로 바뀌면서 많은 개조과정을 거쳤다. 1766년에 총대주교직이 다시 폐지되고 몬테네그로 왕국의 일부가 되어 1912년 체티네 시(Cetinje metropolity)에 통합되었다. 프리즈렌이 오스만에게서 해방된 후 레예비사 성녀 교회는 또다시 기독교의 중요한 장소가 되었다. 1918년 세르비아 왕국, 크로아티아, 슬로베니아가 건국되면서 세르비아 교회가 부활했다. 지난 수십 년간 발칸 지역에서 거센 충돌이 있었지만, 페치 수도원과 그라차니차(Gračanica) 교회들은 수도원의 기능을 이어왔으며 여전히 종교의 중심지 역할을 하고 있다. 지역 주민들이 민족의 뿌리를 존중하였기에 그라차니차와 페치 총대주교 수도원은 코소보 전쟁 중에도 피해를 입지 않았다. 레예비사 성녀 교회는 2004년 3월의 폭력 사태 후 사용하지 않고 있다.
- 데샤니 수도원은 믿음이 다르고 민족이 다른 병자들이 성유물을 통한 기적의 치유를 기원하며 방문하던 곳이기도 하다. 1999년 코소보 전쟁 동안에 이 수도원은 망명중인 세르비아인, 로마인뿐 아니라 코소보-알바니아인에게 숙소를 제공. 수

도원 시설물은 특히 1999년 여러 번 민족주의 알바니아인들의 사보타주 행동의 표적이 되었다. 전쟁 후에도 여러 번 알바니아인의 화포 공격을 받았다. 2008년까지 거의 12번이나 알바니아 급진주의자들의 습격 표적이 되었다. NATO가 이끄는 코소보평화유지군들 중 이탈리아 코소보 주둔군들(KFOR=Kosovo Force)이 철저히 감시해주는 덕분에 코소보의 수많은 세르비아 정교 교회들과는 달리 계속 보전될 수 있었다. 이 수도원의 승려들은 민족주의 알바니아인들의 끊임없는 위협 때문에 자유롭게 다닐 수 없는 상태. 그래서 시장을 보러 시내로 가지 않고 매년 한 번 코소보 주둔군을 대동하여 코소보 바깥으로 나가는 불편을 감수한다.

(3) 페치(Peć, 알바니아어 Peja [페야])

- 코소보 서부 몬테네그로와 국경을 마주한 도시. 주민은 대부분 알바니아인이고, 이슬람교를 믿는다. 도시의 기원은 고대 그리스 시대까지 소급된다.
- 로마제국 시절에도 '피카리아(Picaria)'라 불렸다. 이 명칭에서 현재 언어의 명칭들(Peja와 Peć)도 파생된 것으로 추측. 명칭에 대한 또 다른 설은 이 도시의 북서부 끝에 우뚝 솟아 있는 프로클레티예(Prokletije) 산맥 또는 북부알바니아 알프스 산맥의 수많은 고봉들에서 왔다는 것. 예컨대 'Peć'(페치)는 고봉을 뜻하는 세르비아어 'pećina[페치나]'에서 파생된 것.
- 1253년 'Peć/Peja'는 세르비아 제국이 남쪽으로 확장하고 이동하면서 1219년부터 1253년까지 지차(Žiča) 세르비아 정교 수도원의 정교회 주교들의 본거지 기능을 했다. 세르비아 양식의 대성당과 수도원이 남아 있다.

〈페치 총대주교 수도원과 정교회 성당〉

- 1346년 스테판 우로시 4세 두샨이 페야를 총대주교구로 격상시켰다.
- 오스만 제국이 세르비아 제국을 정복한 후에도 Peć / Peja는 1463년까지 세르비아 정교 성당의 본거지로 남아있었다. 오스만 시절(1912년까지)에 이 도시의 이름은 이펙(İpek).

▶ 페치 총대주교 수도원(별명: 레드 모스크)

- 이 수도원을 레드모스크라 불리는 것은 이 지역에서만 생산되는 벽돌 때문.
- 1173년과 1307년에 개축. 현재 소실된 유적만 남은 상태, 아직 파사드의 일부, 대리석으로 된 민바르(이슬람교 사원의 설교단)와 미흐라브(Mihrab, 이슬람교 사원에서 신자들의 예배 방향을 가리키는 벽면의 오목한 곳 또는 장식 패널) 및 미나레트(모스크 옆의 첨탑)가 남아 있다. 유네스코가 이 건물의 재건을 추천한 상태.

▶ 바이라클리 모스크(Bayrakli Mosque)

- '기수(旗手) 모스크'로도 불린다. 'Bajrakli'의 'bayrakl'이 터키어로 '깃발'이란 뜻이고, 'Bayrakli'는 '깃발로'란 뜻이 있기 때문.
- 동일한 이름을 가진 모스크가 발칸반도에 세 곳, 즉 세르비아 베오그라드, 코소보 페치, 불가리아 사모코프에 있다.
-알 파티흐 모스크(Al-Fatih-Mosque)라고도 불리는 건물은 15세기 말 술탄 메흐메드 2세에 의해 건축되었다. 1999년 6월 화재로 소실된 후 이탈리아의 기부금으로 재건되었다. 바이라클리 모스크는 회랑과 기도실로 구성되어 있는데, 장식용 그림들로 가득하다. 미나레트는 그 이전 모스크의 것으로 추정된다. 근래에 바레인에도 이런 모스크가 들어섰다.

〈입구(1983)(좌)와 북동쪽 파사드(2003)〉

▶ 성 카타리나 성당

- 페야에 거주하는 가톨릭계 알바니아인들의 정신적인 구심점.
- 페야 시립병원 근처에 위치, 1929년 현재의 형식으로 제1차 세계대전 때 파괴된 옛 가톨

릭 성당의 하부구조 위에 건축된 것.

- 페야에 알바니아계 가톨릭 공동체가 처음 문헌에 등장한 때는 1584년. 1701년에 교구가 창건되면서 성당 건축이 시작됐다.
- 1872년 이 교구는 이 성당의 토지에 페야에는 최초로 알바니아어 학교가 건립되었는데, 제1차 세계대전 말까지 수많은 아이들이 알바니아어로 수업을 받았다. 당시 학교의 교실들은 현재 'Lul Mazreku' 가톨릭 유치원으로 사용되고 있다.

08
보스니아·헤르체코비나

국명	보스니아·헤르체코비나(Bosna i Hercegovina)
면적	51,197km^2
인구	3,871,643명 (2014년)
민족	보스니아인 48%, 세르비아인 37%, 크로아티아인 14%
GDP	$4,617 (2016년)
도메인	.ba

1
지리

지형

- 동쪽 및 남동쪽은 세르비아와 몬테네그로, 북쪽과 서쪽은 크로아티아와 접한다. 이 나라는 내륙국으로 착각하기 쉽지만, 바다가 있다. 해안선의 길이는 21km에 불과하다. 네움(Neum) 시를 통해 아주 짧은 거리지만 해안과 맞닿아 있다.

▶ 네움(Neum)

- 보스니아의 유일한 해변도시.
- 이 나라가 아드리아 해로 나갈 수 있는 유일한 통로.
- 크로아티아의 두브로브니크에서 사라예보나 모스타르로 또는 그 역순으로 가기 위해서는 보스니아의 이곳 네움 해안(21km)을 통과해야 한다. 크로아티아(두브로브니크)에서 보스니아로, 다시 크로아티아로 나갔다가 다시 보스니아로 들어가서 사라예보나 모스타르로 가는 길이다.

국명

- 북부의 '보스니아(Bosnia)'와 남부의 '헤르체고비나(Herzegovina)' 두 지역의 지명을 합친 것.

- '보스니아'와 '헤르체고비나'는 민족보다는 지명을 지칭하는 말로 사용.
- 정치적으로 보스니아인과 크로아티아인 중심의 보스니아 헤르체고비나 연방(국토의 51%)과 세르비아인 중심의 스르프스카 공화국(48.5%)으로 사실상 분리. 브르치코 행정구는 양측 모두에 소속.

민족

- 3대 민족 집단: 가장 규모가 큰 집단은 보스니아인(인구의 48%), 두 번째는 세르비아인(37%), 세 번째는 크로아티아인(14%).
- 1991년, 인구의 44%는 무슬림(대부분 보스니아인), 31,5%는 세르비아정교(대부분 세르비아인), 17%는 가톨릭(대부분 크로아티아인). 나머지 인구는 공식적으로 인정받은 17개 소수민족들.
- 2000년, 48%는 보스니아인, 37,1%는 세르비아인, 14,3%는 크로아티아인. 집시와 유대인 같은 소수민족은 전체인구의 0,6%.
- 2017년 현재까지 민족별 인구는 집계되지 않았다. 보스니아인의 출신여부는 주로 소속 종교와 일부 이와 관련된 문화적 차이에 따른 것이다. 언어적으로는 유고슬라비아 전쟁이 있기까지 보스니아 내에서는 분리가 없었다. 모든 민족 집단들(나머지 유고슬라비아에 걸맞게)은 이들이 말하는 언어를 세르보-크로아티아어로 보았기 때문이다.

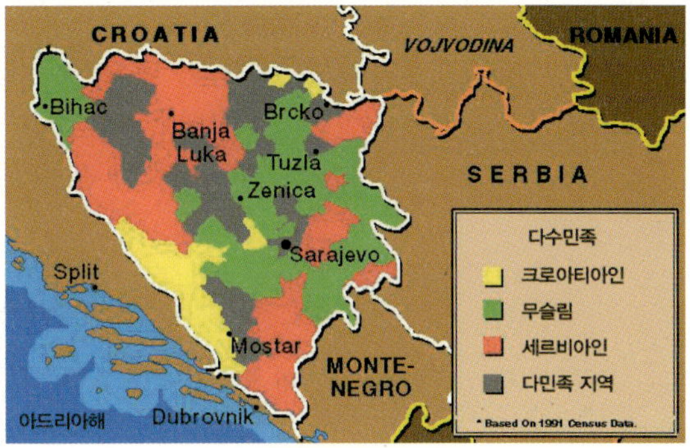

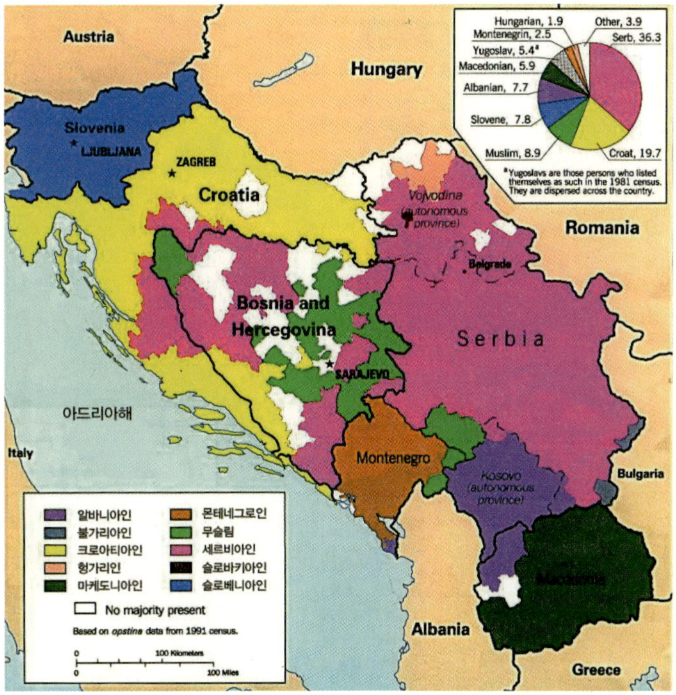

〈상식〉 보스니아어, 크로아티아어, 세르비아어가 사용되는 지역은?

이들 언어를 사용하는 인구는 22백만 명으로 추산된다. 중요한 것은 국가의 경계가 언어의 경계와 무관하다는 점이다.

- 보스니아어

약 4백만 명이 사용. 보스니아·헤르체고비나 외에 보스니아어/보스니아 지역어는 세르비아, 크로아티아, 마케도니아, 몬테네그로, 슬로베니아, 코소보에서도 사용되며, 오스트리아, 독일, 프랑스, 캐나다, 미국, 스웨덴, 오스트레일리아 등에서는 이주민언어로도 사용되고 있다.

- 크로아티아어

약 620만 명이 사용. 이 중 480만 명은 크로아티아에 거주하며, 보스니아·헤르체고비나, 세르비아, 슬로베니아에서도 사용되며, 오스트리아(부르겐란트 크로아티아어), 헝가리, 이탈리아에서는 소수민족언어로서, 오스트리아, 독일, 프랑스, 캐나다, 미국, 스웨덴, 오스트레일리아 등에서는 이주민언어로서도 사용되고 있다.

- 세르비아어

약 1,120만 명이 사용. 이 중 약 7백만 명은 세르비아에 거주하며, 몬테네그로, 보스니아·헤르체고비나(스르프스카 공화국), 마케도니아에서도 사용된다. 헝가리, 루마니아, 불가리아, 그리스, 알바니아에서는 소수민족언어로서, 오스트리아, 독일, 프랑스, 캐나다, 미국, 스웨덴, 오스트레일리아 등에서는 이주민언어로 사용되고 있다.

언어

- 주민들은 대부분 슈토카비시 방언그룹의 카이카비시 방언을 사용하는데, 이들 간에 차이는 거의 없다. 크로아티아어의 방언들은 의문사의 독특한 형태(Ca, kaj, STO)에 따라 세 가지 주요 집단으로 나눠진다.
  · 카이카비쉬 방언(쿠파와 상부 사바의 북부, 북부 크로아티아 지역)
  · 차카비쉬 방언(이스트라, 크로아티아 해안 지역, 북부와 중앙 달마티아의 해안 지역, 리카와 북부의 대다수 섬들, 오스트리아의 부르겐란트 지역)
  · 슈토카비쉬 방언(슬라보니아, 리카, 남부 달마티아, 보스니아·헤르체고비나)
- 따라서 슈토카비쉬 방언은 보스니아인과 대부분의 세르비아인들이 사용하는데, 크로아티아어, 보스니아어, 세르비아어의 토대를 이룬다.
- 문어의 경우 민족이 공식적으로 세 개의 국가민족 - 보스니아계, 크로아티아계, 세르비아계 - 으로 나눠짐에 따라 서로 친족관계에 있는 표준어들인 보스니아어, 세르비아어, 크로아티아어가 사용된다. 그래서 보는 시각에 따라서는 이들 언어를 뭉뚱그려 세르보-크로아티아어라고도 한다.
- 이 세 가지 표준어들은 특히 이들의 문자에 따라 구분되기도 한다. 보스니아·헤르체고비나에 사는 세르비아인들은 주로 키릴문자를 사용하고, 극소수만 라틴문자를 사용한다. 반면에 보스니아인과 크로아티아인은 라틴문자로만 글을 쓴다. 보스니아 전쟁 시절에 키릴문자는 보스니아계 세르비아인들이 더 많이 사용하였는데, 이는 특히 다른 두 민족 집단과 차별화하기 위함이었다. 그래서 키릴문자는 세르비아 자체에서보다 스르프스카 공화국에서 더 빈번하게 사용되었다.
- 언어적으로 보면, 이 세 방언들은 차이가 거의 없다. 차이는 일부 어휘와 발음에 국한되어 있다. 예컨대 보스니아계 표준어에는 'akšam'(저녁)에서 보듯이 오스만 제국이나 터키어 어원을 가진 단어들이 더 많다.
- 슈토카비쉬어 방언 외에도 소수 민족 집단들, 예컨대 집시들은 그들 나름의 언어를 사용한다.

2 역사

고대

- 일리리아(또는 달마티아) 지역은 로마에 정복된 이후 이 지역 대부분이 로마 제국의 남동유럽 달마티아 속주에 귀속되었다. 이 지역은 라틴어가 가장 중요한 언어로서 빠르게 확산되었다. 그리스어는 아드리아 해안 도시들에서만 사용되었다.
- 디오클레티아누스 황제 시절에 이 속주들이 재분할될 때 파노니아도 분할. 이때 보스니아 지역은 파노니아 수페리오르 속주에 귀속, 수도는 시스키아(siscia), 현재

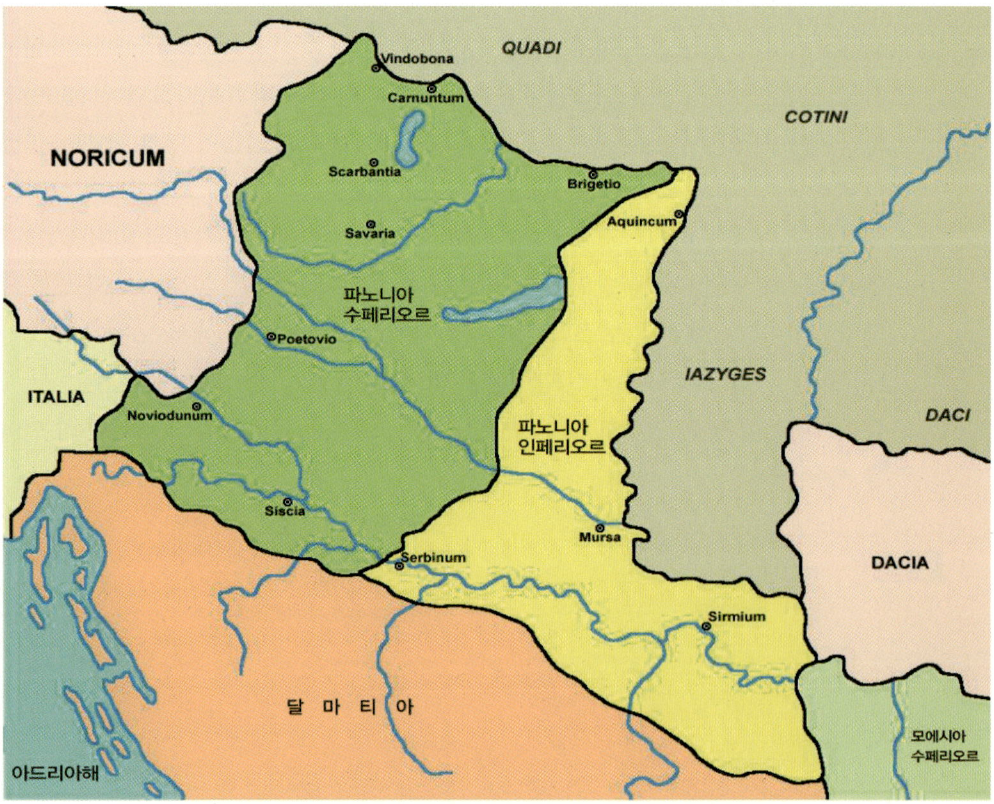

의 시사크(Sisak).

- 이 무렵에 기독교가 달마티아와 파노니아에 유입. 서기 3세기에는 이 지역에 기독교 추종자의 순교자들이 나타났다. 그러나 기독교가 보스니아 안에서 언제 확고한 지위를 얻을 수 있었는지는 불확실하다. 추측컨대 4세기에 델미눔(Delminum, Duvno)은 주교 관구였다. 이 초기 주교구는 민족이동의 와중에 사멸된 것으로 추정되는데, 6세기 후반기에 재설립되었다. 초기 기독교의 주요 중심지는 파노니아의 시르미움(Sirmium)이었다. 이곳 대주교는 4세기에 북부 보스니아 지역들도 관할했다.

민족이동 시기

- [4세기 후반] 로마 제국이 동서로 분리되면서 이 지역은 서로마 제국에 편입, 서로마가 통치력을 잃게 되자 376년 동고트족이 도나우 강을 넘어 대거 이주.
- 동로마 제국의 발렌스 황제(Flavius Valens, 328~378)가 동고트족과 동맹을 맺어 트라키아 지역에 정주시키려는 시도가 실패하면서 378년 동로마 황제 발렌스와 고트족 연합군 사이에서 벌어진 아드리아노폴리스 전투(현재 터키의 최북서부 대도시 에디르네)가 벌어졌다. 이 전투에서 황제 발렌스는 전사했고, 고트족은 로마군을 이겼다. 이 전투의 패배로 로마군은 발칸에서 완전히 물러났고, 5세기에는 서로마 제국의 붕괴가 시작됐다.
- 이후 20여 년 동안 서고트 인은 발칸 지역에서 끊임없는 불안요인으로 남았다. 고트 인들은 그리스를 초토화시킨 후 401년 북쪽으로 이동, 이탈리아로 넘어가면서 달마티아 지역도 유린했다.
- 수십 년 동안 잠잠하다가 아틸라가 이끄는 훈족이 441~447년 로마의 발칸 속주들로 침입. 동고트족은 동로마 제국 내에 로마의 포이데라티(foederati)[1]로서 거주했지만 점점 통제 불능 상태에 빠졌다.

---

1) 로마 공화정 초기에는 이탈리아반도의 다른 도시들과 조약(foedus)으로 맺어진 동맹도시를 뜻했지만, 나중에 용병을 제공하는 동맹국의 뜻으로 바뀌었다. 포이데라티에게는 속주민(socii)과는 달리 로마 시민권을 보유하지도, 로마의 지배를 받지도 않았지만 전시에는 병력을 제공할 의무가 있었다. 90년 율리우스 법(Lex Iulia)이 통과되면서 포이데라티에게도 로마 시민권이 부여되었다. 로마 제국 말기에는 포이데라티의 의미가 확장되어 로마 제국 내의 영주권을 인정받는 대가로 병력을 제공할 의무를 띠게 된 이민족들을 가리키는 말이었는데, 보통은 반달족, 프랑크족, 알라니족, 서고트족이 그들이었다.

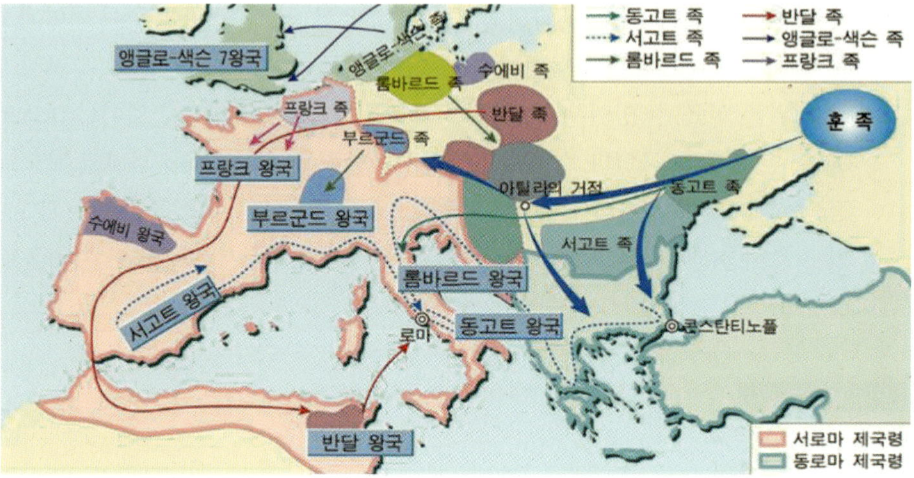

- 460년대에 동로마 제국의 황제 제논(Flavius Zeno, 재위 474~491)은 황제가 되기 전 야전사령관으로서 반달족, 훈족, 게피덴 족(Gepiden/Gepidi, 현재의 루마니아 지역에 살던 동게르만 족으로 고트족과 친족 관계)을 이 지역에서 도나우 강 남쪽으로 몰아냈다. 이 무렵 테오도리쿠스(454~526)가 동고트 왕국의 초대 국왕이 된 이후 황제 제논과 협정을 맺어 476년 로마를 점령한 오도아케르를 몰아내는 데 협조하여 오도아케르의 이탈리아 왕국을 침략했다. 테오도리쿠스는 488년 군대를 이끌고 이탈리아에 도착, 489년 밀라노 전투, 489년 아다 전투에서 승리한다. 493년 테오도리쿠스는 라벤나를 점령하고, 오도아케르는 항복하지만 테오도리쿠스의 손에 살해됐다.
- 오도아케르와 함께 테오도리쿠스는 공식적으로는 콘스탄티노플에 있는 황제의 총독이었다. 그러나 실질적으로는 테오도리쿠스와 로마 황제의 교섭은 동등한 상황에서 진행되었고, 로마 황제의 간섭은 크지 않았다. 하지만 오도아케르와는 달리 테오도리쿠스는 왕국 내의 로마 시민들을 로마의 법에 따라 다스린다는 약속을 지켰다.
- 테오도리쿠스 대왕은 493년 프랑크 왕국의 클로비스 1세 왕(446~511)의 여동생 아우도플레다(470?-526)를 왕비로 맞아 결혼동맹을 맺었고, 서고트족, 반달족, 부르군트족 왕들과도 동맹을 맺었다. 클로비스 1세는 506년과 523년 동고트 왕국의 테오도리쿠스 왕과 전쟁을 벌였다.

- 테오도리쿠스 대왕은 대부분의 제위기간 동안 형식적으로는 동고트족과 서고트족 모두의 왕이었고, 505년경 어린 서고트족 왕의 섭정이 되었다. 테오도리쿠스는 507년 프랑크족에게 서고트 영토인 아퀴타니아(현재 프랑스의 가스코뉴 지방)를 빼앗겼으나, 그 외에는 대부분의 외침을 격퇴했고, 북아프리카의 반달왕국 왕 트라사문트(450~523)를 격퇴해 약탈을 막았다.
- 동고트족 핵심세력이 이탈리아로 이동하는 경우, 황제 유스티니아누스 1세는 395년 제국 분할 때 서로마에 귀속된 보스니아 지역을 비잔티움의 지배하에 둘 수 있는 전제조건이 되었다. 물론 달마티아에서 동고트족과의 대립은 520년대까지 계속되었다. 유스티니아누스 황제 시절에 로마제국의 북쪽 국경은 보스니아를 통과했는데, 그 북쪽에 랑고바르드족과 게피덴 족이 머물러 있었다.
- 555년부터 새로운 위협세력으로서 아바르 초원민족이 파노니아 평원지대에 출현했다. 아바르족의 일부가 558년 비(非)로마인 집단으로서 제국 땅에 정주하게 되었다. 이는 아바르족과 그의 통치를 받고 있던 슬라브족들이 발칸반도로 이동하는 촉진제가 되었다.

중세

- [6세기] 동로마 비잔티움 제국에 편입, 6세기 말 7세기 이후 슬라브족이 대거 이주, 슬라브계의 크로아티아 왕국이 통치.
- [9~10세기경] 가톨릭으로 개종, 이후에도 크로아티아와 세르비아에 강한 영향력을 행사한다.
- [10세기] 보스니아는 세르비아 왕국의 일부. 960년경 차슬라브 왕이 죽은 후 크로아티아 왕국에 귀속.

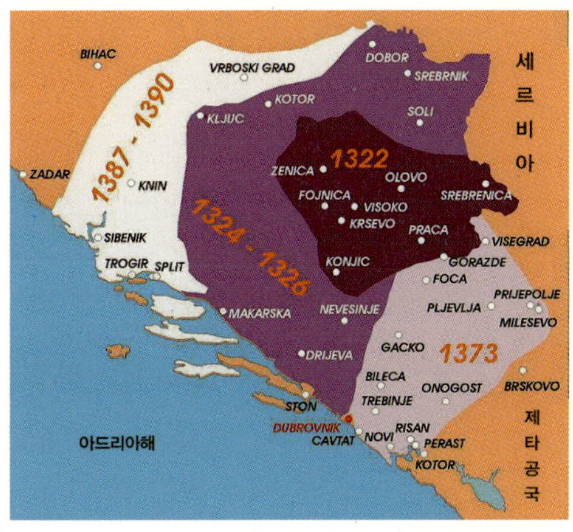

- [1018년] 비잔티움 제국의 지배를 받는다. 12세기 헝가리 왕국이 일련의 도독을 통해 이 지역을 지배하기 시작, 그러나 이 시기에 보스니아는 국력이 커지고 독립국의 지위를 누린다.
- [1322년] 보스니아인 스테판 코트로마니치(재위 1322~1353)가 도독으로 선출, 14세기 나머지 기간 동안 코트로마니치 왕조, 특히 스테판의 조카인 보스니

아 왕 트브르트코 1세(1338~1391)가 지배하면서 세르비아 왕국의 훔 속주와 아드리아 해안의 많은 지역까지 보스니아의 영토 확장.

- [1386년] 오스만 제국이 보스니아 침략, 1463년 오스만 제국령. 보스니아는 오스만 제국 시절에 경제적으로 쇠퇴의 길을 걸었다. 훔 속주는 성 사바의 '헤르체그'(공작)라고 스스로 명명한 지배자들 밑에서 오랫동안 속주를 유지했다. 그래서 이로부터 유래한 것이 헤르체고비나라는 명칭이다.

-오스만 제국의 침략과 지배 시절부터 보스니아 역사는 요동친다. 15세기 전반 보스니아를 정복한 오스만 제국은 이 지역의 세르비아 민족에게 이슬람교로의 개종을 강요하면서 많은 무슬림을 이주시켰다. 오스만 제국의 압박과 생활상의 편의 및 실리 도모를 위해 보스니아 거주 세르비아인 중 일부는 이 시기에 이슬람으로 개종, 이는 훗날 유고 내전 때 세르비아계가 혈통상 동일한 세르비아계 무슬림을 더 잔혹하게 학살하는 만행의 원인이 되었다.

근세

- [16~17세기] 오스만 제국과 합스부르크 왕조 및 베네치아 공화국의 끊임없는 전쟁에서 보스니아는 오스만 제국의 중요 전초기지 역할을 했다. 이 시기에 주민 대부분이 이슬람교로 개종했다. 오스만 제국이 유럽에서 밀려남에 따라 보스니아에 대한 이들의 지배는 점차 부담으로 작용했고, 이슬람교도와 그리스도교도 모두 콘스탄티노플로부터의 간섭에서 벗어나기 시작했다.
- [1877~78] 러시아-튀르크 전쟁 후 베를린 회의에서 보스니아와 헤르체고비나는 명목상 오스만 제국 령이었지만, 오스트리아-헝가리 이중제국의 정복지로 인정되어 이들이 관리했다.
- [1908년] 오스트리아가 10월 7일 러시아의 사전양해를 얻어 보스니아를 합병. 새로운 헌법에 따라 유권자를 3개의 선거인단으로 나누고 각 선거인단 내에 일정한 비율로 정교회, 로마 가톨릭교, 이슬람교의 의석을 할당했다.
- [1914년] 6월 28일 사라예보를 방문한 오스트리아 제국의 황태자 프란츠 페르디난트가 세르비아계 테러 조직인 검은 손, 즉 보스니아 출신의 세르비아계 학생 가

브릴로 프린치프에 의해 암살당하면서 제1차 세계대전 발발의 원인들 중 하나로 작용했다.

- [1918년] 10월 26일 보스니아·헤르체고비나는 세르비아·크로아티아·슬로베니아 왕국의 일부로서 세르비아에 합병되었다.

현대

- [제2차 세계대전] 보스니아의 세르비아인들은 크로아티아계 공산정권의 인종 학살 정책으로 극도의 고통을 겪었다.
- [1946년] 보스니아·헤르체고비나 두 지역은 유고슬라비아공화국의 일부가 된다.
- [1989~90년] 공산주의의 몰락과 더불어 보스니아·헤르체고비나도 유고슬라비아를 휩쓴 민족주의 물결에 휘말린다.
- [1991년] 크로아티아가 연방을 탈퇴한 후 보스니아의 크로아티아계와 이슬람계는 다민족 공화국 수립을 요구하는 국민투표 실시에 찬성했지만, 보스니아의 세르비아계는 실질적으로 세르비아가 주도해온 유고슬라비아로부터의 독립에 반대했다.
- [1992년] 이후 보스니아·헤르체고비나는 내전으로 황폐화되었고, 이 기간 동안 각 민족들이 각자 차지한 지역에서 '인종청소'를 자행한다. 세르비아계는 북쪽과 동쪽의 대부분을, 크로아티아계는 서부를, 이슬람계는 중부 및 북서부의 도시를 차지했다.
- [1995년] 미국의 데이튼에서 서명되고 파리에서 12월 14일 조인된 데이튼 협정으로 내전이 종식되면서 보스니아·헤르체고비나 연방공화국 탄생.

3
문화

▶ 사라예보(Sarajevo)

- 'Olympic City' 또는 '유럽의 예루살렘', 과학, 문화, 관광 도시이자 보스니아·헤르체고비나의 상업 중심지.
- [1238/39년] 'Vrhbosna'라는 이름의 슬라브인 정착촌.
- [1461년] 오스만 제국이 건설한 도시.
- [1460년대] 보스니아 출신의 오스만 제국의 장군 이사코비치(Isa-Beg Isaković, 이슬람으로 개종한 보스니아인)가 보스니아 속주를 통치하면서 도시를 건설했다. 15세기 말경에 오스만 제국의 총독은 자신의 거처를 밀야카(Miljacka) 강변에 세웠다. 그 사라이(saray, 터키어로 '궁전'의 뜻)가 건축되고 얼마 되지 않아 빠르게 번성하는 도시 사라예보가 명명되었다. 도시의 이름은 터키어 'sarây' 또는 'saray ova'에서 파생한 것.
- 사라예보는 1850년부터 오스만 제국 내 보스니아 속주의 수도였고, 1878년부터 오스트리아-헝가리 이중제국이 점령한 '공동통치지역'의 행정중심지였다.
- 제2차 세계대전 중에는 독립국 크로아티아의 일부였고, 크로아티아의 붕괴와 전쟁 종료 후 1945년에 유고슬라비아 내 보스니아·헤르체고비나의 수도가 되었다.
- [1984년] 사라예보와 그 주변의 산맥들에서 동계올림픽이 개최되었다.
- 1992년부터 현재까지 보스니아·헤르체고비나의 수도.
- 전쟁 전의 사라예보는 모스크와 시장, 아름다운 전경을 가진 터키식 바자르가 있는 풍성한 역사적인 장소이자 유럽에서 가장 동양적인 도시. 도시의 강가는 여전히 1914년 프란츠 페르디난트 대공이 이곳에서 삶을 마치는 그 운명적인 날 이후 크게 변하지 않고 유지.

〈상식〉 라틴다리(The Latin Bridge)

1914년 6월 28일 오스트리아-헝가리 이중제국의 황태자인 프란츠 페르디난트 대공과 그의 부인 소피가 이 다리 부근에서 젊은 보스니아 민족주의 조직원이던 18세의 청년이자 대학생이던 가브릴로 프린치프에게 암살된다.

프린치프는 세르비아계 보스니아 인으로 전 남슬라브 인들의 통일, 구체적으로는 보스니아가 오스트리아-헝가리로부터 독립하여 독립국인 세르비아와 합칠 것을 원했다(남슬라브 운동). 그리고 오스트리아 황태자가 군사연습을 관전하기 위해 보스니아·헤르체고비나의 수도 사라예보를 방문할 것이라는 소식을 듣자 프린치프와 네디엘코 카브리노비치 및 4명의 혁명가 학생들이 음모를 준비한다.

〈좌: 라틴다리 앞 건너편(현재는 박물관)의 당시 커피숍 'Maritz Schille'에서 나와 1.5m 떨어진 황태자 부부를 저격함, 우상: 라틴다리, 우하: 당시 황태자가 투숙했던 호텔〉

황태자 부부가 탄 차는 일차적으로 카브리노비치가 던진 폭탄에 테러를 당했지만, 혈기왕성한 황태자는 폭탄을 주워 테러범에게 도로 던져 위기를 면한다. 밤이 되어 차를 타고 가던 중 황태자는 조금 전에 자신의 경솔한 행동 때문에 많은 사람들이 다쳤을 것이라며 폭발 사고로 부상당한 관리를 방문하기 위해 병원으로 차를 몰 것을 지시한다. 그러나 운전사는 길을 잃었고 이 틈을 타서 저격범 프린치프가 차 앞으로 뛰어들어 총을 쏴 먼저 프란츠 페르디난트를 암살하고 다시 총을 쏴 부인 조피를 암살한다. 그때 프린치프는 조피가 아니라 보스니아군 사령관 오스카르 포티오레크 장군을 겨냥했다고 한다.

- 주변국들에 비하면 경제사정은 몹시 열악하고 세르비아계의 인종 학살에 따른 인도적 재판과 복구, 후속 문제도 국가적인 과제이다. 실업률도 높아서 타국으로의 노동이주물결이 일어나고 있다.

· 100년 동안 사라예보는 이슬람과 세르비아인 크로아티아인, 터키인, 유대인 그리고 여타 이민족들이 평화적으로 공존했다. 관용의 전통은 세르비아인의 대포 파편으로 파괴되었다.

· 최근의 전쟁에서 10,000여명이 사망하고, 5,000여 명이 부상당했다. 3년간의 잔인한 공격에도 불구하고 사라예보는 다시 안정을 되찾았다.

- 서유럽의 중고 버스, 기차, 승용차 등등이 팔려 와서 다시 굴러다닌다. 그래도 발칸반도에서 제일 높은 건물인 Avaz Twist Tower라는 빌딩, 보스니아 최대 신문사 Dnevni Avaz의 건물은 사라예보의 보물이다.
- 페트디난트 대공부부가 투숙한 중심가 호텔 근처에는 과거 카라반 상인들이 묶었던 여관 유적지도 있다. 여기서 조금만 더 가면 뉴타운(왼쪽⇩)과 올드타운(오른쪽⇩) 거리가 나온다.

- 그러나 사라예보의 고풍스런 건물들에서는 예외 없이 골동품이 아닌 생활용품들 가게가 들어섰다. 박물관인줄 알고 들어가면 정육점이 들어선 곳도 있다.

- 오스만제국 시절의 사라예보(1463~1878). 중세에 무려 400여 년 동안 오스만의 지배를 받으면서 이슬람 문화가 유입된 관계로 올드 타운의 분위기도 퍽이나 동양적이다.

- 세상의 세 가지 종교가 이웃한 도시 사라예보 : 세르비아 정교회(좌측), 무슬림 사원(중간), 가톨릭 성당(우측)

[참고] 동방 정교와 로마 가톨릭의 차이점

	로마 가톨릭	동방 정교
정치-종교 관계	신정 분리	신정 일치
구조	로마교황→대주교→주교→사제	대주교와 신자 수평 관계, 대주교: 권위는 유, 권력은 무
베드로	초대교황	권한 없음
성령	양성론(성부와 성자에게서 나옴)	단성론(성부에게서만 나옴)
성호경	왼쪽 어깨부터	오른쪽 어깨부터
성물	성상 중심	이콘과 성화 중심
예식	미사 중심, 성당건물	성경 중심, 이슬람의 압제로 작은 성당, 작은 지하 출입문
의자	있음, 미사 중심	없음, 주교 말씀 중심
주교	수염 없음(선택)	수염 있음(필수)
사제 혼인	불가	가능(불가리아 정교회는 사제서품 이전 결혼 인정, 그러나 주교 승진 불가)

▶ 바쉬차르쉬야(Baščaršija)

- 사라예보 관광의 중심지. 유럽 문화와 이슬람 문화가 공존하는 사라예보의 매력을 제대로 느낄 수 있는 곳.
- 현지 언어로는 '노보 사라예보(Novo Sarajevo)' 또는 '바쉬차르쉬야(Baščaršija)'로 불리는 지역.

〈유럽문화(뉴타운)와 이슬람문화(올드타운)의 교차점 표지〉

- 바쉬차르쉬야 광장에 있는 세빌리는 1891년에 건축된 샘. 구시가의 상징과도 같은 곳. 지금도 맑은 물을 공급하고 있어서 세빌리에서 흘러나오는 물을 식수로 이용한다. 이 샘물을 마시면 다시 사라예보를 찾게 된다는 이야기가 있다.

▶ 가지 후스레브 베그 모스크(Gazi Husrev-Beg's Mosque)

- 사라예보에서 가장 중요한 이슬람 건축물.
- 1521~1541년 보스니아를 통치하던 가지 후스레브 베그(1521~1541)의 지시로 1530년에 페르시아의 건축가가 건축. 웅장하면서도 생동감 있게 구성된 26m의 초록색 돔이 인상적이다. 안에는 발을 씻는 곳, 샘, 초등학교, 기도실 등이 있다. 왼쪽에는 16세기에 만든 정교한 묘지가 있다. 이슬람교도들에게 필요한 사교적 기능을 골고루 갖춘 안식처와도 같은 곳. 무슬림들의 정신적인 안식처였던 모스크는 내전 중 가장 명백한 표적의 대상이었기에 많은 손상을 입었지만, 사우디아리비

아 등 주변국가 이슬람 국가의 도움으로 1996년에 완벽하게 복구되었다.

- 가지 후스레브 모스크에서 나오면 만나는 좁은 골목이 '사라치(Sarači)'. 골목은 단층 또는 2층짜리 터키식 건물들로 가득하다. 건물의 1층은 모두 상점이나 식당이다. 거리 한 모퉁이에 상당히 오래된, 시간의 영겁을 머금은 건물이 눈길을 끈다. 이곳이 옛날의 '모리카 한(Morića Han)'이다. 한(Han)은 이슬람 문화권에서 중개무역을 하는 대상들을 위한 숙소를 말한다. 이 건물은 '가지 후스레브 베그'가 1551년에 세운 것이다. 여러 번 화마에 휩싸였고, 현재의 모습은 1970년대에 복원한 것. 건물은 중앙에 공간을 배치한 미음('ㅁ') 모양이다. 현재 1층은 카페, 2층은 각종 사무실로 사용되고 있다. 사라예보에 있던 오스만 제국 시절의 수많은 한(roadside inn)들 중 유일하게 살아남은 것이다. '모리카 한'은 방에 최대 300명까지 수용할 수 있었다. 어떤 상인이든 묵기만 하면 처음 3일은 무료로 숙박과 음식을 제공하였다고 한다.

▶ 올드 세르비아 정교회

- 1539년에 세운 세르비아 정교회를 대표하는 성스러운 장소.
- 소박한 외관, 내부의 제단은 정교회 특유의 화려한 장식으로 가득하다. 내전 중 지붕이 파괴되는 등 큰 피해를 입었지만 현재는 복구된 상태. 사라예보에서 제일 많은 642개의 이콘화가 소장되어 있다.

[상식] 건물 양식들의 차이점

양 식	특 징	사 례
바실리카	고대 그리스, 중앙에 마당이 있는 로마시대 건물을 후기에 기독교 유입 이후 회랑이 있는 마당을 건물보다 높은 지붕으로 막고 교회로 사용, 이후 로마네스크로 발전	그리스 테살로니키의 성 데메트리우스 교회(5세기) 이탈리아 라벤나의 아폴리나리우스 누오보 교회(6세기) 한국 청주 수동 천주교 성당
비잔틴	비잔티움제국, 로마건축기법+사라센 요소, 즉 초기 기독교 시대의 바실리카 형식과 동방의 전통적 팔각당(원당) 형식의 두 종류	터키 성 소피아 성당
로마네스크	8~13세기, 로마건축기법+게르만족 요소, 반원 아치, 벽이 두껍고 창문이 작음 바실리카 양식과 달리, 중세 성당에 전형적인 십자가 형태 구조와 지하 무덤 등장, 십자가 형태의 구조로 동향과 서향 구조 등장	이탈리아 피사 대성당 한국 전주 전동 성당 한국 서울 성공회 성당(덕수궁 옆)
고딕	12~16세기, 성당의 정면이 서측을 향하고 서정면의 쌍탑 구성, 큰 창문, 높은 첨탑	프랑스 파리 노트르담 사원 독일 쾰른 대성당
르네상스	좌우 대칭(첨탑), 크고 아름다운 스케일과 그리스-로마 양식+비잔틴 양식으로 화려하고 큰 규모 고딕양식은 뾰족하고 날씬한, 르네상스양식은 둥글고 푸근한 느낌, 바로크 양식이 가미되기도 함	이탈리아 산타마리아 델 피오레 성당 바티칸의 성 베드로 대성당
바로크	17~18세기, 웅장하고 남성적, 고전주의 미학의 전형	프랑스 베르사유 궁전
로코코	18세기, 궁정 문화의 소산으로서 감각적이고 섬세함 강조한 건축물 여성적, 화려함, 장식적	독일 뉘른베르크 궁전

▶ 비셰그라드의 메흐메드 파샤 소콜로비차 다리(보스니아어: Most Mehmed-paše Sokolovića)

- 사라예보에서 드리나 강을 따라 3시간을 달리면 만나는 도시 비세그라드(Višegrad)

- 이 도시의 드리나 강을 가로지르는 다리. 11개의 석공 아치로 구성. 길이는 180m.
- 오스만 제국의 기념비적 건축 양식의 정점을 살린 건축물. 1577년 메흐메드 파샤 소콜라비치의 명령으로 건축가 미마르 시난이 건설했다.
- 드리나 강은 세르비아 공화국 서쪽 국경과 보스니아·헤르체고비나 공화국의 동쪽 국경 사이 총 346km에 이르는 강.

역사적으로 이 드리나 강을 경계로 동로마 제국과 서로마 제국의 경계가 형성되었는데, 이는 오랜 세월 동안 가톨릭과 동방정교회를 나누는 지역적 구분에 이 강도 포함되어 있었음을 뜻하는 것이다.

- 비셰그라드 다리는 격동의 역사로 얼룩진 곳으로 유명하다. 제1차 세계 대전 때 3개의 아치가 파괴되었고, 제2차 세계 대전 동안 5개의 아치가 파괴되었지만 후에 복원. 보스니아 전쟁 때 비셰그라드 대학살(1992년)로 수많은 시민들이 잔인하게 학살된 장소이기도 하다.
- 세르비아의 작가 이보 안드리치(1892~1975)가 쓴 노벨상(1961년) 수상작 《드리나 강의 다리(The bridge on the Drina)》(2005년 문학과지성사)에도 등장한다.

  시놉시스: 보스니아와 세르비아의 접경지대에 위치한 작은 도시 비셰그라드와 이 도시를 가로질러 흐르고 있는 드리나 강 위에 놓인 다리를 중심으로 펼쳐지는 400여 년의 인간사를 다루고 있다. 400년의 세월이 흐르는 동안 수많은 주인공들은 지나가고 없지만 비셰그라드와 드리나 강 위의 다리만은 한 제국의 흥망성쇠를 목도하며 존재하고 있다는 이야기.

  그에게 보스니아는 작품의 주제이자 정신적 연구 대상이었다. 다양한 민족과 종교적 갈등, 문화적 차이가 공존했던 보스니아에서 대부분의 시간을 보낸 그는 보스니아 인들의 역사, 가치관, 문화를 이야기로 표현했다.
- 2007년의 유네스코 세계문화유산에 등재.

〈상식〉 이보 안드리치(Ivo Andrić, 1892~1975). 보스니아의 문학가.

- 보스니아의 작은 마을 트라브니크에서 크로아티아인 아버지 안툰과 어머니 카타리나 사이에 태어났다. 가난한 집안에서 '이반'이라는 이름으로 태어났지만 '이보'라는 이름으로 불리기도 했다. 그가 두 살이 채 되기도 전에 아버지는 세상을 떴고 생계가 어려웠던 어머니는 어린 이반을 비셰그라드의 고모에게 맡긴다. 고모 밑에서 자란 안드리치는 엄격한 교육과 자상한 보살핌을 받았으나 왠지 모를 불안과 고독으로 어려서부터 힘들어한다.
- 안드리치는 당시 보스니아 최고의 명문 고등학교인 벨리카 김나지야에 진학하면서 사라예보에서 지내게 된다. 이때 이웃에 살고 있던 예브게니야를 만나게 되고 그녀가 죽기 전까지 서신을 주고받으며 정서적 안정을 찾는다. 사라예보에서 공부하는 동안 혁명단체에 들어간다. 이 단체의 조직원들은 남슬라브의 독립지원과 오스트리아-헝가리 제국으로부터 보스니아를 해방시키기 위해 투쟁했다.('청년 보스니아 운동').

- 세계대전 이후 형성된 세르비아, 크로아티아, 슬로베니아 왕국에서 민간 공무원으로 근무한다. 처음에는 종교 내각으로, 다음에는 외교관으로 일한다. 자신이 크로아티아 혈통임에도 불구하고 크로아티아 분리주의자에게는 부정적인 입장을 취한다. 그는 유고슬라비아가 히틀러에게 점령당한 1941년까지 독일의 대사로 근무한다. 전쟁기간에는 점령당한 베오그라드에서 살면서 정치적 행동과 참여는 하지 않는다. 바로 이 기간에 가장 유명한 소설들을 집필하는데, 1945년에 출판된다. 전쟁 후에는 공산당에서 기념적인 직위를 갖게 되고, 특히 보스니아·헤르체고비나 최고위원회의 일원이 된다. 1968년 아내가 죽은 후에는 점차 정치에서 멀어진다.
- 안드리치의 작품 대부분의 배경은 그가 태어난 보스니아다. 안드리치는 집안 사정으로 고향 트라브니크를 떠나 비셰그라드의 고모 밑에서 자랐다. 덕분에 또래보다 일찍 성숙했지만 고독과 불안으로부터 자유롭지 못했다. 드리나 강의 다리 위에서 이야기를 들려주던 동네 할아버지는 훗날 안드리치 작품들에 반영된 이야기의 원천이 된다. 사라예보로 가서 명문학교에 진학한 그는 청년 보스니아 운동에 가담했다가 제1차 세계대전 당시 3년간 투옥되기도 한다. 이렇게' 트라브니크-비셰그라드-사라예보' 는 그의 작품 세계의 키워드가 되었다.
- 출생지(보스니아)와 부모의 국적(크로아티아) 및 생의 주요 무대(세르비아)가 제각각 다른 특수한 그의 상황으로 인해 보스니아와 크로아티아 및 세르비아에서는 각기 이보 안드리치를 자국 출신의 작가로 분류한다. 흥미로운 것은 그가 보스니아 태생의 크로아티아 부모라는 배경을 가졌음에도 세르비아로 거처를 옮긴 뒤로는 작품의 언어를 기존의 작품에 사용하던 보스니아/크로아티아 방언인 이예카브스키(Ijekavski) 대신 세르비아어 방언인 에카브스키(Ekavski)를 주로 사용했다는 점이다.

▶ 고라쥐데(Goražde)

- 보스니아의 작은 오지 마을.
- 드리나 강변의 사라예보 남동쪽 약 50km에 위치. 22.000여명의 주민들 중 90%가 보스니아인.
- 1379년부터 1404년까지 처음 역사에 등장. 당시 라구사에서부터 와서 드리나 계곡을 통과하여 스레브레니차의 은 광산 방향으로 가는 무역로드에 있었다.
- 1423년부터 1878년까지 오스만 제국의 통치를 받았고, 그 후 1878년부터 1918년까지 오스트리아-헝가리 이중제국의 지배를 받았다.
- 보스니아 전쟁(1992~1995) 때 보스니아계 세르비아인과 보스니아 주민(Bosniak) 사이에 심한 교전이 있었는데, 초기부터 포위되어 엄청난 참사가 일어난 곳.

- 안젤리나 졸리가 감독한 〈피와 꿀의 땅에서(In the land of blood and honey)〉라는 영화로 유명세를 탔다. 보스니아 내전을 배경으로 보스니아 여성 수감자와 세르비아 군인의 애절한 사랑이야기를 그린 인종청소, 인간방패의 잔혹한 전쟁 멜로드라마. 시놉시스: 전쟁 전부터 사귀고 있던 세르비아 청년 다니엘(고란 코스티치)과 무슬림 처녀 아일라(자나 마랴노비치)는 전쟁 때문에 헤어진다. 헤어진 아일라는 세르비아계 사람들이 운영하는 포로수용소에 갇히게 되고 거기에서 군인들로부터 강간을 당하게 된다. 이후 아일라는 포로수용소에서 근무하는 다니엘과 재회를 하며 서로의 슬픈 사랑을 지속해 나간다.

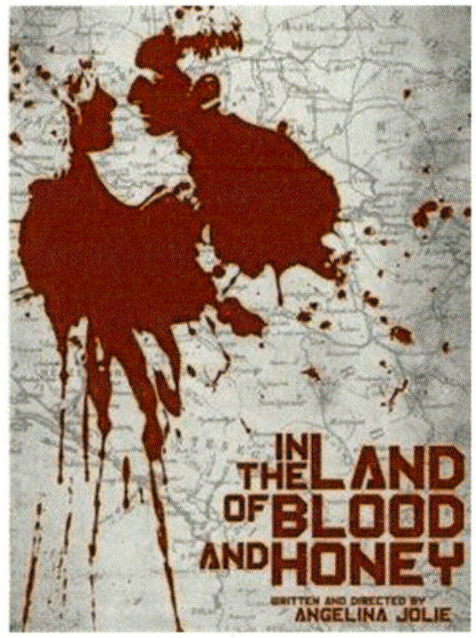

▶ 모스타르(Mostar)

- 헤르체고비나 지역에서 가장 큰, 네레트바 강변에 위치한 도시.
- 어원: 네레트바 강 위의 다리를 지켰던 "다리 파수꾼들"을 뜻하는 mostari에서 따온 것.
- 인구: 113.169명(2013년). 모스타르의 주민은 국적이 다양하다. 1991년 인구 중 보스니아인 34,85%, 크로아티아인 33,83%, 세르비아인 18,97%, 유고슬라비아인 10,04%. 기타 소수의 알바니아인과 터키인.
- 역사: 15, 16세기 오스만 제국의 전초 기지로 건설, 19, 20세기 오스트리아-헝가리 제국 시대에 발전. 모스타르는 옛 터키 스타일 주택과 '스타리 모스트(Stari Most)'라는 옛 다리로 오랫동안 유명세를 탔다.
- 스타리 모스트는 "Old Bridge"라고도 하며, 폭 5m, 길이 30m, 높이 24m의 아치형 다리, 동쪽의 터키식 건물과 서쪽의 유럽식 건물을 양분하는 역사적인 장소. 다리를 건너면 무슬림 바자르 골목과 마을이 나타난다.
- 오스만 제국 시절에 건축가 시난(Mimar Koca Sinan, 1489/1490~1588)이 1088개의 흰색 돌로 건설(1556~66), 모스타의 상징들 중 하나. 1993년 11월 9일 10시 15분 보스니아·헤르체고비나 전쟁 동안 크로아티아 방위 평의회 부대에 의해 파괴, 현재 완전 복구. 국제적인 협력과 다양한 문화적 · 민족적 · 종교적 공동체의 공존과 화해의 상징.

- 문화적 가치. 옛 다리 지역은 오스만 제국 이전의 건축 양식, 오스만제국의 건축 양식, 지중해 및 서부 유럽의 건축 양식 등 여러 문화가 어우러진 도시의 훌륭한 사례. 2005년 유네스코 세계문화유산에 등재.

〈다리 풍경(좌), 주변의 티키식 건물들과 1993년 내전 당시의 총탄자국들(우)〉

- 1474년에 모스타르라는 이름이 문헌에 처음 등장 ('다리의 파수꾼들'이란 뜻의 '모스타리(mostari)'). 이는 당시 군인, 상인, 여행객들이 사용한 강의 왼쪽 제방에 있던 시장 도시에 목재 다리가 있었음을 암시. 아드리아 해와 광석이 풍부한 중앙 보스니아 지역을 연결하는 무역로가 있었기 때문에 이 정착지는 강의 오른쪽으로 확장해 나갔다.
- 모스타르는 1520년과 1566년 사이에 요새화, 다리는 석재로 재건. 16세기 후반과 17세기 초 수십 년간은 모스타르 발전에 가장 중요한 시기였다. 이슬람 사원, 마드라사(이슬람 교육기관)와 하맘(터키식 공중목욕탕)과 같은 종교 건물과 공공건물이 강의 왼쪽 제방에 집중되어 쿨리아(종교단지)에 건설되었다. 동시에 많은 개인 건물과 상업 건물들이 마하라스(주거지)와 바자르(시장) 등이 체계적으로 건설되었다.
- 16세기부터 17세기까지 원래의 아랍 사원 13개 중 9개가 20세기에 이념적인 이유 혹은 폭격으로 파괴. 19세기 동방 정교회 교회 2개 중 하나가 소멸, 20세기 초 유대교 회당이 제2차 세계대전 때 심각한 피해를 겪고 극장으로 전환하여 사용되고 있다.
- 행정 건물은 모두 오스트리아-헝가리 지배기간에 지어진 것으로 신고전주의 및 분리 독립주의 양식의 특징. 이러한 건축적 특징은 오스만 후반에 건축된 몇몇 주택들에도 남아 있다. 그 특징은 복도, 주거용으로 위층을 사용하는 것, 보도를 깐 정원, 2층 혹은 3층에 있는 베란다 등에 남아 있다.
- 19세기 말 건축된 주거용 주택은 모두 신고전주의 양식. 몇몇 무역소와 공예품 건

물들이 여전히 존재, 특별히 목재나 석재로 된 낮은 곳에 있는 상점 혹은 석조 창고, 개방 공간인 정원 주변에는 무두질 공장이 집중해 있다. 19세기 상업 건물들은 신고전주의적 양식이 압도적이다. 중세에 건축된 헤르세구사 탑, 당시 오스만의 방어진지는 할레비노브카와 타라 탑, 옛 다리 끝에 있는 망루, 그리고 늘어선 성벽들이 대표적이다.

- 보스니아·헤르체고비나는 오스트리아-헝가리 이중제국에 의해 최초로 점령(1878), 이후 합병(1908), 이 시기에 여러 행정적 · 군사적 · 문화적 · 기독교 종교적 건물들이 건설되었다. 이들은 주로 강의 오른쪽 제방에 있었는데, 여기에 엄격한 '론도' 계획에 의해 새로운 지역이 개발. 이는 왼쪽 제방 지역과 강한 대조를 이룬다. 이곳은 더욱 가파른 언덕에 구불구불한 좁은 도로로 되어 있다. 교역을 위한 개방공간인 파자르(Pazar), 레저 지역인 메즈단(mejdan), 그리고 기도 공간인 무살라(musallah)가 있는 지역으로 더욱 유기적으로 성장했기 때문이다.

▶ 메주고리예(Međugorje)

- 보스니아·헤르체고비나의 작은 산악마을, '산과 산 사이의 지역'이란 뜻.

· 성지

- 1981년 6월 24일 여섯 어린이에게 목격되기 시작한 성모 발현이 시작되면서 세상에 알려졌다. 프랑스의 '루르드' 성지, 포르투갈의 '파티마' 성지와 함께 유명한 성지.
- 지금까지 발현 역사 중 가장 오랫동안 지속된 곳. 거의 매일 발현했는데, 총 5000회 이상 발현했다. 2000년에 완성된 성 야곱 성당 입구에는 부활을 상징하는 계란조형물이 있다.
- 성당 부근에 있는 예수상(슬로베니아 조각가 안드레이 아이디치 작품)의 종아리 부분의 미세한 구멍에서 성수가 나온다고 한다. 여행객들은 너나할 것 없이 치유의 능력이 있다고 하여 손수건이나 휴지에 묻혀 가져가기도 한다.

· 지리

- 북쪽에는 산악 지역이 발달해 있고 남쪽에는 해안 지역이 발달해 있는 헤르체고비나는 북부의 산악 지역이 지중해로

부터의 공기의 흐름을 차단해 헤르체고비나 지역에 농사에 좋은 기후 조건을 만들어 주기도 한다.

- 이 지방은 몬테네그로, 보스니아, 남부 크로아티아, 아드리아 해에 접해 있다.

・역사

- 1566년부터 네레트바 계곡의 메주고리예 동쪽에 세르비아 정교회 지토미슬리치(Žitomislići) 수도원이 있었다. 중세에 건축된 비석들이 현재까지 가톨릭 묘지인 그로블예 스레브레니차(Groblje Srebrenica)에 있다. 밀레티나에 있는 묘지 구역에 로마 시대의 건축물들도 있었는데, 그 잔해가 지금까지 완전히 발굴되지 않았다. 1882년 모스타르와 달마티아 아드리아 해안 사이에 철도가 개설되었는데, 슈르만치(Šurmanci) 구역의 역을 통해 당시의 마을이 철도교통을 이용하였다. 성 야곱(Sveti Jakov) 가톨릭 교구는 1892년에 모스타르의 주교인 Paškal Buconjić에 의해 창설되었다. 십자가산(Križevac)이라 불리는 산에 철근으로 만든 12m 높이의 십자가(1934년 완성)는 교구의 십자가길이 끝나는 곳이다.
- 1941년은 메주고리예가 독립국인 크로아티아에 귀속된 해, 이때 지토미슬리치 수도원은 크로아티아의 우스타샤(Ustaša)[2]로부터 약탈당했고 수도원의 식당도 잿더미가 되었다. 1941년 6월 21일 크로아티아 우스타샤 대원들은 슈르만치(Šurmanci) 구역에서 559명의 세르비아계 민간인들에게 대량학살을 자행했다. 이는 구역주교인 Alojzije Mišić가 1941년 9월 자그레브의 대주교인 Alojzije Stepinac에게 항의서한을 작성하는 계기가 되었다. 유고슬라비아 공산정권은 시체들로 가득한 동굴을 콘크리트 판으로 막아버렸는데, 1989년에 와서야 이 콘크리트판이 개관되면서 이웃마을인 Čapljina의 Prebilovci 공동묘지에 매장될 수 있었다.
- 순례지로 발전. 1981년 6월 24일 오후 6시경 여섯 명의 어린 아이들 - 이반카 이반코비치, 미리야나 드라기체비치, 비스카 이반코비치, 이반 드라기체비치, 이반 이반코비치, 밀카 파블로비치 - 이 크르니카 언덕 혹은 뽀브르도라고도 불리던 곳에서 팔에 아기를 안고, 그들에게 가까이 다가오라고 손짓하는 한 여인을 보게 된

2) 우스타샤 - 크로아티아 혁명 운동(크로아티아어: Ustaša-Hrvatski Revolucionarni Pokret)은 크로아티아의 반 유고슬라비아 분리주의 운동 조직. 우스타샤의 이념에는 파시즘, 나치즘, 크로아티아의 극단적인 민족주의, 로마 가톨릭교회의 교권주의적 근본주의가 섞여있다. 우스타샤는 제2차 세계 대전 이전에 테러 집단으로 활동하였다. 1941년 4월 이들은 추축국이 점령한 유고슬라비아 일부 지역에 나치 독일이 세운 괴뢰 국가 크로아티아 독립국의 지배를 맡았으며, 파시스트 이탈리아와 나치 독일의 비호를 받으며 세르비아인 학살을 저질렀다.

다. 그들은 너무나 놀랍고 그 모습이 성스러워 그 여인 가까이 가지 못했다. 다음날인 1981년 6월 25일, 전날과 같은 시각 네 명의 아이들 - 이반카, 미리야나, 비스카, 이반 - 은 그 전날 성모 마리아로 알아본 그 여인을 만났던 장소로 이끌리는 강한 충동을 느낀다. 마리야 아브로비치와 야콥 촐로가 그들의 대열에 합류한다. 메주고리예 목격증인 그룹이 형성된 것이다. 그들은 성모님과 함께 기도하고 그분과 대화를 나눈다. 그래서 이날을 성모 발현 기념일로 지내는 것이다. 목격증인들은 그날부터 매일 함께 혹은 홀로 그들이 어느 곳에 있든 그곳에서 성모의 발현을 접했다고 증언한다. 밀카 파블로비치와 이반 이반코비치는 다시 성모를 보지 못하게 된다. 발현 셋째날인 1981년 6월 26일 성모는 최초로 말씀을 통해 평화에 대한 부르심을 준다: "평화, 평화, 평화, 오직 평화만이 있기를! 하느님과 사람 그리고 사람들 사이에 평화가 넘치기를!"성모의 발현과 메시지에 매료된 사람들, 우선은 본당 신자들 뒤에는 다른 마을 사람들과 전 세계에서 몰려든 사람들이 기도하기 시작한다. 발현이 시작된 직후 즉시 목격증인들, 그 부모와 친척들 그리고 본당 신자들과 사제들에 대한 박해가 잇따른다. 목격증인들은 경찰 조사와 의학적인 검사에 불려 다니지만 그 결과는 항상 그들이 건강하다는 것이다. 이후 수년 동안 행한 검사에서도 늘 같은 결론이 내려진다. 당시 메주고리예 주임 신부이던 요조 조브코 신부는 발현이 있은지 1개월 반 만에 체포된다. 그는 아무런 죄가 없었지만, 공산당 법정에서 3년 반 감옥 생활을 언도받는다. 성모 발현 덕에 소박한 시골 본당인 메주고리예는 지난 24년간 약 3천 5백만 명의 세계 각국 순례자들이 찾는 명소, 루르드나 파티마처럼 세상에서 가장 큰 기도 장소 중 하나가 된다. 목격증인들은 성모가 자신들에게 본당과 세상에 전할 메시지를 주셨다고 이구동성으로 말한다. 그 메시지의 주요 주제는 평화, 신앙, 회개 그리고 기도와 단식이다. 1982년 말 성모 마리아가 12세의 두 소녀, 엘레나와 마리야나에게 내적 담화를 통해 말씀하기 시작한다. 1983년부터 1987년까지 그들의 기도 모임을 통해 성모는 발현 초기부터 시작된 기도 운동에 대해 여러 가지 의견을 준다.

- 보스니아 전쟁 중의 메주고리예. 보스니아 전쟁 중 메주고리예는 크로아티아 국방위원회의 손아귀에 있었고, 1993년 국제적으로 인정받지 못한 헤르체크-보스나(Herceg-Bosna) 공화국의 일부가 되었다. 데이튼 협정에 따라 메주고리예는 1995년 보스니아인과 크로아티아인이 다수 거주하던 보스니아·헤르체고비나 연방에 편입되었다. 1992년 7월 이곳은 이른바 크로아티아 국방위원회 측의 이른바 인종청

소의 출발점이었다. 이 인종청소는 세르비아 정교회 지토미슬리치 수도원의 철저한 파괴로 이어졌다. 1993년부터 크로아티아 최고 군사령관들은 근처에 비교적 큰 5개의 병영을 가동하고 있었는데, 그 중 드레텔리(Dretelj) 병영에서는 보스니아계와 세르비아계 포로들이 고문과 살해를 당했다. 1995년 4월 2일 주교구에서 교회 내부의 갈등이 정점에 있을 때 주교 Ratko Perić가 크로아티아 의용군에게 납치되어 구타당한 후 메주고리예의 프란체스코 수도회 수도사들이 인도한 예배당에서 10시간 동안 인질로 구금당했다. 모스타르 시장의 발의로 유엔 평화유지군의 도움을 받아 무혈로 석방되었다.

- 보스니아 전쟁 이후의 발전. 전쟁이 끝난 후 이곳에 평화가 찾아왔다. 서부 헤르체고비나에 유엔 평화유지군이 상주해 있었다. 보스니아·헤르체고비나의 정치가 안테 옐라비취(Ante Jelavić, 1963~)가 메주고리예 지역을 크로아티아에 귀속시키려는 노력이 수포가 되면서 메주고리예는 보스니아·헤르체고비나 연방에 남게 되었다. 전쟁 중 이 지역과 주변은 경제적으로 급속한 도약을 경험했다. 관광순례자들을 위해 이 마을은 호텔과 유스호스텔들을 건축했다. 메주고리예 마을은 매년 대략 1백만 명의 방문객들이 찾아오는데, 대부분 보스니아·헤르체고비나에서 숙박한다. 북동쪽으로 약 20km 떨어진 모스타르 공항은 1991년 폐쇄되었다가 1998년 민항기의 통제를 해제하면서 하늘 길도 열렸다. 도로망도 보스나이 전쟁 후 완전히 완공되었다.

- 발현산. 뽓브르도(Podbrdo)라 불리는 비야코비치 마을 위쪽 수백 미터 지점에 있는 이 발현산은 성모가 처음 발현한 곳. 여러 집들을 지나 발현했던 장소에 이르는 가파른 길을 따라 1989년 까르멜로 뿌졸로(Carmelo Puzzolo) 교수의 묵주기도 환희와 고통의 신비 청동 부조가 설치되었다. 발현 장소로 가는 길에 큰 나무 십자가가 있는데, 그곳은 발현 셋째 날 성모가 마리야 파블로비치를 통해 처음 평화에 대한 부르심을 준 곳이다. 성모 발현 20주년이 되는 날 발현 장소에서 본당 앞마당에 있는 성모와 같은 형상의 평화의 모후 성모상이 안치되었다(디노 펠리치(Dino Felici)의 조각품). 순례자들은 발현산에서 개인 기도와 묵주기도를 통해 성모와 만나게 된다. 2002년 청 십

자가 쪽으로 내려가는 길에도 까르멜로 뿌졸로 교수의 작품인 묵주기도 영광의 신비 청동 부조가 설치되었다. 발현산 밑에는 1985년에 세워진 청 십자가가 있다. 이 장소는 발현 초창기 공산당의 박해가 있던 시절 목격증인들이 성모 발현을 위해 비밀스럽게 찾던 곳이며, 1982년 7월 4일부터 이반의 기도 모임이 이곳에서 정기적으로 열리고 있다.

- 십자가산(크리자밧, Krizevac). 높이 520m의 십자가산은 본래 시포박이라는 이름의 산이었다. 그러나 1933년 본당 신자들이 농작물에 피해를 주는 우박을 동반한 폭풍우가 멈춘 것에 대해 감사하고 예수 수난 1900년을 기념하기 위해 1934년 3월 15일 높이 8.56m의 콘크리트 십자가를 세운 후 '크리자밧((Kriz는 크로아티아어로 '십자가'의 뜻)'으로 개명되었다. 그 십자가에는 "예수 수난 1900년을 기념하면서 인류의 신앙, 사랑 그리고 희망을 모아 인류의 구속자이신 예수 그리스도께"라는 글귀가 새겨져 있다. 로마에서 온 십자가의 유해 조각이 십자가산의 십자가 종단 부분에 들어가 있다. 그 때 이후로 동정 마리아 탄생 축일이 지난 첫 번째 주일 성 십자가 현양을 기념하고자 십자가 아래서 미사를 드리는 관습이 생겨났다.
- 평화의 모후 성모상. 디노 펠리치가 대리석으로 조각하여 1987년 본당 앞마당에 설치한 평화의 모후 성모상은 메주고리예 성지의 상징물이 되었다.

09
크로아티아

국명	크로아티아 공화국 (Republika Hrvatska)
면적	56,610㎢ (한반도의 약 1/4)
인구	4,190,700 명 (2016년)
수도	자그레브 (Zagreb)
GDP	$12,405 (2016년)
언어	크로아티아어
화폐	쿠나(Kuna, HRK)
도메인	.hr

1
지리

자국어 명칭은 흐르바츠카(Hrvatska, Хрватска). 이 때문에 스포츠 분야에서 이니셜은 HRV로 표기되기도 한다. 또한 인터넷 도메인도 '.hr' 이다.

▶ 지형

- 디나르 알프스와 파노니아 저지대의 일부.
- 중유럽 및 동중유럽과 남동유럽의 가교지대. 크로아티아의 대부분 지역(슬로베니아와 사바 강 북쪽 자그레브를 둘러싼 지역 제외)은 지리적으로 발칸반도 또는 남동유럽에 속한다. 아드리아 해안의 크로아티아 일부 지역은 남유럽에도 속한다.
- 해안지역의 최남단(몬테네그로 국경까지 두브로브니크를 둘러싼 지역) 구역은 약 3km에 이르는 보스니아·헤르체고비나에 속하는 도시 네움(Neum) 때문에 나머지 크로아티아 지역과 분리되어 있다.
- 크로아티아 국경의 전체 길이는 2197km에 이른다. 이 중 670km는 슬로베니아 국경과, 329km는 헝가리 국경과, 932km는 보스니아·헤르체고비나 국경과, 241km는 세르비아 국경과, 25km는 몬테네그로 국경과 마주하고 있다. 북부 아드리아 해안ㅈ대의 슬로베니아와의 영해국경은 논란의 여지가 있다. 아드리아 해안선(대륙)의 길이는 1778km(섬을 포함하면 6176km)에 이른다. 섬도 1246개나 된다. 그 중 47개에는 사람이 거주하고 있다.
- 지중해에서 아드리아해를 따라 내륙으로 가면서 다양하게 변한다. 태양이 내리쬐는 해안지역은 덥고 건조한 여름 날씨와 온화하고 비가 내리는 겨울 날씨다. 그래서 4월부터 10월까지가 건기, 11월부터 3월까지는 우기. 해안의 높은 산들은 북쪽에서 불어오는 찬바람을 막아서 봄은 빨리 오고 여름은 늦게 오는 원인이다. 자그레브의 평균 최고기온은 7월은 27도이지만 1월에는 2도까지 내려간다.

▶ 민족

- 2001년도 인구통계로는 인구의 약 90%가 크로아티아인이다.
- 1991년도 인구통계로는 인구의 78,1%가 크로아티아인, 12,1%가 세르비아인이었는데, 이들 중 상당수가 크로아티아 국가가 정리되는 과정에서 도피하거나 추방당했다.
- 유럽 최장신 국가들 중 하나. 20~24세 기준 평균 신장이 남성 182cm, 여성 168cm. 네덜란드 사람들과 견주어도 손색이 없을 정도.

▶ 언어

- 크로아티아의 관청어는 크로아티아 표준어. 크로아티아어 및 크로아토-세르비아어(세르보-크로아티아어)는 거의 국가 전역에서 사용되고 통용된다.
- 이스트라 반도 및 리예카(Rijeka) 그리고 크바르네르(Kvarner) 만의 섬들 중 일부에서는 이탈리아어와 이탈리아 방언(또는 베네치아 방언)도 사용된다. 헝가리 국경 근처, 특히 슬로베니아 북동부 지역에서는 헝가리 언어 사용지역도 있다. 슬로베니아 서부지역에는 체코어를 사용하는 지역이, 동부 슬로베니아에는 슬로바키아어를 사용하는 지역이 있다. 북동부 지역의 이스트로-루마니아 어와 남서부 지역의 이스트라어는 고사위기에 있다. 알바니아어와 슬로베니아어를 모국어로 사용하는 사람들은 나라 전체에 흩어져 살고 있다.
- 2011년 통계: 1. 크로아티아어 4.096.305명 (95,6 %), 2. 세르비아어 52.879명 (1,23 %), 3. 이탈리아어 18.573명 (0,43 %)

▶ 종교

- 발칸반도에서 가톨릭과 동방정교의 경계에 위치한 나라, 대다수 국민은 가톨릭 신봉.
- 2011년 통계: 1. 로마 가톨릭 86.3 %, 2. 무신론자 3.8 %, 3. 동방정교 4,4 %, 4. 무슬림 1,5 %, 기타 2.5%

▶ 넥타이의 기원

- 크로아티아 군인들이 목을 보호하기 위해 두른 목수건 크라바트(kravat)에서 유래했다. 17세기 30년 전쟁 때 참전한 크로아티아 군인들로 인해 유럽 전역으로 퍼졌다. 넥타이를 파는 크로아타(Croata) 매장이 요지에 널려 있다.

2
역사

- 오랫동안 독립국이었던 전례가 드물다. 크로아티아 민족 자체는 남 슬라브계에 속하며, 언어도 옆 나라인 세르비아, 보스니아, 몬테네그로와 거의 같다.
- 유럽 내 최장신국가. 보통 네덜란드로 알고 있지만 디나르인종이 코카서스인종 중에서는 가장 최장신 인종. 20~24세 기준 평균 신장이 185~187cm에 육박.

▶ 선사시대

- 현재의 크로아티아 지역에는 약 130,000년 전에 최초의 정착민들이 있었다. 중요한 원시인류학적 출토지가 있는데, 자그레브 인근의 크라피나 근처에서 1899년 발견된 네안데르탈인의 출토지인 후쉬냐코보 브르도(Hušnjakovo brdo, 네안데르탈인 박물관이 있음) 및 빈디야(Vindija)-동굴이 있다. 불코바르(Vulkovar) 근처 부셰돌-그라다치(Vučedol-Gradac)에는 후기 동석기시대(5000BC 이후)의 부셰돌(Vučedol)-문화(3000~2400 BC) 출토지가 있다.

〈크라피나 인근의 네안데르탈인 박물관, 빈디야 동굴〉

▶ 고대와 초기 중세

- 아드리아 해의 동부해안에 처음 정착민이 나타난 것은 이오니아인이 이동하던 시기 및 이후 그리스 식민지가 건설되던 기원전 12~11세기였다. 예컨대 스플리트(Split) 정착촌 건설도 이 시기로 거슬러 올라간다('Split'은 그리스어 'Aspalatos' 또는 'Spalatos'(동굴의 뜻)에서 파생됨). 기원전 4세기에 그리스 역사학자 헤로도토스가 그의 저서에서 기술한 일리리아 인(인도게르만족)을 추가로 정착한 민족으로 언급했다. 기원전 2세기 중엽부터 로마인이 아드리아 해안과 파노니아 평원 사이의 일리리아 종족에게 정치적인 영향력을 행사했다. 기원전 34년에 옥타비아누스(나중에 로마의 초대 황제 아우구스투스(BC63~AD14)가 됨)가 20년간 계속된 체렉(Zerek) 전투에서 승리한 후 이 지역을 로마제국에 합병시켰다.

〈아우구스투스 황제 시절에 건설된 풀라(Pula)의 로마 원형경기장〉

- 서기 1세기 초에 로마의 속주인 달마티아(명칭은 '달마타에' 종족에 따라 명명됨)가 만들어졌다. 293년 디오클레티아누스 황제 시절에 드리나 강을 따라 제국이 분할되었다. 395년 로마제국이 동과 서로 분할된 후 크로아티아 지역은 서로마에 귀속되었다.

▶ 동로마 및 비잔티움 제국 (550~1270)

- 로마제국이 해체된 후 현재의 크로아티아 지역 대부분(달마티아, 이스트라, 슬로베니아)은 550년부터 1270년까지 몇 번의 중단이 있었지만(일시적인 크로아티아 독립) 동로마제국 또는 비잔티움 제국에 귀속되었다.
- 6세기에 중앙아시아 기마민족인 아바르족이 랑고바르드족이 정착해 있던 파노니아 평원으로 이주해왔다.

- 크로아티아인은 7세기에 아바르족과의 전투에 참전해달라는 비잔티움 제국 황제 헤라클레이토스의 부름을 받았다. 비잔티움 제국 황제 콘스탄티누스 7세(재위 913~959)의 보고에 따르면, 크로아티아인은 오늘날의 갈리시아 지역(폴란드 남부지역) 혈통이었다. 콘스탄티노플에 귀속되었던 이 시기에 남슬라브 종족은 대부분 7~9세기에 비잔티움 제국에 의해 슬라브인 선교 과정에서 기독교화 되었고, 크로아티아의 북부와 슬로베니아도 잘츠부르크로부터 영향을 받아 기독교로 개종되었다.
- 프랑크 인들과의 전쟁 후 비잔티움 제국의 힘이 약해지고 일시적으로 자치 크로아티아 왕국이 건설되고 이어서 프랑크왕국과 오스트리아-헝가리 이중제국 같은 서유럽 제국과 왕국들에 귀속되면서 현재의 크로아티아 지역 대부분은 로마-가톨릭교회의 영향권에 들게 되면서 서유럽 문화권에 들어가게 되었다.
- 크로아티아라는 이름이 처음 등장한 때는 9세기. 이 이름 자체는 슬라브어에 뿌리를 둔 것이 아니라 페르시아권에서 유래한 것으로 추측하고 있다.
- 879년 영주 브라니미르(Branimir, 재위 879~892) 영주가 교황 요한 8세로부터 "dux Croatorum"로 기록되고 불렸는데, 이는 당시 중세 크로아티아를 공인한 것과 다름없다.

▶ 크로아티아 왕국 (925~1102)

- 925년경 토미슬라브(Tomislav, 재위 910?-928)가 크로아티아 왕국의 초대 왕이 되었다. 이는 동시에 남슬라브의 역사에서 최초의 왕호(王號)이기도 했다. 교황 요한 10세는 이 칭호를 공인했는데, 925년 한 서한에서 그에게 rex croatorum (크로아티아의 왕의 뜻)이란 칭호를 사용했다. 그의 통치 때 파노니아 분지의 마자르족이 침입해왔다. 토미슬라브는 중앙크로아티아, 슬로베니아, 달마티아 일부로 구성된 왕국을 헝가리에 대항하여 성공적으로 방어했다.

〈크레쉬미르 통치 때의 크로아티아 영토〉

- 왕국의 전성기는 페타르 크레쉬미르 4세(Petar Krešimir IV. 재위 1058~1074)가 통치하던 시기였다. 1059년에 교회가 로마의 전례에 따

라 개혁되었다. 이는 1054년에 있었던 이교(Schisma/Schism)[1]와 로마에 대한 충성을 고려할 때 의미가 있었다. 이 왕국은 1102년까지 존재했다.

▶ 헝가리 왕국과의 동군연합(Personalunion) 시절의 크로아티아 (1102~1526)

- 1102년 헝가리-크로아티아 왕 콜로만(재위 1095년부터 헝가리, 1102년부터 크로아티아와 달마티아 왕)이 자다르 근처의 '비오그라드'에서 크로아티아 왕위에 오르면서 크로아티아는 헝가리와는 군주는 하나이되 주권은 각국이 갖는 이른바 동군연합 관계에 있었다. 즉, 크로아티아는 크로아티아 '반'(Ban, 총독 또는 그의 권한대행)이 통치하는 고유의 자치권을 가지고 있었다. 크로아티아의 귀족과 왕과의 관계를 규정한 파크타 콘벤타(pacta conventa, '협정의 승인'이란 뜻)의 날짜는 전통적으로 1102년으로 기록되어 있기는 하지만 확실한 근거는 없다.
- 헝가리 왕국과의 동군연합은 16세기, 17세기, 18세기 초기에 있었던 오스만 제국과의 전쟁과 몇 번의 중단 시기를 제외하면 다양한 형태로 1918년까지 존속되었다.

▶ 오스만 제국(1451~1699)과 합스부르크 왕가(1527~1918)

- 15세기 중엽부터 헝가리와 크로아티아는 오스만 제국의 공격을 받았다. 모하치(Mohács) 전투(1526년)에서 헝가리와 크로아티아가 오스만 제국에 패한 후, 크로아티아 귀족은 체틴그라드(Cetingrad) 근처 체틴 요새(fortress of Cetin⇨)에서 열린 대표회의에서 합스부르크 가문의 황제 페르디난트 1세(1503~1564)[2]를 크로아티아 왕으로 선출했다.

- 역사적으로 크로아티아 지역에 속한 달마티아와 이스트라의 일부지역은 후기중

1) 여기서 이교는 기독교의 동서 분열을 말하는데, 기독교 역사상 11세기에 로마 가톨릭교회와 동방 정교회가 상호 파문으로 분리된 사실을 말한다. 이에 대해 단일한 기독교 공동체에서 로마 가톨릭교회가 이탈한 것으로 이해하는 동방 정교회의 시각과 교황과의 일치로부터 동방 정교회가 이탈한 것으로 이해하는 로마 가톨릭교회의 시각차이가 오늘날까지도 대립하고 있다.

2) 1558년부터 신성로마제국 황제, 1526년부터 보헤미아와 헝가리 왕, 1527년부터 사망까지 크로아티아 왕이었다.

세시대부터 베네치아 공화국의 지배를 받았다. 두브로브니크 공화국은 오늘날의 크로아티아 지역들 중 유일하게 14세기부터 1808년까지 독립 국가를 유지할 수 있었다.

- 크로아티아는 수백 년 동안 오스만 제국에 대항하는 전쟁터였다. 방어용으로 이른바 군사분계선이 설치되었는데, 이 안에는 상당수의 정교회에 교인들도 정착했다. 일시적으로 군사분계선 내의 주민들은 블라크 장전(Statuta Wallachorum)의 형태로 정주특권을 누렸다.
- 나폴레옹 전쟁(1792~1815) 후 1815년 달마티아와 이스트라 전체가 오스트리아의 지배를 받게 되었지만, 정치적인 이유에서 행정적으로 나머지 크로아티아와 합병되지 않고 따로 황실직할지가 되었다.
- 1867년부터 달마티아와 이스트라는 오스트리아-헝가리 이중제국 중 오스트리아 제국의 일부였지만, 크로아티아 왕국과 슬로베니아는 헝가리 제국에 귀속되었다.
- 19세기 후반기에 크로아티아 주민들 사이에서 점차 민족자결권과 헝가리의 마자르화 정책(예, 1830년 헝가리는 크로아티아 내 모든 학교에 헝가리어 도입)을 종식시키려는 열망이 싹트기 시작했다. 1848년 무렵의 혁명기에 특히 오스트리아-헝가리 제국 내의 크로아티아-슬라보니아 왕국의 총독이던 요시프 옐라쉬치(Josip Jelačić) 백작(1801~1859)은 자치행정을 열망하는 크로아티아인의 이익을 구현한 상징적 인물이었다. 그러나 이런 국가적인 열망이 종식된 것은 1867년 오스트리아-헝가리 이중제국의 조정과 헝가리-크로아티아의 조정 때문이었다. 19세기는 크로아티아 내 언어통일과 남슬라브 국가건설을 겨냥한 이른바 일리리아 운동[3]으로 점철되어 있었다. 즉, 가이(1809~1872)를 중심으로 1829년 언어통일 움직임이 구체화되면서 크로아티아어가 표준화되었고, 모든 남슬라브 인들을 한 국가에 통합하려는 움직임도 생겨났다.

▶ 세르비아 왕국, 크로아티아, 슬로베니아의 탄생 (1918~1941)

- 크로아티아는 1918년 제1차 세계대전이 끝나면서 오스트리아-헝가리 이중제국에서 벗어났다. 그 때문에 영토합병 관련 런던협약(1915년)에 근거하여 이탈리아군이

3) 역사적, 정치적 사회변혁운동이자, 중세문화로부터 근대문화로의 이행을 알리는 문화적 측면의 변혁운동. 크로아티아의 '일리리아 운동'은 크로아티아 민족을 중심으로 한 남슬라브 민족들을 통합하려는 운동으로, 궁극적으로는 크로아티아 내에서의 민족주의를 자극하기도 했다.

아드리아 동부해안을 따라 길게 늘어선 크로아티아 지역들을 점령하기 시작했다. 이에 직면하여 슬로베니아, 크로아티아, 세르비아 국민회의는 1918년 11월 말 크로아티아를 세르비아 왕국에 당장 합병하기로 의결했다. 그 결과로 탄생한 것이 세르비아, 크로아티아, 슬로베니아 왕국이다. 그러나 수많은 크로아티아인들은 군주제 국가형태를 거부하면서 크로아티아의 공화국 창설을 열망했다.

- 1928년 유고슬라비아 의회에서 몇몇 크로아티아 정치가들이 총살당했는데, 그 중에는 크로아티아 원내교섭단체의 리더였던 라디치(Stjepan Radić, 1871~1928)[4]도 있었다. 국가위기 이후 1929년 알렉산다르 1세(Alexandar I., 1888~1934) 왕이 의회를 해산하고 왕권독재를 도입하여 국가를 유고슬라비아 왕국으로 개명했다. 그의 권력은 군부의 지원을 받았다.

유고슬라비아왕국 (1929~39)

- 동시에 크로아티아의 일부 정치 엘리트들은 외국으로 망명했다. 그 중 일부는 안테 파벨리치(1889~1959)가 이끈, 무솔리니의 지원을 받은 극우 민족주의 단체인 우스타샤운동[5]을 주도했는데, 이것은 폭력적으로 유고슬라비아 왕국과 투쟁한 운동이다. 이 운동으로 1934년 프랑스 제3공화국과의 동맹 강화를 위해 프랑스를 방문한 알렉산다르 1세 왕(재위 1921~1934)이 마르세유에서 암살당했다.
- 1939년 제2차 세계대전 전야에 화해 시도가 있어서, 츠베코비치-바쉐크 협약[6]에 따라 유고슬라비아 내에 크로아티아 총독 관할지구(Banovina Hrvatska)가 창설되었다.

---

4) 크로아티아 농민당의 창설자(1904년). 짧은 기간이나마 크로아티아, 세르비아, 슬로베니아 왕국의 교육부장관도 지냈다.

5) 크로아티아의 반유고슬라비아 분리주의 운동 조직. 파시즘과 민족주의, 가톨릭이 뒤섞여서 제2차 세계대전 이전인 1929년 파시스트 안테 파벨리치(Ante Pavelić, 1889~1959)에 의해 창설되었다. 우스타샤란 말은 '서다', '오르다'라는 뜻의 'ustati'에서 나왔으며 반란을 뜻한다. 이들은 이탈리아는 물론 공동 점령국이었던 나치 독일과 헝가리의 지원까지 받으면서 세력 확장에 성공했다. 1943년 무솔리니가 시망하고 1945년 독일군까지 물러나자 우스타샤는 파르티잔(빨치산)에게 쫓겨나 궤멸되었다. 1930년대에 안테 파벨리치는 전쟁 막바지에 외국으로 도주했는데, 1959년 12월 28일 마드리드에서 암살 시도 때 부상으로 목숨을 잃었다.

6) Cvetković-Maček Agreement는 1939년 8월 26일 유고슬라비아 수상 츠베트코비치와 크로아티아 정치가 마쉐크가 맺은 유고슬라비아 왕국 내의 내부 분할에 관한 정치협약이었다.

▶ 제2차 세계대전 중의 크로아티아

- 독일이 유고슬라비아 왕국을 습격한 지 4일 후 1941년 4월 10일 나치 국방군이 자그레브로 진격. 1941년 4월 17일 유고슬라비아는 추축국을 포기했고, 크로아티아는 독일의 속국이 되었다. 추축국의 지원을 받은 우스타샤는 안테 파벨리치의 주도로 4월 10일 크로아티아 독립국(NDH)을 선포했다. 실제로 우스타샤 지도자인 안테 파벨리치는 크로아티아 독립국의 국가원수로서 '수령(Poglavnik)'이란 칭호를 갖고 있었다. 그는 세르비아인 25만 명을 국외로 추방하고 40만여 명의 세르비아인과 10만 이상의 유태인을 학살하였으며, 20만 명이 강제로 가톨릭으로 개종 당했다. 이를 주도한 비밀경찰청장 등의 공직자들은 가톨릭 사제들로 채워졌고 강제수용소 소장도 가톨릭 사제 출신이었다. 1941년 여름부터 우스타샤 정권에 대항하는 크로아티아 공산주의자들의 무장 봉기가 시작되었는데, 크로아티아 공산주의자들은 1942년과 1943년 동안 유고슬라비아 빨치산 운동의 일부로서 국가의 대부분을 그들의 통제 하에 넣을 수 있었다. 요시프 티토(Josip Tito, 1892~1980)와 안드리야 헤브랑(Andrija Hebrang, 1899~1949)이 주도적인 인물이었다. 추축국과 그 동맹국들의 패전 후 1945년 유고슬라비아 국민해방군 측에서 전쟁패자에게 범죄를 저질렀다(예, 블라이부르크의 대량학살 사건).

▶ 크로아티아, 유고슬라비아의 부분 공화국(1945~1991)

- 전후 크로아티아는 새로 창건된 유고슬라비아 연방인민공화국(1963년부터는 티토 치하의 유고슬라비아 사회주의 연방공화국)의 6개 공화국들 중 하나(크로아티아 사회주의 공화국)가 되었다.
- 1971년 크로아티아의 봄의 저항 및 개혁 운동이 진정되었다. 1980년 티토 사후 크로아티아와 세르비아 주도 유고슬라비아 정권 간의 긴장관계가 증폭되었다. 1980년대 말 더 많은 자치권을 추구하게 되면서 유고슬라비아로부터의 독립하려는 욕구망이 싹트기 시작했다. 티토 편에서 우스타샤 정권에 맞서 투쟁했던 프라뇨 투지만(Franjo Tuđman, 1922~1999)은 크로아티아 국민들로부터 열렬한 인기를 얻었다. 약화된 유고슬라비아 정권이 다당제를 허용하자 투지만은 '크로아티아 민주 연맹 1990'(Hrvatska Demokratska Zajednica 1990, HDZ)을 창당했다. 그 다음해에 총선에 출마하여 크로아티아 민주 동맹이 투표에서 공산당을 압도하여 대통령에 지명되었다. 크로아티아의 민족주의 정당인 크로아티아 민주 동맹이 크로아티아

에서 우세하게 되자 유고슬라비아에서의 분리 독립 여론은 더욱 거세졌고, 1991년 5월 분리 독립을 위한 국민투표에서 90% 이상의 찬성으로 6월 일방적인 독립을 선언했다. 크로아티아 내 세르비아인 거주 지역에서 발생한 폭동으로 연방군이 투입되어 전쟁이 일어났으나, 그 해 말부터 국제사회에서 크로아티아의 독립을 승인받기 시작했다. 그 다음해에 투지만은 대통령 선거에서 과반 이상의 득표율로 당선되었다. 이에 따라 그는 크로아티아의 독립영웅이자 국부로 추앙받기는 하였으나, 차츰 국내외의 시선은 싸늘해져 갔다. 국내에서는 독립 과정에서의 업적을 내세워 권위적인 통치 스타일로 권력을 휘둘렀고, 국내의 세르비아인들을 탄압했다. 또 보스니아 내전에 개입하여 크로아티아 민족주의를 내세워 세르비아 민족주의를 주장한 슬로보단 밀로셰비치 세르비아 대통령과 대립하였다. 1997년 대통령 선거에서 재선되었고, 1999년 암으로 세상을 떠났다. 오늘날 그에게는 독립영웅이라는 평가와 전쟁범죄자 · 독재자라는 평가가 공존하고 있다.

▶ 독립전쟁 (1991~1995)

〈크로아티아 사회주의 공화국 (1945~1990) 국기(좌), 현재의 국기(우)〉

- 2013년 7월 1일 EU에 28번째 회원국으로 가입.
- 모병제 채택. 현역 병력은 총 18,400명으로 세계 100위의 전력.

3
문화

- 문화적 자산이 풍부하고 자연경관도 아름다워 관광수입이 대단한 나라
- 시인 바이런이 아드리아 해의 진주라고 부른 두브로브니크는 여행의 필수코스.

〈두브로브니크(좌)와 스플리트(우)〉

- 유네스코 세계 자연 유산으로 지정된, 16개의 호수로 연결된 수많은 폭포로 유명한 플리트비체 국립공원.
- 로마 유적이 많이 남아있는 크로아티아 제2의 도시 스플리트.
- 흐바르 섬을 비롯한 수많은 섬들, 이스트라 반도 등으로 유럽인(특히 독일인)과 일본인들이 즐겨 찾는 관광지로 유명하다.
- 수도 자그레브에는 자칭 동유럽의 루브르 박물관이라 불리는 미마라 미술관이 있다.

▶ 민속

· 카니발(Croatia Carnival).

- 카르네발(Karneval) 또는 마스카레(Maškare)라고도 하며, 여러 도시에서 부활절 40일 전인 2월에 열린다.
- 크로아티아 제3의 도시(제1은 자그레브, 제2는 스플리트) 리예카(Rijeka)에서 열리는 리

예카 카니발(Rijeka Maskare)이 가장 유명하다. 1982년 재개됐다.

- 그밖에 두브로브니크, 스플리트, 카스테프, 자그레브, 사모보르 그리고 파그섬의 카니발 축제도 유명하다.
- 칠리피(Čilipi) 마을의 여성 민속댄서들: 무늬 레이스가 있는 스커트 위에 다크 재킷. 머리 위에 흰색 머리 두건, 동전으로 만든 목걸이 등을 착용한다. 이 마을의 전통의상에서 이런 면을 읽을 수 있다. 칠리피 마을은 두브로브니크 근처의 마을.
- 마을 중앙에 이 지역에서 가장 큰 성 니콜라 교회가 있다. 교회의 계단들은 민속공연 무대가 된 조그만 광장으로 통한다. 이미 40년 전부터 부활절부터 10월말까지 일요일마다 미사 후 11시15분에 화려한 민속공연을 관람할 수 있다.
- 2000여 년의 역사를 가진 포레치(Poreč)의 전통의상: 흰색 드레스와 셔츠는 빨강색 자수 스크롤 작업, 잎과 꽃으로 장식.
- 수도 자그레브의 남쪽 모슬라비나(Moslavina) 주의 전통의상.

〈포레치의 민속의상(좌), 칠리피의 민속의상(중), 모슬라비나의 민속의상(우)〉

01. 달마티아(크로아티아어: 달마치아) 해안

- 크로아티아 북부 자다르(Zadar)에서 두브로브니크(Dubrovnik)까지의 해안선.
- 길이: 1,778km, 아드리아 해에 산재한 1,160개 섬까지 포함하면 전체 길이는 5,790km.
- 명칭: 서기 1세기부터 사용, 일리리아 인의 한 종족인 델마텐(Delmaten, Dalmaten)이란 이름에서 유래.
- 확장: 달마티아의 공간적인 확장은 시간이 지나면서 일어났다. 역사적인 지역으로서의 달마티아는 일시적이나마 보스니아·헤르체고비나, 몬테네그로, 알바니아 그리고 세르비아의 일부지역으로도 뻗어나갔다. 현재는 크로아티아와 몬테네그로 일부지역만을 달마티아로 지칭.
- 기후: 달마티아 해안은 지중해성 기후라서 겨울에도 포근하다. 1991년 내전 이전에는 아드리아 해안의 휴양지가 '태양의 해변'이라 불리면서 매년 1,000만 명의 서유럽 사람들이 방문했다. 파란 바다, 아름다운 해안과 작열하는 태양, 풍부한 해산물 요리 등 달마티아는 물가는 이탈리아와는 비교가 안 될 정도로 저렴하게 자연의 혜택은 이탈리아만큼 누리면서 '달콤한 인생(la dolce vita)을 즐길 수 있는 곳.

▶ 주민

- 주민들은 크고 작은, 거의 모든 도시들이 몰려있는 해안을 따라 집중해있다. 이와는 달리 내륙 지방은 인구밀도가 희박하다.
- 과거 달마티아는 경제가 퇴보했기 때문에 오랫동안 이민을 떠나던 지역. 크로아티아인 디아스포라의 대부분이 이곳 출신. 19세기말과 20세기 초 이민자들이 선호한 국가는 북미, 남미(주로 칠레, 아르헨티나), 호주, 뉴질랜드. 이와는 반대로 20세기 후반에는 수많은 달마티아 주민들이 독일, 오스트리아, 스위스의 외국인노동자로서 이민을 갔다.

▶ 민족

- 주민의 대부분은 크로아티아인.
- 소수민족은 크라지나-세르비아인(Krajina-Serben). 이들은 1990~95년 전쟁 전 북부 달마티아의 일부(크닌(Knin)시 주변)에서 주민의 다수를 차지. 이 지역을 크로아티아 군대가 재탈환하면서 대부분의 세르비아인들은 세르비아로 탈출, 시간이 지나면서 이들 중 일부가 다시 돌아왔다.
- 자다르에는 소수의 이탈리아인들이 거주. 그러나 달마티아에 거주하던 많은 이탈리아인들은 일부는 제1차 대전 후, 일부는 제2차 대전 후 이탈리아로 이주하거나 탈출했다.
- 아르바나시(Arbanasi) 지역 - 과거에는 자족마을이었으나 현재는 자다르 시의 일부 - 에는 알바니아 출신들이 일부 거주. 이들은 과거 베네치아 왕국 시절에 피난민으로서 이곳으로 이주해온 것, 현재 그들의 후손들은 완전히 동화되었다. 그밖에 유고슬라비아 시절에 일부 보스니아인, 알바니아인, 마케도니아 인이 이주했다.

▶ 역사

- 과거 로마 제국의 속주였다.
- 아드리아 해를 사이로 이탈리아와 마주보고 있고, 자다르, 스플리트, 두브로브니크 등 유명 관광지가 이 지역에 몰려있다.
- 서기 1000년경부터 아드리아 해 연안을 통제해온 베네치아 공화국에 저항하기 위해 주변의 슬로베니아 · 크로아티아와 함께 1102년 헝가리 왕을 군주로 받아들였다.
- 18세기말에는 베네치아 공화국이 달마티아 내부까지 영역을 확대하였다.
- 달마시안이라는 견종의 기원이 되는 지역이기도 하다.

(1) 자다르(Zadar)

▶ 지리

- 크로아티아의 남부 북부달마티아에 위치한 항구도시로, 주민은 75,062명(2011년).
- 2003년에 설립된 대학도 있다.

▶ 역사

- 일리리아 시대에 이미 주거지가 있었다. 로마 문헌에는 'Iadar'(Iadera)로, 콘스탄티누스 대제 시절인 10세기에는 'Diadora'로 기록되어 있다.
- 기원전 2세기에 로마의 고성(Kapitol), 요새, 목욕탕, 고가수로가 건축되었다.
- 기원전 59년 이후 자다르는 로마의 자치도시, 기원전 48년부터는 로마의 식민지.
- 서로마제국 멸망 후 비잔티움 제국의 달마티아 지역 수도였다.
- 그때부터 이 도시의 군주들이 바뀌기 시작했다. 처음에는 프랑크 제국의 군주가, 9세기 초에는 비잔티움 제국의 군주가 통치했다.
- 해적들의 약탈이 심해지자 1000년 무렵 베네치아 왕국의 보호를 받다가, 비잔티움 제국의 황제인 알렉시오스 1세 콤네노스, 1048~1118)[7]에 의해 공식적으로 역사에서 사라진다.
- 10세기, 특히 11세기에 크로아티아 군주가 이 도시의 실질적인 통치권을 가졌는데, 1069년 처음으로 크로아티아 왕 페타르 크레쉬미르 4세(Petar Krešimir IV., 재위 1058~1074)가 통치하게 된다.
- 1000년경부터 아드리아 해 연안을 통제해온 베네치아 공화국에 저항하기 위해 주변의 슬로베니아 · 달마티아와 함께 1102년 크로아티아와 자다르는 동군연합 조약(Pacta conventa, 군주는 같으나 각자의 주권을 유지하는 국가 간 연합형태)에 따라 헝가리 왕을 군주로 받아들였다.
- 12세기 초부터 여러 번 베네치아 공화국의 침략을 받았다. 1202년 프랑스 십자군의 도움을 받은 베네치아 인들에게 포위되어 정복당한 후 베네치아 군주가 크로

---

7) 비잔티움 제국의 군사적 · 재정적 부흥을 이끈 황제. 십자군 전쟁의 혼란을 극복하여 콤네노스 왕조를 반석 위에 올려놓았다. 알렉시오스 1세(1048~1118) 이후로 모든 황제는 단 두 명만 빼고 모두 알렉시오스의 후손이다. 중간에 쿠데타가 자주 일어나 부계 후손은 단절되었지만 모계 후손은 계속 유지되었다.

아티아-헝가리 군주를 대체하게 된다. 이후 몇 번에 걸친 봉기가 있은 1358년 다음에 다시 헝가리-크로아티아 왕 루드비히 1세(Ngy Lajos 1., 재위 1342~1382)가 통치하게 된다.

- 1409년 헝가리 왕위계승자 라디슬라우스 오브 네이플(Nápolyi Lászió, 1376~1414)이 자다르와 그 주권을 베네치아에 100,000 두카텐을 받고 매각했다. 베네치아가 이 도시의 정치적, 경제적 보호를 맡게 되면서 이 도시의 안전이 보장되기 시작했다.
- 오스만제국이 16세기 초 배후지역을 정복하자 베네치아가 이 도시에 강력한 성채를 건설, 이 성채는 아드리아 해에서 베네치아의 무역을 보장하고 달마티아에 있는 베네치아 소유재산들을 관리하는 행정중심지로 사용되었다.
- 1797년까지 베네치아의 이중지역 달마티아와 알바니아의 수도가 된다. 1797년 베네치아가 몰락한 후 오스트리아 제국에 넘어간다. 오스트리아는 이 도시를 1805년 일리리아 지역을 침공한 프랑스에 양도했다. 프랑스 지배시절에 크로아티아어로 된 최초의 신문 '크라글스키 달마틴'(Kraglski Dalmatin, 1806~10)이 출간되었다.
- 1813년 12월 6일간의 포격전으로 오스트리아 제국이 이 도시를 재탈환하여 1918년까지 통치한다. 당시 자다르는 오스트리아의 황실 직할지였던 달마티아 왕국의 수도였다.
- 자다르는 19세기 후반 달마티아에서 일어난 크로아티아의 문화적, 국가적 재건운동의 중심지. 이곳에서 1838년부터 'Srpsko-dalmatinski' 잡지가, 1844년부터 문학잡지 'Zora dalmatinska'가 출간되었다. 1862년부터 일주일에 두 번 신문 'Il Nazionale'가 간행되었는데, 일주일에 한 번은 크로아티아어판 부록 'Prilog k Narodnom listu'도 간행되었다. 당시 달마티아가 크로아티아-슬로베니아 왕국과 체결한 연합을 지지한 신문 'Narodnjaci'('민족성'이란 뜻)은 중요하다. 같은 해에 자다르에서 Matica srpska와 Matica hrvatska를 본보기 삼아 Matica dalmatinska, 즉 '슬라브 문화협회'가 창설되었다.
- 제1차 세계대전 후 라팔로 국경조약(1920년)에 따라 이탈리아에 귀속. 제2차 세계대전 중 연합군의 공중폭격으로 역사적인 유물들이 심하게 훼손되었다.
- 1945/47년 유고슬라비아 내 크로아티아의 일부가 되는 바람에 대부분 이탈리아어를 사용하는 주민은 거의 이 도시를 떠나 이탈리아로 갔다.
- 1991년부터 독립공화국 크로아티아에 귀속, 그러나 1991년 유고슬라비아 민병대가 크로아티아 전쟁 동안 공중공격을 해서 수많은 문화유산들이 훼손되었다.

▶ 문화유산

〈시민광장(Narodni trg)에 있는 시청사(중앙)〉

- 자다르는 1873년까지는 요새였다. 큰 항구 하나와 4개의 성문(이 중에 로마의 개선문 조각된 해군성문과 산미첼리의 초안에 따라 건축된 성문(Porta di Terraferma)이 있음)이 있고, 4개의 구역으로 구성되어 있다. 자다르 구시가는 대부분 베네치아 건축양식들로 가득하다. 광장들 중에는 군주광장(Piazza dei Signori)과 분수광장이 있는데, 전자에는 아름다운 핵심경비건물과 스트라자 성(Gradska Straza, 현재 시립도서관으로 사용)이, 후자에는 코린트 양식의 기둥이 볼만 하다. 시몬 광장도 이런 식으로 장식되어 있다.

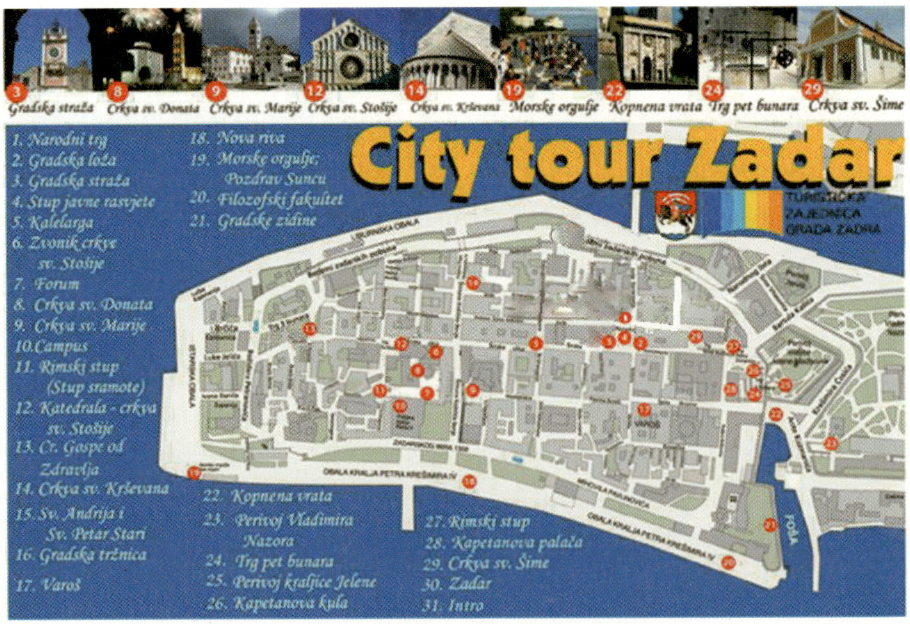

- 문화사적으로 중요한 교회들

〈아나스타시아 대성당(좌), 성모 마리아 수녀원 교회(성 도나투스 교회 맞은편에 위치)(우)〉

- 성 아나스타시아(Sv. Stošija) 대성당, 13세기 후반에 건축된 로마네스크 양식 바실리카.
- 성 엘리아스(St. Elias) 교회.
- 성 시메온(St. Simeon) 교회, 성 시메온(야고보의 아들)의 정교한 성유물함이 있다.
- 성모 마리아 수녀원 교회, 롬바르디아 양식.
- 옛 성삼위일체교회(자다르 시에서 가장 오래된 교회, 전설에 따르면 9세기에 (로마신화의) 주노(주피터의 아내) 신전의 잔해들로 만든 교회), 현재는 고대박물관.
- 성 도나투스 교회(Crkva svetoga Donata), 9세기에 건축.
- 성 크리소고노 교회(Sveti Krševan), 12세기에 건축(6세기에 지은 교회 자리에 건축), 성 크리소고노는 고대 로마의 기독교 순교자인데(선종: 아퀼레이아), 로마 가톨릭교회와 동방정교회에서 성인으로 시성되어 공경 받는 인물.

〈로마 광장(좌), 베네치아 저승사자가 있는 성문(Porta Terraferma, 1543(우)〉

- 그밖의 주요 건축물들: 로마 광장, 옛 수도원장 궁전, 대주교 궁전, 무기고.

(2) 두브로브니크(Dubrovnik)

▶ 지리

- 크로아티아 달마티아 남부의 아드리아 해에 면한 역사적인 도시로, 크로아티아 최대 관광도시. 두브로브니크 네레트바 주의 중심 항구도시이기도 하다.
- 인구는 약 5만 명. 크로아티아인이 전체의 88.39% (2001년 기준) 차지.
- 보스니아·헤르체고비나의 네움 시가 바다에 접해 있어서 이 지방은 크로아티아 본토와는 단절되어 있다. 하지만 여행자는 간단한 여권 심사만으로 두 지역을 자유롭게 오갈 수 있다.

▶ 역사

- 돌출된 바위 지형에 두브로브니크 시(주)가 생겨난 것은 7세기.
- 일찍이 베네치아 공화국의 주요 거점 가운데 하나, 13세기부터 지중해 세계의 중심도시. 베네치아 사람들이 쌓은 구시가의 성벽은 1979년 유네스코세계유산으로 지정. 1557년 지진으로 심하게 파괴되었지만, 아름다운 고딕, 르네상스, 바로크 양식의 교회, 수도원, 궁전 등이 잘 보존되어 있다.
- 유고슬라비아 내전(1991~1999)으로 이 도시도 많은 피해를 입었고, 아직도 그때의 파편과 총탄 자국이 곳곳에 남아 있다. 당시 유럽의 많은 학자들이 이곳으로 달려와 인간방패(두브로브니크의 친구들)의 역할을 한 덕분에 폐허 모면. 그래서 1990년 유고 내전으로 훼손되어 1991~1998년까지 위기에 처한 세계유산 목록에 등재. 유네스코와 국제 사회의 지원으로 복원됐다.

고대

- 이 도시의 명칭은 슬라브어 dubrava('떡갈나무 숲'의 뜻)에서 파생한 것.
- 로마의 명칭 Ragusa/Rausa는 최초의 주거지(Lave, Lausa)가 생긴 작은 섬으로 소급된다. 새로 발견된 고고학적 유물에 의하면 고대에 '라구사(Ragusa)'라 불리던 바위섬에 기원전 3세기에 일리리아 인 정착촌이 있었다.
- 로마제국과 6세기 중반의 행정 개편에 따라 이 바위섬은 550~60년 무렵 유스티니아누스 1세 시절에 축성, 주교좌로 생각되는 바실리카가 지금의 대성당 자리에 건축되었다.
- 7세기 초에 슬라브인의 공격으로 파괴된 에피다우룸(Epidaurum, 현재의 차우타트(Cavtat)) 주민들이 축성된 섬으로 이주했다.

중세

- 콘스탄티누스 7세(재위 945~959)에 따르면 두브로브니크의 가장 오래된 지명은 그리스어 Lau('가파르다'의 뜻)에서 파생된 Lausion. 시간이 흐르면서 L이 R로 변화되었는데, 이로부터 Rausion이란 지명이 만들어졌다가 나중에 다시 Ragusium이 형성되었다. 이어진 변이형들도 Rausium, Racusium, Rausa, Ragusa, Racusa 등으로 알려져 있다.
- 1022년 두브로브니크의 대주교에게 전달된 교황 베네딕트 8세의 교황 칙서에는 Labusedi라는 지명이 발견되는데, 이것은 라틴어 labes(그리스어 지명과 유사하게 '가파르다'의 뜻)에서 파생된 것. 따라서 그리스어에서 온 것은 Lausion과 Rausion이란 지명을, 라틴어에서 온 것은 Labusa와 Labusedi의 지명을 갖게 되었다.
- 슬라브인들은 이페다우룸의 주민들을 몰아낸 후 이 도시에 정착했다. 그들도 그 섬 맞은편의 세르기우스 산 끝자락 대지 위에, 즉 빽빽한 떡갈나무 숲으로 뒤덮인 대지 위에 정착촌을 건설했다. 떡갈나무를 슬라브어로 dub라고 했기에 이로부터 Dubrovnik라는 지명이 만들어진 것으로 추측.
- 시간이 흐르면서 섬의 정착촌과 육지의 슬라브인 주민과의 관계가 우호적으로 발전. 12세기에 육지와 섬 사이에 운하가 구축되면서 두 정착촌은 동반 성장. 오늘날 이곳이 바로 두브로브니크의 중앙로인 스트라둔(Stradun, Placa는 섬을 육지와 분리한, 흙으로 메운 포구). 나중에 이 연결지점에 통합 도시의 중심지가 발전한 것. 세월

이 흐르면서 이 두 민족은 서로 화합하고 동화. 슬라브인이 로마 주민보다 수적으로 우세했기 때문에 두 정착촌은 공동의 지명으로 Dubrovnik를 선택한 것. 대주교 교구는 980년에 창설.

- 두브로브니크는 창설된 후부터 비잔티움의 보호 하에 있었다(얼마동안 비잔티움의 군사령관이 주재했다).
- 12~13세기 전환기에 두브로브니크는 보스니아의 총독 쿨린(Ban Kulin, 1163~1204)[8]과 동맹을 맺는다. 보스니아는 이 도시의 중요한 원료 공급자(목재와 금속)가 되었다. 동시대에 보스니아를 통해 중요한 무역노선들이 남동유럽 내부로 지나갔다.
- 십자군원정 시절에는 잠시 베네치아의 지배를 받았다(1205~1358).
- 1242년 몽골(타타르)족에 포위되는 바람에 주변지역은 초토화되었다.
- 1240년과 1244년 보스니아와의 동맹 관계가 복원되었다.
- 1358년 자다르 평화조약 후 두브로브니크는 크로아티아-헝가리 왕들의 통치권을 인정하고, 1526년 모하치 전투(Battle of Mohács)에서 헝가리제국이 오스만제국에게 패할 때까지 이 왕들에게 공물을 바쳤다. 물론 이미 1420년부터 주기적으로 대표단들이 오스만 제국으로 갔다. 오스만 제국에게는 중립 선서 외에 매년 공물로 12,500 두카텐을 1718년 세르비아의 파사로비츠(현재는 세르비아의 포자레바츠(Požarevac, '불의 마을'이란 뜻) 평화조약 때까지 바쳤다.

〈필레 성문 입구 위쪽에 두브로브니크 조각상을 든는 수호성인상〉

- 두브로브니크는 자치권을 획득한 후(헝가리-크로아티아 왕에게는 조세와 선박의 형태로 세금을 납부) 라구사 자치공화국이 되었다. 이 공화국은 자치권 보존에 성공한 덕에 이 도시 시민들이 시의회와 시 참사회를 선출했다.
- 이 도시의 수호성자는 디오클레티아누스 지배시기의 의사이던 성 블라시우스(Hl. Blasius, sveti Vlaho), 전설에 따르면 베네치아 공화국이 공격해왔을 때 두브로브니크를 구한 인물.
- 1416년 라구사 공화국은 유럽 최초의 도시국가로서 노예제도를 폐지하면서 노예무역을 법적으로 금지했다.

8) 보스니아의 총독(Ban, 1180~1204). 처음은 비잔티움 제국의 봉신, 나중에는 헝가리왕국의 봉신. 그는 보스니아의 가장 탁월하고 중요한 역사적인 통치자들 중 한 사람으로, 초기 보스니아 역사의 발전에 지대한 영향을 미쳤다.

오스만 제국 시대

- 15~16세기에 오스만 제국과 지중해권 해안 도시들과의 활발한 무역을 통해 경제적으로 가장 비약적인 발전. 두브로브니크의 무역상선은 16세기에 160척 정도, 그 당시 지중해에서 가장 거대한 선단들 중 하나.
- 두브로브니크 공화국을 방어해주는 가장 중요한 보호국은 스페인 왕국, 두브로브니크의 독립과 자유를 가장 위협했던 나라는 베네치아 공화국.
- 1718년 파사로비츠 평화조약으로 오스만제국은 네움(Neum)과 클레크(Klek) 사이에 아드리아 해로 나가는 출구를 확보. 현재 이곳은 보스니아·헤르체고비나의 땅, 이런 이유에서 두브로브니크가 타국 영역 내의 자국영토가 된 것.
- 지중해 해상권의 위기와 1667년에 발생한 파국적인 지진은 이 도시공화국을 더 이상 복구할 수 없는 지경으로 내몰았다.
- 두브로브니크는 1776년 미국 독립을 국제적으로 인정한 최초의 국가.
- 18세기에 두브로브니크에는 85개국 이상의 영사관이 있었다.

1800년 이후

- 1806년 프랑스군이 나폴레옹 보나파르트의 지휘로 이 도시에 진군, 1808년 프랑스의 장군 오귀스트 드 마르몽(Auguste de Marmont, 1774~1852)이 공화국 폐지 선언(공화국이란 명칭은 15세기부터 사용).
- 두브로브니크는 1809년부터 *Département Raguse*라는 이름으로 나폴레옹이 지배하는 프랑스의 일리리아 속주. 마르몽 장군은 라구사 공작의 작위를 가진 군인 식민지 총독이 되었다.
- 오스트리아 제국이 1814년 1월 29일 이 도시를 점령한 이후 이 도시는 빈회의의 결의에 따라 오스트리아의 땅이 되어 달마티아 황실 직할지의 일부가 되었다.
- 1886년에 독일에서 출간된 브록하우스 백과사전에는 이 도시가 요새를 닮았지만 꽤 훌륭하게 건축되었다고 했다. 비록 좁고 평탄하지는 않지만 아주 깨끗하다고도 했다. 산업은 비단과 가죽 그리고 몇몇 리큐르 주정 및 탁월한 기름에만 한정되어 있었고, 1주일에 세 번 터키의 대상들이 그곳 바자르에 왔다고 했다.
- 합스부르크 왕가가 지배하던 20세기 초에도 관광업이 발전하기 시작, 1970년까지

있었던 신 항구로 가는 전차노선이 건설되었다.

- 프란츠 요셉 황제의 남동생인 페르디난트 막시밀리안 대공은 이 도시 앞에 놓인 로그룸(Lokrum, 이탈리아어 Lacroma) 섬에 여름별장(여름관저)을 짓게 했다.

1918년 이후

- 1918~1941년까지 '제1차' 유고슬라비아에 소속.
- 관광업은 계속 발전. 럭셔리 빌라들 탄생, 현재까지도 당시의 오리엔탈 풍의 셰헤레자다 빌라(Villa Šeherezada)가 구시가 동쪽에 남아 있다.

- 내부 국경을 재조정하면서 1939년 역사적인 이유와 크로아티아 주민이 절대다수라는 점에서 크로아티아 바노비나(Banovina Hrvatska)의 일부가 되었다.
- 제2차 세계대전 중 이른바 크로아티아 독립국의 일부. 1945년 이후 제2차 유고슬라비아 안에서 크로아티아 공화국의 일부로 남았다.
- 크로아티아 전쟁 때 유네스코가 세계문화유산으로 지정한 이 도시가 세르비아-몬테네그로 군에 포위되어 끈덕지게 공격을 받았다. 크로아티아 적십자에 따르면 당시 114명의 시민이 죽었다. 물질적인 피해는 거의 완전히 복원되었다.

▶ 문화투어

• 필레 성문

- 서쪽 성문, 안쪽 성문과 바깥 성문의 두 개로 구성, 도시성벽에 있는 또 다른 성문을 통해 들어갈 수 있다. 성문을 들어서면 맞은편에 오노프리오 분수가 보인다. 도시성벽 투어용 입장권을 판매하는 입장권 창구는 찾기가 쉽지 않다. 두 번째 성

문(안쪽 성문) 바로 뒤에 분수가 보이면 곧장 오른쪽으로 돌아 성벽을 따라 30m 정도 가면 클라리사 레스토랑 바로 옆에 있다. 여기서만 EC카드나 신용카드로 입장권을 구입할 수 있고 다른 곳은 현찰(크로아티아 화폐 쿠나)로만 가능하다(1 Kuna=0,14€). 성벽 투어 입장료는 90 쿠나.

- 필레 성문은 1472년 두브로브니크(당시는 라구사 공화국) 출신 건축가 파스코예 밀리체비츠(Paskoje Miličević, 1440~1516)가 건축. 고딕양식의 석조 건축물, 아치형의 안쪽 문과 바깥쪽 문으로 구성. 구시가를 연결하는 석조다리는 1471년에 건축. 이미 기원전 3세기에 이 절벽 위에 일리리아 인들의 주거지가 있었다. 로마제국의 새 헌법에 따라 유스티니아누스 황제가 6세기 중엽 축성을 지시, 주교좌로 보이는 큰 바실리카도 건축 지시. 고트족이 파괴, 슬라브족이 그 절벽으로 주민을 이주시켰는데, 그곳에서 숨을 곳을 찾기 위함이었다. 베네치아 인이 지배, 몽골족이 이곳을 포위, 오스만 족이 무역을 하는 등 두브로브니크는 수많은 민족들을 만났다.
- 두브로브니크에서 꼭 해야 할 일은 옛 도시성벽 위를 산책하는 것. 입장권은 필수. 필레 성문 뒤에서 성벽 위로 올라간다. 길이가 1940m에 이르는 도시성벽(13세기에 건축)으로 올라가는 수많은 계단들이 있다.

- 그 앞쪽에 오노프리오 분수가 있다. 그 맞은편 오른쪽에는 구세주 그리스도 교회가, 왼쪽에는 관광안내소가 있다. 이 분수는 1438년 오노프리오 델라 카바(Onofrio della Cava)가 이 도시에 식수를 조달하기 위해 건축한 것. 분수에 그의 이름을 새긴 현판이 있다. 중앙에는 커다란 돔 모양의 석조물이 있고 그 아래 16면체에 수도꼭지가 있다. 분수대라기보다는 공용수도에 가깝다. 원래는 돔 위에 르네상스 양식의 커다란 쿠폴라와 조각상이 장식되어 있었으나 1667년 대지진으로 파괴되었다. 분수의 물은 약 20km 떨어진 코나블레 지역의 리예카 두브로바츠카(Rijeka Dubrovacka)에 있는

우물에서 공급받았다. 이 수로는 크로아티아에서 건설된 최초의 수로. 당시로는 원거리에서 물을 공급받는 시설 자체가 획기적이었다.

- 구세주 그리스도 교회(Crkva Svetog Spasa). 프란체스카 수도원과 필레 성문 사이에 이 도시에 불어 닥친 지진에서 구조된 것을 감사하는 표시로 1520년 성벽 바로 옆에 건축된 르네상스 양식의 봉헌교회. 1667년 다시 강력한 지진이 있었을 때 이 교회는 훼손되지 않았는데, 교회의 내부 장식도 현재까지 유지되고 있다.

〈구세주 그리스도 교회와 교회 정문의 피에타〉

- 성벽투어

꽤 가파른 계단들을 올라서 성벽 순환 도로를 따라 산책. 여기서부터는 왼쪽으로만 성벽투어가 가능하다. 말하자면 일방통행인 셈. 입장권은 너무 깊숙한 곳에 넣어두면 안 된다. 성벽로드를 돌면서 적어도 세 개의 또 다른 성벽입구에서 다시 입장권을 검사하기 때문. 성벽 위에서 보는 시가지 모습은 다채롭기 그지없다. 시가지 풍경 외에도 시가지 반대쪽은 쪽빛 바다가 펼쳐진다.

보카르 요새를 지나면 앞쪽에 또 다른 멋진 요새가 있는데, '두브로브니크의 지브

〈좌: 보카르 요새, 우: 로브리예나치 요새〉

〈세인트 존 요새에서 바라본 옛 항구 전경(동문 바깥)〉

롤터'라 불리는, 해발 37m 바위에 건축된 '로브리예나치 요새(또는 성 로렌스 요새)'가 그것. 두브로브니크 시의 서쪽에 있다.

세인트 존 요새에서 볼 수 있는 두브로브니크의 옛 항구도 남다른 풍광을 연출. 여기서부터 다시 수많은 계단을 내려갔다가 다시 올라가게 된다. 이쯤해서 발걸음이 무거워진다. 그래서인지 이곳 요새 성벽 언저리에는 잠시 쉬어갈 수 있도록 작은 카페나 즉석 가판대가 설치되어 있다.

민체타(Minceta) 요새 첨탑(⇨)의 꼭대기까지는 계속 오르막이다. 이 첨탑은 요새 성벽에서 가장 높은 지점, 1464년 건축. 좀 더 멋진 구시가지 경관을 즐기려면 가장 높은 곳까지 가파른 숨을 몰아쉬며 올라가야 한다. 내려와서 성벽을 계속 걷다보면 마지막으로 시선을 사로잡는 건물이 바로 성 프란체스카 수도원. 족히 90분은 소요되는 성벽투어를 마치고 다시 도착하는 곳은 필레 성문 앞.

- 스트라둔(Stradun): 중앙로

필레 성문(서문) 맞은편의 분수로부터 동문(플로체 성문)까지 약 280m의 중앙로(Placa 또는 Stradun, 이탈리아어 'strada'에서 유래). 1468년 바닥을 대리석으로 건설. 구시가는 성벽에서 바라보면 훨씬 더 아름답다. 이 도시 중앙거리는 언제나 수많은 관광객들로 바글거린다. 모든 상점들은 - 식당이든 기념품가게든 상관없다 - 은 관광객을 겨냥한다.

15~17세기에 예술과 문학이 크게 발전해 '남슬라브의 아테네'라는 이름도 얻었다. 1667년 지진으로 도시의 많은 부분이 파괴되고 주민의 약 1/5이 죽는 아픔도 겪었

다. 나폴레옹 전쟁 시절에 다시 옛날의 번영을 누렸다. 그러니까 1800~05년 이곳은 지중해에서 단 하나뿐인 중립 교역 지역으로 지정되어 이권을 챙겼다. 1808년 나폴레옹 1세가 몰락하면서 이곳도 1815년 빈 회의를 통해 오스트리아에게 이양되었다. 1991년 10월 크로아티아가 유고슬라비아 연방에서 독립을 선언하자 세르비아 군이 3개월간 두브로브니크를 공격하는 바람에 도시 곳곳이 파괴됐다. 폭격 당시 프랑스학술원 회장 장 도르메송(Jean d'Ormesson, 1925~)은 서구지식인들에게

〈좌: 서문에서 바라본 구시가(종탑: 성 프란체스카 수도원), 우: 동문에서 바라본 구시가〉

〈1991년 10월 포격으로 파괴된 모습〉

이렇게 호소했다: "유럽 선진국들은 유럽 문명과 예술의 상징적 도시인 두브로브니크에 대한 포격 하나 중지시키지 못한데서야 말이 되는가!" 이에 세계 곳곳에서 온 사람들이 인간 사슬을 만들어 도시의 많은 부분을 지켰다고 한다. 1999년부터 복원을 시작하여 거의 옛 모습을 되찾았다. 성 자체는 유네스코 세계문화유산인 관계로 거의 포격을 하지 않았다고 한다.

- 플로체 성문 근처 스트라둔 끝에 있는 루자 광장의 스폰자 궁과 시계탑.

- 스폰자 궁(Palača Sponza)

1516~1522년 고딕과 르네상스 양식으로 건축. 크로아티아어로 Palača Sponza라고 하며 Divona로도 불린다. 세무서, 금고, 은행, 조폐국, 학교 등을 포함한 공적인 기능을 수행하던 곳. 16세기에는 라구사 공화국의 문화센터이기도 했다. 궁의 아트리움(기둥이 없는 안마당)은 무역센터와 비즈니스 미팅장소로 사용되었다. 현재는 시립 기록문서보관소로 사용. 궁의 앞쪽 루자 광장은 현재 두브로브니크 여름축제(7월10일-8월25일)의 오프닝 세리모니가 열리는 장소.

〈좌: 스폰자 궁과 종탑, 우: 궁 내부와 종탑 앞의 분수들〉

- 루자 광장(Udruga Luza): 종탑과 롤랑의 동상

종탑과 스폰자 궁 사이에 위치. 1463년에 건축되고, 종탑은 1952년에 보수된 것이다. 이 종탑은 협의회를 소집하기 위해 종을 쳤고, 폭풍이나 화재 위험을 알릴 때에도 종을 쳤다. 루자 광장 밑에는 플라차 거리, 플로체 성문 그리고 이 도시의 항구로 통하는 내부 성문이 있다. 루자 광장 중앙에는 중세의 역사적 기사인 롤랑의 동상도 있다. 청동 종탑의 높이는 35m. 꼭대기의 종만 건축 당시인 15세기 것

이고 나머지는 근래에 복원된 것. 탑 정상은 왕관 모양이고 그 밑은 아치형으로 사방으로 뚫려 있다. 이곳에 커다란 종과 양옆에 2명의 남자가 망치를 들고 종을 치려는 모습의 조각이 있다. 무게는 2톤이고 녹색이다. 종 밑의 시계는 숫자가 없고 이글거리는 태양의 모습이다.

-성 블라시우스 교회(Crkva sv. Blaža)

스트라둔의 루자 광장에 위치. 두브로브니크 시민들로부터 가장 사랑받는 바로크 양식 교회. 1368년 로마네스크 양식으로 건축, 1369년 화재 발생, 1667년 대지진 때 파손. 지금의 바로크 양식 건물은 1706년에 시작하여 1715년에 완공된 것으로 베네치아의 건축가 마리오 그로펠리(Mario Gropelli, 1662~1728)가 베네치아에 있는 성 마우리티우스 성당을 모방하여 건축한 것.

교회 안에 있는 블라시우스 동상은 은으로 만든 조각상, 1706년 5월 24일 밤 화재로 파괴된 성당에서 유일하게 남은 것. 당시 금, 은, 쇠로 된 것은 모두 녹아 없어졌지만 이 동상만은 아무런 해를 입지 않았다. 그 뒤 이 동상은 성 니콜라스 성당에 보관되었다가 1715년 성당이 완전 복구되자 의회의 명령으로 다시 원래 자리인 성 블라시우스 교회로 옮겨온 것.

〈상식〉 성 블라시우스(?-316)는 누구?

성 블라시우스는 아르메니아의 세바스테의 주교였다. 로마 황제 유스티니아누스의 기독교 박해 때 카파도키아의 총독인 아그리콜라우스에게 참수형을 받고 순교했다. 그는 부유한 신자 가정에서 태어나서 젊은 나이에 주교로 선출되었다고 한다. 그는 그리스도교 박해가 시작되는 초기에 은수자가 되었는데, 병자들을 치유하고 또 야생 동물들을 보살펴 주는 것을 목격한 어떤 사냥꾼에 의하여 총독 아그리콜라우스에게 끌려가 투옥되었다.

그러나 그가 언제 주교가 되었으며 어떻게 활동하였는지를 밝혀줄 역사적 자료들은 거의 없다. 다만 8세기부터 블라시우스에 대한 공경이 동방과 서방 교회에 두루 퍼졌다. 성 블라시우스 축일에는 인후를 축성하는 예절이 전해오는데, 이는 그분이 목에 생선뼈가 걸려 사경을 헤매는 한 소년을 기적적으로 치료한 사실에 근거하며, 이 예식에서 초 두 자루를 사용하는 것은 그 소년의 모친이 옥에 갇힌 그에게 음식과 초를 가져다 준 사실에서 유래한 것이라고 한다.

- 케이블카를 타고 도시 위쪽의 스르지산(Srđ, 412m)으로.

 플로체 성문(동문)과 레벨린(Revelin) 요새를 지나 왼쪽으로 꺾으면 케이블카를 타러 가는 꽤 멋진 길이 나온다. 10분 정도 걸어간다. 대개는 도시성벽을 바라보며. 케이블카에 도착하면 여지없이 100m는 족히 되는 '인간 띠'를 만나게 된다. 그렇지만 케이블카는 아주 촘촘히 운행되기 때문에 15분 정도만 기다리다 케이블카를 5분 정도 타고 가면 산 정상에 도달한다. 물론 올라갈 때와 나려갈 때의 풍광은 또 다른 맛. 왕복 투어요금은 98 쿠나. 자국 화폐나 신용카드로 지불 가능. 정상에서 바라보는 두브로브니크 구시가의 전경은 한 마디로 최고. 정상에는 나폴레옹 전쟁 중에 건설된 요새(Fort Imperial)도 있고 멋진 레스토랑도 있다.

〈스르지 정상의 요새와 레스토랑〉

(3) 스플리트(Split)

- 크로아티아 제2의 도시 스플리트는 디오클레티아누스 궁전으로 유명해진 도시. 유네스코의 보호를 받고 있는, 세상에서 가장 보존이 잘 된 로마시대 건축물. 이 건축물의 미로에서 로마제국의 수도에서와 같은 느낌을 만끽할 수 있다.
- 도시의 상징물들 : 성 두예 대성당과 그 종탑, 디오클레티아누스 궁전의 황금성문 앞을 지키는 그르구르 닌스키[9] 입상. 그의 발가락을 쓰다듬으면 소원이 이루어진다는 전설이 있다.
- 이 도시를 굽어보는 마르얀 산언저리에 위치. 일반사람들이 '이 도시의 허파'로 불리는 마르얀 산은 품속에 수많은 비밀을 품고 있다. 크로아티아가 자랑하는 조각가 이반 메슈트로비치(Ivan Meštrović, 1883~1962)의 갤러리도 있다.

9) 닌의 그레고리(Gregory of Nin)라고도 하며, 대략 900년부터 929년까지 닌 지역의 주교이자 크로아티아 왕국의 수상이었다.

▶ 영웅들의 고향

- 스플리트 근처 옛 포드스트라나의 돌집들과 생태마을은 달마티아의 쓰레기더미에서 살아가던 막일꾼들의 전통적인 생활방식을 떠올리게 한다. 성 마르틴 교회 옆에는 추측컨대 로마의 최고 지휘관 루키우스 카스투스[10]의 무덤이 있는데, 그가 영국 최초의 왕인 아서(Arther)라고들 하지만, 어디까지나 추측에 불과하다. 포드스트라나에서는 이런 역사적인 전설 외에도 자연 속에서 산책을 하거나 아름다운 해변에서 해수욕을 한껏 즐길 수도 있다.
- 스플리트에서 약 5km 떨어진 솔린에 있는 살로나는 로마의 속주이던 달마티아의 옛 수도였던 까닭에 로마의 유적들을 품고 있다. 지척에 있는 클리스는 16~17세기에 클리스 출신의 용맹한 전사들이 오스만의 공격에 맞서 방어하던 '달마티아의 열쇠'였다.
- 안쪽으로 더 들어가면 시니(Sinj)라는 작은 도시가 나타나는데, 이곳은 오스만 군을 방어하던 중요한 요새였다. 당시의 전투를 상기시키는 놀이가 기사들의 게임

〈로마시대의 살로나(좌), 클리스 요새(우)〉

〈시니 시가지(좌), 시니스카 알카 축제(우)〉

10) Lucius Artorius Castus. 5~6세기 무렵 그레이트브리튼 섬에서 색슨족과의 싸움에서 크게 활약하여 용맹을 떨쳤다.

인 '시니스카 알카'(Sinjska alka, 말을 달리면서 창으로 높이 걸린 고리를 떼는 시합)인데, 현재는 유네스코 무형문화제로 보호를 받고 있다.

▶ 역사

- 원래는 아드리아 해안의 그리스 식민지 아스팔라토스였다. 도시의 북쪽에 고대 로마의 정착촌 살로나가 있는데, 이곳의 가장 중요한 건축물이 파괴된 원형경기장이다.

고대 로마시대

- 오늘날 스플리트의 중심지는 디오클레티아누스 궁전이다. 서기 300년 무렵 이 궁전을 디오클레티아누스 황제가 건축하게 했다. 312년경 그가 죽고 315년 그의 부인 프리샤가 죽은 후, 로마제국은 이 궁전을 행정관청, 병영 그리고 무기생산 공장으로 사용했다. 실제의 주거지역은 여러 차례 황제들에게는 체류지로 아니면 총애를 잃은 사람들에게는 유배지로 이용되었다. 갈라 플라시디아(Aelia Galla Placidia, 388~450, 테오도시우스 1세의 딸)는 이곳에서 424년 그녀의 아들이자 서로마제국의 황제 발렌티니아누스 3세(재위 424~455)와 함께 체류했는데, 그녀의 아들은 나중에 왕위찬탈자 요하네스를 실각시키기 위해 이탈리아로 떠났다. 461년에는 마르켈리누스가 달마티아 최고사령관으로 재직하면서 이 궁전을 이용했다. 실각한 황제 글리케리우스(Glycerius, 420~480)는 474년부터 480년 죽을 때까지 이 궁전에서 거주했다. 그는 480년에 그의 후임인 율리우스 네포스(Julius Nepos, 430~480, 468년부터 480년까지 로마제국의 달마티아 속주 통치자)에 의해 이 궁전에서 추방되었다. 로마제국이 몰락하면서 이 궁전도 쇠퇴하였고, 군사초소로만 사용되었다.

중세

- 7세기 초 아바르족과 슬라브족이 살로나 시를 습격하여 파괴했다. 도망치거나 살아남은 살로나 시민들은 방어시설을 잘 갖춘 스팔라툼(Spalatum), 즉 스플리트의 디오클레티아누스 궁전에서 피난처를 발견하고 거처를 마련했다. 이들이 이 궁전 복합단지를 도시로 변화시킨 것이다. 오늘날에도 여전히 옛 궁전은 스플리트 구시가지의 동쪽부분을 이루는데, 상점, 시장, 광장 그리고 성 돔니우스 대성당(Splitska katedrala Sv. Duje)으로 들어차있다. 이 대성당은 고대에는 황제 디오클레티

아누스와 그의 부인 프리샤의 무덤이었고 궁전의 구심점이었다. 이 궁전은 침입하는 야만인들로부터 한 번도 점령된 적이 없었기에 스플라툼은 - 여타의 몇몇 달마티아 도시처럼 - 후기로마 세계의 성곽(피난처)으로서 보존된 반면에, 몰려드는 시민들은 배후지역을 차지했다.

- 아헨 평화조약(812년, 비잔티움의 황제 미카엘 1세와 카를 대제가 체결한 조약) 이후 스플라툼은 비잔티움 제국에 귀속되었다. 슬라브 제후국들은 배후지역에서 탄생했다. 대주교구 스플라툼은 교세가 이 도시뿐 아니라 배후지역의 슬라브 제후국들에까지 뻗어나갔다. 몇몇 제후국들을 하나로 통합한 크로아티아의 영주이자 초대 왕 토미슬라브(Tomislav, 재위 910~928)[11]는 925년과 928년 배후지역의 대표로서 스플라툼에서 열린 종교회의에 참가했다.
- 약화된 동로마제국의 황제 바실레이오스 2세(재위 976~1025)는 986년 스플라툼과 달마티아의 또 다른 비잔티움 소유지를 크로아티아 왕 드르지슬라브(재위 969~997)에게 양도했는데, 이유는 불가리아의 침입을 방어할 때 결정적인 도움을 준 때문이었다. 여러 번 이 도시는 크로아티아의 수도가 되기도 했다. 베네치아 공화국이 총독 피에트로 2세 통치기에 동로마제국의 변방지역으로 세력을 확장시키기 시작했을 때 - 그 때문에 비잔티움 제국은 후퇴했음 - 스플라툼은 - 여타의 달마티아 도시 등과 섬들처럼 - 베네치아 공화국의 통치를 받았다. 그래서 그 지역 총독은 추가로 달마티아 총독 겸 공작(Dux Dalmatiae)이라는 칭호도 얻었다.
- 1015년 크로아티아의 왕 크레쉬미르 3세(재위 1000~1030)는 스플라툼과 또 다른 도시들을 크로아티아를 위해 확보하고 베네치아 공화국의 영향력을 제한하려는 바실레이오스 2세를 통해 후원했다. 1024년부터 1068년까지 스플라툼은 다시 비잔티움의 지배를 받다가 크로아티아에 귀속되었다. 노르만족이 1074년 스플라툼을 침입했을 때 베네치아 공화국이 이들을 몰아내기는 했지만 지켜낼 수가 없어서 1076년부터 크로아티아와 달마티아의 왕 데메트리우스(재위 1075~1089)가 스플라툼과 몇몇 달마티아 도시들을 자기 왕국에 귀속시켰다. 1089년 그의 사후 다시 비잔티움 제국이 통치를 양도받았다. 그 후 1097년에는 베네치아 공화국이 통치하면서 코무네(Comune, 이탈리아식 행정단위로 '자치도시')가 된다.
- 1105년 스팔라토(Spalato, 스플리트) - 트라우(Traù, 트로기르)와 자라(Zara, 자다르)처럼

11) 925년 교황 요한 10세가 한 칙서에서 그를 rex croatorum(크로아티아의 왕)으로 지칭했다.

- 가 베네치아 공화국의 주도권을 떨쳐냈다. 이는 헝가리, 달마티아, 크로아티아의 왕 콜로만(1065~1116)[12]이 이 도시들에게 그들 코무네의 광범위한 자치권, 외세로부터의 보호, 자기 왕국에서의 무역특권을 보장했기 때문이다. 그의 추종자들은 달마티아의 도시들에게 자유권을 공식적으로 인정하고 확대했기에, 콜로만 왕을 그들의 우두머리로 인정하기는 했지만 왕국의 일부가 아니고 자치권이 있었다. 코무네는 나름의 행정부처들이 있었고, 시민권을 가진 주민들(cives)은 시의회 의원들(consilium)과 시장(comes, 나중에 podestà라 부름)을 선출했다. 법관(Bagatino)과 화폐(Spalatino)는 도시의 법에 따랐다.
- 1242년 타타르족이 이 도시의 문턱까지 침입했지만, 스팔라토는 저항하면서 헝가리 및 크로아티아, 달마티아의 왕 벨라 4세(재위 1235~1270)에게 도시 성벽 안으로 도피할 수 있는 은신처를 제공했다. 스팔라토는 트라우(Traù, 현재의 트로기르)와는 갈등관계에 있었다. 배후지역의 봉건영주들은 스팔라토에 귀화할 수 있었지만, 반목과 음모도 이 도시로 스며들었다. 이 도시 위쪽에 위치한 클리스 요새의 영주 도말드는 배후지역에서 여행을 하다가 스팔라토 주민들을 습격하여 주민들에 대한 국가의 생계지원을 차단하고 도시를 강탈하려 했다.
- 이와는 달리 1239년부터 3년 임기로 선출된 아르신디스(Podestà Gargano de Arscindis)는 다시 코무네 제도를 강화했다. 중세에 도시가 확장되면서 광장(Piazza)이 생겼는데, 1255년에 처음으로 'Platea sancti Laurentii'(현재는 Narodni trg)로 알려졌다. 아르파드(Árpád) 왕조[13]가 사멸한 후 왕권 투쟁(1301년)에서 베네치아 공화국이 스팔라토를 재점령할 수 있었다(1327년).
- 도시법은 1312년에 편찬되었는데, 1797년까지 효력을 잃지 않았다. 헝가리 왕 루드비히 1세(1326~1382)[14]가 1357년 베네치아 공화국을 격파하자, 베네치아는 스팔라토와 여타 도시들을 1358년 자다르 평화조약에 따라 다시 헝가리에 이양했다.
- 헝가리가 통치하던 1373년에 만들어진 '코무네 스팔라티(Comune Spalati)'라는 도시 이름이 새겨진 가장 오래된 비석 조각이 발견되었다. 이 도시는 내륙의 마르얀과

12) 1095년부터 헝가리의 왕, 1102년부터 크로아티아와 달마티아의 왕이었다. 그는 게자스 1세(Géza I., 1048~1077, 니트라 공국의 공작(1060~1074)이자 헝가리의 왕(1074~1077)이었음)의 아들이었다. 그는 처음에는 오라데아 마레(Oradea Mare)의 루마니아 정교회의 주교였다.

13) 1001년부터 1301년까지 헝가리를 다스렸던 헝가리 최초의 왕조.

14) 헝가리 왕. 1342년부터 크로아티아 왕, 1370년부터 폴란드 왕.

카슈텔라 평야 그리고 폴이카스 일부를 방어할 수 있었다. 이미 클리스와 오미쉬에는 부유한 스팔라토를 정복하고자 눈독을 들인 크로아티아 봉건영주들이 자리잡고 있었다. 스팔라토 주민들은 들판에서 일하다가 습격을 받거나 몸값 갈취용으로 납치되거나 노예로 팔려나갔다. 그래서 배후지역과의 교류 과정에서도 방해와 협박을 받은 터였기에 스팔라토는 자국의 경제를 해양교통로 쪽으로 돌렸다. 목제는 가깝고도 위험한 내륙이 아닌 여러 섬들에서 가져왔다. 식단에 어류가 올라오는 경우는 흔했지만 육류는 보기 드물었다. 이 도시의 내륙에는 목장지역을 찾기가 쉽지 않은 때문이었다.

- 루드비히 1세의 사망으로 헝가리가 약화되자, 1390년 보스니아 왕국의 트브르트코 1세(1338~1391)가 이 도시를 점령했다. 그러나 그의 후계자 다비샤(Stjepan Dabiša)[15]는 1394년 헝가리-크로아티아의 왕 지기스문트[16]의 통치권을 인정하고 스팔라토를 그에게 이양해야 했다. 2년 후 니코폴리스 전투에서 패한 후 지기스문트는 스팔라토에서 은신처를 찾고는 1398년에 재직 중인 시의회 의원들에 대항하여 봉기를 음모한 시민권들과 거래를 텄다. 새 의회는 트라우(Traù, 현재의 트로기르)와 평화조약을 체결했다.
- 1402년 스팔라토는 달마티아와 크로아티아의 부왕 흐르보예 북쉬치(Hrvoje Vukčić, 1350~1416) 공작의 강압에 시달리다 달마티아를 요구한 나폴리의 왕 라디슬라우스 오브 네이플(Ladislaus of Naple, 1376~1414)을 군주로 인정해야 했다. 흐르보예는 나중에 스팔라토 공작으로도 불렸다. 그러나 지기스문트가 라디슬라우스를 격퇴하자 흐르보예는 라디슬라우스를 배반하고 1403년 라디슬라우스 측에 가담하기로 약속한 지기스문트의 지배하에 들어갔다. 흐르보예 공작은 독단적인 폭정을 일삼았는데, 그 때문에 코무네는 1413년 그를 추방하고 공작으로 인정하지도 않

15) 초대 보스니아 왕 트브르트코 1세의 조카로, 1391년 왕좌에 올랐다. 그의 통치시절인 1392년 오스만 제국이 보스니아를 공격하였고, 1394년 헝가리 왕 지기스문트와 평화조약이 체결되었다.

16) 지기스문트(Sigismund, 크로아티아어: Žigmund, 1368~1437)는 헝가리와 보헤미아(현 체코 일대)의 왕이자 신성로마제국의 황제. 신성로마제국의 황제가 된 마지막 룩셈부르크 왕조의 황제. 황제 카를 4세의 차남으로, 1378년 아버지로부터 브란덴부르크 변경백 자리를 받았다. 이후 1387년부터 헝가리의 왕이 되었고, 1396년 발칸반도를 점령한 오스만 제국에 맞서 니코폴리스 전투에서 크게 패하고 포로 신세를 면했다. 그의 제위 시기는 종교개혁 전야였다. 1411년 신성로마제국의 황제로서 콘스탄츠 공의회를 개최하여 당시 로마 교회의 세 명의 교황을 폐하고 새로 교황 마르티누스 5세를 선출하여 교회의 대분열을 막았다. 하지만 이단 문제와 관련해 1415년 교회 개혁을 부르짖던 보헤미아의 성직자 얀 후스를 화형에 처해 후스 지지자들의 반란이 일어났고, 5년 후 진압에 나선 그의 군대는 보헤미아에서 대패했다.

았다. 이로 인해 스팔라토에서 그의 추종자들이 일으킨 봉기를 진압해야 했다.

- 성 라루렌투이스 광장(Platea sancti Laurentii)에 15세기에 베네치아식 로지아(Loggia, 기둥과 지붕으로 된 트인 홀), 베네치아 공화국 총독 궁전 및 코무네 건물(Palazzo del Comune, 시청)이 들어섰는데, 베네치아 총독관저와 코무네 건물은 1821년 붕괴위험 때문에 헐렸다.

16세기~오스만 제국시대

- 오스만 제국이 보스니아(1463년)와 헤르체고비나(1482년)도 정복한 이후부터 스팔라토의 내륙에 거주하는 시민들을 습격하는 사례가 빈번해졌다. 비록 베네치아공화국이 오스만 제국을 여러 전투 (특히 제3차 오스만-베네치아 전쟁, 1499~1503)에서 강제로 평화조약을 체결했지만, 스팔라토와 여타 베네치아 보호구역들에 대한 습격은 계속되었다.
- 1522년 오스만 제국은 스팔라토 위쪽의 클리스 요새를 점령하려 했는데, 대주교 토마 니게르(Toma Nigris, 1450~1532)의 지원을 받아 방어할 수 있었다. 스팔라토의 인문주의자 마룰리치(Marko Marulić, 1450~1524)와 나탈리스(Franjo Božičević Natalis)는 도시 내의 반(反)오스만 정서의 근거를 이론적으로 뒷받침했다. 클리스 요새의 우두머리였던 크루지취(Petar Kružić, 1491~1537)는 20년 이상 오스만의 공격을 막아냈지만, 1537년 제4차 오스만-베네치아 전쟁(1537~1540) 때 전사한 후 요새는 오스만 제국이 스팔라토를 공격하는 전초기지 역할을 하게 되었다.
- 제5차 오스만-베네치아 전쟁(키프로스 주변) 때인 1571년 솔린 및 카멘 외 스팔라토의 내륙지역 일부도 오스만의 손아귀에 들어갔다. 재탈환 시도는 실패로 돌아갔다. 1570년대 초 세파르디 유대인(에스파냐, 포르투갈 및 동방계 유대인) 마을이 이 도시 궁전구역 북동쪽 지역에 형성되었는데, 그 지역의 마르얀 언덕(⇨)에 1573년 조성된 공동묘지는 오늘날까지 남아있다. 포르투갈 출신 유대상인 다니엘 로드리고는 1572년 이 도시 최초의 은행을 창설했다. 이 도시는 베네치아 공화국에 발칸반도에서 생산된 상품을 수출하기 위해 1579년 면세를 허용했다. 디

오클레티아누스 궁전 남쪽 파사드 앞에 위치한 항구 군병원(Lazaretto)은 원래 페스트 환자용으로 건축된 것이었는데, 나중에 만물상점으로 변신하여 발칸반도를 왕래하는 대상들의 종착점이자 출발점 구실을 했다. 군병원은 대상들이 환자들을 도시 안으로 들여놓지 못하도록 차단하는 검역구역이기도 했다.

- 문화도 비약적으로 발전했다. 화가 블라즈 트로기라닌(Blaž Jurjev Trogiranin)과 두야 부쉬코비치(Dujam Vušković), 조각가 보니노 다 밀라노(Bonino da Milano), 유라이 달마티나크(Juraj Dalmatinac), 건축가 안드리야 알레쉬(Andrija Aleši)와 니콜라 피렌티나크(Nikola Firentinac)가 이 도시에 영향을 미쳤다. 마르코 데 도미니스(Marco Antonio de Dominis, 1560~1624)는 1602년부터 대주교가 되었는데, 철학자로서 이 도시 인문주의자들의 사상에 영향을 미쳤다. 1615년부터 르네상스와 초기 바로크시대의 작곡가이자 프란치스코 수도회 수도사인 이반 루카쉬치(Ivan Lukačić, 1587~1648)는 대성당의 악장이었다.
- 페스트는 16세기 말 도시주민 1만 명 중 7000명을 급사시켰는데, 1607년에 재발한 전염병 때문에 스팔라토에서 살아남은 주민은 1400여명밖에 없었다. 계속되는 전쟁들(제6차 오스만-베네치아 전쟁(크레타 주변, 1645~1669)과 제7차 오스만-베네치아 전쟁(1684~1699))은 스팔라토의 발전에는 악제였고, 베네치아 공화국에게는 몰락하는 계기가 되었다. 베네치아 공화국의 장군 레오나르도 포스콜로는 1645년 오스만 제국으로부터 클리스 요새를 재탈환하는 데 성공했다. 이 클리스 요새는 오스만 제국이 이 도시의 내륙지역으로 침입하지 못하도록 예방할 수 있는 곳이었다. 그러나 1657년에 다시 오스만 제국의 장군 파샤(Hersekli Ahmed Paşa, 1459~1517)가 이 도시의 성벽 앞 내륙지역까지 쳐들어왔다. 그래서 요새건축가 알레산드라 마글리오가 도시 둘레에 강력한 방호벽과 장벽(⇦)을 구축했다.

- 18세기 초 오스만 제국이 점차 물러나면서 스팔라토의 내륙지역의 위험도 경감되었다. 도시주민은 늘어났고, 배후지역으로부터 온 이주민들은 크로아티아어를 통용어로 확산시켰고, 또 일리리아 아카데미를 통해 촉진되기도 하였다. 도시민들은 1767년 무역, 어업, 농업 촉진 경제협회를 창건했다. 프랑스 학자들은 이 도시의 고대 기념비들에 강한 관심을 보였는데, 샤를르-

루이 클레리소(Charles-Louis Clérisseau, 1721~1820)는 1764년 궁전에 관한 최초의 연구서를 펴냈다. 그 이전에는 루이-프랑스와 카사(Louis-François Cassas, 1756~1827)가 1782년 스팔라토 관련 수채화 시리즈를 완성한 적이 있었다.

- 1797년 베네치아 공화국이 나폴레옹에 의해 멸망하면서 오스트리아가 베네치아령 달마티아 지역과 스팔라토를 넘겨받았지만 오래가지는 못했다. 1806년 로리스통 장군(Jacques Lauriston, 1768~1828)이 스팔라토를 프랑스의 일리리아 속주(1807~1813)로 정복한 때문이다. 1806년과 1807년 오귀스트 드 마몽의 명령으로 방호벽과 성벽의 윤곽이 드러나기 시작했는데, 이후 오스트리아 시절에 완성되었다.

오스트리아~헝가리 이중제국 시대

- 1813년 오스트리아 제국이 일리리아를 정복하여 합스부르크 왕조 내 달마티아 왕국(나중에는 황실 직할지)로 바뀠다. 이탈리아어가 관청어이자 교육어였다. 1817년 고전 김나지움이 개원했다.
- 1867년 오스트리아-헝가리 이중제국으로 제국을 개혁할 때 스팔라토는 달마티아와 함께 이중제국에 남았다. 1877년 철도가 연결되었고, 1888년 크닌까지 연장되면서 유럽의 철도망과 연결되었다. 스팔라토는 1914년 헝가리 점령군의 주둔지가 되기도 했다.
- 1860~1880년 사이에 이탈리아어 자치주의자들이 시의 정책을 주도했다. 이들은 도시의 인프라 구축(상수도, 항구건설, 가스조명)을 장려하기는 했지만, 늘어나는 크로아티아 주민들을 위한 교육과 문화 시설 구축에는 관심이 없었다.
- 1882년 크로아티아 국민당이 지방자치단체선거에서 승리했다. 그래서 크로아티아어가 스플리트의 관청어이자 교육어가 되었다. 이탈리아어 학교의 시설은 엄격하게 제약을 받았다. 그럼에도 이탈리아어 명칭들, 특히 도시명인 스팔라토는 1918년까지 관청어로 통용되었다.

〈1891~1893년 건축된 크로아티아어 마을극장 (현재는 국립극장)〉

세르비아, 크로아티아, 슬로베니아 왕국: 1918년 이후

- 제1차 세계대전 종결 후 스플리트는 세르비아-크로아티아-슬로베니아 왕국(나중에 유고슬라비아 왕국)에 귀속되었다. 이보 타르타야(Ivo Tartaglia, 1880~1949) 시장 재임시절(1918~28)에 스플리트는 엄청난 변화를 겪었다. 자라(자다르)와 앞쪽에 늘어선 섬들 (모두 이탈리아의 자라 속주였음)이 1920년 라팔로 국경조약에서 이탈리아에 귀속되는 것으로 판결된 후 스플리트는 크로아티아 달마티아의 중심으로 발전했다.
- 자라 속주에서 온 수많은 크로아티아 달마티아 인들은 스플리트에 정주했는데, 그곳 주택난은 제1차 세계대전 중 건설 활동이 중단되는 바람에 한층 더 심화되었다. 그래서 타트타야 시장은 스플리트의 주거확충을 가속화했다. 1923년 6월 스플리트 도시정비계획을 위한 국제대회에서 헤이그 거주 독일 건축가 베르너 쉬르만(Werner Schürmann)이 2등 상을 획득했는데, 1등 상은 수여되지 않았다. 쉬르만은 공사수주를 받고, 1924년 9월부터 8개월 예정으로 스플리트로 가서 1925년부터 수행된 도시조정계획을 최종 마무리했다.
- 역사유적지, 궁전구역, 중세 구시가 확장은 동쪽의 바쉬비체 만에서부터 서쪽에 위치한 마르얀 산에 이르는 자동차 우회도로가 있는 그린벨트로부터 이전되어야 했다. 계획에 따르면 향후 몇 년 동안 마르얀 반도가 개발과 건축을 위해 투자되었다. 개발 과정에서 마르얀 산은 새로 나무들이 식목되어 도시 내의 도심주변 휴양지로 탈바꿈하게 되었다. 신 무역항은 반도의 북쪽, 옛 살로나(솔린) 근처에 위치한 카슈텔라(Kaštela) 만에 구축되었다.
- 신역은 신항 근처에 건축되었고, 신항, 북쪽의 신역 그리고 반도 남쪽의 구항은 새로 지은 주도로를 통해 서로 연결되었다. 건축가 알프레트 켈러(Alfred Keller)는 디오클레티아누스 궁전의 남쪽 파사드 재개발 공모에 당첨되었다. 기존의 돌출건축물들이 축소되었고, 그 앞에 위치한 리바 해안도로는 산책로로 개축되면서 야자수들로 조경했다. 궁전의 포르타 아르겐타 문(Porta Argenta) 근처의 구역(舊驛)은 헐리고 선로로 뒤쪽으로 건설되면서 도시를 확장할 수 있는 토지를 얻을 수 있었다. 스플리트 관구는 1928년에 와서 이 계획을 인가했다.

〈닌 지역의 주교 그레고르 입상, 이반 메슈트로비치의 작품(좌), 메슈트로비치 갤러리(우)〉

- 이 시기에 조각가 이반 메슈트로비치(Ivan Meštrović, 1883~1962)는 엣 카포그로소 성채(크로아티아어, Kaštelet)를 얻어서 자신의 조각품들을 전시하기 위해 개조하고, 메예(Meje)에 빌라를 건립했다. 그는 1947년 미국으로 망명하면서 이 빌라를 국가에 헌납했다 (현재는 메슈트로비치 갤러리). 1931년 유고슬라비아 건축법이 새로 공포되면서 쉬르만의 계획도 이에 따르도록 요구하는 바람에 쉬르만의 계획이 1940년까지 지연되었다.
- 제2차 세계대전 중 이탈리아군이 유고슬라비아를 공격하기 시작했는데, 특히 1941년 4월 6일 스플리트를 기습하는 바람에 도시의 발전은 1945년까지 중단되었다. 1941년부터 1943년까지 스플리트는 이탈리아가, 1943년 9월부터 1944년 6월까지는 독일이 점령했다. 1943년 9월의 연합군 공중공격으로 특히 디오클레티아누스 궁전의 북쪽 파사드, 구항 부근의 역사적인 군병원 및 성 에우페미아(St.

〈성 에우페미아 성당〉

Euphemia) 베네딕트 수도원(로비니(Rovinj)의 역사지구 중심부에 위치한 바로크식 성당이 있음)이 파괴되었다.

- 전후 스플리트는 유고슬라비아 내 크로아티아 공화국의 일부가 되었다. 쉬르만의 도시정비계획에 관한 세부계획서가 1936~1937년 드루제이치(Milorad Družeić, 1911~1997)에게 위임되었는데, 드루제이치는 이 선행 작업에 기초하여 1950년 공간정비계획을 발전시켰다. 1991년부터 스플리트는 크로아티아 독립공화국에 귀속되었다.

크로아티아 전쟁 (1991년)

- 크로아티아가 독립을 선포한 즈음에 스플리트는 유고슬라비아 전역에서 몰려든 유고슬라비아 인민군(JNA)의 주요 주둔도시이자 유고슬라비아 해군(JRM)의 중심지였다. 정치상황은 특히 1991년 여름부터 (슬로베니아와 보스니아에서 전쟁 발발) 수개월 이상 세르비아 중심의 JNA와 크로아티아 민병대 간에 긴장관계와 돌발사건이 이어졌다. 크로아티아 해군(HRM)은 이 시기에 바다에서 아직 투입 능력이 없어서 육지지역 및 숄타(Šolta)나 브라취(Brač) 같은 섬에서 해안포병대를 구성하기 시작했다. 다른 대책으로서 JRM은 육지의 목표물을 포격하면서 해양 봉쇄령을 선포하였다. 11월 4일 JRM의 작전군 '카스텔라(Kastela)'는 숄타 섬과 취오보 섬 사이의 스플리츠키 운하에서는 몇 척의 배로 그리고 스플리트 동남쪽 또는 숄타 섬의 남쪽에서는 소수의 배로 진을 쳤다. 최악의 사건이 1991년 11월 15일 JRM이 스플리트로 향한 스플리트 그라나트 프리깃함과 그 주변을 포격하기 시작한 새벽에 발생했다. 피해는 대단했지만 사망자는 6명이었다. 포격된 것은 군사목표물이 아니라 구시가지, 공항, 시 위쪽의 비거주지역이었기 때문이다. JRM의 수많은 수병들은 크로아티아인이었다. 몇몇 수병들은 크로아티아 민간인 공격을 거부하는 바람이 체포되었다. 스플리트 외 브라취 섬과 숄타 섬도 포격을 받았는데, 숄타 섬의 고른예 셀로 지역(Gornje Selo)이 손상을 입었다. JNA와 JRM은 1992년 1월 모두 스플리트에서 철수했다. 달마티아 전쟁에서 실종되었거나 사망한 스플리트 출신 군인은 692명이었고, 그 중 58명은 해군 소속이었다.
- 2004년에 1700년 기념 축제가 개최되었다. 이 도시의 수호성인으로는 성 아나스타시우스((sveti Stašo), 성 돔니우스(sveti Duje) 그리고 성 라이너 폰 스플리트(sveti Arnir)이 있다. 마지막 인물은 스플리트의 대주교였는데, 근처에서 투석 사형을 당했다.

▶ 문화유적

• 디오클레티아누스 궁전, 로마의 환생.

- 중앙 달마티아(크로아티아 남서부, 아드리아 해 가장자리를 끼고 있는 해안지방)의 중요한 항구 도시로, 카스텔라만의 동부와 스플리트 해협 사이에 위치.

〈궁전의 원래 모습(305년)(남서쪽 모습)(좌)과 궁전이 있는 현재의 중심가(북동쪽 모습)(우)〉

- '세상에는 스플리트 같은 스플리트는 없다.' 세상에서 스플리트 같은 도시도 없을 것이라는 뜻. 스플리트는 오랜 전쟁에도 불구하고 도시가 말끔하게 전쟁을 비켜 간 것 같다. 산 하나만 넘으면 앙숙 같았던 보스니아가 있다.
- 지중해성 기후라서 유럽에서 가장 태양이 강한 도시 중 하나, 눈부신 푸른 바다, 반짝이는 흰 대리석이 깔린 산책로, 그 길을 따라 늘어선 야자수, 길 옆 노천카페 등. 도심에서 조금 벗어나면 해수욕장도 많기 때문에 얼핏 휴양도시로 보이지만, 사실은 전형적인 고대 로마 도시다. 이런 고풍스런 스플리트는 두브로브니크에서 북쪽으로 약 150km 떨어져 있다.
- 28,000㎡가 넘는 디오클레티아누스 궁전은 열주랑(列柱廊 Peristyle, 건물이나 뜰을 둘러싸고 있는 기둥들) 건축양식을 보여주는 건축물로 평가받고 있다.
- 서기 295년 로마 황제 디오클레티아누스의 명령으로 지어진 궁전, 퇴위한 후 이곳으로 와 숨을 거둔 305년까지 거주했다. 튼튼한 성벽과 성벽 모퉁이마다 자리하고 있는 감시탑만을 보면 군대가 주둔하는 요새로까지 보인다. 하지만 로마의 지배하에 있을 때는 한 번도 침략을 받은 적이 없어서 그런 용도로 사용한 적이 없었다. 1979년 11월 유네스코가 세계문화유산으로 지정. 동서 181m, 남북 215m 규모의 궁전 건물은 두께 2m, 높이 20m가 넘는 성벽으로 둘러싸여 있는데, 295년부

터 스플리트 앞 바다 브라체(Brace) 섬에서 채굴한 질 좋은 석회암, 그리스와 이탈리아에서 수입한 대리석으로, 그리고 기둥과 스핑크스는 이집트에서 가져와 305년, 그러니까 10년이라는 짧은 기간에 완성. 브라체 섬의 회색 사암은 1500년 후 워싱턴 백악관을 지을 때도 공급되었다.

〈상식〉 디오클레티아누스 황제, 그는 누구인가?

- 발칸반도의 스플리트 근처 살로나의 하층민 집안에서 태어나 로마제국 황제가 된다. 3세기 말 로마역사에서 '군인황제 시대'의 혼란기를 종식시키고, 지중해를 정복한 강력한 황제였다. 황제 누메리아누스(재위 283~284)의 경호 대장으로 재직 중 284년 황제가 사망하자 부하들의 옹립으로 황제가 되었다. 사두정치체제를 시작했고 그 중 한 황제가 콘스탄티누스 1세(재위 306~337)였다.
- 디오클레티아누스는 기독교도를 박해한 황제로 이 시기를 기독교 역사에서는 '대 박해 시대'라 부른다. 기독교 박해는 309년까지 지속되었고 313년 디오클레티아누스의 사망과 콘스탄티누스 1세의 밀라노 칙령으로 완전히 끝났다.
- 305년 디오클레티아누스는 은퇴를 선언한다. 로마 역사상 재위 중 은퇴한 것은 그가 처음이자 마지막이었다. 은퇴한 후 이곳 스플리트에 궁전을 짓고 손수 채소밭을 가꾸며 건강관리를 하며 살았다. 그러나 역사적 진실은 예단할 수 없는 것이어서 디오클레티아누스는 자살로 생을 마감했다고 한다.

- 궁전은 중앙을 동서와 남북으로 넓은 도로가 지나가면서 도시를 4구역으로 나누고, 구역 끝에는 각각 문이 있다. 북쪽은 금문, 동쪽은 은문, 서쪽은 철문, 남쪽은 청동문.
- 디오클레티아누스 궁전의 주요 볼거리들
  페리스틸 광장, 성 돔니우스 대성당, 현관, 주피터 신전, 궁전 지하, 그르구르 닌스키 동상, 나로드니 광장, 브라체 라디차 광장, 시립박물관, 고고학 박물관, 메슈트로비치 갤러리, 카슈텔레트.

〈피리스틸 광장, 정면 지하통로가 남문으로 통하는 길〉

- 페리스틸 광장. 궁전을 동서남북으로 가로지르는 두 개의 대로가 만나는 지점. 궁전의 중심. 광장 동쪽에는 대성당과 종탑이, 남쪽에는 황제의 거처로 들어가는 현관이 있다. 광장을 둘러싼 계단은 여행객들에게 훌륭한 휴식공간이자 만남의 장소 구실을 한다. 이 광장에는 매년 여름 오페라'나부코'가 공연된다.

- 성 돔니우스 대성당(Katedrala Svetog Duje). 디오클레티아누스의 영묘로 건축된 것이었으나, 7세기에 성 돔니우스를 기념하는 대성당으로 탈바꿈했다. 성당 입구의 목조문은 신약성서의 28개 장면을 새긴 조각으로, 내부의 성 스타시 제단과 목제로 만든 성가대석 등도 중요한 종교미술품에 속한다. 보물관에는 성유물함, 성화, 미사예복 등이 전시되어 있다. 종탑은 시가지를 한 눈에 조망할 수 있는 최적지. 참고로 성 돔니우스는 3세기에 살로나의 주교였고, 현재는 스플리트의 수호성인이다.
- 현관. 황제의 거처로 들어가는 입구. 원래는 화려한 모자이크로 장식되어 있었으나, 현재는 구멍이 뚫린 돔 지붕과 빈 벽감만 남아 있다.

〈성 돔니우스 성당과 디오클레티아누스 영묘(팔각형)〉

- 주피터 신전. 원래는 주피터 신전으로 건축된 것이었으나, 지금은 세례당으로 이용되고 있다. 내부에는 이반 메슈트로비치(1883~1962)가 제작한 '세례자 요한' 조각상이 있고, 화려한 문양으로 도배된 천장과 띠 모양으로 장식된 벽은 아름답기 그지없다.
- 궁전 지하. 황제의 거처이던 궁전 남쪽의 지하 공간. 북쪽은 페리스틸 광장으로, 남쪽은 바닷가 남문으로 통한다. 중세에는 와인이나 올리브 오일 제조장으로 사용되었고, 지금은 기념품 가게들로 가득하다.
- 그르구르 닌스키 동상. 이반 메슈트로비치가 만든 동상. 역동적인 손동작이 인상적이다. 그르구르 닌스키는 10세기 무렵에 활동한 크로아티아 주교인데, 동상의 왼발 엄지발가락을 쓰다듬으면 행운이 찾아온다는 속설로 유명하다.

- 나로드니 광장. 14세기에 조성된 조그만 광장으로 구시가의 중심이자 만남의 장소. 광장에는 15세기에 고딕 양식으로 건축된 옛 시청사가 있다.
- 브라체 라디차 광장. 15세기까지 베네치아 주둔군의 요새로 이용되던 곳으로 서문 바깥에 있다. 광장 중앙에는 메슈트로비치가 제작한 마르코 마룰리치의 동상이 있다. 서문 오른쪽에는 이탈리아 양식의 건물이 있고, 맞은편에는 독일 양식의 건물이 있다. 그밖에도 베네치아 양식의 건물도 보인다.

〈좌: 마룰리치 동상, 중: 독일양식 건물, 우: 베네치아 양식 건물〉

- 시립박물관. 원래는 15세기에 후기 고딕양식으로 건축된 파팔리치 궁전이었다. 디오클레티아누스 황제 시절의 동전, 조각, 무기 등 다양한 소장품들을 전시하고 있어서 스플리트의 어제와 오늘을 살펴볼 수 있는 좋은 자료실이다.
- 고고학 박물관. 1820년에 개관한, 크로아티아 최고(最古) 박물관. 살로나 등지에서 발굴된 로마시대와 초기 기독교 시대의 유물을 전시하고 있다.
- 메슈트로비치 갤러리. 크로아티아의 대표 조각가 이반 메슈트로비치의 작품들을 전시한 공간. 원래는 구시가에서 서쪽으로 1.5km 떨어진 바닷가에 메슈트로비치가 노후를 위해 지은 집이었지만, 1952년 9월부터 그의 작품 전시공간으로 활용되고 있다.
- 카슈텔레트. 메슈트로비치 갤러리에서 서쪽으로 400m 정도 떨어진 곳에 있는 예배당. 내부의 벽을 따라 조각된 메슈트로비치의 '예수의 생애'가 유명하다.
- 동문. 궁전 안쪽 동문은 한산한 편이지만 바깥쪽은 기념품 가게들로 북새통이다.

16개의 원기둥들이 가로 35m, 세로 13m의 콜로네이드(Colonnade) 열주를 형성하고 있다. 디오클레티아누스 황제가 사망한 후 313년부터 황제의 가족들이 살았다. 궁전 안에 있는 200개 건물에는 지금도 3,000명 정도가 살고 있다. 물론 일부 건물들은 이 건물의 실체를 모르고 막무가내로 살기 위해 지은 건물들이다.

- 북문. 궁전의 북쪽은 서민들의 주거지역이었다. 좁은 골목길이 그물망처럼 얽혀있다. 북쪽 금문으로 나오면 10세기 크로아티아의 그르구르 닌스키(Grgur Ninski, Gregory of Nin, 재위 900~929) 주교가 성경을 들고 있는 거대한 동상(메슈트로비치가 1929년 제작한 작품)이 있다. 원래는 궁전의 중앙에 위치한 페리스틸 광장에 있었으나 1941년 이탈리아 점령군이 철거했는데, 1954년 현재 위치에 세웠다. 닌스키 주교는 로마 교황에게 미사와 설교를 라틴어가 아닌 크로아티아어로 해달라고 설득한 사람이다. 오른발 엄지를 만지면 행운이 찾아온다는 전설로 이곳을 지나가는 사람들은 재미삼아 한번 씩 만지고 가는 바람에 주교의 엄지발가락은 반질반질하다.

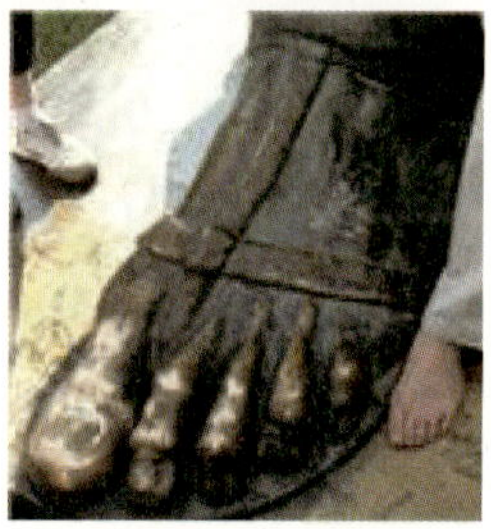

(4) 트로기르(Trogir)

- 스플리트에서 서쪽으로 27km 떨어진, 인구가 1600여 명밖에 안 되는 항구 도시. 그러나 유네스코 세계문화유산에 등재된 역사적인 건축박물관의 도시.
- 크로아티아 본토와 치오보 섬 사이에 있는 작은 섬.
- 15세기에 베네치아 공화국이 이곳을 차지할 때 파괴되었던 도시를 재건한 것. 원래는 대성당이 있는 섬 동쪽 광장을 중심으로 도시가 커지면서 서쪽에도 사람이 살기 시작했다. 헬레니즘시대부터 시대별로 건축된 다양한 양식의 건물들이 잘 보존되어 있어서 건축박물관의 도시로 불린다.
- 도보로 15분 정도면 섬을 한 바퀴 돌 수 있는 문화유산의 집결지. 16개의 교회, 37개의 레스토랑, 50여 개의 카페가 있다.

▶ 지리

- 3000년 전 고대 그리스 시대에 건립된 도시. 유럽에서 가장 보존이 잘 된 로마네스크-고딕 양식 도시들 중 하나로, 유네스코 세계문화유산에 등재. 트로기르의 포석 골목길들에 숨은 값비싼 문화재들은 모두 열거하기가 어려울 정도. 라도반 정문을 지나치기는 쉽지 않다. 달마티아에서 가장 중요한 석조문화재이기 때문.
- '트로기르는 시립박물관이다.' 카메르렌고 요새와 성 마르코 첨탑, 시피코 궁전(Palaca Cipiko), 성 로브레 대성당(Katedrala Sv. Lovre)과 금고 및 기원전 3세기의 그리스 석조부조 카이로스 등 유물 하나하나가 보물이다.
- 트로기르 비치에서 찾은 과거의 흔적. 누구나 마리나를 떠나기가 쉽지 않다. 르네상스 시대에 건축된 주교 첨탑이 현재는 아름답게 디자인된 호텔로 사용되고 있기 때문이다.
- 트로기르 비치는 목가적이다. Seget Vranjica, Sevid, Uvala Ljubljeva, Vinišće, Marina, Seget Donji는 트로기르 비치의 작은 마을들이다. 겉보기에는 볼 것도 없고 누릴 것도 없는 듯하다. 그러나 그곳의 한적함, 멋진 해변, 쪽빛 바다, 신선한 해물 요리, 숲속에서의 힐링 산책 등등을 떠올리면 이상적인 휴가지로 안성맞춤이다.

▶ 역사

- 기원전 3세기에 그리스인 정착촌 '트라구리온(Tragurion)'으로 알려진 곳. 근처에 있던 도시 살로나(현재의 솔린)가 빠르게 발전하니까 트로기르는 옛 명성을 잃어버린

다. 그러나 크로아티아 종족이 유입하던 시기에 파괴된 살로나에서 온 피난민들이 이 도시에 정착하기 시작했다.

- [9세기] 이때부터 주민들은 크로아티아 지배자에게 공납의 의무가 있었다.
- [11세기] 주교구가 되었다(1828년 주교구 취소).
- [1107년] 헝가리와 크로아티아의 왕 콜로만(1070~1116)이 이 도시에 자치권을 인정.
- [1123년] 사라센 제국의 침입을 받았는데, 거의 모든 것이 파괴되었다. 빠르게 복구되어 12, 13세기에 가파른 경제도약을 이루었다.
- [1242년] 헝가리와 크로아티아의 왕 벨라 4세(Béla IV., 1206~1270)가 타타르족의 침입으로 이곳을 피난처로 삼았다.
- [13, 14세기] 브리비르 영주령에 속한 트로기르는 슈비치(Šubić) 가문에서 영주를 가장 많이 선출했는데, 이들 중 믈라덴 3세(Mladen III., 1315~1348)가 가장 훌륭했다.
- [1420년] 베네치아 공화국의 통치가 시작되면서 트로기르는 '발칸의 작은 베니스'로도 불렸다.
- [1797년] 베네치아 공화국 몰락한 이후 트로기르는 1918년까지 오스트리아 령이 된다(프랑스가 점령한 1806년부터 1814년까지는 제외). 그 후 세르비아-크로아티아-슬로베니아 왕국에 속했다가, 나중에 유고슬라비아 사회주의 연방공화국의 일부가 되었다.
- [1991년] 크로아티아가 독립하면서 이 국가에 귀속된다.

▶ 문화유적

• 카메르렌고 요새(Gradina Kamerlengo)

- 요새의 이름은 당시 이곳 총 책임자였던 행정관 카메를리우스의 이름을 딴 것. 트로기르 서남쪽 끝에 위치한 카메르렌고 요새는 한 때는 도시 성벽의 일부였다.
- 처음은 베니스 인들이 13~15세기에 만든 것으로 해군기지였다. 이 요새는 베네치아 공화국이 1420년 이 도시를 넘겨받은 후 시장 마린 라도예브(Marin Radojev)에 의해 베네치아의 군인기사 베르가모(Pincino da Bergamo)의 계획에 따라 건축된 것이다. 바로 이곳에 이미 1380년에 건축된 체인 형 첨탑(Veriga)이

있는데, 이 첨탑을 확장한 요새의 일부가 바로 이 요새다. 요새의 현재 모습은 15세기의 것이다.

- 20년 전부터 일반인에게 공개되었다. 지금은 안쪽이 야외극장과 무대가 설치되어 있어서 각종 이벤트를 할 수 있는 미디어 센터로 활용되고 있다. 카메르렌고 요새를 뒤로 하고 북문으로 들어가면 구시청사가 있는 광장이 나온다.

• 나로드니(Trg. Ivana Pavla II) 광장

- 구시가지의 중심. 성 로브레 성당, 구 시청사, 성 세바스찬 성당과 시계탑 등이 있는 곳이다.
- 트로기르 리바 쪽 성벽의 남문(아드리아 해로 나가는 관문 역할)과 내륙 쪽 성벽에 있는, 트로기르로 들어가는 주 출입구인 북문(Kopnena Vrata)을 통해 들어갈 수 있다. 북문은 17세기에 후기 르네상스 양식으로 재건축된 것인데, 문의 아치 위에는 베네치아의 상징인 성 마르코 사자상이, 문 꼭대기에는 트로기르의 수호성인 성 이반 트로기르스키(Sv Ivan Trogirski, '트로기르의 요한'으로도 불림)[17]의 조각상이 있다. 이 문을 들어서면 좁은 로마네스크 풍의 중세 골목들이 펼쳐진다.
- 트로기르에서 가장 유명한 랜드 마크 중 하나가 시계탑이다. 한때는 성 세바스찬 성당의 일부였는데, 바로 옆에 로지아(Loggia, 한쪽이 트인 주랑)가 있다. 시계탑은 커다란 하늘색 바탕과 15세기 중엽에 성 세바스찬 성당의 예배당에서 떼어온 돔형 지붕으로 유명하다. 이 시계탑은 1471년 이탈리아 르네상스 시대의 조각가 니콜로 디 지오반니(Niccolò di Giovanni Fiorentino, 1418~1506, 도나텔로의 제자)가 만든 조상(彫像)이다.
- 로지아는 야외에서 공개 재판을 하던 일종의 법원 건물로, 옛날에는 초기 크로아티아 성모교회와 연결되어 있었다. 정교한 부조와 원형 기둥들이 주목할 만하다.

---

17) 트로기르의 요한에 관한 전설적인 이야기는 많지만, 확실한 자료는 거의 없다. 요한에게 부여된 고대 로마의 세습귀족명인 'Orsini'는 그의 출신지인 Osor를 잘못 표기한 것인 듯하다. 그는 오소르에 있는, 베네딕트 파 계율에 따라 이탈리아에서 창립된 가말돌리 수도원의 수도승이었는데, 나중에 트로기르의 주교가 죽자 심한 진통을 겪은 후 1064년 교황 알렉산더 2세에 의해 트로기르의 주교에 임명되었다. 40년간의 재직기간동안 그는 이 지역의 종교적, 사회적 생활에 엄청난 족적을 남겼다. 그의 가장 위대한 업적은 헝가리 왕 콜로만이 이 도시를 침입했을 때 방어한 일이다. 성 요한은 트로기르 대성당(성 로브레 대성당)에 안치되었고, 그의 이름을 따서 명명된 예배당에 화려하게 꾸민 그의 묘비가 있다.

재판용 제단은 니콜로 디 지오반니의 걸작품이다. 트리푼 보카니치(Tripun Bokanić)는 새 재판대를 조각하고 난간이 있는 새 로지아 울타리를 만들었다. 크로아티아의 총독(Ban, 7~20세기에 중유럽과 남도유럽의 몇몇 나라에서 사용하던 귀족명칭)이자 주교인 페타르 베리슬라비치(Petar Berislavić, 1475~1520)가 말을 타고 있는 듯한 부조상은 1938년 크로아티아 출신 조각가 이반 메슈트로비치(Ivan Meštrović, 1883~1962)가 조각한 것이다.

- 현재 광장 주변에는 베네치아 시절의 궁전인 시피코 궁전과 노천카페 및 상점, 주거지가 형성되어 있다.

〈상식〉 이반 메슈트로비치는 누구?

'크로아티아의 미켈란젤로'. 르네상스 이후 종교 관련 조각가로는 최고로 불린다. 크로아티아 브르폴예(Vrpolje)에서 농부의 아들로 태어났다. 13세 때부터 스플리트에서 대리석공의 제자가 되어 조각기술을 익혔다. 1899~1904년 빈의 아카데미에서 수학, 그 후 빈 · 런던 · 뮌헨 · 파리 · 로마 등지에서 작품을 발표하여 로댕의 주목을 받았다. 특히 조국의 애국운동을 반영하는 코소보 신전의 건축을 위하여 무수한 조상(彫像) · 부조(浮彫) · 인신주(人身柱) · 기마상(騎馬像) 등을 만들었고, 이것을 출품한 1911년의 로마 국제미술전에서 세계적인 조각가로서의 위치를 확보하였다. 1947년 미국으로 이주, 1955년 노트르담대학 교수가 되었다. 메슈트로비치가 여생을 보내기 위해 스플리트에 건축한 '메슈트로비치 갤러리'는 주거, 전시, 작업의 3 공간으로 설계되어 있다. 현재는 메슈트로비치와 그의 후손들이 기증한 192점의 조각품과 583점의 스케치 등을 감상할 수 있는 미술관으로 사용되고 있다. 미술관에서 특히 주목을 끄는 작품은 1층에 전시된 '로만 피에타'이다. 메슈트로비치가 미켈란젤로의 작품에 영감을 얻어 1943년에 제작한 것이다. 유명한 작품으로는 스플리트의 그레고리우스 닌 동상, 자그레브의 니콜라 테슬라 동상, 성 마르코 성당의 제단, 베오그라드의 칼레메그단 요새의 빅토르 상 등이 있다.

• '성 로브레 대성당'(Katedrala Sv. Lovre)

- '트로기르 대성당'이라고도 불린다.
- 1193년에 건축을 시작해서 1500년에 완성되었다. 3랑 구조를 한, 크로아티아에서 가장 정교한 건축물 중 하나. 대개는 성 로렌스 대성당(Cathedral of St. Lawrence)으로 알려져 있다.
- 성당의 사각모양 종탑은 높이가 47m에 붉은 지붕을 하고 있다. 종탑의 1층은 초기 고딕양식이고, 2층은 베네치아 고딕양식, 3층은 17세기 초 후기 르네상스 양식이다. 종탑 꼭대기에는 4대 복음서의 저자인 마태, 마가, 누가, 요한의 상이 장식되어 있다.
- 가장 정교한 작품은 라도반과 그의 동료들이 1240년에 만든 로마네스크 양식의 '라도반 정문'. 특이한 형태의 조각품이다. 양쪽에 베니스를 상징하는 사자가 조각되어 있고, 사자 위에는 아담과 이브가 벌거벗고 서있는 조각이 있다. 이것은 달마티아에서 가장 오래된 누드 조각. 외벽 기둥에는 성인들의 모습이 있고 중간의 풍속적인 장면은 달력의 달을 나타낸다. 그리고 작은 기둥에 새겨진 모습은 사냥을 하고 있는 장면이다. 액자틀 속에 있는 듯한 다양한 상상속의 동물들은 화려한 꽃으로 장식이 되어 있다. 문 바로 윗부분의 반달 모양의 아치에는 예수 탄생이 묘사되어 있다. 앞부분 주랑 끝에는 또 다른 작품이 있다.
- 라도반 정문 좌측 회랑 안쪽에 있는, 1467년에 돌로 만든 세례 성수반은 석공인 안드리야 아레시(Andrija Aresi)와 코리올란 치프코(Koriolan Cipko)의 작품들 중 가장 중요한 것이다. 그리고 양각으로 조각된 세례 예수가 문 위쪽에 있다. '세례자 요한(이반)'의 형상이 성당 내부의 주 제단에 있다. 주 제단에는 중앙에 8각형 모양의 돌로 만든 13세기 설교단, 15세기에 만든 고딕양식의 성직자석, 수태고지 조각이 있는 14세기 성물함 등이 있다.
- 성당의 왼쪽 주랑에 있는 성 요한(성 이반) 예배당은 달마티아에서 가장 아름다운 르네상스 유물이다.

예배당 내 조각상 갤러리에는 1482년 무렵에 두크노비치(Ivan Duknovic, 1440~1514)가 완성한 성 요한 무덤이 있다. 화려한 조각상들로 장식되어 있는데(왼쪽 입구에서 두 번째 조각상), 성 요한의 토가(로마시대에 시민이 입던 겉옷) 밑에 알비세(Alvise, 코리올란 치프코의 아들)의 형상이 숨어있다. 그 왼쪽에 성 토마스의 조각상이 있다. 이것도 1508년에 두크노비치가 완성한 것이다. 니콜로 디 지오반니(1418~1506)와 그의 작업실의 작품들 가운데 가장 정교한 작품이 복음 전도사 성 요한과 사도 바울, 천장 밑 루네트(반원 모양의 벽 공간)에 조각한 성모마리아 대관식 조각상이다. 이 조각상 주변의 천진난만한 천사상들은 르네상스 시대의 푸토들(장식적인 조각으로 큐피드 등 발가벗은 어린이의 상)처럼 상징적으로 장식용 처마 돌림띠의 무게를 지탱하고 있는 모습이다. 사도 바울이 조각된 루네트 좌우의 붙임기둥 위에도 동일한 천사상들이 있다. 마루에는 영생을 상징하는 횃불을 든 푸토들이 있다. 아치형 천장 중간 원형 돔에 새긴 천지창조의 흉상은 니콜로의 그것을 바로크 양식으로 복사한 것으로, 1778년 트로기르 출신의 조각가 이그나시예 마카노비치(Ignacije Macanović, 1727~1807)의 작품이다(현재 시립박물관의 석조문화재박물관에 소장).

- 제식용 그릇 보관소에는 1461년부터 1497년 사이에 피렌티나치와 두크노비치가 만든 성 제롬과 세례자 성 요한의 장식과 작은 벽장이 있다. 보관 중인 가장 대표적인 성당 보물로는 상아로 만든 세 폭짜리 고딕 서판과 퇴색된 여러 가지 중세 문서들이 있다.

• 치피코 궁전(The Ćipiko Palace).

- 성 로브레 대성당 맞은 편 나로드니 광장 오른쪽에 있는, 트로기르에서 유명세를 떨치던 치피코 가문의 궁전이다. 현재의 모습은 15세기에 베네치아 고딕 양식으로 재건축된 것이다.
- 치피코 가문은 이 지역을 300년 이상 통치하면서 트로기르에 기여한 공로로 존경받았다. 작은 옛 치피코 궁전과 큰 신 치피코 궁전(⇦)이 있다. 신·구 궁정은 보행자 통로에 의해 서로 연결되어 있었지만, 현재는 사라지고 없다. 궁전 자체는 여러 개의 건물들이 뭉친 복합건물인데, 하나로 통일된 전체건물에 합병된 건물도 있다. 가장 오래된 벽면은 초기 중세시대의 것이고, 대부분은 13세기에 지어진 것들이다. 네오베네치아 고딕 양식의 거대한 이 궁전은 1476년에 발생한 대규모 해전에서 승리한 베네치아 장군 코리올란 치피코(Koriolan Ćipiko, 1425~1493)에 의해 건축된 것인데, 그가 약탈한 전리품들 중 일부로 기념비적 건물을 지었다. 로마네스크 양식의 잔해가 이 건물의 바닥에서 발견되었다. 건물의 파사드는 화려하게 장식된 베네치아 고딕 양식의 2열 3등분 창문들로 되어 있었다. 나무로 만든 풍향계-1571년 레판토 해전에서 오스만의 갤리선 뱃머리 장식물-가 중앙 홀을 차지하고 있다. 이반 두크노비치의 예술적인 손재주는 거대한 남쪽 현관문에서 확인할 수 있다. 작은 옛 궁전의 현관문은 3등분 창문들로 만들어졌는데, 이들 창문 옆에는 시인이자 인문주의자인 코리올란 치피코의 두상 부조(⇦)가 있다. 이반 두크노비치의 작품이다. 안드리야 알레시와 니콜라 피렌티나치가 이 신·구 궁전에서 작업을 했다. 해변에는 루치치 궁전이 있는데, 역사가 이반 루쉬치(Ivan Lučić, 1604~1679)의 저택이다. 저택의 북쪽 파사드에는 현관이, 남쪽 파사드에는 명판(銘板)이 있다.

• 성 도미니쿠스 수도원(St. Dominic Monastery).

- 1265년에 창건되었고, 소속 교회와 본당 건물과 함께 14세기에 완성되었다.
- 1372년 평범한 베네치아 조각가이던 니콜로 덴테(Niccolo Dente)가 크로아티아 인문주의자이자 자그레브 주교인 성 아우구스틴 카조티치(Augustin Kažotić, 1260~1323)와 성 마리아 막달레나의 루네트를 완성했다. 그의 누나 비트쿨라 - 트로기르의 종교 후원자이자 기증자 - 가 성 아우구스틴 카조티치의 발 옆에서 무릎을 꿇고 있다. 내부에는 트로기르의 인문주의자들인 이반과 시문 소보타의 무덤이 있는데, 1469년 니콜로 디 지오반니(Niccolò di Giovanni, 1418~1506)의 작품이다. 개선 아치문 왼쪽에 나무로 된 제단에는 이탈리아 화가 팔마 일 지오바네(Palma il Giovane, 1548/50~1628)가 그린 예수의 할례 관련 그림이 있다. 이 수녀원은 1944년 연합군의 트로기르 폭격으로 심각한 피해를 입었다. 가치 있는 일련의 작품들은 수도원 컬렉션에서 관람 가능하다.

(5) 자다르(Zadar)

▶ 자다르 비치

- 달마티아의 북쪽에 위치. 구시가는 문화유산으로 가득하다. 아파트들로 들어찬 신흥 주택단지는 아드리아 해안을 찾는 휴가자들의 안식처가 되고 있다. 자다르는 5개의 국립공원과 2개의 자연공원으로 둘러싸여 있어서 자연이 만들어낸 구경

거리에 탄성을 자아내지 않을 수 없다.

- 자다르 비치는 유럽의 여행객들에게 특별한 경험세계를 제공한다. 특히 빈예르크(Vinjerc)도 원시와 고대의 잔재와 유산들을 만끽할 수 있는 곳이다. 주드리야크(Ždrijac)의 고대 크로아티아 공동묘지는 이교도들의 매장풍습을 엿볼 수 있는 사적지이다. 닌(Nin)은 크로아티아 왕들이 거주하던 가장 오래된 도시인데, 비빈예(Bibinje)에 소재한 이들 왕의 저택들도 독특한 볼거리들 중 하나이다.
- 자다르 해변의 프리블라카(Privlaka)에서는 "물고기를 미치게 만든다"는 전통적인 낚시법도 체험할 수 있고, 수세기 전부터 지역경제의 초석이던 모래채굴, 불행한 연애담의 주인공 이름을 따서 부른 소콜로르(Sokolor) 분수에 관한 전설 등도 보고 들을 수 있다. 수코샨(Sukošan)에서는 황금 항구에서부터 그림 같은 섬까지 펼쳐진 쪽빛 바다에서 바다수영도 즐기면서 15세기에 건축된 옛 귀족저택들의 유적도 구경할 수 있다.

▶ 역사

- 역사적으로 고대 로마의 식민지가 되기 이전에는 일리리아 인이 세운 도시였다. 옛 로마의 문헌에는 이아데라(Iadera)로, 10세기에 출간된 〈Konstantinos Porphyrogennetos〉에는 디아도라(Diadora)로 표기되었다.
- [기원전 2세기] 로마인이 이 도시를 정복하고, 옛 로마의 성(Kapitol), 요새시설, 공중목욕탕, 고가수로를 건축했다. 기원전 59년 이후 자다르는 로마인의 무니키피움(Municipium), 기원전 48년부터는 로마 시민들의 집단 거주지였다.
- [812년] 아헨 조약으로 비잔티움 제국령에 귀속되었다. 이때부터 이 도시의 지배자가 바뀌기 시작했다. 처음은 프랑크 제국의 지배자로, 9세기 초에는 비잔티움 제국의 지배자로 바뀌었다. 해적들의 노략질 때문에 자다르는 1000년경 베네치아 공화국의 보호를 받다가 비잔티움 제국의 황제 알렉시오스 1세(재위 1081~1118)에 의해 합법적으로 양도된다.
- [10세기와 특히 12세기] 크로아티아 지배자들이 이 도시를 실질적으로 지배하게 된다. 1069년 자다르는 처음으로 크로아티아와 달마티아의 왕 페타르 크레쉬미르 4세(Petar Krešimir IV., 재위 1058~1074)의 지배를 받는다.
- [1102년] 자다르를 포함한 크로아티아가 동군연합 조약(Pacta conventa)에 따라 헝가리에 귀속된다. 12세기 초부터 자다르는 여러 번 베네치아 공화국으로부터 공

격을 받는다. 1118년 자다르에서 헝가리-크로아티아 왕 스테펜 2세(Stephen II., 재위 1116~1131)의 군대가 베네치아 군에 승리하고, 베네치아의 총독 팔리에로(Ordelafo Faliero)가 자다르 근처에서 시체로 발견된다. 1202년 자다르는 프랑스 십자군의 도움으로 베네치아 군에 포위되었다가 정복된다.

- 베네치아의 지배와 크로아티아-헝가리의 지배가 바뀌었다. 몇 차례의 봉기 후 자다르는 헝가리-크로아티아 왕 루드비히 1세(Lajos 1. Nogy, 재위 1342~1382)의 점유지가 되었다. 그가 죽은 후 지기스문트 왕이 지배하고 그 다음 헝가리 왕위 계승 요구자인 나폴리의 라디스라우스(Nápolyi Lázaszló, 1377~1414)가 지배했다. 라디스라우스는 1409년 베네치아 화폐로 100,000 두카텐에 자다르와 자다르의 권한을 달마티아에 팔아치웠다.
- 이제 도시의 안전이 보장되기 시작했는데, 베네치아 공화국이 이 도시의 정치적, 경제적 후원을 떠맡았기 때문이었다. 오스만 제국이 16세기 초 배후지역을 정복했을 때 이 도시는 베네치아 인들에 의해 견고한 요새로 구축되었다. 이 요새는 아드리아 해에서 베네치아 인들의 무역을 보장하고 달마티아에 있는 베네치아인들의 재산을 관리하는 중심지로 이용되었다. 자다르는 1797년까지 베네치아 공화국의 이중속주인 달마티아와 알바니아(Dalmazia e Albania)의 수도였다.
- [1797년] 나폴레옹에 의해 베네치아 공화국 멸망. 캄포포르미오 조약의 결과로 여타 베네치아 공화국령의 영토가 프랑스에서 오스트리아로 귀속된다. 오스트리아는 1805년 이 도시를 일리리아 속주로 만든 프랑스 제국에게 이 도시의 소유권을 포기해야 했다. 프랑스 지배 시절에 자다르에서는 크로아티아어로 된 최초의 신문(Kraljski Dalmatin, 1806~1810)이 출간되었다.
- [1813년] 12월에 자다르는 6일간의 포격이 있은 후 항복조약을 통해 다시 오스트리아로 넘어가면서 1918년까지 이 상태가 유지되었다. 오스트리아 황제 직할지들 중 하나였던 달마티아 왕국의 수도였다. 19세기 후반 자다르는 달마티아에서 일어난 크로아티아 문화와 국가 재건운동의 중심지였다. 자다르에서 1838년부터 〈Srpsko-dalmatinski Magazin〉이 출간되었고, 1844년부터 문예지 〈Zora dalmatinska〉가 출간되었다. 1862년부터 신문 〈Il Nazionale〉가 일주일에 두 번 발간되었고, 일주일에 한 번은 크로아티아어로 된 부록 〈Prilog k Narodnom listu〉이 첨가되었다. 이 시기에 중요한 신문으로는 〈Narodnjaci〉('국민의 것' 정도의 의미)가 있는데, 달마티아가 크로아티아와 슬로베니아 왕국과의 통합을 옹호했다.

같은 해에 자다르에서는 〈Matica dalmatinska〉, 즉 슬라브 문화협회가 〈Matica srpska〉와 〈Matica hrvatska〉의 전례에 따라 건립되었다. 1863년 이 도시에 독서홀 'Slavjanska čitaonica'가 개장되었는데, 달마티아 의회(sabor) 내 정당회원들('Narodnjaci'은 달마티아 왕국의 정치정당의 회원을 말함)의 회의장소로도 사용되었다.

- 제1차 세계대전까지 자다르는 연합군의 주둔도시였다. 1914년 이곳에 군 수뇌부가 주둔해 있었다. 대전 이후에는 라팔로 국경조약(1920)에 따라 이탈리아에 귀속되었다.
- 제2차 세계대전 중에는 연합군의 공중폭격의 목표물이 되면서 역사적인 유물들이 심하게 손상되기도 하였다. 1945/47년 유고슬라비아 내 크로아티아 공화국의 일부가 되었다. 그래서 이탈리아어를 사용하는 대부분의 주민들은 이 도시를 떠나 이탈리아로 돌아갔다.
- [1991년] 크로아티아 독립전쟁에서는 세르비아군의 공격으로 큰 피해를 입었다. 이때부터 자다르는 크로아티아 독립공화국의 일부로, 가장 중요한 아드리아 해 항구들 중 하나로 발전했다. 여타의 수많은 수도회들 외에 자다르에는 카르멜회 수도사들의 수도회도 있다.

▶ 문화유적

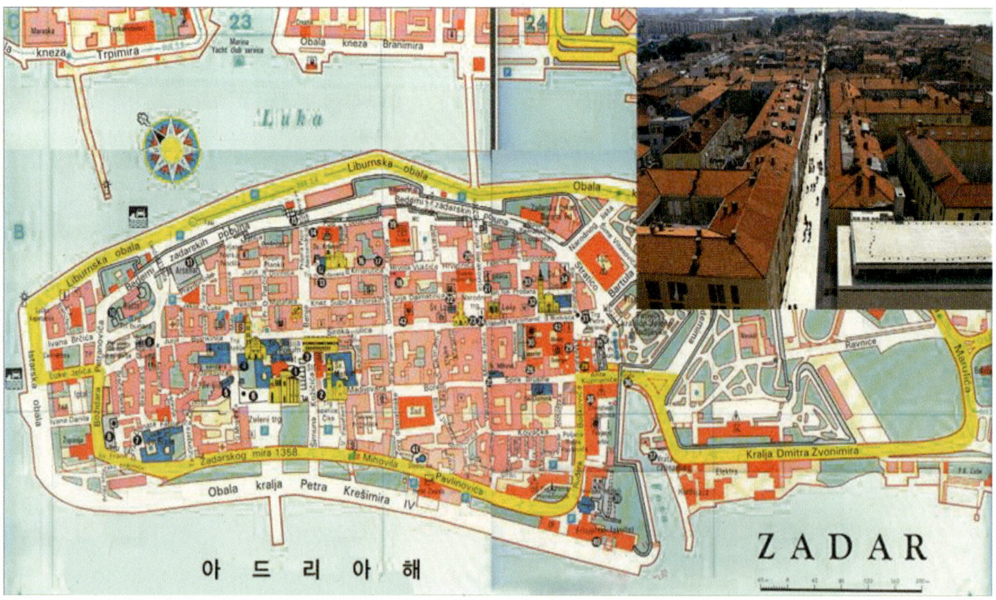

〈자다르 구시가지도와 성 스토쉬야(아나스타샤) 대성당의 종탑에서 바라본 올드 타운 전경〉

• 고대 로마 포럼(Forum) : 90m×45m

- 로마시대(기원전 3세기에 시작하여 기원전 1세기에 완성)에 지은 중심 광장. 이 광장을 중심으로 주요 건물들이 들어서 있다.

- 따라서 이곳은 크로아티아의 아드리아 해안에서 볼 수 있는 다양한 건축 양식들의 보고(寶庫)이기도 하다. 이 광장의 북쪽, 동쪽, 서쪽 지역은 주요 집회 장소. 이곳을 지나면 전시관, 수많은 가게들, 바실리카 성당 등이 있는 도시의 중추적 기능을 하는 장소.
- 포럼의 규모로 볼 때 자다르는 로마 시대에 아드리아에서 꽤 중요한 곳이었다. 자다르 부근에 로마시대의 염전 닌(Nin)이 있었기 때문이다. 베네치아도 자다르는 중요한 도시였다. 해적들의 소굴이기도 했지만 소금도 있고 선박을 정박시킬 수 있는 천혜의 요새이기도 했기 때문이다. 그래서 베네치아는 제4차 십자군을 이용해서 이곳을 점령하여 성벽을 증축했다.

• 성 도나타 성당(Crkva svetoga Donata).

- 9세기에 성 도나타(도나트) 주교가 세운 성당.
- 로마 포럼에 있다. 중세 초기 크로아티아의 유명 기념물로, 자다르의 상징이기도 하다. 이 성당은 처음에는 27m 높이의 삼위일체 탑이었다. 16세기부터 성 도나타 성당으로 불리고 있다.

- 외부는 원통형 모양이고, 내부는 이중 공간으로 되어있다. 처음에는 비잔틴 양식이었으나 나중에 초기 로마네스크 양식으로 개축되었다. 이런 건물 양식으로는 크로아티아에서 가장 큰 건물이다. 창문이 없고 벽이 두꺼운 로마네스크 양식의 특징을 고스란히 담고 있다. 당시 이 지역은 카를 대제(카롤링 왕조)의 지배영역이어서 독일의 트리어 대성당과 동일한 성당을 건축해야 했기 때문에 이런 모습을 하고 있는 것이다.
- 내부는 원형 복도로 되어 있고, 위층은 특이하게도 여성 전용 공간이다. 성별에 따

라 층을 나누어 의식을 보던 유대인 회당이나 이슬람 사원과 유사하다. 예배는 1798년까지만 수행되었고 이후에는 사용되지 않았다.

- 오랫동안 신성한 예배 기능과는 무관한 행사들이 많이 열렸다. 매년 국제 중세 르네상스 음악제가 열리는데, 이때 〈성 도나타의 음악의 밤〉도 함께 열린다.

· 성 아나스타샤(스토쉬야) 대성당(Katedrala Sv. Stošija).

- 로마 포럼 옆에 성 아나스타샤에게 봉헌한, 회랑이 3개인 대성당.
- 9세기에 비잔틴 양식으로 건축되었다가, 12~13세기에 로마네스크 양식으로 개축된, 내부는 바로크 조각들로 장식된 건물. 원래 이 자리에는 조그만 기독교 바실리카 성당이 있었다.

- 성녀 아나스타샤는 세르비아의 시르미움(Sirmium)에서 태어난 것으로 알려졌으며, 디오클레티아누스 황제의 박해 때 그곳에서 순교하였다. 전설에 의하면 그녀는 로마 귀족 프래텍스타투스의 딸로서 이방인이던 푸블리우스와 결혼하였다. 남편이 죽자 그녀는 페르시아로 선교여행을 떠나 아퀼레이아(Aquileia)까지 갔다가 디오클레티아누스 황제의 박해로 그녀도 체포되었다. 그녀는 배에 실려서 팔마리아(Palmaria) 섬으로 끌려갔는데, 그 배에는 죄수들이 가득하여 괴롭힘을 당하다가 성녀 테오다타(Theodata)의 도움으로 기적적으로 구출되었다고 한다. 그녀는 5세기부터 로마에서 공경을 받고 있지만, 그녀에 관한 이야기들은 근거가 희박하다.
- 규모 면에서 달마티아에서 가장 큰 성당이고, 정면에 장미의 창이 둘 있다. 성당 지하에 12세기부터 사용된 무덤들이 있고, 성당 안에는 15세기에 만든 대형 성직자 석관들이 있다. 9세기에 도나타 주교가 헌정한 성 아나스타샤의 대리석 석관과 유품이 진열되어 있다. 대성당의 정면이자 광장 남쪽에 1748년에 개원한 로마 가톨릭 신학교는 대주교 비코 즈마예비치(Vicko Zmajevic)가 설립했다.

· 성 시몬(시메온) 성당.

- 성 시몬의 성유물함이 있는 성당.

- 성 스테판 성당 위에 건축한 복합 건물로, 고딕과 르네상스 양식 그리고 바로크 양식이 가미된 건물. 13세기부터 있던 성 시몬의 석관과 유품들을 1632년 성모 마리아 수녀원 성당에서 이 성당으로 옮겨왔다.

- 성 시몬의 재단은 250kg이나 되는 은으로 만들었다. 크로아티아-헝가리 왕 루드비히 1세(라오스 1세로도 불림)의 부인 엘리자베타 코트로마니치(Elizabeta Kotromanic)의 명령에 따라 1280년 밀라노의 프란시스가 만들었다. 거기에는 성 시몬의 전설에 대한 양각과 루드비히 1세가 자다르에 도착한 것을 보여주는 양각이 있다. 재단은 중세 크로아티아 금세공 작품으로는 가장 독특한 스타일이다. 청동 바로크 천사 손위에 올려 있고 청동은 터어키 군 대포를 녹여서 얻은 것이다.

· 성모 마리아 수녀원 성당.

- 롬바르디아 양식.
- 고대 로마 포럼 동쪽에 위치. 수녀원은 1066년 자다르의 귀족 마디예바츠(Madijevac) 가문 출신인 치카(Cika) 수녀가 세웠다.
- 회랑이 3개이고, 1091년에 봉헌되었다. 성당의 참사회 홀과 종탑은 치카의 딸인 베케네가(Vekenega) 수녀가 12세기 초에 새운 것이다. 이들 건축에 크로아티아-헝가리 왕인 콜로만이 재정 지원을 했다. 왕의 이름은 종탑 기둥머리에 새겨져 있다. 교회의 주 정면입구와 남쪽 입구는 베네치아 르네상스 양식으로 만들었다. 내부는 1477년부터 사치스런 로코코 스타일의 회반죽으로 장식되어 있다.

- 영구 보존 전시된 "자다르의 금과 은"이란 예술품은 크로아티아 문화를 대표하는 작품 중 하나.

· 옛 성 삼위일체 성당(⇦)
- 전설에 따르면 9세기에 주노(주피터의 아내) 신전의 잔해들로 건축한, 이 도시에서 가장 오래된 성당.
- 현재는 고대박물관으로 사용.
· 성 크르셰반(크리소고노) 성당(Sveti Krševan).
- 6세기에 건축된 성당 자리에 12세기에 다시 건축.
- 성 크르셰반(크리소고노)은 고대 로마의 기독교 순교자. 로마 가톨릭교회와 동방 정교회 등에서 성인으로 시성되었다.
· 성 프란시스 성당과 수도원(Samostan sv. Franje Asiškog ⇩)
- 구시가지 반도의 북서쪽에 위치. 성당은 달마티아 지방에서 가장 오래된 고딕 교회이다. 13세기 후반에 건축되었고 1280년 봉헌되었다.
- 여타의 수도원 성당처럼 단순히 하나의 회랑을 가진 성당. 성당의 정면도 매우 단순하다. 제기 보관소 뒤쪽에 수도원 수집예술품들이 있고, 1556년 르네상스 양식의 수행 복도가 있다.

· 옛 수도원장 관저.
· 대주교 관저.
- 11세기에 성 도나타 성당 옆에 건축. 로마시대부터 르네상스 때까지 여러 번을 개축되었다. 현재의 모습 이전에 마지막으로 재건된 때는 15세기였다. 지금의 외관은 1830년에 건축된 것이다.
· 무기창고.
· "다섯 분수"와 인접한 "시 사령관 첨탑". 광장은 1574년 땅속 빗물통 위에 만들어진 것. 분수는 19세기 중반까지 이 도시의 식수원이었다.

· 도시 성문(Porta Terraferma).

- 자다르 구시가의 핵심 성문으로 사용 중.
- 1543년 베네치아 인들이 도시 성벽을 재건축할 때 르네상스 양식으로 만든 성문이다. 승리를 상징하는 3개의 아치 문 형태인데, 중간 아치 바로 위에는 성 크르제반이 말을 타고 있고, 베네치아의 성 마르코의 날개달린 사자상을 양각하고 문장을 새겼다.

02. 플리트비체(Plitvice)

16개의 호수와 폭포로 구성된 국립공원(1949년). 1979년 유네스코의 세계자연유산에 등재.

- 크고 작은 호수와 폭포, 야생동식물, 계절마다 다른 색깔의 다양한 모습으로 매년 백만 명이 넘는 관광객이 방문하는 크로아티아 최대 자연관광지.

▶ 지리

- 말라 카펠라 산의 단층지역과 리차 플예시비차 산(Lička Plješivica)의 돌출부분 사이에 자리 잡은 호수를 중심으로 펼쳐 있다.

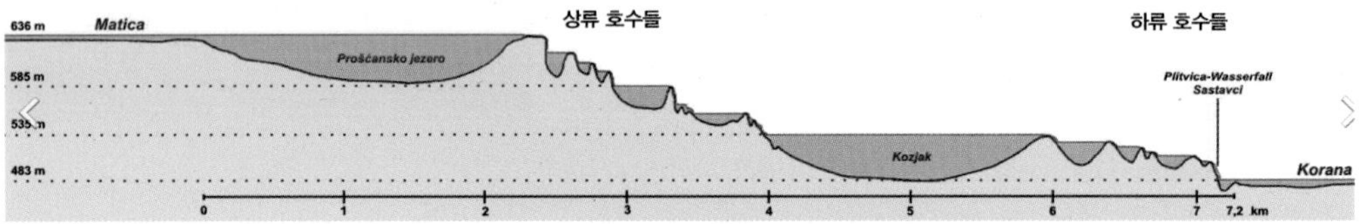

- 공원의 전체 면적은 296,85km², 가장 큰 두 개의 호수 프로쉬찬스코 예제로(Prošćansko jezero)와 코즈야크(Kozjak)의 면적이 전체의 80% 정도에 이른다. 이 두 호수는 면적도 가장 넓고 깊이도 각각 37m와 47m로 가장 깊은 호수들이다. 코즈야크 호수에서는 환경 친화적인 전기 배가 관광객들의 이동을 편리하게 해주기 위해 운행 중이다. 국립공원 내부의 다른 호수들의 깊이는 25m이며, 호수들 간의 지형적인 높이 차이는 약 133m에 달한다. 표면적으로 드러난 16개의 호수는 상류에 위치한 12개의 호수(Gornja jezera)와 하류에 위치한 4개의 호수(Donja jezera)로 나눌 수 있다. 높이가 78m로 가장 높고 수량이 큰 폭포인 벨리키 슬랍(Veliki slap) 폭포는 하류 호수들의 끝에 위치하며, 그 위에는 플리트비차 강물이 흐른다. 상류의 대표적인 폭포는 높이가 25m인 갈로바츠키 부크(Galovački buk)이다.

▶ 역사

고대

- 기원전 1000년 무렵에 트라키아 인이 이 지역에 거주했다는 사실이 가장 오래된 기록이다. 그 이후에는 일리리아 민족이 정착하여 살았다.
- 기원전 59년 카이사르에 의해 일리리쿰 속주가 되어 600여 년 동안 로마제국의 지배를 받았다. 인접한 파노니아, 리부르니아, 달마티아 지역은 달마티아 속주로 통합되었다.

- 이어서 이 지역을 동고트족이 지배한다. 네다오 강 전투 이후(서기 454년) 동고트족은 로마제국과 동맹조약을 체결한다. 6세기에 아바르인들이 정착했다. 뒤이어 크로아티아인들이 이 지역으로 들어왔다. 크로아티아인들이 아바르인의 폭력에서 벗어나 이 지역에 정착한다.

중세

- 타타르족의 침략은 엄청난 위협이었다.
- 특히 귀족가문 즈린스키(Zrinski)와 프란코판(Frankopan)의 지배 시절에 경제적인 도약을 했다. 로마인 요새를 기초로 바로 바닷가에 수도원이 건축되었는데, 템플 기사단[18]의 것으로 보인다. 현재도 이 요새의 성벽 잔해가 남아있는데, 기초는 트래버틴 석회암으로 되어 있다.

• 오스만제국과 합스부르크 시대.

- 1493년 플리트비체 호수들로부터 떨어지지 않은 곳에서 크로아티아 역사에서 중요한 전투가 발생했다. 크르바바(Krbava) 들판에서 크로아티아 귀족 전체가 거의 목숨을 잃었다. 오스만 군은 당시 서부지역으로 계속 진격하였는데, 크로아티아와 헝가리에까지 이르렀다.
- 이후 이 지역은 군사지역으로 이용되다가 나중에 세르비아 정교를 믿는 왈라키아인들이 정착하였다.
- 1538년 크로아티아와 헝가리의 왕으로 선출된 합스부르크 가문 출신의 오스트리아 황제 페르디난트 1세(재위 1835~1875)가 오스만 제국과의 군사 경계선을 설치했다. 이런 군사상의 특수지역에서 적용된 규정들은 그곳 주민들에게 중요한 영향을 미쳤다. 이 국경지역들로부터 서쪽지역으로 대규모 난민들이 이동했다. 주민이 떠난 지역들은 황제의 지시에 따라 동쪽 지역에서 온 난민들, 특히 세르비아인들로 채워졌다. 모든 국경인들의 과제는 이 지역에서 끊임없이 발생하는 소요사태와 엄청난 강탈행위들을 - 그래서 '악마의 정원(hortus diabolus)'이란 별명을 얻음 - 감시하는 일이었다. 오스만 제국은 짧은 기간에 여러 번 플리트비체 호수 지역

18) 1118년 8명의 프랑스 기사들이 예루살렘을 수호한다는 목적으로 창립한 수도회. 명칭은 이들이 수도회를 솔로몬 성전에서 창립하였기 때문에 붙여졌다. 기사수도회로서는 최초의 수도회이자 가장 강력한 수도회였다. 복장은 붉은 십자가가 그려진 백색 망토를 걸치고 다닌 것이 특징 창립 후 10년만에 공인되면서 교황 직속 수도회가 되었다.

들을 통제했다. 1788년에 이 지역은 다시 합스부르크 가문에게 넘어갔다.

- 1805년 다시 심각한 권력교체가 일어났다. 달마티아와 리카 지역이 나폴레옹의 세력권에 들어가면서 일리리아 속주가 만들어졌다. 1814년 이후 플리트비체 호스들은 다시 합스부르크 가문의 지배를 받았다.1850년부터 군사 경계지역에는 직업군인들만 활동했다. 같은 시기에 크로아티아에서 민족 운동이 일어나기 시작했다. 1871년 호수 북쪽에 위치한 라코비차(Rakovica) 근처에서 발생한 폭동을 진압하는 과정에서 오스트리아-헝가리 이중제국의 압제로부터 해방을 외치던 크로아티아 정치가 에우겐 크바테르니크(Eugen Kvaternik, 1825~1871)가 사망했다.
- 당시의 주민들은 플리트비체 호수들이 가진 자연적인 가치를 거의 눈치체지 못했다. 농부들에게 훨씬 더 중요한 것은 일용할 양식을 안전하게 확보하는 것이었기에 일부 자연지역을 개간하는 일이었다. 예컨대 농부들은 비교적 작은 호수들을 흙으로 메우거나 강줄기를 자신들의 구미에 맞게 바꿔버리기도 했다.
- 이미 1861년에 벨리카 폴야나(Velika Poljana) 근처에 통과여행자용 숙박시설이 설치되었는데, 주민들은 황제의 장교들이 거주하였기 때문에 이 숙박시설을 '카이저하우스'라고 불렀다. 1888년 오스트리아 황태자비 슈테파니(1864~1945) - 프란츠 요제프 1세의 아들이자 황태자인 루돌프의 부인 - 가 방문하는 것을 계기로 플리트비체 호수들과 그 주변지역이 처음으로 관광 목적으로 정비되었다. 플리트비체 호수들로 가는 두 개의 길은 오늘날에도 여전히 오스트리아 황제 프란츠 요제프 1세(1830~1916)의 딸들의 이름을 딴 것들이다('슈테파니 거리'(Štefanijin put)와 '도로테아 거리'(Dorotejin put).
- 1890년 세니(Senj) 출신 상인 안테 데브치치(Ante Devčić)가 프로쉬찬스코 예제로(Prošćansko jezero)에 식당이 딸린 최초의 호텔을 설치했다. 그렇지만 그는 계획이 너무 지나쳐서 자연을 회복이 불가능할 정도로 파괴했다. 이를테면 그는 자신의 재재소를 위해 트래버린 석회암 지대 위로 운하들을 건설하게 했는데, 현재는 사라지고 없다. 바로 이 자리에 - 현재 라부도바치(Labudovac)라고 불리는 곳 - 체코 혈통의 자그레브 사람인 구스타브 야네체크(Gustav Janeček)가 숙박시설이 딸린 음식점을 개설했다.
- 1893년 야네체크에 의해 플리트비체 호수들을 보존하기 위한 협회가 창설되었는데,[19] 호수 주변의 자연보호에 부정적인 영향을 미치는 모든 것을 관리하는 단체

19) 협회 명칭은 〈Društvo za uređenje i poljepšanje Plitvičkih jezera〉이다.

였다. 이 협회는 호수 주변에 호텔도 하나 개설했다.

- 제1차 세계대전으로 어지러운 시기에 자그레브의 크로아티아 의회가 1916년 플리트비체 호수 보호법을 제정했지만, 미비한 보호기준들로 인해 공표되지는 못했다.
- 뒤이어 플리트비체 호수 보존 문제가 수면 아래로 가라앉았다. 그러나 제2차 세계대전 중 플리트비체 호수 근처에서 중요한 회담이 개최되었는데, 1940년 크로아티아 공산주의자 연맹 비밀 지역회의(Savez komunista Hrvatske, SKH)가 그것이다. 1943년 6월 13, 14일에 이곳에서 크로아티아 민족해방 반파시즘 위원회(ZAVNOH)가 창설되었다. 이것은 반파시즘 운동의 최고 정치 기구였다. 크로아티아 공산당의 옛 총서기인 라데 콘차르(Rade Končar, 1911~1942)가 플리트비체 호수 근처의 콘차레프 크라이(Končarev Kraj)에서 출생했다.
- 1951년에는 지형의 침식이나 훼손을 최소화하고, 관광 산업은 극대화 할 수 있는 국립공원의 적합한 범위가 구체적으로 지정되었다. 1893년 현재는 크로아티아에서 가장 아름다운 지역 중 한 곳으로, 매년 약 900,000명이 이 아름다운 지역을 방문하고 있다.
- 이 지역은 1991년 3월 31일에 크라지나(Krajina) 지역의 세르비아 극단주의자들이 이곳을 점령, 국립공원의 경찰관이었던 요지프 요비치(Josip Jovič)을 살해하는 사태가 발생하면서, 사실상 유고슬라비아 내전이 시작된 곳이기도 하다. 그들은 호텔을 막사로 삼고 국립공원의 자산을 약탈하였다. 그로부터 약 4년 후인 1995년 8월에 크로아티아 군대가 다시 이 지역을 되찾으면서 호텔과 같은 시설들을 보수하였고, 현재까지 그 아름다움을 잘 보존하고 있다.

▶ 호수의 명칭에 얽힌 이야기

호 수	의 미	설 명
프로쉬찬스코 예제로 (Prošćansko jezero)	*덤불숲 호수*	이 이름은 호수와 경장지의 경계를 결정짓는 기준이 된다. 농부들은 홍수를 막기 위하여 말뚝, 덤불, 대지를 이용했다. '검은 여왕의 전설'에 따르면, 이 지역 주민들은 건기 때 이곳 호수들(프로쉬찬스코 예제로와 여타 호수들)을 향해 물을 달라고 제를 지냈다고 한다.
치기노바치 (Ciginovac)	*집시 호수*	집시가 호수에서 익사했다는 소문이 있다.
오크루글야크 (Okrugljak)	*둥근 호수*	

바티노바치 (Batinovac)	*바틴/바티치의 호수*	바티치(Batić)라는 사람이 자주 이곳에 머물렀다고 한다. 다른 사람들은 이곳에서 익사했다는 할머니와 관련이 있다고들 한다.
벨리코 예제로 (Veliko jezero)	*큰 호수*	
말로 예제로 (Malo jezero)	*작은 호수*	
비르(Vir)	*소용돌이 호수*	물이 호수 중앙에서 소용돌이 모양으로 흘러나왔다고 한다.
갈로바치 (Galovac)	*갈로브/갈로비치의 호수*	도적떼 두목 갈로비치(Galović)가 이곳에서 총살당했다고 한다.
밀리노보 예제로 Milinovo jezero	*밀레스의 호수*	밀레 미리치(Mile Mirić)라는 사람이 이곳에서 읽사했다고 한다.
그라딘스코 예제로 (Gradinsko jezero)	*그라디나 호수*	이 호수는 호숫가에 있었던 옛 건축물의 이름을 딴 것이다.
부크(Buk)	*쏴쏴 소리 나는 호수*	떨어지는 물이 이곳 바위 속으로 뚫고 들어갔다고 한다.
코즈야크 (Kozjak)	*염소의 호수*	호수 속에 있는 섬(현재 슈테파니인 오토크(Štefanijin otok), 즉 슈테파니스 섬)에서 언젠가 염소들이 늑대들에게 잡아먹힐 위험을 모면한 적이 있다고 한다.
밀라노바치 (Milanovac)	*밀란의 호수*	밀란이란 사람이 호수에서 익사한 적이 있다고 한다.
가바노바치 (Gavanovac)	*가반의 호수*	가반(Gavan)이란 사람의 보물이 호수에서 발견된 적이 있다고 한다.
칼루데로바치 (Kaluđerovac)	*수도승/은둔자의 호수*	사람들이 자주 순례하러 간 어느 수도승이 언젠가 동굴에서 이곳으로 넘어와 머물렀다고 한다.
노바코비차 브로드 (Novakovića brod)	*노바코비치의 보트용*	노바코비치(Novaković)라고 불리는 16세기 헝가리 어느 용병의 말이 이 용병을 호수 속으로 던져버렸다거나 노바코비치라는 사람이 이곳에서 보트로 건너갈 수 있도록 해주었다는 말이 있다.

▶ 여행루트

- 플리트비체로 갈 수 있는 방법은 자그레브나 자다르에서 버스뿐이다(약 2시간 30분 정도 소요). 그래서 언제나 전쟁이다. 참고로 플리트비체가 종점인 버스는 없으니 버스정류장에서 내려 공원 입구까지는 조금 걸어야 한다.

코스(소요시간)	안 내
A (2~3시간)	아래쪽 호수만 돌아보고 나오는 코스. 짧은 시간에 핵심들만 돌아볼 수 있다.
B (3~4시간)	보트로 가장 큰 호수인 코즈야크를 건너고, 돌아오는 길에 호수를 위에서 조망할 수 있다. A코스 보다 시간은 더 걸리지만 버스와 보트를 타고 다니므로 걷기는 적은 코스.

C (4~6시간)	H코스와의 가장 큰 차이점은 진행 방향. 하류에서 상류로 걸어 올라가므로 체력 부담은 크지만, H코스처럼 호수를 등지는 것이 아니라서 핵심들을 제대로 즐길 수 있다.
D (2~3시간)	상류만 돌아보는 코스. 오르막길은 버스로 이동하고 내리막길만 걸어가므로 부담이 적다.
E (4~6시간)	대다수 한국 여행객들이 선호하는 코스. 상류와 하류 모두 트레킹 할 수 있다는 점에서 C코스와 비슷하지만, 하류를 등지고 내려온다는 단점이 있다. 전체를 둘러보며 보트, 버스를 이용하므로 체력 소모가 덜한 장점도 있다.
F (3~4시간)	B코스와 거의 동일한 구간, 출발점과 진행방향이 반대.
K (6~8시간)	플리트비체 전체를 돌아보는 가장 긴 코스. 양쪽 입구 모두에서 출발 가능하지만, 전부 걸어서만 이동하므로 시간 여유와 체력 부담 고려는 필수.

- C코스의 예를 들면, 공원 입구를 통과하여 5분정도 걸어가면 그림 같은 폭포가 나타난다. 조금 더 내려가면 에메랄드빛 녹색의 호수들이 주변의 울창한 숲과 어우러져 아름다운 장관을 연출한다. 석회 성분이 많은 카르스트 지형 덕분이다. 16개의 호수는 상류와 하류로 나뉜다. 상류 호수는 백운암층이고, 하류 호수는 석회암층이어서 상류와 하류의 모습은 전혀 딴판이다. 상류는 매우 아기자기하고 복잡다단한 아름다움이 있는 곳이라면, 하류는 옛날에는 동굴이었던 것이 함몰되어 생긴 층이라 단순하면서 물살도 세다. 에메랄드빛 호수, 보기만 해도 거저 들이키고 싶은 욕망이 들지만, 깨끗해 보이는 이 호수도 석회가 만들어낸 작품. 물에 석회가 많이 녹아있어서 바닥이나 물속 나무줄기는 하얀 석회를 뒤집어쓰고 있다.
- 이런 크고 작은 폭포들을 만끽하며 목재 다리를 건너고 오솔길을 걸으며 1시간 정도 올라가면 큰 호수가 나온다. 호수의 깊이는 약 636m 정도, 호수들이 연결되어 코라나 강을 따라 흐른다. 호수 나루터에서 배를 타고 호수를 건너면 공원을 빠져나가는 후문이 나온다. 물론 상류에 위치한 후문에서부터 아래쪽 정문으로 여행할 수도 있다. 플리트비체 공원은 아드리아 해와는 55km나 떨어져 있어서 바다에서 올라오는 따뜻한 공기와 차가운 산악 공기가 만나기 때문에 비가 자주 내린다. 그래서 다른 지역과는 달리 숲이 울창하고 큰 나무들이 많다. 지하로 스며든 물은 땅 밑 동굴에 저장되어 흐르면서 폭포를 만들어내는 장관을 연출한다.

• 상류 호수들

- 상류 호수계는 16개의 호수들 중 12개가 있다: 프로쉬찬스코, 치기노바크, 오크루글야크, 바티노바츠, 벨리코, 말로, 비르, 갈로바츠, 밀리노, 그라딘스코, 벨리키 부르게트, 코즈야크 호수. 이들은 온천 침전물 울타리들로 구분되어 있다. 호수들은 트라이아스기 백운암으로 구성된 불침투성 벨트로 연결되어 있다. 프로쉬찬스코 호수와 코즈야크 호수의 폭은 100m나 차이가 난다. 이 두 호수는 전체 호수계에서 가장 큰 호수들이다.
- 마티차(Matica) 강은 프로쉬찬스코 호수로 흘러 들어가는데, 강 자체는 플리트비츠키 르예스코바츠(Plitvički Ljeskovac) 마을에서 백강과 흑강이 합류하여 형성된 것이다. 백강은 하얀 모래가 샘에서처럼 올라오기 때문에 백강이라고 하며, 흑강은 바닥에서 자라는 이끼가 검은 색이라서 흑강이라 불린다. 이 호수는 폭이 636m이고 깊이가 37m 되는, 상류 호수계에서 두 번째로 큰 호수이다. 호수의 왼쪽 기슭은 가장 높은 보호구역에 있어서 접근 금지구역이다.
- 상류는 하류보다 폭포의 규모는 작지만 크고 작은 폭포들이 흘러내린다. 울창한 숲 속과 호수 사이의 굉음을 들으면서 목재 산책로를 따라 걷는 즐거움은 남다르다. 투명한 물속에서 헤엄치는 물고기들, 환경을 생각하며 공원 이곳저곳을 두루 이동할 수 있도록 한 목재 다리 등은 엄격한 관리로 수많은 관광객을 유치하면서도 자연보호를 극대화한 모범 사례다.
- 치기노바츠(Ciginovac) 호수와 오크루글야크(Okrugljak) 호수가 이어진다. 북서쪽에서는 치기노바츠 호수에서 온 물이 오크루글야크 호수로 흘러 들어간다. 그곳에 있는 아름다운 라부도바츠 폭포는 높이가 20m를 넘는데, 현재는 라부도바츠 석회암 절벽의 일부가 메말라 있다. 그 아래쪽에는 여러 개의 갈라진 틈새, 반 동굴과 동굴들이 있는데, 뭉뚱그려 동굴 정원(Cave Garden)으로 불린다. 과거에는 절벽의 이 부분 밑으로도 지나갈 수 있어서, 바위에 글씨를 새겨 넣기도 했다. 라부도바츠 폭포 아래에는 50m 길이의 야네츠크(Janeček) 동굴이 있다. 현재 이 폭포의 일부는 폭삭 무너져 내리는 바람에 더 이상 들어갈 수 없게 되었다.
- 그 다음에 만나게 되는 호수는 바티노바츠 대형 호수(벨리코 예제로)와 소형 호수(말로 예제로), 비르 호수, 갈로바츠 호수이다. 슈투비차 고원지대 아래쪽 갈로비츠

의 북쪽 끝자락에는 백운암반의 놀라운 표본들이 있다. 호수의 동쪽부분은 프르쉬타브치(Prštavci, 스파클링 호수의 뜻)라고 불리는 다단계 폭포들이 장관을 이루는데, 밀리노, 그라딘스코, 부르게티 호수가 이어진다. 부르게티 호수의 끝자락 숲속에는 돌로 만든 작은 건물 유적이 있는데, 과거 수력발전기기를 설치하려던 흔적이다. 부르게티 호수로부터 나오는 물은 코즈야크 호수로 흘러 들어간다. 코즈야크 호수는 상류 호수들 중 마지막 호수로, 해발 534m에 있고, 최고 수심은 46m이다. 코즈야크 호수의 동쪽 부분은 백악기에 카르스트 지형이 만들어낸 석회암 지대이다.

- 코즈야크 호수는 약 400년 전에는 높이가 약 40m나 되는 폭포 때문에 2개의 호수로 나눠져 있었다. 그러나 현재의 코즈야크 절벽 근처에 있는 석회 절벽은 과거 호수를 둘로 나누었던 폭포보다 더 빠른 속도로 커지기 시작했는데, 호수의 수위가 점점 높아지면서 폭포는 자취를 감추면서 절벽이 함몰되어 2개의 호수는 현재처럼 하나의 호수로 합쳐진 것이다.
- 이 호수의 특이한 것은 슈테파니야의 섬(Štefanija's island)인데, 길이가 275m, 폭이 60m, 면적이 0.014m2다. 이 섬은 트라이아스기 백운암으로 만들어진 것이다. 이곳에는 너도밤나무와 개암나무가 자라고 있고, 이 나무들을 따라 키 작은 관목들이 줄지어 있다.

• 하류 호수들

- 4개의 호수가 있다: 밀라보바츠, 가바노바츠, 칼루제로바츠, 카르스트 지형에서 가장 아름다운 계단식 노바코비차 브로드 호수. 이들은 후기 백악기에 형성된 통기성 석회암 협곡에 위치해 있다. 협곡 절벽들 중 몇 곳은 높이가 40m나 된다. 20m 높이의 절벽이 밀라노바츠 호수 위에 우뚝 솟아있다. 호수 둘레에 길게 늘어선 트레일들을 따라 걷다보면 마치 우리가 물에 빨려 들어가 있다는 착각을 할 정도. 반대 쪽 협곡의 암벽 위에는 전망대들이 있는 또 다른 트레일들이 있다. 밀라노바크 호수의 폭포들 중 동쪽 부분은 크로아티아 출신 오페라 가수의 이름을 따서 '밀카 트르니나(Milka Trnina, 1863~1941) 폭포'로 불린다.

- 이어지는 호수가 가바노바츠 호수인데, 이곳의 물은 대형 계단식 폭포라 불리는 석회암 절벽을 넘어 칼루제로바츠(Kaluđerovac) 호수로 흘러 들어간다. 산책로(트레일)는 슈플야라(Šupljara) 동굴로 갈라지는데, 돌계단을 가파르게 올라가면 평지와 만나게 되고, 위쪽 산책로는 그 계곡의 끝머리를 끼고 나있다.
- 칼루제로바츠 호수와 노바코비차 브로드 호수 사이에 석회암 폭포와 나란히 1번 입구에서 대형 폭포(Great Fall)로 내려가는 산책로가 있다. 또 다른 산책로는 코즈야크 호수의 상류 방향에서 갈라진다. 노바코비차 브로드 호수의 끝자락에는 샤스타브치(Sastavci)라 불리는 수직으로 25m나 되는 계곡으로 떨어지는 여러 개의 폭포들이 모여 있다. 노바코비차 브로드 호수의 물은 플리트비차 시냇물과 합쳐져서 78m 높이에서 떨어지며 거대한 폭포를 이루는데(대형 폭포), 이는 코라나 강의 수원이기도 하다.

10
슬로베니아

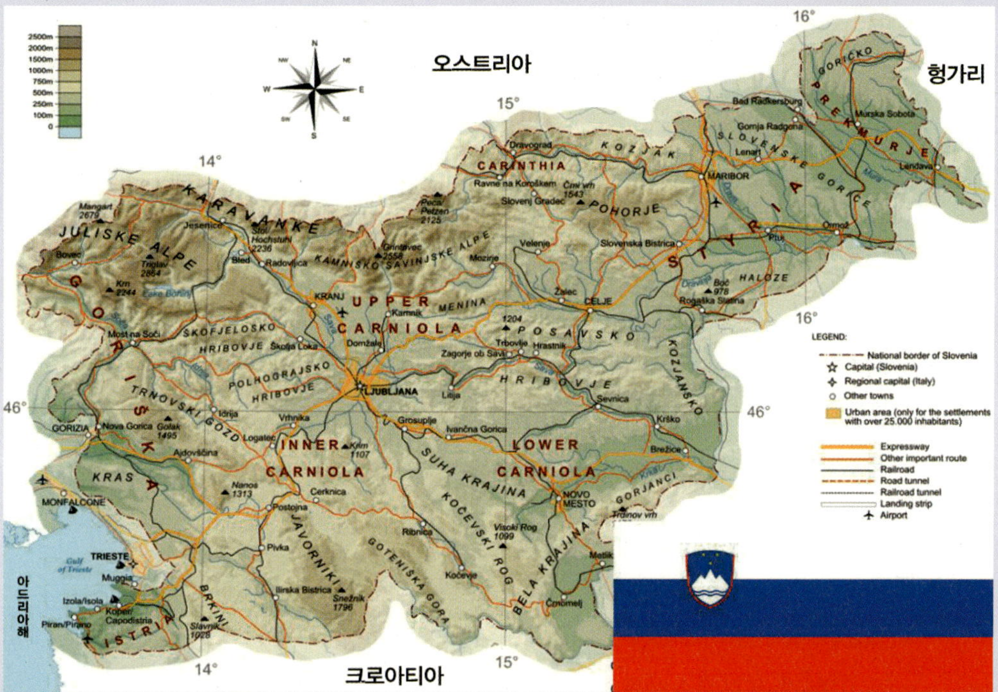

국명	슬로베니아공화국(Republika Slovenija)
면적	20,273km^2
인구	2,065,895명 (2017년)
수도	류블랴나
언어	슬로베니아어(Slovenský jazyk, Slovenčina)
GDP	$21,061 (2017년)
도메인	.si

1
지리

▶ 국명

- 같은 동유럽권에 속하는 슬로바키아와 이름이 비슷하여 헷갈리는 편이다. 그래서 국가 도메인은 슬로베니아는 si, 슬로바키아는 sk, 스웨덴은 se이다.

▶ 민족

- 슬로베니아 주민은 2002년 국민의 83,06%가 슬로베니아인; 당시 슬로베니아의 세르비아인(1,98%), 크로아티아인(1,81%), 보스니아인(1,1%).

▶ 언어

- 인도유럽어족 슬라브어파의 남슬라브어족과 속하며 세르보-크로아티아어와는 친족 관계.
- 특히 크로아티아 북서부 방언과는 상호 소통이 가능하다.

▶ 종교

- 2002년 센서스에 따르면 슬로베니아인의 57,8%가 로마 가톨릭교, 2,3%가 동방정교, 0,9%가 프로테스탄트교.

▶ 지형

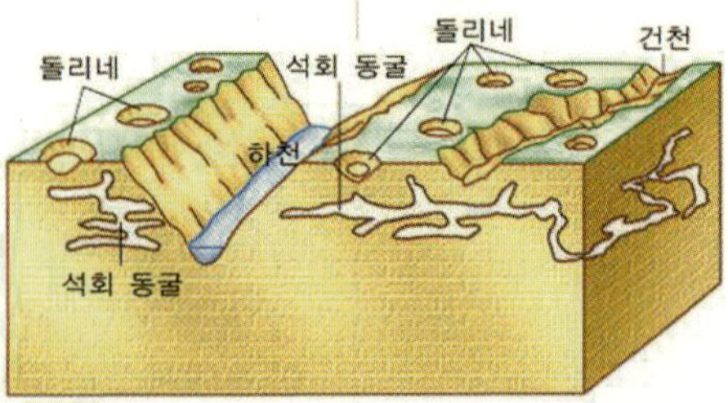

- 카르스트 지형(Karst, '험한 바위산')으로 유명[20].
- 'Karst'라는 명칭은 슬로베니아의 'Kras'라는 지명에서 유래. 크라스는 용식에 의한 석회암 지형이 발달한 곳, 석회암 지형연구가 최초로 시작된 곳.
- 석회암 지대의 젤리에 파고든 물이 석회암을 녹여 동굴

20) 돌리네: 원형 또는 타원형으로 움푹 팬 지형, 우발라: 돌리네가 2개 이상 연결되어 움푹 팬 지형, 폴리예: 여러 개의 돌리네가 합쳐져 생긴 분지지형

을 만들고, 지하수에 녹아있던 탄산염광물이 동굴 위에서 종유석을 만들고, 바닥에는 죽순처럼 자라 석순을 만든다. 위의 종유석과 바닥의 석순이 자라 붙은 것이 석주다. 이렇게 하여 지하세계에 궁전 같은 환상적인 공간을 형성한다.

- 사례: 포스토이나 석회 동굴(⇨)은 길이가 24㎞나 되어 세계적으로 유명.
- 관광객들에게 개방된 공간은 그 중 일부라고 하지만 입구부터 기차를 타고 들어가야 할 정도.
- 길이만 긴 게 아니라 동굴 내부도 넓어서 10,000명의 청중들을 모아놓고 콘서트를 열 수 있는 거대한 공간도 있다.

〈상식〉 카르스트 지형으로 생긴 명승지들

- 베트남 하롱베이(Halong Bay)에서 발달한 탑 카르스트(용산작용의 결과로 남은, 경사가 급한 석회암 돌산),
- 터키 파묵칼레(Pamukkale)의 석회화 단구(탄산칼슘이 함유된 온천수가 오랫동안 산 위에서 흘려내려 계단식 논과 같은 온천 형성),
- 마다가스카르 칭기 국립공원(Prc National Tsingy)의 카렌(석회암이 지표에 노출된 젤리 면을 따라 침투한 빗물에 용식되어 견고한 부분만 불규칙하게 남아 뾰족한 암석 탑을 형성)

2
역사

- 크로아티아와 오랫동안 역사를 공유한다.
- 고대에는 일리리아의 일원으로 일찍부터 로마제국의 통치를 받았다. 그 후 복잡한 역사를 거쳐 남슬라브 족이 이주해 가장 서쪽에 위치한 슬라브족의 영토가 되었으나, 이탈리아에 근접했기 때문에 빠르게 라틴 문명에 동화되었다.

▶ 수상가옥 시대

- 약 7000년 전 당시까지 호수였던 류블랴나의 습지지역에 생긴 수상가옥. 얕은 호수에 말뚝을 박아 그 위에 집을 지은 것인데, 당시의 독특한 생활방식을 엿볼 수 있다. 수상가옥들 사이의 이동수단으로 통나무배가 사용. 수상가옥의 발굴물은 슬로베니아 국립박물관에 보관 중.
- 신석기-청동기시대 (5000~1000BC). 스위스와 독일 사이의 보덴 호수 주변 마을도 호수 바닥에 수상가옥을 짓고 거주. 외부 동물들의 공격으로부터 안전망 구축(7000년 전의 가옥 복원).

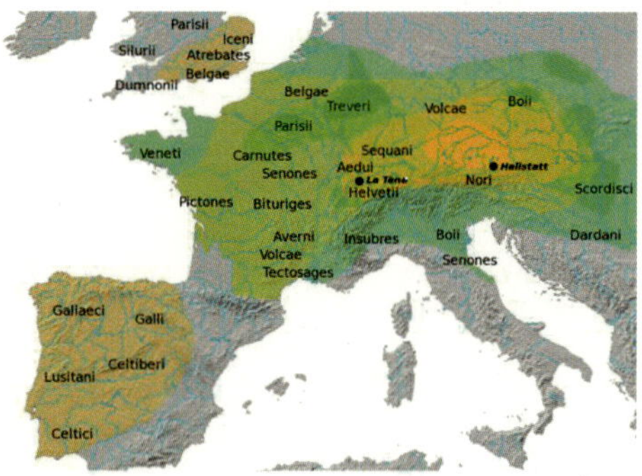

▶ 철기시대

- 슬로베니아 박물관과 기타 박물관들에 기원전 1000년부터 기원전 3세기까지 수많은 유물들이 보관되어 있다. 철기시대 및 할슈타트 문화[1]에서 발견된 가장 중요한 발굴물로 Vače의 (청동기시대) 양동이, 노보 메스토(Novo mesto)의 왕의 묘지들, Soča 지역의 발굴유물 등이 있다.

1) 중앙유럽에서 청동기 시대 후기(기원전 12세기 이후)의 언필드 문화에서 발전하여 철기 시대 초기(기원전 8세기~기원전 6 세기)에 걸친 주류 문화. 이 후 대부분의 중앙유럽은 라텐 문화로 전환되었다.

▶ 켈트족

- 기원전 3세기에 할슈타트 문화가 켈트족에 의해 파괴되었다. 켈트족은 철을 단련시키는 훌륭한 지식을 가진 호전적인 민족으로, 갑옷과 투구로 무장한 강력한 군대를 가지고 있었다. 현재의 슬로베니아 지역에 이들은 Regnum Noricum (노리쿰 왕국)이란 이름의 최초의 국가를 건설했다.

▶ 로마제국의 시민

- 기원전 2세기에 로마인이 현재의 슬로베니아 지역에 들어왔다. 로마인은 오늘날까지 남아있는 최초의 도시들(예, Emona(Ljubljana), Celeia(Celje), Poetovio(Ptuj), Castra (Ajdovščina))이 탄생한 주요 도로들을 건설했다. 지금까지 보존된 이 시기의 가장 중요한 유물들로 사비냐(Savinja 계곡의 셈페테르(Šempeter)에 있는 공동묘지가 있다.

▶ 슬라브인과 카르타니아

- 4세기 말 현재의 슬로베니아 지역에 전쟁 발발, 그 결과 로마제국이 동로마와 서로마 제국으로 분열.
- 슬로베니아인의 선조인 슬라브족은 6세기에 카르파티아 산맥으로부터 와서 현재의 슬로베니아 지역에 정착. 이미 7세기에 가장 오래된, 현재 오스트리아의 클라겐푸르트를 근거지로 한 카르타니아[2] 슬라브 공국을 창건하기는 했지만 오래가지는 못했다.

〈유스티니아누스 대제(재위 527~565) 시절 비잔티움 제국(동로마제국)〉

2) 카르타니아는 슬로베니아어로 코로스카(Koroska)라고 한다. 독일어로는 캐른텐(Kärnten). 카린티아(캐른텐)의 어원인 켈트어로 '친구들의 땅'이라는 뜻. 인도-유럽어 어원으로 카란토(Karanto)도 있는데, '돌'이나 '바위'의 뜻. 바위 위에 지은 성 카른부르크(Karnburg)도 같은 어원. 카린티아의 수도 겸 제1의 도시는 클라겐푸르트(Klagenfurt)였다.

▶ 기독교화와 봉건주의

- 슬라브인은 이교도 민족이었다. 카르타니아는 745년 독일 바이에른 공국의 오딜로(Odilo) 공작(700?~748)에게 흡수되어 카르타니야가 되었다. 788년 오딜로 공작의 아들인 타실로 3세(Tassilo III,, 741~796)가 프랑크제국의 카를 대제(742~814)에게 항복하여 카르타니아는 프랑크제국에 병합되었다. 이 시기에 로마 가톨릭을 수용하여 슬라브족 중 가장 먼저 이 종교를 받아들인 나라 중 하나가 되었다. 소작농계급은 슬라브족의 뿌리를 존속하였지만 상류계급은 완전히 독일인화 되었다.

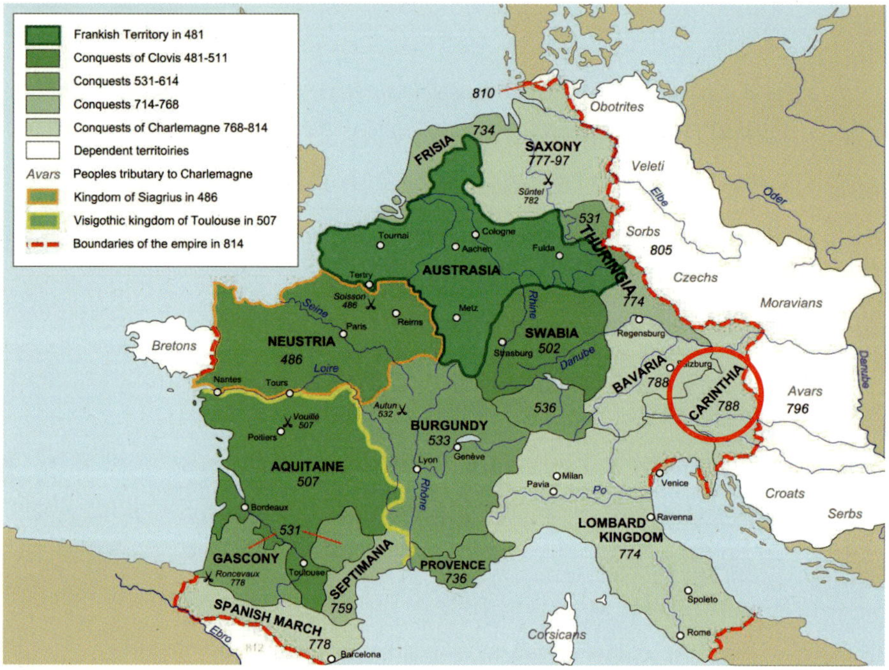

〈카를 대제 시절과 800년 무렵의 카르타니야 공국〉

- [10세기] 봉건주의가 점차 강화되었다. 10세기 말 초기슬라브어로 된 프라이징어의 기념비적 언어문헌(슬로베니아어로 〈Brižinski spomeniki〉)이 탄생했는데, 이것은 라틴어 문자로 쓴, 슬라브어로 된 최초의 기록물이다.
- [843년] 베르덩 조약(Treaty of Verdun)에 의해 종전의 카르타니아 영토는 카를대제의 손자인 루이가 통치하는 동프랑크에 귀속되었다. 976년 카르타니아는 신성로마제국의 오토 2세의 공작령이 되었다. 당시에는 카르니올라(Carniola, 독일어로는

크라인, 현재 슬로베니아의 크란스카)가 카르타니아의 영토에 속해 있었으나 분리되어 있었다. 1180년 슈티리아(Styria, 오스트리아의 슈타이어마르크)가 독립하면서 카르타니아 공국으로 별도로 존재하게 되었다.

- [1335년] 카르타니아는 합스부르크 왕가의 소유가 되어 19세기까지 지속되었고, 나폴레옹에 의해 한 번 중단된 때를 제외하면, 1918년까지 6세기 동안 합스부르크 왕가가 카르타니아를 통치하였다. 합스부르크의 종말과 함께 카르타니아는 오스트리아 공화국의 일원이 되었다. 이 기간 동안 지배층은 게르만화 되었고, 농민 등 피지배층은 계속 슬라브족의 동질성을 유지했다.

▶ 수공업과 상업의 발달

- [11세기] 이때부터 신앙의 주요 중심지인 수도원들이 창건되었다. 이 시기에 여러 도시들도 탄생했다. 크라니와 캄니크(Kranj, Kamnik, 1228), 쉬코프야 로카(Škofja Loka)와 피란(Piran, 1274), 노보 메스토(Novo mesto, 1365)와 첼예(Celje, 1451)가 대표적이다. 이 도시들은 수공업과 상업의 중심지들로 부상했고, 합스부르크 가문은 점점 더 막강해졌고, 해안 도시들은 베네치아 공화국의 일부가 되었다.

▶ 칠리(또는 첼예) 백작 가문(Counts of Celje/Cilli, 1341~1456)과 합스부르크 가문

- 합스부르크 왕조의 패권은 슬로베니아 유일의 귀족가문인 칠리 백작가문을 위협했는데, 15세기 후반에 사멸되었다. 해안 도시들을 제외한 오늘날의 슬로베니아 전 지역은 합스부르크 가문의 지배하에 들어갔다.

▶ 오스만 제국의 습격과 농민봉기

- [15, 16세기] 현재의 슬로베니아 지역에 강력한 오스만 제국의 습격이 있었다. 주민은 방어막을 구축하여 방어하려 했다. 튀르크인들과의 전투 외에 튀르크인에 대한 방어뿐 아니라 새로운 세금과 강제노동에 불만을 품은 농민들의 봉기도 있었다. 가장 규모가 큰 농민봉기가 1515년과 1572년에 있었는데, 18세기까지 지속되었다.

▶ 프로테스탄트교

- 개신교는 슬라브민족의 발전에 큰 역할을 했다. 1550년 종교개혁가 프리모즈 트

루바르(Primož Trubar, 1508~1586)가 슬로베니아어로 된 최초의 서적을 출간했는데, 〈교리문답서(Katechismus)〉가 그것이다. 유리 달마틴(Jurij Dalmatin, 1547~1589)은 성서를 슬로베니아어로 변역했다. 이로써 슬로베니아어가 다른 유럽 민족과 언어들의 문화권과 대등한 권리를 가지게 되었다.

▶ 마리아 테레지아 시절부터 일리리아 주까지

- [18세기] 합스부르크 가문의 여제 마리아 테레지아와 그녀의 아들 요제프 2세(1741~1790)가 지배하던 시절에 슬로베니아어에 의한 일반 교육의무가 도입되었다. 이 두 전제군주는 이런 식으로 슬로베니아 민족의식을 강화할 수 있도록 했는데, 이 민족의식은 나폴레옹 지배시절에 한층 더 도약했다. 1809~1813년 나폴레옹은 합스부르크 제국을 아드리아 해 지역에서 고립시키기 위하여 일리리아 주(슬로베니아, 달마티아, 크로아티아 일부)를 만들고 류블랴나를 수도로 정했다. 이 시기에 학교에서 슬로베니아어의 위상이 개선되었다. 1814년 합스부르크 왕조가 돌아오기는 했지만, 나폴레옹은 교육, 법률, 행정을 지속적으로 개혁했다.

▶ 슬로베니아 연합국(United Slovenia, Zedinjena Slovenija)

- [19세기 후반] 작가 프란체 프레셰렌(France Prešeren, 1800~1849)이 슬로베니아에어 새로운 진가를 부여했다. 그는 자신의 작품에서 슬로베니아어가 고급문화의 언어이기도 하다는 점을 입증했다. 그의 시 〈Zdravljica〉(즈드라블리차,'축배'의 뜻)는 현재 슬로베니아 국가이다. 민주혁명이 유럽을 휩쓸던 1848년 슬로베니아인들 사이에도 정치 및 민족 의식이 싹텄다. 모든 슬라브인의 단합을 촉진한 것은 슬로베니아어를 수업언어이자 관청언어로 도입한 사건이다.

▶ 슬로베니아 땅의 손실과 유고슬라비아 왕국

- [1918년] 제1차 세계대전에서 패하면서 오스트리아-헝가리 이중제국은 붕괴되고, 같은 해 12월 오스트리아 제국의 영토였던 슬로베니아, 크로아티아, 보스니아·헤르체고비나 지역에 슬라브-크로아트-슬로베니아 왕국이 선포되었다.
- [1919년] 슬로베니아 대학이 류블랴나에 설립되었지만, 1년 후 슬로베니아는 북부와 서부의 넓은 지역을 잃었다. 1920년 캐른텐(Kärnten, 카르타니아)이 국민투표로 오스트리아 땅이 되었고, 해안지대는 라팔로 국경조약에 따라 이탈리아 땅이 되

었다.

- [1929년] 세르비아 왕국과 통합하여 유고슬라비아 왕국이 건국되었다.

▶ 제2차 세계대전

- [1941년] 나치독일의 침략으로 유고슬라비아 왕국 패망. 슬로베니아는 독일, 이탈리아, 헝가리에 분할 점령.
- [1945년] 5월 독일패전 후 유고슬라비아 전역은 구소련의 영향권에 편입, 모든 권력이 중앙통제적인 유고슬라비아 공산당에 집중, 11월 29일 유고슬라비아 연방공화국 선포와 더불어 유고연방을 구성하는 6개 자치공화국 중 하나로 전락한다.

▶ 티토 사후

- [1980년] 티토 사망 후 중앙정부의 연방구성 자치공화국에 대한 통제권이 약화되고, 각 자치공화국의 자치권이 확대된다.

▶ 슬로베니아 독립전쟁과 그 이후

- [1990년] 1월 유고 공산당연맹총회에서 슬로베니아 대표단은 슬로베니아의 정치적 장래를 국민투표로 결정한다는 자신들의 제의가 채택되지 않자 철수, 연방공산당으로부터 탈퇴, 민주개혁당(Party of Democratic Reform) 결성.
- [1990년] 3월 슬로베니아 의회는 국명에서 "Socialist"라는 용어 삭제, 연방 중앙정부의 대 슬로베니아 경제제재에 대한 비상조치 계획 선포.
- [1990년] 4월 제2차 세계대전 후 최초로 실시된 자유총선에서 대통령에 구 공산당 계열 인민개혁당의 밀란 쿠찬(Milan Kucan) 당선, 총리에는 기민당의 알로이즈 페테를레(Alojz Lojze Peterle, 1948~)가 취임.
- [1990년] 6월 2일에 슬로베니아 의회는 유고연방으로부터의 독립 결의.
- [1990년] 12월 23일 국민투표에서 87% 이상이 유고연방으로부터의 독립을 지지함으로써 독립선언 재확인. 유고연방 중앙정부는 슬로베니아 국민투표가 연방헌법에 위배된다고 공포.
- [1991년] 6월 25일 슬로베니아 공화국은 유고연방에서 분리 독립 선언. 6월 27일 유고연방군이 슬로베니아에 진주하며 10일 전쟁 시작.
- [1991년] 7월 7일 EC의 중재로 유고연방군은 브리오니 협약(Brioni Declaration)에 서

명, 슬로베니아에 대한 군사개입 중단, 3개월간 독립을 유예하기로 결정.

- [1991년] 10월 8일 3개월간의 독립유예기간 종료에 따라 독립절차 개시, 독자 화폐로 톨라(Tolar) 화 채택.
- [1991년] 12월 23일 슬로베니아공화국 헌법 채택 (민주공화국, 법치주의, 3권 분립).
- [1992년] 1월 15일 EC, 슬로베니아공화국 승인 (미국은 동년 4월에 승인).
- 1992.5.22. UN 가입(176번째 회원국).

▶ EU-가입과 NATO-회원

- [2004년] 옛 유고 연방 국가 중 가장 먼저 유럽연합(EU) 가입, 공산주의 국가였던 국가들 중 1인당 GDP가 가장 높다. 1992년, 1998~1999년, 2007~2011년에는 대한민국보다도 높았다. 현재 실업률이 10%에 육박하고 절대 빈곤층이 12.9%나 된다.
- [2007년] 1월 1일 EU 회원국으로서 유로화 도입.

3
문화

- 베네치아에 가려면 로마보다 슬로베니아 수도인 류블랴나에서 가는 게 더 가깝다. 야간열차를 타고 출발하면 아침에 도착하는 정도. 크로아티아의 플리트비체 국립공원으로 통하는 자그레브도 꽤 가깝다.

01. 수도 류블랴나(Ljubljana)

- 류블랴나에는 4 마리의 용이 새겨진 다리가 있다. 류블랴나의 상징동물이다. 그리스 신화에 나오는 이아손의 전설을 빌리면, 동쪽 끝에서 황금양털[3]을 구한 이아손은 흑해에서 다뉴브 강을 거슬러 오다가 지류인 사바 강을 통해 류블랴나의 류블랴나차 강으로 들어왔다. 당시 류블랴나 근처 호수에 큰 용이 살고 있었는데, 이아손은 용감하게 용을 물리치고 도시를 건설했는데 류블랴나가 그 도시이다.
- 이아손이 물리친 용은 현재 류블랴나의 문장이 되었다.
- 인구 30만 명의 아름다운, 류블랴나차 강변에 자리한 사랑스런 도시. 그러나 지정학적으로 보면 유럽의 여러 지역을 연결하는 구심점 역할을 한다. 북쪽의 독일어권(오스트리아), 서쪽의 라틴어권(이탈리아), 남쪽의 지중해와 발칸지역(크로아티아), 동쪽의 헝가리로 연결되는 교통

3) 이아손이 얻은 황금양털은 당시 사금을 구하려고 양털로 모래를 거르는 과정에서 양털에 사금이 잔뜩 묻어났는데, 이것을 나타낸 표현이 황금양털이다.

의 중심지다. 그래서인지 류블랴나의 역사는 정말 파란만장하다. 역설적으로 문화유산도 풍부하다. 류블랴나의 종속의 역사를 보면 이해가 간다.

▶ 역사이전

- 기원전 3600~3100년에 라이바흐(Laibach) 습지에 최초의 호수 속 주거지(기둥을 이용한 주거지)가 있었다. 기원전 1000~700년에는 최초의 일리라아 인과 베네치아 인의 주거지가 있었고, 기원전 400년 무렵 켈트인의 시대가 열렸다.

▶ 로마제국

- 기원전 1세기에 로마인들에 의해 현재의 류블랴나 지역에 군사요새 건설. 서기 15년에 로마인이 에모나(Emona, Iulia tribu Claudia)를 건설. 그러나 게르만 민족대이동 때 몰락하여 유적지만 남아 있다.
- 서기 5세기에 훈족의 아틸라 왕에게 정복되었다.

▶ 슬라브인

- 600년 무렵 에모나가 몰락하면서 슬라브인이 이주해 왔다.

▶ 프랑크제국

- 800년 무렵 류블랴나 지역이 프랑크제국의 지배하에 들어갔다.

▶ 신성로마제국

- 1112~1125년 '류블랴나'('사랑스런 도시'의 뜻)란 현재의 명칭이 역사에 처음 등장. 이 도시를 문서에서 처음 언급한 때는 1144년, 슬라브어에서 파생한 독일어 명칭인 '라이바흐(Leibach)'로 사용된 데서 유래한 것이며, 1146년에는 루비가나(Luwigana)란 이름이 사용되었다.

▶ 보헤미아왕국

- 1270년 류블랴나는 보헤미아 왕 오타카르 2세(Premysl Ottokar II, 재위 1253~1278)에 의해 정복. 오타카르 2세는 단테의 〈신곡〉에도 등장하는 인물이다. 그는 1251년부터 오스트리아의 공작이기도 했고, 1261년부터는 슈타이어마르크의 공작, 1269

년부터는 캐른텐과 크라인의 공작이었다. 이렇게 그는 먼저 왕족이 되고자 노력했고, 나중에는 여러 번 신성로마제국의 왕좌 권력을 위해 온갖 노력을 기울였으나 끝내 성공하지 못했다.

지배국가	국기	행정단위	지배기간
신성로마제국 1400		크라인 변경방백령 (1278부터 합스부르크 가문)	1144~1364
		크라인 대공국 (1379/1411~1457, 1564~1619)	1364~1804
오스트리아제국		크라인 대공국	1804~1809
프랑스		일리리아 속주	1809~1813
오스트리아제국		일리리아 속주	1813~1816
		일리리아 왕국	1816~1849
		크라인 대공국	1849~1867
오스트리아-헝가리 이중제국		크라인 대공국 (치스라이타니아 [이중제국의 북서지역을 말하는 비공식 명칭)	1867~1918
유고슬라비아왕국 1918		슬로베니아 주	1918~1922
		오브라스트 류블랴나/Oblast Ljubljana	1922~1929
		드라바-바나트(주, Dravska banovina)	1929~1941
이탈리아 1861		라이바흐 주(류블랴나의 독일명)	1941~1943
독일제국 NS		라이바흐 주, 공식은 이탈리아령, 그러나 실제는 독일의 지배를 받음	1943~1945
유고슬라비아사회주의연방공화국		슬로베니아 인민공화국	1945~1963
		슬로베니아 사회주의공화국	1963~1990
		슬로베니아 공화국	1990~1991
슬로베니아		류블랴나 자치시	1991부터

▶ 유럽 여행지로서 슬로베니아를 떠올리는 이들은 많지 않다.

- 대륙의 어디쯤에 위치해 있는지 정확하게 짚을 수 있는 사람도 드물다. 그러나 막상 슬로베니아에 한번쯤 발을 디뎌본 사람은 차분하고 고요한 매력에 쉽게 마음을 빼앗긴다. 특히 유럽의 북적대는 도시 여행에 지친 이들은 마음속에 차분히 쉼표 하나 새길 수 있는 낭만적인 슬로베니아가 제격이다.

- 류블랴나는 도심을 가로지르는 류블랴니차 강을 기준으로 구시가지와 신시가지로 나뉜다. 구시가지에는 류블랴나 성을 둘러싼 중세 건물들이 오밀조밀 모여 있고, 신시가지에는 류블랴나의 중심인 프레셰렌 광장(Prešerenov Trg)이 자리하고 있다.
- 프레셰렌 광장은 슬로베니아 낭만주의를 이끈 민족시인 프란체 프레셰렌(France Preseren, 1800~1849)의 이름을 붙인 곳으로, 광장 한가운데 프레셰렌의 동상이 서 있다. 그의 시 '축배(Zdravljica)'가 1992년에 슬로베니아가 독립할 때 국가가 되었고, 그의 기일인 2월 8일이 국경일이니 슬로베니아에서 프레셰렌은 그야말로 국민적인 영웅이다.

(1) 류블랴나 성

- 류블랴나 성은 화려하지도 크지도 않고 아담하다.
- 케이블카를 이용하거나 걸어서 갈 수 있다. 뒷동산을 조금 걷다보면 탁 트인 대지가 눈앞에 펼쳐지고 그 위에 우뚝 솟은 류블랴나 성이 시야에 사로잡힌다.
- 류블랴나 성은 9세기에 만들었으나 후에 지진으로 파괴된 부분을 복원했다.
- 15세기 합스부르크 왕가가 지배하던 시절, 오스만제국의 공격을 차단하고자 성을 더욱 단단히 세우면서 17세기에 현재의 모습을 갖추게 되었다.

-성은 한 때 병원과 감옥 등으로도 쓰였다.

〈타워 꼭대기로 가는 계단과 난간〉

- 성 입장은 무료. 그러나 전망대에서 시내 풍경을 더욱 자세히 보고 싶은 마음에 타워(전망대)와 박물관을 오갈려면 4유로 입장권을 구입해야 한다.
- 타워 꼭대기로 오르는 철 계단은 다리 한 짝을 뗄 때마다 등줄기가 싸늘해질 정도로 아슬아슬하다.
- 꼭대기에 올라가면 강한 바람까지 온 몸을 휘감는 탓에 금방이라도 밑으로 떨어질 것처럼 아찔한 기분. 발아래 펼쳐진 수백 개의 주황색 지붕이 아름다운 하모니를 이룬다. 그 풍경은 유럽의 여느 도시에서 봤던 고풍스런

느낌과 닮아있으면서도 한편으로는 좀 더 아기자기한 느낌이다.

- 성 안에는 차와 식사를 즐길 수 있는 레스토랑이 있다. 성의 이곳저곳을 구경하다가 가만히 앉아 블랙커피 한 잔 마시며 휴식을 취하기에 더없이 좋은 장소다.

(2) 시내투어

- 류블랴나 여행의 정취는 무엇보다 '느림'의 미학을 만끽할 수 있다는 점이다. 이 나라 저 나라를 바삐 옮기며 시간에 쫓기기 일쑤인데 느긋한 휴식이 가능한 장소에서 운치와 낭만을 즐길 수 있다.
- 류블랴나는 어느 곳을 걸어도 늘 조용하고 차분하다. 다닥다닥 붙은 건축물들은 시간과 예술을 동시에 품고 있으며 오래된 느낌의 고풍스런 골목은 시간을 거꾸로 돌리는 것처럼 오묘한 즐거움이 흐른다. 작은 크기에서 오는 답답함 보다는 그것에서 오는 편안함을 경험할 수 있는 장소. 걷다보면 어느새 고풍스런 멋이 가득한 세상 속으로 빨려 들어가는 것 같은 착각이 드는 낭만의 도시다.
- 류블랴니차 강을 따라 걸어가다 보면 카페와 레스토랑, 박물관 등이 질서정연하게 있어서 고아한 멋을 뽐내는 장면과 마주친다. 달빛이 비치기 시작할 즈음에는 레스토랑과 카페에서 흘러나오는 불빛이 또 다른 매력을 발산한다.
- 유럽에서 이곳으로 기차를 타고 갈 때에는 조심할 게 있다. 목적지를 향해 가는 중간에 객차가 각기 다른 목적지로 갈리기도 하는 때문이다. 예컨대 오스트리아 잘츠부르크에서 류블랴나로 가면 국경에서 각기 다른 나라로 분리되기 때문에 자유석을 이용할 경우 조심해야 한다.

▶ 바로크 · 아르누보 양식의 고아한 건물들

- 류블랴나 여행의 시작은 프레셰렌 광장. 광장에서 강을 따라 걷다보면 류블랴나의 상징동물 용의 석상이 눈에 들어온다. 다리의 양 옆과 양쪽 끝에 모두 네 마리의 용으로 장식된 '용의 다리'인데, 유럽에서 가장 오래된 철근 콘크리트 다리다.
- 류블랴니차 강에는 12개 이상의 다리가 있다. 그 중 가장 유명한 다리가 구시가와 신시가를 연결하는 트로모스토브에 다리.

세 개의 다리라는 뜻으로 처음에는 한 개의 목조 다리로 지어졌다가 후에 '트리플 브리지'라는 뜻의 트로모스토프예(Tromostovje)로 만들었다. 트리플 브리지 외에도 트르노보 다리(Trnovski most), 드래곤 다리(Zmajski most), 흐라데츠키 다리(Hradeckega most), 백정 다리(Mesarski most)가 유명하다.

- 걸어가다 보면 먼발치에서도 주목을 끄는 한 건축물이 눈에 들어온다. 분홍색으로 채색된 성 프란체스카 성당이다. 17세기에 지은 바로크 양식의 건축물로 장서들을 많이 소장한 도서관이 특히 유명하다.
- 류블랴나를 대표하는 또 다른 성당은 성 니콜라스 대성당. 수호성인 성 니콜라스를 기리기 위해 지은 것. 13세기에 로마네스크 양식으로 지은 목조 건축물이었는데, 18세기에 현재의 모습으로 바뀌었다.

〈세계 최대의 목제 파이프 오르간이 있는 성 니콜라스 성당〉

- 유럽 여행을 하며 쉽게 만나던 으리으리한 성당들과 비교하면 외관은 그저 소박하다. 내부를 꽉 채운 세계에서 가장 큰 목제 파이프 오르간은 관람객의 시선을 단번에 사로잡는다.
- 다시 몇 걸음 옮기면 문 앞에 깃발이 나부끼는 건물과 마주친다. 1484년 재판소로 지은 것을 1718년에 재건축하여 현재는 시청사로 쓰고 있는 건물. 그 앞에 자리한 빛바랜 오랜 시계탑과 '롭바 분수'도 눈에 들어온다. 배가 출출하면 길거리 음식으로 말고기 햄버거를 먹는 것도 이색적인 경험이다.

(3) 프란체 프레셰렌(France Prešeren, 1800~1849)

- 슬로베니아 낭만주의 선구자. 슬로베니아 유로화(2유로 동전)에 새겨진 인물. 프레셰렌의 기일을 기려 매년 2월 8일은 '프레셰렌의 날'로 국경일이다.
- 슬로베니아 여행은 수도 류블랴나로부터 시작되며 류블랴나 관광은 프레셰렌 광장부터 출발한다. 광장에 들어서기 전에 얻은 짧은 정보 중 하나는 신분의 벽을 끝끝내 뛰어넘지 못한 가슴 아픈 율리야 프리미츠(Julija Primic)와의 러브스토리.

- 부잣집 여인 율리야를 사랑했던 남자, 프란체 프레셰렌은 넘사벽 신분 때문에 결국에는 그녀와 헤어진다. 그는 접어야 했던 애달픈 사랑을 글로 승화시켰다. 이루지 못한 사랑과 율리야에 대한 그리움을 수많은 시에 녹이고 또 녹였다. 마치 단테의 베아트리체나 페트라르카의 로라와 같이 율리야는 그의 시의 대상이 되었다.
- 프레셰렌은 슬로베니아의 민족 시인이자 독립운동가로서 정신적 지주 역할을 한 인물. 현재는 류블랴나의 중심인 프레셰렌 광장을 지키고 서 있다.

- 그의 동상은 오가는 수많은 사람들과 마주하고 있지만, 정작 그의 눈은 한 곳만을 응시하고 있다. 시선이 향하는 곳을 따라가다 보면 건너편 노란 건물 벽면에 걸린, 그가 그토록 사랑하던 율리야의 조각상을 마주하게 된다. 애절하고 안타까운 사랑 이야기를 전해들은 다음에 그와 그녀의 얼굴을 번갈아보면 마음 한 편이 뭉클해진다.
- 프레셰렌의 사랑이야기를 감싸 안은 광장은 7월이 되면 뜨거운 축제의 열기로 가득하게 된다. 국제 재즈 페스티벌과 서머 페스티벌 등 류블랴나의 굵직굵직한 축제들이 광장의 불을 밝히며 밤낮없이 관객을 맞이하기 때문이다. 달빛에 녹아내린 다양한 악기들의 하모니와 신명나는 공명에 화답하는 관객들의 박수소리, 어깨춤을 추는 이들의 즐거움은 조용하던 류블랴나의 여름밤을 뜨거운 열기로 채

운다.

- 광장 주변에 들어서면 바로크와 아르누보 양식을 버무린 건물들이 눈에 들어온다. 대부분 슬로베니아의 '가우디(Antoni Gaudí, 1852~1926)'로 알려진 요제 플레츠니크(Jose Plecnik, 1872~1957)가 지은 건물들이다. 체코 프라하성도 그의 손을 탄 것으로 유명하다.

2. 블레드(Bled)

- '알프스의 눈동자'라고도 하는, 동화 같은 마을.
- 투명한 에메랄드빛의 호수, 호수 위에 떠 있는 작은 섬과 그곳에 세워진 교회, 우뚝 솟은 벼랑 위에서 호수를 내려다보고 있는 블레드 성, 호수 저편의 만년설로 뒤덮인 율리안 알프스 산맥.
- 계절마다 표정을 바꾸는 웅장한 자연의 아름다움은 완벽한 절경을 창조한다.
- 특히 햇빛에 따라 빛깔을 달리하는 호수의 물빛은 오묘한 아름다움을 보여준다.
- 호숫가 산책로를 걷다보면 성모승천교회에서 울리는 종소리가 맑은 공기와 융화되어 천상을 수놓고, 호수의 잔잔한 수면은 율리안 알프스의 아름다운 경관을 연출한다.

▶ 역사

- 크란스카 변경[4]에서 블레드가 Ueldes, 즉 Veldes로 처음 언급된 것은 1004년 4월 10일인데, 고성이 황제 하인리히에 의해 브릭센의 주교 알부인 1세(Albuin I.)[5]에게 임대할 때 사용한 증여증서에서 발견된다. 1278년 고성과 벨데스 지역은 크란스카 변경과 함께 합스부르크 가문에게 넘어갔다. 그 전에 이곳은 신성로마제국의 황제 루돌프 1세가 마르흐펠트(Marchfeld, 현재 빈 동쪽의 니더외스터라이히 주의 일부지

4) 크란스카(슬로베니아어: Kranjska, 독일어: Krain)는 슬로베니아에 위치한 역사적 지역으로, 가장 큰 도시는 리블랴나(슬로베니아의 수도)이다.

5) 알부인 1세는 변경백 '알부인 폰 캐른텐'(Albuin von Kärnten)과 그의 부인 힐데가르트의 아들로, 977년 처음 주교가 되었다.

역) 전투에서 오토카르 2세(Ottokar II., 체코어: Přemysl Otakar II., 1233~1278)[6]에게 승리한 곳이기도 하다.

- 슬로베니아의 여타 지역들처럼 블레드를 둘러싼 지역은 1806년까지 신성로마제국에 속했고, 1804년부터는 합스부르크 가문의 오스트리아 제국, 특히 크라인(크란스카) 공국에 속했다. 오스트리아-헝가리 이중제국이 해체된 1918년에 크라인 공국은 소멸되고 슬로베니아는 새로 건립된 세르비아-크로아티아-슬로베니아 왕국(유고슬라비아 왕국)에 병합되었다. 지금까지 수세기 전부터 슬로베니아 민족 집단이 살고 있는 남부 캐른텐과는 연결망이 없는 끊어진 상태에 있다. 교통 공학적으로 보면, 블레드 지역은 1986~1991년에 건설된 고속도로의 카라반켄 터널을 통해 빌라흐(Villach) 지역과 연결되고 있다.

(1) 블레드 호수(Blejsko jezero)와 고성

- 블레드 호수와 고성이 있는 블레드 마을은 1855년 스위스 출신의 자연요법치료사인 아르놀트 리클리(Arnold Rikli, 1823~1906)가 이곳의 물과 공기, 그리고 온천수와 태양을 이용해서 환자를 치료하면서 형성되었다.
- 지금은 슬로베니아뿐만 아니라 유럽에서 유명한 휴양지. 여름에는 골프와 수상 스포츠, 등산을, 겨울에는 스키와 빙상 스포츠를 즐길 수 있는 곳.
- 호수 한가운데 그림 같은 섬(Blejski otok)이 있다. 슬로베니아 유일의 섬.
- 슬로베니아에 인접한 해안은 대부분 이탈리아 영토여서 바다로 나갈 수 있는 해안이 40㎞에 불과하다. 게다가 그 앞바다에는 섬도 없다.
- 호수는 지름 2,120m, 최고 수심 30m. 호수에 도착하면 무엇보다 호수 중간의 섬과 남쪽으로 호

〈티토별장〉

6) 프레미슬리드 왕조의 일원으로, 보헤미아 왕(1253~1278)이었다. 또한 1251년부터 오스트리아의 공작 작위를, 1260년부터 슈타이어마르크의 공작 작위를, 1269년부터 캐른텐과 크란스카(카르니올라)의 공작 작위를 받았다.

수를 낀 바위산에 앉아있는 블레드 고성이 눈에 들어온다.

- 섬에는 성모승천교회, 티토 별장이 있다. 김일성 주석도 이곳에 반해 일정을 며칠 연장하면서까지 머물렀다고 한다. 지금은 호텔로 사용 중. 건물 뒤쪽에는 선착장이 따로 있다.

〈상식〉 티토(Josip Broz Tito 1892~1980), 그는 누구이고 무엇을 남겼는가?

- 1974년 유고슬라비아 신헌법이 제정되면서 종신 대통령이 되었다. 1952년 결혼한 세 번째 부인과 함께 이곳에서 말년을 보냈다. 티토의 말년은 행복하지만은 않았다. 32세 연하의 부인과 사이가 좋지 않아서 1977년 말부터 별거했다. 1980년 1월 왼쪽 다리 절단 수술을 받았지만 병세 악화로 5월 4일 88세로 타계했다.
- 티토는 훌륭한 피아니스트였고, 멋쟁이 정치인이었으며, 사진을 잘 찍고 사냥과 낚시를 즐겼으며, 사생활은 검소했고. 자식들을 특별 대우하지도 않았다. 1945년 이후 1980년까지 유고슬라비아는 동구권에서 가장 잘사는 나라였다.
- 그러나 티토가 사망한 후, 한 세대가 지나가기도 전에 유고슬라비아는 다섯 개 공화국으로, 즉 유고슬라비아를 계승한 세르비아-몬테네그로, 크로아티아, 슬로베니아, 마케도니아, 보스니아·헤르체고비나로 분리되었다. 이후 끊임없이 인종청소 전쟁이 발발했다. 20만 명의 사상자와 실종자를 내고 430만 인구의 절반 이상을 난민으로 전락시킨 보스니아·헤르체고비나 내전은 피로 얼룩진 유고슬라비아 분열의 시작이었다. 곧 이어 세르비아와 몬테네그로가 분리되었고, 세르비아에서는 코소보 사태가 발생했다.
- 세르비아의 자치주 코소보는 알바니아계 주민이 80%를 차지하고 있었기 때문에 독립을 원했다. 그러나 세르비아는 코소보의 독립을 거부하면서, 코소보 독립을 지지하는 서방 국가의 대사관을 공격하는 폭력적인 데모가 벌어졌다. 1998년 3월 초 코소보의 알바니아 분리주의 반군들이세르비아 경찰을 공격하면서 코소보 사태가 터졌다. 100만 명이 넘는 난민이 발생한 코소보 사태에서 발생한 학살과 인종청소의 후유증은 지금도 아물지 않고 있다.

- 블레드 호수 속의 블레드 섬에 들어가는 방법은 세 가지. 여름에 수영해서 가거나, 겨울에 얼음 위로 걸어가거나, 나룻배를 타고 가는 방법이다.
- 대개는 전통 나룻배 '플레트나(Pletna)'(20인승)를 타고 블레드 섬으로 이동할 수 있다. 이 나룻배는 베네치아 곤돌라 뱃사공처럼 건장한 뱃사공이 노를 젓는다. 아름다운 블레드 호수가 유흥지로 되는 것을 바라지 않았던

합스부르크 가문의 마리아 테레지아(1717~1780) 여제가 22척의 나룻배만 운행할 수 있도록 허가했다. 지금도 그 수를 유지하고 있다. 가업으로 대물림되는 플레트나 뱃사공은 베네치아의 곤돌라 뱃사공처럼 건장한 남자만 할 수 있는 선망의 직업이다.

▶ 성모승천교회

- 슬로베니아 관광엽서에서 흔하게 보는 명소로, 블레드 섬에 우뚝 솟아있다.
- 원래는 6세기 슬라브인들이 지바(Živa) 여신을 모신 자리였으나, 8세기에 가톨릭교로 개종하면서 성당이 들어섰다.
- 성당에는 소원을 들어준다는 '행복의 종'이 있다. 성당을 찾은 관광객이라면 누구나 종을 흔들어대다 보니(물론 공짜가 아니다) 주말에는 종소리가 끊이지 않는다.
- 섬에 도착하면 99개의 계단을 올라가야 한다.
- 이 성당은 슬로베니아에서 가장 인기 있는 결혼식 장소. 성당에 사랑의 의미가 담겨있다고 믿기 때문이다. 성당으로 올라가는 99개의 계단에 얽힌 이야기도 재미있다. 성당에서 결혼식을 올리려면 신랑이 신부를 안고 이 계단을 끝까지 올라가야 한단다. 성당에서 결혼식을 올린 후에도 신혼부부가 반드시 해야 할 일이 남았다. 성당 중앙에 늘어진 밧줄을 잡아당겨 종을 울려야 식이 완성되기 때문이다.
- 조그만 섬에 비해 '성모승천교회'의 규모는 상대적으로 크기도 하거니와 나름의 역사성도 있다. 성당 앞마당에는 바로크식으로 조각된 성모상이 오랜 풍상을 견디고 서 있다. 우리가 자주 접하는 평화롭고 자비로운 모습이 아니라 뭔가 하고 싶은 말이 가득한 여인의 모습. 이 섬에는 7세기부터 몇 가구가 거주, 이들이 8세기 무렵 공동묘지 겸 작은 경당을 지었다. 그 후 기존 경당에 덧대어 예배당을 지었다. 11세기에 평신도들이 기도하는 중심 공간, 즉 두 개의 회중석을 가진 성당으로 완성하였다. 15세기에 기존 성당을 헐고 지금의 고딕식 성당과 종탑을 만들었고, 16세기에 성당 내·외부를 바로크식으로 개조하였다.
- 입구에서 회중석이 끝나는 지점과 제대 사이 공간에 밧줄 하나가 내려와 있는데,

이것이 바로 '소망의 종'을 치는 밧줄. 전설에 따르면 블레드 성에 사는 한 젊은 부인이 남편이 산적들에게 피살당하고 슬픔에 잠겨 있자, 산적들이 가지고 있던 모든 재산을 팔아 금과 은으로 바꾸고 이를 종으로 만들어 블레드 섬에 있는 성당에 기증했다고 한다. 그러나 종을 배에 싣고 가는 도중 심한 풍랑을 만나 배가 뒤집어져 애석하게도 종은 물밑에 가라앉고 말았다. 그러자 젊은 과부는 더욱 슬픔에 잠겨 세월을 보내다가 로마로 가서 수녀원에 들어갔다. 교황은 그녀가 죽고 나서 이 성당에 다른 종을 하나 봉헌했다. 그 후 이 종을 치면서 성모 마리아에게 기도를 올린 사람들에게는 그 소원이 이루어졌다고 한다.

(2) 블레드 성

- 블레드 마을에서 조금 떨어진 곳에 빙하의 흔적으로 생긴 호수와 울창한 숲, 그리고 호수 남쪽으로 솟은 바위산에 위치한 아름다운 성.
- 이후 입지 조건과 풍광으로 유고슬라비아 왕가의 여름 별장으로도 사용됐다.
- 성 입구에는 유럽연합 국기, 슬로베니아 국기가 나란히 게양되어 있다. 고성의 입구는 전형적으로 크지 않다. 입장권 구입은 필수.
- 매년 6월 첫째 주 일요일에 중세축제가 열린다. 멋진 레스토랑도 있다. 결혼식도 올릴 수 있다.
- 이 고성이 처음 역사서에 등장한 때는 1011년 5월 22일 독일 왕이자 신성로마제국의 황제로서 유일하게 가톨릭 성인으로 추앙받은 하인리히 2세가 브릭센(현재 티롤 지역에서 가장 오래된 도시들 중 하나)의 주교들에게 이 고성을 양도한 날이다. 이후 수세기동안 이 성은 브릭센 주교의 소유가 되었다. 크라인 변경에 위치한 이 고성은 1278년 합스부르크 가문의 소유가 되면서 오스트리아에 귀속되었다. 1838년 이 고성은 예세니체에 제철소를 가진 부호 빅토르 루아르두에게 매각되었다. 뒤이어 이 성은 여러 번 매각과정을 거치다가 1937년에 국가 소유가 되었다.
- 건물: 이 고성에서 가장 오래된 것은 로마네스크 양식의 첨탑이다. 1511년과 1690

년에 이 지역에 지진이 발생했을 때 이 고성도 손상을 입었다. 그래서 또 다른 첨탑들이 건축되면서 방어시설이 강화되었다. 이후의 건축물들은 르네상스 시대의 것들이다. 이 건축물들은 안마당을 둘러싸고 있는데, 내려가는 계단을 통해 서로 연결되어 있다. 위쪽 고성 안마당에 있는 예배당은 16세기의 것이지만, 17세기에 보수되면서 프레스코화들로 채색되었다. 안마당의 위쪽에는 주거용 건물들이, 아래쪽에는 관리용 건물들이 있다.

- 성루에서 볼 수 있는 블레드 마을 풍경. 블레드는 호수 주변으로 형성된 마을. 중세시대부터 오스트리아-헝가리 이중제국의 왕족들이 여기에 빌라를 짓고 휴양을 보낸, 오랜 전통의 휴양도시. 호수 둘레는 대략 6㎞. 2시간이면 호수를 한 바퀴 돌 수 있다.

〈아래쪽 안마당과 관리용 건물〉

03. 프레드야마 고성(Grad Predjama)

- 포스토이나 동굴에서 10km 떨어진 곳에 인류역사에서 가장 아름다운 걸작 중 하나로 불리는 동굴 성이 있는데, 프레드야마 고성이 그것이다.
- 'predjama'는 '동굴 앞에 있는 성'의 뜻. 절벽에 생긴 자연 동굴을 이용하여 성을 축조한 독특한 구조. 성 바로 앞의 푸른 잔디로 된 뜰을 Cavalry Arena라고 하는데, 매년 7월에 중세 마상경기대회, 정확히는 에라젬의 기사 토너먼트가 열리는 곳이다. 대개는 7월 마지막 주말에 개최되는데, 토너먼트 참가자들은 중세 기사복장을 하고 대결을 벌인다.
- 성안의 동굴은 5월부터 9월까지만 개방한다. 이후에는 동굴에서 박쥐들이 겨울잠을 자기 때문에 개방하지 않는다.

- 이 고성은 12세기에 건축된, 123m 높이의 가파른 암벽에 거대하면서도 도발적인 난공불락의 요새처럼 걸쳐있다. 왼쪽 부분은 12세기에, 오른쪽 부분은 13세기에 건축되었고, 중간 부분은 르네상스 시대에 증축되었다. 현재의 모습은 1570년에 르네상스 양식으로 신축된 것이다.

- 용감한 도둑기사 에라젬 뤼거(Erazem Lueger, 15세기에 프레드야마 성의 기사였음, 원래는 트리에스테의 제국 통치자 니콜라이 뤼거(Nikolaj Lueger)의 아들)의 은신처로 사용되면서 아름답고 낭만적인 이야기가 얽힌 곳. 전설로 남아있는 것은 에라스무스 탈출로. 카르스트 지형 동굴 안으로 더 깊이 들어갈 수 있는 길, 비상시 성주의 탈출로 또는 생활공간으로 이용된 곳.
- 12세기에 난공불락의 암벽에 고성 건축. 옛 고성의 주거용 날개건물은 현재의 건물 위치에 있었다. 동굴(Luknja)은 은신처로 이용되었는데, 이 동굴은 바위마루를 넘어 60m 깊이까지 내려가서 비밀통로를 따라 38m를 가면 산꼭대기에 다다른다. 이 시설물은 아퀼레이아 총대주교와 합스부르크 가문의 소유였다.
- 프레드야마 성 소유자들 중 가장 유명한 성주는 에라젬 뤼거(또는 에라스무스 폰 뤼크, Erasmus von Luegg)였다. 에라젬에 관한 전설적인 이야기가 있다.
- 신성로마제국의 황제 프리드리히 3세(1415~1493)[7]와 헝가리 왕 마티아스 코르비누스(헝가리어: Hunyadi Mátyás, 1443~1490)가 투쟁하는 동안 라우젬은 헝가리를 도왔다. 에르젬은 황제의 지시로 그의 친구인 안드레아스 바움키르혀가 처형되자 다투다가 황제의 친척을 죽이는 바람에 사형선고를 받고는 프레드야마 성으로 피신한다.
- 에르젬이 여러 번 상인들을 습격한 때문에 오스트리아 황제는 트리에스테의 통치자이던 니클라스 폰 라우버 자작(안드레이 라프바르(Andrej Ravbar)라고도 함)에게 에르젬을 체포하라고 지시한다.

7) 1440년부터 독일 왕, 1452년 신성 로마 제국 황제가 되었고, 오스트리아의 합스부르크 가문의 일원이다. 독일의 군주로는 프리드리히 4세라고도 하며 신성로마제국 황제로는 프리드리히 3세가 된다.

- 1년 이상 프레드야마 성을 포위하고 공격하지만 성과는 없었다. 포위를 당한 에르젬은 라우버 자작의 병사들에게 익힌 불고기와 신선한 버찌를 던지며 병사들을 우롱했다. 라우버 자작의 군대는 성의 출입구 길목을 지키고 있어서 에라젬이 성에 갇혀 있다고 생각했다. 그러나 에라젬은 동굴 속의 비밀 통로, 즉 성 뒤편 산꼭대기로 연결된 동굴 통로를 통해 산 너머 마을을 자유로이 넘나들 수 있었다.
- 1484년에 포위군은 배반한 신하의 도움으로 에르젬(에라스무스 폰 뤼크)을 죽일 수 있었다. 에르젬은 변소에 가다가 투척한 돌멩이에 맞아 죽음을 맞이한 것이다.
- 1570년에 현재의 3층과 4층 모습으로 신축하여 오늘에 이르고 있다. 건축은 요한 코벤츨 폰 프로세크 추 뤼크 자작(Johann Cobenzl von Prossegg zu Lueg)이 맡았다.
- 원래의 성을 포위하여 공격하면서 파괴된 후 이 폐성은 오버부르크 가문에게 넘어갔다. 1511년에 두 번째 성이 16세기에 첫 번째 자리에 푸르크슈탈(Purgstall) 가문에 의해 건축되었지만 지진으로 붕괴되었다. 1567년에 오스트리아 합스부르크 가문 출신의 대공 카를 2세(Karl II. Franz von Innerösterreich, 1540~1590)가 필립 폰 코베른츨 남작에게 이 성을 임대했는데, 이 남작은 20년 후에 모두 상환했다. 1570년에 르네상스 양식의 3층과 4층 규모의 성이 원래의 중세 요새 위 깎아지른 절벽에 건축되어 바뀌지 않은 상태로 오늘에 이르고 있다.
- 18세기에는 코베른츨 가문의 여름 별장으로 애용되었다. 오스트리아 제국의 정치가 필립 폰 코베른츨(Johann Philipp von Cobenzl, 1741~1810) 백작과 외교가인 루드비히 폰 코베른츨(Ludwig von Cobenzl, 1753~1809) 백작이 이 성에서 여생을 보냈다.
- 이 성은 1810년 미카엘 코로니니 폰 크론베르크(Michael Coronini von Cronberg, 1793~1876) 백작에게 상속되었다가, 1846년 빈디쉬-그래츠(Windisch-Graetz) 후작 가문에게 매각되었는데, 제2차 세계대전이 끝날 때까지 이 후작 가문이 소유했다.
- 17세기 초에 절도행위가 발생한 이후 비밀통로입구를 벽으로 막아버렸고, 제2차 세계대전 후 동굴연구가들에 의해 개방되어 왕래하다가 다시 폐쇄되었다. 약 2000년부터 비밀 통로가 재개방되었다.

04. 첼예 고성(Celjski grad)

- 이 폐성은 구시가의 남동쪽 언덕에 있다. 호인부르크 백작, 자네크 남작, 첼예 후작 등의 소유였다. 1456년 첼예 후작 가문의 마지막 후계자가 살해된 후 이 성은 영주의 손에 넘어갔다. 17세기에 눈에 띄게 붕괴되었는데, 17세기 말에는 지붕이 없는 상태가 되었다. 1755년 가이스루크 백작(Rudolf Karl von Gaisruck, 1700~1778)이 이 성을 구입하여 채석장을 건립했다. 19세기에 농부 안드리에 고리셰크(Andrej Gorišek)가 이 성을 사들여서 채석장 사업을 이어갔다. 1846년 이후 이 폐성은 점진적으로 재건되기 시작하여 오늘에 이르고 있다.

- 거대한 고성시설은 동쪽지역과 서쪽지역으로 나눠지는데, 동쪽 지역에는 산마루 중간에 견고한 망루('프리드리히 첨탑'이라고도 함⇨)가 있고, 서쪽 지역에는 관리용 및 방어용 시설들과 분수가 하나 있다. 중간에 있는 주거공간은 추가로 내부 해자가 방어막을 이루고 있다. 가장 오래된 핵심고성은 캐른텐의 호인부르크 백작 가문(1050~1322)이 옛 고성을 개축하던 때인 13세기 전반기(문헌에 처음 언급된 때는 1241년)에 성벽으로 둘러친 뜰을 가진 건물에 딸린 주거첨탑을 중심으로 발전시킨 것이다. 13세기부터 16세기까지 고성시설은 고성 언덕 위에

확장된 것인데, 슬로베니아에서 가장 폭넓은 중세고성들 중 하나가 탄생한 셈이다.

- 이 고성은 3중 방어용 성벽과 폭이 넓은 방어용 해자로 막혀있다. 16세기 말경에는 증축과 개축 외에 추가로 방어시설의 보강 작업도 진행되었다. 이런 건축작업 과정에서 한 개의 극장과 여러 개의 전망대가 건립되었다.
- 첼예의 옛 고성은 로마네스크 양식의 핵심고성과 르네상스 양식의 방어성벽을 가진, 슬로베니아에서 가장 중요한 불규칙적인 중세 고성시설이다.
- 이 고성은 관람이 가능하다. 안마당의 오두막에는 스낵코너도 영업 중이다.
- 옛 고성은 유명한 첼예 백작의 첫 번째 고성으로 알려진 곳인데, 면적만 따지면 슬로베니아에서 가장 큰 고성이다.

05. 흐라스토울예(Hrastovlje)의 삼위일체교회(cerkev sv. Trojice)

- 흐라스토울예는 슬로베니아의 코페르 동쪽 14km에 위치한 작은 산악마을(주민 143명)
- 흐루스토울예 마을 위쪽 언덕에 높은 방어성벽 뒤의 가려진 곳에 우뚝 솟은 아프시스와 피라미드 형태의 둥근 지붕을 가진, 중세 성당의 분당이 있다. 교회건물은 15세기부터 늦어도 1480년까지의 후기로마네스크 양식으로 건축된 것인데, 2개의 측면 아프시스와 우뚝 솟은 핵심 아프시스를 가진 3랑 공간으로 되어 있다. 입구에 교회첨탑이 증축되었다. 15세기와 16세기 초에 건설된 방어성벽은 노출된 모퉁이에 2개의 둥근 성벽첨탑이 있고 2개의 포문이 나 있는, 불규칙한 장방형 구조를 띄고 있다.
- 교회의 내부공간은 육중한 둥근 천장과 단순하게 벽을 쌓아 만든 4개의 기둥에 의해 외견상 3개의 본당으로 나눠져 있다. 모든 벽과 모든 아치(둥근 천장)에는 구석까지 프레스코화로 장식되어 있는데, 슬로베니아에서는 유일무이한 것이다. 약

간 어색하게 그린 이 그림들은 요하네스 폰 카스타프(Johannes von Kastav(Janez iz Kastva)가 그린 것들이다. 이 그림들은 1490년 무렵에 탄생한 것들인데, 여러 명의 동료들이 동참하여 그린 것으로 추측된다. 이 그림들은 오랫동안 회칠 때문에 가려져 있다가 1949년에야 발견되어 복구되었다.

- 성화 연구와 관련해서 흥미로운 것은 중앙본당에 있는 구약성서의 창세기에 근거한 장면들과 예수의 생애에 관련된 그림들이다. 사도들의 전신을 묘사한 그림들은 아프시스의 벽감들(장식 물건들을 놓을 수 있는 벽의 오목한 부분)에서 찾을 수 있는데, 하느님의 옥좌가 중앙에 배치되어 있다. 성인들과 예언자들이 담긴 프레스코화들은 수없이 많은데, 특히 관심을 끄는 것은 농부들이 일하는 장명들을 풍속화에 담은, 12달을 상징하는 여러 개의 원형 그림(Tondo)이다. 그밖에도 그리스도의 수난과정이 묘사되어 있고, 북쪽 벽면에는 성 삼왕들의 행렬과 우상화가 있다.

- 남쪽 벽면에는 슬로베니아에서 가장 유명한 중세 프레스코화가 있는데, 최후의 심판을 형상화한 '저승사자들의 춤(Totentanz ⇦)'이 그것이다. 이런 진기한 장면에서 우리는 우리 인간들이 무덤 앞에서 어떻게 해골들과 조우하며 춤추게 되는가를 읽어낼 수 있다. 독특하게 차려입은, 해골에서 시작해서 삶을 거쳐 무덤에 이르는, 영아에서부터 거지와 왕 그리고 교황에 이르기까지 다양한 계층에 속하는 부류들이 도열해 있다.

06. 카르투지오 지체 수도원(Kartuzijanski samostan Žiče)

- 거대한 카르투지오 지체 수도원이 있는 세례자 성 요한 계곡은 방문객들에게 잠시나마 복잡다단한 문명사회로부터 벗어나 은둔의 세계로 빠져들게 한다.
- 1165년에 지어진 지체 카르투지오 수도원은 카르투지오 수도사의 삶을 기념하는 유일무이한 문화재이다. 이 수도원은 18세기에 붕괴되었지만, 수도사들의 집, 식당, 부엌 그리고 수도원 교회가 남아있었다.
- 카르투지오의 봉쇄 전통은 철벽요새만큼이나 굳건하다. 많은 방문객들이 수도원의 문을 두들겨보지만, 돌아오는 것은 침묵뿐이다. 우리는 알고 있다. 카르투지오를 찾는 것은 수도사를 만나기 위함도, 수도원을 엿보기 위함도 아니다. 그들이 만나고 싶어 하는 것은 카르투지오 수도사들의 침묵과 고독, 그리고 그들과 교감해 온 성 요한 계곡의 자연이다.
- 적잖은 사람들이 카르투지오 수도원을 찾는다. 그러나 외부인과의 접촉을 허용하지 않는 봉쇄 수도원에서 순례자들이 카르투지오 수도사의 정신과 접속하기란 쉽지 않다. 수도원이 안타까워하는 순례자들을 위해 '방편'을 냈다. 수도원 입구에 방문객들을 위한 게스트하우스를 세운 것이다.
- 수백 년 동안 중부유럽에서 가장 오래된 게스트하우스인 가스투즈(Gastuž)는 카르투지오 수도원에 들어가지 못하는 여행자들에게는 안전한 피난처이자 후한 대접을 받는 곳이었다. 지금은 복구된 이 건물의 1층에는 숙박시설과 선술집이 있고, 2층에는 레스토랑이 있다.

- 가장 오래된 약국들 중 하나의 전통을 이어가고 있는 약초상점 '비바 사나(Viva Sana)'에서는 다양한 약초 상품들을 구입할 수도 있다.
- 성 요한 계곡에는 시계가 달리 돌아간다. 카르투지오 수도사에게 세상사는 관심밖이다. 그들은 사방이 벽으로 갇힌 곳에서 세상을 보지도, 듣지도, 말하지도 않고 살아간다. 병이 걸리면 왕진 의사를 불러 치료한다. 수술 등 중병치료를 위해서만 예외적으로 외출이 허용된다. 죽으면 수도원 경내에 묻힌다.

▶ 역사.

- 후작 오토카르 3세(1125~1164)가 이 수도원을 1164년에 창건하여 당시 그곳에 있던 무명의 카르투지오 수도사들에게 맡겼다. 변두리의 거대한 영지들은 오르톨프 폰 고노비츠의 봉토였지만, 오르톨프는 다른 봉토로 보상받은 것이었다. 오토카르 3세, 그의 부인 그리고 그의 아들 오토카르 4세(1163~1192)는 이 수도원에 매장되었다. 우여곡절을 겪다가 이 수도원도 1782년 신성로마제국의 황제 요제프 2세(1741~1790)에 의해 해결의 실마리를 찾게 되어, 이 시기에 고노비츠의 영지를 포함한 대규모 토지들이 종교재단에 흡수되었다. 카르투지오 수도원은 붕괴되었다. 1826년에 와서 이 수도원은 고노비츠의 영지와 함께 후작 베리안트 빈디쉬-그래츠(Weriand Windisch-Graetz, 1790~1867)에게 매각되었다.

〈상식〉 카르투지오 수도회는?

카르투시오라는 명칭은 샤르트뢰즈 산악 지대에서 유래한 것이다.
카르투지오회(라틴어: Ordo Cartusiensis, 또는 성 브루노 수도회)는 11세기 말경 프랑스에서 생겨났다. 당시 유럽에는 사람의 발걸음이 닫지 않던 광활한 숲이 많았는데, 그 숲 속에는 오직 하느님 안에서 기도생활과 엄격한 삶을 꾸려나가는 은수자들이 있었다. 당시 저명했던 신학교수 성 브루노는 1084년 그러한 삶을 살고 싶은 열망에 카르투지아라고 불렸던 알프스 산악지대의 한 험준한 산으로 들어갔다. 그러나 혼자가 아니라 6명의 동료가 그와 함께 떠났다. 브루노 성인은 동료들이 함께 한다면 각자가 정신적으로 도움을 얻고 또 순명을 실천할 수 있다는 점에서 은수생활은 여러 형제가 함께 하는 것이 더 안전할 것이라고 생각했다. 이러한 시각 때문에 카르투지오 은수자들은 각자 독립된 작은 거처에서 생활한다. 그러나 이 거처들은 서로 가까이 붙어 있고 모두가 하나의 회랑으로 연결되어 있어서 그것을 통해 수도원의 성당으로 쉽게 갈 수 있다. 각 수도승은 하루 종일 자신의 독수처에서 생활하지만 하루 세 번 독수처를 나와 전례기도를 위해 성당에서 동료 형제들과 함께 한다. 그밖에도 형제적인 삶의 요소라고 할 수 있는, 주일에 있는 공동체 휴식과 매 주 월요일에 하는 산행이 있다.

그들의 고독한 삶의 형태는 어떠한 사도직도 허용하지 않는다. 카르투지오 수도원은 피정객도 받지 않는다. 자신의 성소에 대해 자문하며 카르투시안의 삶이 자신의 길인지를 가늠해 보고 싶은 성소자들에게만 방문이 허용된다.

▶ 한국의 카르투시오회 수도원은 안동교구 남부에 있다.

▶ 스위스의 바르트(Warth)에도 카르투지오 교단 수도원이 있다.

▶ 영화로도 만날 수 있다.

〈위대한 침묵(Into Great Silence)〉.

'봄은 겨울로부터 오는 것이 아니다. 봄은 침묵으로부터 온다.'

영화 〈위대한 침묵〉의 첫 장면은 이렇게 시작된다. 그리고 눈 덮인 알프스 산의 정적 속, 별빛 사이로 비춰지는 수도원, 이어 어둠 속에서 들려오는 수도승들의 나지막한 기도소리….

가장 엄격하기로 유명한 카르투지오 수도회의 그랑드 샤르트뢰즈 수도원(Le Grande Chartreuse) 수도자들이 살아가는 일상생활과 계절의 변화를 느낄 수 있을 뿐이다. 게다가 어떤 효과음도, 배경음악도 없이 침묵으로만 이어진다. 간간이 수도자들이 나누는 대화가 나오지만 침묵 수행을 이어가는 수도원이기에 기본적으로 대화 자체가 많지 않다.

1605년부터 수도원에서 만들고 있는 샤르트뢰즈 리큐르는 130여 개의 약초 추출물을 첨가해 참나무통에서 5년 정도 숙성 과정을 거친 것이다. '리큐르의 여왕'이란 별명을 지니고 있는 이 증류주는 수도원의 주 수입원이다.

카르투시오회의 모토는 라틴어로 '세상이 바뀌는 동안 십자가는 굳건하다'(Stat crux dum volvitur orbis)이다.

〈인용: http://pds.catholic.or.kr/pds/bbs_view.asp?num=1&id=119291&menu=4824〉

참고문헌

1. 인터넷 문헌

이 책의 집필을 위해 필자가 직접 수집한 자료들 외에 아래의 인터넷 사이트들로부터 많은 도움을 받았다. 이들로부터 인용 또는 원용된 지도, 사진, 도표 및 자료들은 모두 하나씩 출처를 명기하는 것이 원칙이지만 편집상의 번거로움을 피하기 위하여 아래의 사이트를 제시하는 것으로 대신한다. 이 자리를 빌려 진심으로 원저자들에게 깊은 감사를 표한다. 물론 본서에서 발견되는 오류나 문제는 어떤 것이든 지식이 일천한 필자의 몫이다. 기회가 되는 대로 문헌과 고증을 통하여 고쳐나가겠다.

www.google.com [한국어, 영어, 독일어, 프랑스어, 이탈리아어]
www.worldatlas.com [영어]
www.wikipedia.com [한국어, 영어, 독일어, 프랑스어, 이탈리아어]
http://heritage.unesco.or.kr/ [세계문화유산]
https://namu.wiki/ [나무위키]

2. 한글문헌

김철민(2016). (문화와 사회로) 발칸유럽 들여다보기. 개정판. 한국외국어대출판부.
김철민(2014). 종교와 문화의 모자이크, 발칸. 역사적 함의와 진실. 한국외국어대학교출판부.
들루슈, 프레데리크(1995). 새 유럽의 역사(윤승준 역). 까치.
마틴, 토머스 R.(2015). 고대 로마사. 로물루스에서 유스티니아누스까지(이종인 옮김). 책과함께.
마틴, 토머스 R.(2015). 고대 그리스사. 선사시대에서 헬레니즘 시대까지. 2판(이종인 옮김). 책과함께.
셀리에, 장/앙드레 셀리에(2015). 지도를 들고 떠나는 시간여행자의 유럽사(임영신 옮김). 청어람미디어.
오동석(2014). 크로아티아 여행바이블. 서영.
유시민 편역(2000). 동유럽문화이야기. 도서출판 푸른나무.
유시민 편역(2000). 유럽문화이야기 I, II. 도서출판 푸른나무.
윤승준(2010). 하룻밤에 읽는 유럽사. 중앙북스.
이기성(2014). 발칸유럽 역사산책. ㈜북랩.
이정흠(2008).오후5시동유럽의골목을걷다.즐거운상상.
임석재(2011). 한권으로 읽는 서양건축사. 북하우스.
정　현(2016). 한 권으로 보는 스토리텔링 로마사. 서림당.
지중해지역원(2010). 지중해의 일상과 축제. 열정과 환희의 파노라마. 이담북스.
지중해지역원(2015). 지중해 문화를 걷다. 중동에서 남유럽, 북아프리카까지. 산지니.

최철호(2015). JustGo 유럽. 시공사.
카타노 마사루/스가이 노리코(2015). 유럽인 유럽사람 유럽놈. 알아두면 도움되는 유럽 32개국 국민성 진단 (박덕영, 박지은 옮김). 신인문사.
쿼터트, 도널드(2016). 오스만 제국사. 적응과 변화의 긴 여정, 1700~1922(이은정 옮김). 사계절.
크롤리, 로저(2015). 비잔티움 제국 최후의 날(이재황 옮김). 산처럼.
통합유럽연구회(2013). 도시로 보는 유럽통합사. 영원의 도시 로마에서 EU의 수도 브뤼셀까지. 책과함께.
홍수연/홍연주(2015). 100배 즐기기 핵심유럽. RHK.

3. 외국문헌

Clewing, Konrad; Schmitt, Oliver Jens (2012). Geschichte Südosteuropas. Verlag Friedrich Pustet, Regensburg.
Die Erfindung des Balkans. In: Deutschlandfunk. 12. August 1999, abgerufen am 26. April 2017.
Das Bild vom Balkan. In: Die Zeit. 7. Oktober 1999, abgerufen am 26. April 2017.
Goldstein, Ivo (1999). Croatia: A History. Montreal, Quebec, Canada: McGill-Queen's University Press.
Herm, Gerhard(1993). Der Balkan. Das PulverfaßEuropas. Econ Verlag, Düsseldorf/Wien/New York/Moskau.
Hösch, Edgar; Nehring, Karl; Sundhaussen, Holm (2004). Lexikon zur Geschichte Südosteuropas; Böhlau Verlag, Wien/Köln/Weimar.
Jelavich, Barbara (1983). History of the Balkans. Cambridge University Press.
Konrad Clewing, Oliver Jens Schmitt(2012). *Geschichte Südosteuropas*. Verlag Friedrich Pustet, Regensburg.
Ulf Brunnbauer(2013). Der Balkan, in: *Europäische Geschichte Online*, hrsg. vom Institut für Europäische Geschichte (Mainz), 2013, abgerufen am 29. August 2013.
Mazower, Mark (2000). *The Balkans: A Short History*. New York: Random House.
Stoianovich, Traian (1994). Balkan Worlds: The First and Last Europe. Sources and Studies in World History. New York: M.E. Sharpe.
Todorova, Maria N. (1997). Imagining the Balkans. Oxford University Press, Inc., New York.(Die Erfindung des Balkans. Europas bequemes Vorurteil, Primus).

찾아보기

ㄱ
가둘카 88
가브릴로 프린치프 283
가이다 88
가지메스탄 256
가지 후스레브 베그 모스크 286
갈레리우스 궁전 241
개선문 65
게그 방언 248
게피덴 족 278
고대 로마극장 111
고라쥐데 290
고체 델체프 136
공화국 광장 221
구세주 그리스도 교회 324
구슬레 88, 192
군사박물관 225
귤라 49
그라디네 요새 243
그라챠니차 수도원 255
그르구르 닌스키 동상 343
그리스 정교 22
글라골 문자 23, 81

ㄴ
나로드니 광장 343
남슬라브어군 16
남슬라브인 16
네마니치 왕조 195, 250
네세바르의 고대도시 89
네안데르탈인 302
네움 272, 300
노보베르다 261
노비사드 230
니쉬 232
니쉬 요새 234
니카이아 제국 82
니콜라에 차우셰스쿠 45

ㄷ
다르다니아 247
다르다니인 247
달마티아 25, 312
대 그리스주의 29
대불가리아 78
데샤니 265
돌마테케 169
동방정교 87, 285
두둑 88
두러스 179
두브로브니크 318
두클랴 186
드라큘라 39, 53, 62
드라큘라 백작 64
드라큘라 성 62
드보얀카 88
디아스포라 152
디오클레티아누스 궁전 329, 331, 341
디오클레티아누스 황제 342

ㄹ
라구사 319
라구사 공화국 24
라도반 정문 350
라스트코 네마니치 227
라틴다리 283
라파엘 십자가 108
러시아-튀르크 전쟁 26
레크 161
레트니차 262
레트니차 성당 263
로도페 산맥 74
로도페 산맥 15
로마 가톨릭교 22, 285
로마 경기장 110
로마 포럼 357
로자파 요새 166
로지아 348
루마니아 왕국 44
루마니아 정교 37, 46
루자 광장 327
류블랴나 381
류블랴나 성 384
류블랴니차 강 385
릴라 산맥 105
릴라 수도원 89, 106

ㅁ
마다라의 기수 90
마더 테레사 263
마라무레쉬 57
마르얀 언덕 335
마르코 수도원 145
마자르화 정책 306
마케도니아 121
마케도니아 제국 126
마케드노스 122
메주고리예 293
메토디오스 80, 128
메흐메드 파샤 소콜로비차 다리

288
모리카 한 287
모스타르 291
목조교회 57
몬테네그로 183, 184
몬테네그로어 184
몬테네그로 왕국 188
몰다비아 42
몰다비아 교회군 59
무니시피움 236
물음표 카페 223
미마르 시난 97
미트로비차 259
민족 16

ㅂ

바냐바시 모스크 97
바르 요새 203
바쉬차르쉬야 286
바이라클리 모스크 269
발칸 반도 11, 12, 18
발칸 산맥 12, 15, 74
발칸화 12
발현산 296
베네치아 공화국 24
베라트 178
베라트 성 178
베슬렌 가블러 50
베오그라드 221
벡타시교 177
벨리코 터르노보 115
보리스 1세 80
보방 양식 50
보스니아어 274
보스니악어 12
보스니아·헤르체코비나 271
보야나 교회 89, 98
부드바 201
부쉬트른 258
부쿠레슈티 65
부트린트 175
불가르인 74
불가르 족 78
불가리아 민속의상 86
불가리아인 23
불가리아 전통의상 87
불가리아 정교회 80
불가리안 보이스 88
브라체 라디차 광장 343
브란 성 62
브람 스토커 53
블라드 체페쉬 53, 64
블레드 388
블레드 성 392
블레드 호수 389
비미나시움 234
비세그라드 288
비소키 데샤니 수도원 266
비아 데그나티아 179
비아 밀리타리스 232
비아 에그나티아 173
비에르탄 56
비잔티움 제국 24
뽓브르도 296

ㅅ

사라예보 282
사무일 황제 128
사보르나 정교회 성당 223
산스테파노 조약 83
삼위일체교회 397
삼위일체 왕국 158
샤머니즘 46
성 게오르게 성당 92
성 게오르기 교회 103
성 나움 수도원 145
성 네델리아 성당 91
성녀 아나스타샤 358
성 니콜라스 교회 55
성 니콜라스 대성당 386
성 니콜라스 수도원 104
성 니콜라스 정교회 198
성 니키타 수도원 135
성 도나타 성당 357
성 도미니쿠스 수도원 353
성 돔니우스 343
성 돔니우스 대성당 343
성 디미타르 교회 103
성 로렌스 대성당 350
성 로브레 대성당 350
성 루카 성당 199
성모 마리아 수녀원 성당 359
성모 수녀원 104
성모승천교회 391
성모승천대주교성당 118
성 블라시우스 320, 328
성 블라시우스 교회 328
성 사바 대성당 227
성 사바 정교 수도원 202
성 소피아 성당 95, 141
성소피아 여신상 90
성 스파스 교회 136
성 시몬의 재단 359
성 아나스타샤(스토쉬야) 대성당 358
성 아르바나시 교회 103
성 안드레아 39
성 요한 교회 144
성 이반 릴스키 수도원 106
성인 미카엘과 가브리엘 대천사 교회 102
성 카타리나 성당 269
성 클리멘트 수도원 143
성 트리폰 성당 198
성 판텔레이몬 교회 134
성 페트카 지하교회 92
세르디카 유적지. 91
세르비아 205

세르비아어 207, 274
세르비아 왕국 22
세르비아의 7가지 건축 기적 219
세르비아의 7가지 자연 기적 220
세르비아 제국 81
세르비아-크로아티아-슬로베니아 왕국 338
세 모자 카페 222
세우토폴리스 112
션 메리('성모 마리아') 수도원 174
소포차니 243
소포차니 수도원 244
소피아 90
쉬코더르 164
쉬코더르 호 15
쉴레이만 1세 50
슈테파니아야의 섬 369
슈토카비쉬 방언 275
스로프스카 공화국 273
스르지산 329
스베쉬타리 무덤 90
스베슈타리 113
스카달리야 거리 221
스칸데르베그 158, 169
스칸데르베그 박물관 168
스칸데르베그 성 167
스코프예 131
스타라 플라니나 12
스타리 라스 243
스타리 바르 203
스테판 우로쉬 4세 두샨 210
스테판 프로보벤차니 239
스투데니차(Studenica) 수도원 238
스투데니차 마을 238
스트라둔 319, 325
스팔라토 332
스폰자 궁 327
스플리트 329
슬라브족 21, 77
슬로베니아 371
슬로베니아 연합국 378
슬로베니아인 23
슬로보단 밀로셰비치 257
승리의 거리 65
승리자의 탑 226
시기쇼아라 51, 55
십자가산 297

ㅇ

아르데니카 171
아르바나시 전통 마을 99
아타튀르크 30
아폴로니아 172
아흐메트 조구 145
알렉산드로스 대왕 126
알렉산드르 네프스키 대성당 93
알렉산드르 바텐베르크 영묘 94
알바니아 149
알바니아어 154
알바니아인 156
알바 이울리아 48
얀트라 강 116
에라젬 뤼거 394
에페이로스 공국 100
에프티미 117
엔베르 호자 160, 177
예수그리스도 탄생교회 102
오노프리오 분수 323
오데사 14
오로 191
오스만 제국 24
오크루글야크 호수 368
오흐리드 138
올드 세르비아 정교회 287
올라리 성당 37
왈라키아 42
왈라키아 공국 25, 43
요새 교회 55
우스타샤 294
우스타샤운동 307
울고 있는 성모 104
울피아나 249
유고슬라비아 내전 318
유고슬라비아 왕국 29, 211
이교 259
이반 릴스키 106
이반 메슈트로비치 226, 329, 339, 343, 349
이반오보 바위 교회 90
이보 안드리치 289
이스트라 반도 30
이온 안토네스쿠 44
이울리아 하쉬데우 성 61
이코노스타시스 136
일리리아 왕국 156, 159
일리리아인 156
일리리아 족 20
일리리쿰 157

ㅈ

자다르 314, 353
자코바 265
저승사자들의 춤 398
제1 불가리아 제국 23, 79
제1차 발칸 전쟁 28, 83
제1차 세계대전 29
제2 불가리아 제국 81
제2차 발칸 전쟁 28, 84
제타 공국 165, 187
종교 17
주네 압스타 222
주르제비 스투포비 수도원 243
주피터 신전 343
즈베찬 요새 260
지로카스터르 163, 176

ㅊ

차레베츠 요새 117
차우셰스쿠 궁 66
차카비쉬 방언 275
체트니치 212
체틴 요새 305
첼예 고성 396
추축국 30
츠르나 고라 187
치기노바츠 호수 368
치피코 궁전 352

ㅋ

카라노스 125
카르스트 지형 372
카르타니아 375
카르투지오 수도회 400
카르투지오 지체 수도원 399
카리용 229
카메르렌고 요새 347
카발 88
카스트룸 섹스 52
카이카비쉬 방언 275
카잔륙 112
카잔륙 무덤 89
카판 한 133
칼레메그단 공원 225
칼레메그단 요새 224
칼레 요새 137
코랍 산 150
코르넬류 코포수 68
코빌리 수도원 231
코소보 245
코소보 분쟁 252
코소보 분지 246
코즈야크 호수 369
코토르 194
코토르 요새 200
콘스탄트살리에바 하우스 101
쿠마노보 131
크네즈 미하일로바 거리 222
크라바트 301
크레출레스쿠 정교 교회 67
크로아토-세르비아어 301
크로아티아 299
크로아티아어 274, 301
크로아티아 왕국 304
크로아티아 전쟁 340
크루여 167
크루여 요새 167
키릴로스 80, 128
키릴문자 23, 81
키비타스 52

ㅌ

탄지마트 168
탐부라 88
테란다 249
테오도리쿠스 대왕 278
테우타 157, 249
텡그리 78
토스크 방언 248
트라키아인 41
트라키아 인 고분 113
트라키아인 무덤 112
트라키아 족 20
트란실바니아 42, 55
트레스카베치 수도원 147
트로기르 345
트로모스토프예 386
트리에스테 14
티라나 163
티토 31, 213, 390

ㅍ

파티흐 모스크 181
판텔레이몬 대성당 143
페라스트 194
페리스틸 광장 342
페치 268
페치 수도원 267
페치 총대주교 수도원 269
페트로바라딘 요새 230
평화의 모후 성모상 297
포이데라티 277
프란체 프레셰렌 378, 384, 387
프랑코포니회원국 36
프레드야마 고성 393
프레셰렌 광장 384
프리슈티나 255
프리즈렌 264
프릴레프 146
플레트나 390
플로브디프 108
플리스카 23
플리트비체 361
피와 꿀의 땅에서 291
필레 성문 322

ㅎ

할슈타트 문화 374
헤르체고비나 연방 273
혁명광장 68
호레주 수도원 69
흐라스토울예 397
흐르바츠카 300
히사르 카피야 111